Kohlhammer

Grundwissen Soziale Arbeit

Begründet von Rudolf Bieker

Herausgegeben von Michael Domes

Das gesamte Grundwissen der Sozialen Arbeit in einer Reihe: theoretisch fundiert, immer mit Blick auf die Arbeitspraxis, verständlich dargestellt und lernfreundlich gestaltet – für mehr Wissen im Studium und mehr Können im Beruf.

Eine Übersicht aller lieferbaren und im Buchhandel angekündigten Bände der Reihe finden Sie unter:

 https://shop.kohlhammer.de/grundwissen-soziale-arbeit

Die Autor*innen

Johannes Kloha ist Professor für Theorien und Handlungslehre an der Technischen Hochschule Nürnberg Georg Simon Ohm. Seine Lehr- und Forschungsschwerpunkte liegen insbesondere bei schulbezogenen Angeboten Sozialer Arbeit. Besondere Interessensfelder sind dabei Prozesse der Fallarbeit in der Schulsozialarbeit, Schulsozialarbeit in ganztägigen Schulsettings sowie der schulische Kinderschutz. Mit Anja Reinecke-Terner ist er Co-Sprecher der bundesweiten AG Schulsozialarbeit im Fachbereichstag Soziale Arbeit.

Anja Reinecke-Terner ist Professorin für Sozialarbeitswissenschaft mit den Schwerpunkten Kinder- und Jugendhilfe sowie Schulsozialarbeit an der Hochschule Hannover, Fakultät V. Besondere Schwerpunkte und Interessen sind: Schulsozialarbeit im »Zwischen« zu diskutieren, Inklusion und Schulsozialarbeit, Erlebnispraxis in der Schulsozialarbeit sowie Forschung in der Sozialen Arbeit im Kontext des Masters. Mit Johannes Kloha ist sie Co-Sprecher der bundesweiten AG Schulsozialarbeit im Fachbereichstag Soziale Arbeit.

Kathrin Aghamiri ist Professorin für Sozialpädagogik mit dem Schwerpunkt Soziale Arbeit und Schule an der FH Münster, University of Applied Sciences. Ihre Arbeitsschwerpunkte sind Erziehung und Bildung in sozialpädagogischer Perspektive, Partizipation und Demokratie in Handlungsfeldern Sozialer Arbeit, Adressat*innen- und Nutzer*innenforschung sowie ethnografische Forschungsansätze.

Johannes Kloha/
Anja Reinecke-Terner/
Kathrin Aghamiri

Schulsozialarbeit entdecken

Ein Lehrbuch für rekonstruktives
Praxisverstehen

Verlag W. Kohlhammer

Dieses Werk einschließlich aller seiner Teile ist urheberrechtlich geschützt. Jede Verwendung außerhalb der engen Grenzen des Urheberrechts ist ohne Zustimmung des Verlags unzulässig und strafbar. Das gilt insbesondere für Vervielfältigungen, Übersetzungen, Mikroverfilmungen und für die Einspeicherung und Verarbeitung in elektronischen Systemen.

Die Wiedergabe von Warenbezeichnungen, Handelsnamen und sonstigen Kennzeichen in diesem Buch berechtigt nicht zu der Annahme, dass diese von jedermann frei benutzt werden dürfen. Vielmehr kann es sich auch dann um eingetragene Warenzeichen oder sonstige geschützte Kennzeichen handeln, wenn sie nicht eigens als solche gekennzeichnet sind.

Es konnten nicht alle Rechtsinhaber von Abbildungen ermittelt werden. Sollte dem Verlag gegenüber der Nachweis der Rechtsinhaberschaft geführt werden, wird das branchenübliche Honorar nachträglich gezahlt.

Dieses Werk enthält Hinweise/Links zu externen Websites Dritter, auf deren Inhalt der Verlag keinen Einfluss hat und die der Haftung der jeweiligen Seitenanbieter oder -betreiber unterliegen. Zum Zeitpunkt der Verlinkung wurden die externen Websites auf mögliche Rechtsverstöße überprüft und dabei keine Rechtsverletzung festgestellt. Ohne konkrete Hinweise auf eine solche Rechtsverletzung ist eine permanente inhaltliche Kontrolle der verlinkten Seiten nicht zumutbar. Sollten jedoch Rechtsverletzungen bekannt werden, werden die betroffenen externen Links soweit möglich unverzüglich entfernt.

1. Auflage 2025

Alle Rechte vorbehalten
© W. Kohlhammer GmbH, Stuttgart
Gesamtherstellung: W. Kohlhammer GmbH, Heßbrühlstr. 69, 70565 Stuttgart
produktsicherheit@kohlhammer.de

Print:
ISBN 978-3-17-038456-9

E-Book-Formate:
pdf: ISBN 978-3-17-038457-6
epub: ISBN 978-3-17-038458-3

Vorwort zur Reihe

Liebe Leser*innen,

die Idee zu der Reihe Grundwissen Soziale Arbeit, als deren Herausgeber ich ab dem 51. Band, in der Nachfolge von Prof. Dr. Rudolf Bieker, fungiere, ist vor dem Hintergrund der bildungspolitisch veränderten Rahmenbedingungen im Zuge der Bologna-Reform entstanden.

Band 1 Soziale Arbeit studieren bildete den Auftakt, der nach und nach erscheinenden Bände, deren Gemeinsamkeit ist, das für Sozialarbeiter*innen und Sozialpädagog*innen bedeutsame Grundwissen sukzessive abzubilden. Dabei ist dreierlei zu beachten:

Grundwissen meint mehr als »reine Theorie«. Es umfasst, unabhängig vom je spezifischen Gegenstand, neben Wissen auch immer Aspekte des Könnens und der Haltung als Bestandteile sozialarbeiterischer/sozialpädagogischer Professionalität.

Grundwissen hat eine gewisse zeitlose Komponente. Grundwissen ist zugleich aber nicht etwas Statisches, das ein für alle Mal festgelegt ist. Das Grundwissen Sozialer Arbeit verändert sich in Auseinandersetzung mit gesellschaftlichen, politischen oder wissenschaftlichen Entwicklungen bzw. Rahmenbedingungen, so wie sich auch die professionelle Praxis Sozialer Arbeit verändert.

Grundwissen bietet für die Leser*innen eine Orientierung. Es dient als Navigationsinstrument für Soziale Arbeit, die, wie der Vorstand der DGSA 2024 festgehalten hat, wahrlich »ein komplexes Themenfeld« ist. Und wie bei einem solchen Gerät üblich: Es gibt immer mehrere Wege, ans Ziel zu kommen. Blind zu folgen bzw. zu vertrauen, ist nur bedingt eine hilfreiche Strategie. Das Navi ist eine – (ge)wichtige – Komponente, die aber nur im Zusammenspiel mit dem eigenen Denken (der Fachkraft) und dem Kontext (Gesellschaft und Adressat*innen) ihre Wirkung entfalten kann.

Die Bände der Reihe zeichnen sich durch ihre Lesefreundlichkeit, auch für das Selbststudium Studierender, besonders aus – oder, wie es der verstorbene C. W. Müller in einem Interview auf die Frage nach Kritik an seiner fachlichen Positionierung auf den Punkt gebracht hat: »Ich will auch allgemein gut verständlich sein und bleiben. Das ist kein Widerspruch zur Wissenschaftlichkeit.« Die Autor*innen verpflichten sich diesem übergeordneten Ziel auf unterschiedliche Weise: eine Begrenzung der Stoffmenge auf einen überschaubaren Umfang, Verständlichkeit der Sprache, Theorie-Praxis-Bezüge, (weiterführende) Literaturhinweise und Anschaulichkeit durch Gestaltungselemente, wie Graphiken, Hervorhebungen oder Schaukästen. Jeder Band bietet in sich abgeschlossen eine grundlegende Einführung in das jeweilige Themenfeld.

Im Fokus steht dabei immer, welche professionellen (Handlungs-)Kompetenzen ausgebildet werden können bzw. welche Bedeutung das jeweilige Thema/Themenfeld für die professionelle Praxis Sozialer Arbeit hat.

Die Bände verstehen sich als Einladung, sich auf (neues) wissenschaftliches Wissen einzulassen und die Themen kritisch weiterzudenken, um so auf dem Weg der eigenen Professionalitätsentwicklung weitere Schritte zu gehen. Oder wie es Alice Salomon schon 1932 formuliert hat: »Wir lernen ja nicht da, wo wir feststellen, daß der andere alles ebenso macht wie wir, sondern wir lernen, wenn er es anders macht. Denn das allein führt uns zur Selbstbesinnung, zur Selbstkritik und daraus erwächst lebendiges Leben, lebendiger Geist, lebendige Formkraft«.

Prof. Dr. Michael Domes, Nürnberg

Zu diesem Buch

Schulsozialarbeit hat sich, 50 Jahre nach der Einrichtung erster Stellen, in den letzten zwei Jahrzehnten zu einem zentralen Handlungsfeld der Sozialen Arbeit entwickelt. Alle Bundesländer verfügen inzwischen über Stellen unterschiedlicher Bezeichnungen in überwiegend kommunaler und Landesträgerschaft für die Schulsozialarbeit oder Soziale Arbeit in Schulen. Oft werden diese Stellen immer wieder über spezifische Förderprogramme finanziert. Damit einhergehend sind umfassende Professionalisierungsprozesse sichtbar. Dies betrifft u. a. eine breite konzeptionelle Ausdifferenzierung im Hinblick auf die Aufgaben, Zuständigkeitsbereiche und Themen von Schulsozialarbeit. Gerade in der Abgrenzung gegenüber Schule und Schulpädagogik – als die größere, auch mächtigere institutionelle Akteurin – wurden umfangreiche Bemühungen angestellt, Schulsozialarbeit professionell zu etablieren. Auch die Forschungslandschaft zu Schulsozialarbeit hat deutlich an Dynamik und thematischer Vielfalt gewonnen, worauf eine ganze Reihe von Sammelbänden hinweisen, in denen empirische Ergebnisse zum Handlungsfeld gebündelt wurden (u. a. Speck/Olk 2010; Zipperle/Baur 2023). Mit anderen Worten: Schulsozialarbeit ist – so könnte man meinen – eben nicht mehr der »Gast in einem fremden Haus«, wie Florian Baier in seiner wegweisenden Studie 2007 noch provokant formulierte (Baier 2007).

Gleichzeitig stellen wir fest, wenn wir den Blick auf die Praxis richten, dass die vermeintlich gut begründete konzeptionelle Klärung vieler Fragen des Handlungsfeldes immer wieder brüchig erscheint. Aufgaben, Zuständigkeiten, Verantwortlichkeiten sind – man reibt sich fast die Augen – dann eben doch konzeptionell nicht so festgezurrt, wie dies angesichts der erwähnten konzeptionell-programmatischen Arbeit erwartet werden könnte. Die Praxis bildet somit immer etwas anderes ab, als Theorie lehrt und lehren kann. Letztlich lieferte diese Feststellung den Anstoß für das Konzept des vorliegenden Lehrbuches, nämlich konzeptionelle Überlegungen systematisch der erfahrbaren und erlebten Praxis gegenüberzustellen und sie vor diesem Hintergrund zu diskutieren. Wir nehmen damit einen »rekonstruktiven« Blick ein. Das heißt, wir geben Anregungen, die Ereignisse in der Praxis der Schulsozialarbeit im Interview oder in Beobachtungen nachzuvollziehen und sich über die Bedeutungen, die dahinter zu entdecken sind, zu verständigen. Aus der Praxis lernen wir so etwas über die zentralen Themen, Methoden und Herausforderungen in der Schulsozialarbeit.

Deshalb freuen wir uns als Autor*innen dieses vorliegenden Lehrbuchs zunächst sehr, dass Sie – als Studierende, Praktiker*innen, Lehrende – Interesse an diesem wichtigen und anspruchsvollen Handlungsfeld haben.

Da wir, die Autor*innen, selbst aus der Praxis der Schulsozialarbeit kommen, bevor wir in die Lehre und Forschung wechselten, wollen wir dieses Buch mit einer Unterhaltung zwischen uns dreien beginnen, in der wir diese Erfahrungen reflektieren:

Johannes Kloha: Ich weiß nicht, wie es Euch ging. Ich empfand die Arbeit in der Schule als äußerst spannend und intensiv. In keinem anderen Handlungsfeld, in dem ich gearbeitet habe, war ich im Alltag so nah an den Menschen dran, für die ich mich zuständig fühlte. Das war sehr schön, man konnte Entwicklungen mitbekommen, auch kleine Schritte, weil man sich ja fast täglich über den Weg lief. Das betraf auch die Zusammenarbeit mit den Lehrkräften oder zumindest mit einem Teil von ihnen. Man hatte wirklich kurze Wege, konnte schnell Eindrücke austauschen.

Anja Reinecke-Terner: Mir hat die Tätigkeit als Schulsozialarbeiterin auch wirklich großen Spaß gemacht, es gab so viele vielfältige Möglichkeiten, mit und für Schüler*innen kreativ und gestaltend tätig zu sein. Sei es in speziellen Projekten, bei den Settings des Sozialen Lernens im Klassenkontext, bei der räumlichen Gestaltung der Freizeitbereiche usw. In diesen Erlebnissen baute sich immer wieder Beziehung auf und verfestigte sich. Eine gute Grundlage für die Beratung.

Kathrin Aghamiri: Was mich immer beeindruckt und auch motiviert hat, war die Zusammenarbeit mit den Kindern. Es ging da auch gar nicht immer um »große« Themen. Allein, dass die schulbezogene Jugendhilfe ein Ort war, an dem man quatschen konnte, mal in den Arm genommen wurde oder die Sozialarbeiterinnen zugehört haben, was so passiert ist am Tag oder zu Hause, hat oft für gute, entspannte Stimmung gesorgt. Ich fand es in diesem Sinn auch immer ein »dankbares« Handlungsfeld.

Anja: Und ja, so wie du es gesagt hast, Kathrin, die Zusammenarbeit und »Arbeits«beziehung mit Kindern und Jugendlichen hat ja immer auch durch den oftmals auch sehr komplexen und belastenden Alltag getragen. Insbesondere ging es mir so, wenn ich Schulleitungen hatte (und ich hatte in den Jahren vier verschiedene Vorgesetzte), die mich eben nicht mein Handlungsfeld so gestalten ließen, wie ich es für professionell richtig erachtete, sondern mir mitunter sehr unreflektierte Handlungsanweisungen gaben und meinen Auftrag nicht mal richtig kannten. Dabei die Perspektiven und Bedarfe der Kinder und Jugendlichen im Blick zu behalten, war immer auch herausfordernd. Wahrscheinlich war das auch der Motor, um später auf die »Theorieseite« zu wechseln. Zum Glück hatte ich aber auch zwei Schulleiter*innen, die den Möglichkeitsrahmen der Schulsozialarbeit und ihren lebensweltorientierten Auftrag in der Schule erkannt und respektiert und mir bei der Umsetzung den Rücken gestärkt haben.

Kathrin: Ja, Anja, da sprichst du mir aus der Seele. Auch ich habe immer wieder erlebt, wie wenig die Schulleitung oder die Lehrkräfte über die Jugendhilfe oder die Soziale Arbeit wussten. Nach dem Motto: »Was fehlt eigentlich noch zur Heimeinweisung?« Ich sah mich auch des Öfteren mit ziemlich technokratischen Vorstellungen von Pädagogik konfrontiert. In den Klassenseminaren zum Sozialen Lernen haben wir diese Vorstellungen manchmal ja sogar bedient. Indem wir diese Klassenaktionen z. B. »Sozialtrainings« genannt haben. Dabei weiß eigentlich jede Sozialarbeiterin, dass Kids Konflikte nicht besser lösen, weil sie gemeinsam über Teppichfliesen balanciert sind. Entscheidend ist, was z. B. zwischen solchen Übungen möglich wird. Dass es mehr Freiräume gibt für eigene Themen und Begegnung und Spaß. Diese Möglichkeiten einer lebensweltorientierten Perspektive waren leichter zu vermitteln, wenn man auch mal was zusammen mit den Lehrkräften in diesem Bereich gemacht hat.

Johannes: Da kann ich mit meinen eigenen Erfahrungen gut anschließen. Neben all den Handlungsräumen, die sich für mich gerade durch den unmittelbaren Kontakt mit Schüler*innen eröffneten, gab es immer wieder Momente, in denen es sehr anstrengend war. Und das lag meistens nicht an den – sicherlich auch immer kräftezehrenden – Interaktionen mit den Kids, sondern insbesondere an den immer wieder aufs Neue zu tätigenden Aushandlungen mit Schulleitung, Lehrkräften und – in meinem Fall – dem freien Träger, bei dem ich formell angestellt war. Immer wieder stellte sich die Frage: Ist das jetzt meine Aufgabe, ist sie das nicht und wenn nicht, wie positioniere ich mich, um mir dennoch die Kooperationsbereitschaft von Lehrkräften zu erhalten. Ich habe erst gemerkt, wie anstrengend das ist, als ich nicht mehr als Schulsozialarbeiter arbeitete. Im neuen Arbeitsumfeld, das vorwiegend ebenfalls aus Sozialarbeiter*innen bestand, musste ich mich bezüglich meiner Zuständigkeiten plötzlich nicht mehr permanent erklären. Das war sehr erleichternd.

Anja: Ja genau, diese strategische Arbeit ist wirklich sehr kräftezehrend und wir brauchten einen langen Atem, nach einigen Jahren und auch nach vielen Absagen in Bezug auf mandatswidrige Vorstellungen an uns hatte sich auch sichtbar etwas verändert. Letztlich bleibt es aber ein ständiger Prozess und ist nie »fertig«. Entscheidend war deshalb die Reflexion dessen, was wir selbst dort eigentlich tun. Zum Glück gab es, zumindest anteilig, Supervision und innerhalb der Landesarbeitsgemeinschaft Schulsozialarbeit den Austausch, den es brauchte und der uns alle gestärkt hat. Diese kollegialen Netzwerke sind es doch, die die Schulsozialarbeit fachlich voranbringen, auch politisch, wenn wir an die Rolle der Gewerkschaften denken. Wissenschaft, Fortbildung und auch Lehre vor der Praxis im Studium können immer wieder »nur« Vorschläge zur Reflexion der Fachlichkeit anbieten. Deshalb finde ich es ja auch so schön, dass wir drei jetzt aus dieser Perspektive weiterhin eng mit der Praxis zu tun haben und diese empirischen Ergebnisse hiermit wieder an die Praxis und auch an angehende Praktiker*innen im Studium zurückgeben können.

Wenn wir nun also unsere eigenen Praxiserfahrungen anschauen und diese systematisieren, zeigt sich ein Handlungsfeld, das einerseits vielfältige und relevante Handlungsmöglichkeiten bietet und andererseits voller institutioneller Spannungen, Missverständnisse und Konflikte steckt, aus denen sich eine permanente

Notwendigkeit zur Aushandlung und Absicherung des eigenen Handlungsspielraums ergibt. Diesen Spannungen und zugleich Möglichkeitsräumen wollen wir im folgenden Lehrbuch nachgehen. Bevor wir aber beginnen, wollen wir in den folgenden Abschnitten etwas ausführlicher darlegen, wie wir uns der Idee eines Lehrbuchs genähert haben. Dafür werden wir zunächst verdeutlichen

- was die grundlegende Perspektive ist, aus der wir auf das Handeln von Schulsozialarbeiter*innen blicken (▶ Kap. 1.1),
- wie die Datenmaterialien zustande kamen, mit denen wir immer wieder in diesem Lehrbuch arbeiten (▶ Kap. 1.2) und
- und was aus unserer Sicht bei der »Nutzung« des Lehrbuches zu beachten ist (▶ Kap. 1.3).

Bevor wir einsteigen, würden wir gerne einigen Personen besonderen Dank aussprechen. Thomas Markert danken wir für wertvolle Hinweise zur Entwicklung in der DDR (▶ Kap. 2.3). Niklas Feuerriegel hat uns bei der Erfassung von Sekundärliteratur geholfen. Ganz besonders wichtig wurde für uns die Hilfe von Melina Riebisch, die in der Endphase äußerst wertvolle und kompetente Unterstützung bei der Korrektur, Formatierung und dem Einpflegen von Quellen in das Literaturverwaltungsprogramm geleistet hat.

Wir wünschen Ihnen nun viel Freude, spannende Auseinandersetzungen und neue Erkenntnisse bei der Lektüre.

Nürnberg, Hannover, Münster im Mai 2025
Johannes Kloha, Anja Reinecke-Terner, Kathrin Aghamiri

Inhalt

Vorwort zur Reihe 5

Zu diesem Buch 7

1 **»Doing Schulsozialarbeit« als zentrale Perspektive oder: Was macht Schulsozialarbeit (aus)?** 13
   1.1 Was tun Schulsozialarbeiter*innen? 14
   1.2 Zugrunde liegende Forschungsmethodologie 18
   1.3 Zur Nutzung des Lehrbuchs: eine »Gebrauchsanweisung« .. 22

2 **Anknüpfen an Traditionen: Kurze Geschichte der Schulsozialarbeit** 25
   2.1 Das Verhältnis von Schule und Jugendhilfe bis 1945 25
   2.2 Entwicklung nach 1945 28
   2.3 Entwicklung in der DDR 28
   2.4 Aufbruch ab den 1970er Jahren 29

3 **Herausforderungen der institutionellen Einbindung** 35
   3.1 Die Frage der Trägerschaft 37
   3.2 Institutionelle Verwobenheit mit schulischen Konzepten als Herausforderung 44
   3.3 »Zweckgebundes Handeln« und das Spannungsfeld der Schulsozialarbeit 45
   3.4 Ein umfunktioniertes Schulsozialarbeitsbüro und damit zusammenhängende Folgen 48
   3.5 Institutionelle Öffnungen – ein offenes Schulsozialarbeitsbüro als Chance 53
   3.6 Raumnutzung gestaltet (inhaltlich) Räume in der Institution Schule 56

4 **Schulsozialarbeit als »Zwischenbühne« – eine Denkfigur** 59
   4.1 Zwischen zwei Polen des Auftrags 59
   4.2 Zwischen der Förderung von Selbstbestimmung und den Erwartungen der Fremdbestimmung 72
   4.3 Von welchem »Zwischen« sprechen wir hier eigentlich? ... 76
   4.4 Fazit 83

5	**Innerschulische interprofessionelle Kooperation**	**86**
	5.1 Vielfalt der Zusammenarbeit	86
	5.2 Begründungen für interprofessionelle Kooperation	89
	5.3 Bedeutung der Zusammenarbeit aus Sicht der Schulsozialarbeiter*innen	92
	5.4 Kooperation als Aushandlung	97
6	**Was tun Schulsozialarbeiter*innen?**	**99**
	6.1 Die Methoden der Schulsozialarbeit	99
	6.2 Der Prozess der Fallarbeit	102
	6.3 Arbeit mit Gruppen	121
7	**Zentrale Themen des Handlungsfeldes**	**138**
	7.1 Schulsozialarbeit und ihre Verortung im Kontext Inklusion	138
	7.2 Arbeit mit geflüchteten und migrierten Menschen	153
	7.3 Kinderrechte wahren	159
	7.4 Partizipation	172
8	**Spuren der Schulsozialarbeit**	**184**
	8.1 Was heißt hier Wirkung?	184
	8.2 Ergebnisse von Wirkungsforschung	185
	8.3 Wirkungsforschung »in eigener Sache«	187
	8.4 Wirkungsebenen	192
9	**Anregungen zur Weiterarbeit**	**194**
	9.1 Formen des Forschenden Lernens während der grundständigen Ausbildung	194
	9.2 Aneignung einer forschenden Haltung	195
10	**Ausblick**	**204**
	Literatur	**208**
	Übersicht Datenmaterial	**221**

1 »Doing Schulsozialarbeit« als zentrale Perspektive oder: Was macht Schulsozialarbeit (aus)?

> **Was erwartet Sie in diesem Kapitel?**
>
> Sie erfahren etwas über die zugrunde liegende Perspektive des Lehrbuches: das »Doing Schulsozialarbeit« und die damit verbundene Erkenntnis, dass Soziale Arbeit am Ort Schule erst in der Praxis verstehbar wird. Außerdem informieren wir über die Art und Weise der Gewinnung der Daten, auf denen viele Texte dieses Lehrbuches basieren. Abschließend schlagen wir eine »Gebrauchsanweisung« für die Arbeit mit diesem Lehrbuch vor.

Wenn man sich in Studium oder Weiterbildung mit unterschiedlichen Handlungsfeldern Sozialer Arbeit auseinandersetzt, begegnet man zumeist einer an ethisch-normativen Handlungsorientierungen ausgerichteten Sichtweise. Vor allem wird beschrieben, wie Soziale Arbeit mit Blick auf eine professionelle Grundhaltung *sein soll*. Nun ist es von großer Bedeutung, dass sich Schulsozialarbeiter*innen damit beschäftigen, was gute Soziale Arbeit im Kontext Schule wäre. Professionelle Handlungstheorien wie die Lebensweltorientierung in Form einer »lebensweltorientierten Schulsozialarbeit« (Bolay 2008, S. 147 ff. Speck 2022), Schulsozialarbeit als »Anwältin sozialer Gerechtigkeit« (Baier 2011, S. 87) oder als »Akteurin ganzheitlicher Bildung und Teil kommunaler Bildungslandschaften« (Pötter 2018, S. 26) dienen mit der Formulierung ihrer Ansprüche einer professionsethischen Verortung, geben Orientierung und beugen Fehlern und Missbrauch pädagogischer Macht vor. Ansätze wie eine »stärkenorientierte Schulsozialarbeit« (Wagner/Strohmeier 2023) versuchen Konzepte der Sozialpädagogik in normativer Setzung auf die Schule zu übertragen.

Wir wollen mit unserem Lehrbuch allerdings noch einen anderen Aspekt betonen: Wir werden zeigen, wie die zu Beginn angesprochenen Spannungsfelder, Ansprüche und Widersprüche in der Praxis verhandelt werden oder auch verhandelt werden können. Dabei greifen wir auf den Ansatz des »Doing Social Work« (Aghamiri et al. 2018; Aghamiri 2023) zurück, der als Erfahrungstheorie verstanden werden kann, weil er sich damit beschäftigt, welche Muster, Bedeutungen, Aushandlungen und Vorgehensweisen in der Praxis Sozialer Arbeit sichtbar werden. Dies geschieht in der Praxis mit dem Rückgriff auf Professionstheorien der Sozialen Arbeit, aber auch jenseits von ihnen, z. B. unter Einbezug des Wissens und der Tätigkeit der Adressat*innen oder in Auseinandersetzung mit den Organisationen, in denen Soziale Arbeit agiert. In unserem Fall wären das die Schulsozialarbeiter*innen, aber auch die Kinder und Jugendlichen als Schüler*innen, die Lehrkräfte als Berufsrollenträger*innen sowie die Bedingungen des gesellschaftlichen Systems Schule selbst.

Die Grundfrage, die wir mit dem Lehrbuch bearbeiten wollen, könnte man so formulieren:

- Was tun Schulsozialarbeiter*innen in ihrer alltäglichen Praxis?
- Wie gehen die Schüler*innen mit dem Angebot Schulsozialarbeit um?
- Wie verhandelt die Schulsozialarbeit Interessen und Anliegen mit der Institution Schule?
- Und letztlich: Wie können wir daraus Aufgaben und Handlungsmöglichkeiten der Schulsozialarbeit ableiten? Wie können wir aus Theorie und Felderfahrung für eine zukünftige Praxis lernen?

1.1 Was tun Schulsozialarbeiter*innen?

Ein Kennzeichen professioneller Sozialer Arbeit ist die Reflexion ihres Handelns vor dem Hintergrund wissenschaftlich fundierten Wissens. Dabei verweist aber z. B. Schütze (1992) darauf, dass

> »es die empirischen Tatbestände des professionellen Handelns, der professionellen Handlungsprobleme, (...) der Paradoxien professionellen Handelns, der intuitiv vollzogenen interpretativen Fallanalysen im Arbeitsfeld der Sozialarbeit und Sozialpädagogik – jenseits aller Wünschbarkeit oder Nicht-Wünschbarkeit – immer schon gibt« (Schütze 1992, S. 134).

Das heißt, neben allen normativen und ethisch begründeten Orientierungen und wissenschaftlichen Konzepten findet Soziale Arbeit im Alltag jeweils schon statt, und zwar neben, parallel oder auch verwoben mit wissenschaftlichem Wissen (s. o.). Wie sich Soziale Arbeit in der Praxis nämlich ereignet, ist ein äußerst komplexer Prozess der wechselseitigen Versicherung und Aushandlung von Bedeutung zwischen Professionellen, Adressat*innen und Auftraggeber*innen vor dem Hintergrund struktureller, sozialer Bedingungen und Verabredungen. Wenn man also verstehen möchte, was Schulsozialarbeiter*innen tun, erscheint es geboten, sich der Herstellung von Schulsozialarbeit über eine neugierige Erkundung und Reflexion konkreter Praxissituationen zu nähern.

In diesem Lehrbuch interessiert uns genau diese interaktionistische Perspektive. Es geht uns weniger darum, wie Schulsozialarbeit sein *sollte*, als vielmehr darum, wie sie sich in der jeweils konkret situierten Praxis *ereignet* bzw. herstellt. Dabei ist uns bewusst, dass jegliche professionelle Praxis normative Handlungstheorien als Orientierung *braucht*. Ohne Professionstheorien der Sozialen Arbeit und ihre ethischen und rechtlichen Grundlegungen (vgl. Domes/Sagebiel 2024) wären weder Aufträge noch Ziele und Methoden in der Schulsozialarbeit bestimmbar. Schulsozialarbeit wäre lediglich ein Spielball verschiedenster Anliegen und Wünsche. Allerdings vollzieht sich die professionelle Praxis nicht allein von den wissenschaftlichen Grundlagentheorien inspiriert: Wie wir oben schon angedeutet haben, wird die Praxis der Schulsozialarbeit darüber bestimmt, welche Vorstellung und welches Wissen die Schulsozialarbeiter*innen, die Lehrkräfte, die Schüler*innen, die Schulleitung oder auch die Eltern von einem sozialpädagogischen Angebot, einem nicht formellen Bildungssetting oder allgemein von Sozialer Arbeit im Kontext Schule bereits haben oder vor dem Hintergrund ihres jeweiligen Wissens miteinander entwickeln. Konflikte oder Besonderheiten professionellen Handelns in der Sozialen Arbeit sind maßgeblich gekennzeichnet durch das Hervorbringen einer Praxis in der *Aushandlung zwischen dem professionellen Auftrag, aber auch des Alltagswissens* aller Beteiligten und unterschiedlicher Erfahrungen. Damit wird ernst genommen, dass die Praxis der Schulsozialarbeit nicht die bloße Umsetzung konzeptionell-programmatischer Überlegungen ist, sondern ein lebensweltliches Ereignis, das von allen Beteiligten in der Praxis realisiert wird. Dabei ist es bemerkenswert, dass Schulsozialarbeit – ähnlich wie Schütze es oben beschreibt – aber auch schon mit Bezug auf die jeweiligen Ideen darüber hergestellt wird, was sie kann, soll und tut. Dabei greifen die beteiligten Personen auf das zurück, womit sie sich bereits auskennen, was sie für Erfahrungen gemacht haben und welche Handlungsmöglichkeiten ihnen vertraut erscheinen. Dies gilt für junge Menschen im Kontext Schulsozialarbeit genauso wie für Eltern, Lehrer*innen, Politiker*innen, Sozialarbeiter*innen und andere (die im Übrigen alle auch einmal Schüler*innen waren). Wir wollen Schulsozialarbeit demnach nicht in erster Linie über normative Orientierungen Sozialer Arbeit beschreiben, sondern darüber, was sie (aus-)macht bzw. wie sie gemacht wird.

Dieses Lehrbuch zeigt also aus einer *rekonstruktiven* Perspektive, was Schulsozialarbeiter*innen tun. Dies lässt sich als Entwurf eines Praxiskonzepts, als »Doing Schulsozialarbeit« verstehen. Das *Ist* der Praxis kann wertvolle Hinweise auf das *Soll* geben, ohne die Perspektive des *Soll* bleibt Praxis aber auch beliebig. Wir werden also aus Praxisbeispielen und Praxiserfahrungen jeweils die zentralen Themen der Schulsozialarbeit ableiten und die Aussagen und Ereignisse zu und aus der Praxis vor dem Hintergrund von handlungsleitenden Theorien diskutieren.

1.1.1 Doing Schulsozialarbeit

Wie wir bereits in der Hinführung zu Idee und Aufbau des Lehrbuches begründet haben, betrachten wir das Handlungsfeld Schulsozialarbeit mit dem Fokus darauf, welche Themen und Herausforderungen in konkreten Praxissituationen als zentrale, wiederkehrende Problemstellungen und Handlungsmuster auftauchen und wie sie von den beteiligten Akteur*innen erlebt und gedeutet werden. Dafür führen wir zunächst in aller Kürze in das Konzept des »Doing Social Work« (Aghamiri et al. 2018) ein, das Soziale Arbeit aus einer ethnographisch zugänglichen Praxis heraus theoretisiert und eine sensibilisierende Sicht auf die Verfasstheit Sozialer Arbeit zur Verfügung stellt.

Theorien erklären die Welt: Warum funktioniert etwas so, wie es funktioniert? Was passiert typischerweise in einem bestimmten Handlungsfeld der Sozialen Arbeit? Die Wissensperspektive des »Doing« lehnt sich an die ethnomethodologische Arbeit von Garfinkel (1967) zum »Doing Gender« an, die von Kessler und McKenna (1978) und West und Zimmermann (1987) weiterentwickelt wurde. Doing Gender bezieht sich darauf, dass Unterscheidungen zwischen den Geschlechtern unter Rückgriff auf sozial geteiltes Wissen gemeinsam vorgenommen und festgelegt werden. Im »Doing« setzen sich die Interaktionspartner*innen mit sozialem Wissen sowie mit ihren Interessen und ihrer Interpretation der Situation auseinander. In der Interaktion zwischen den Beteiligten werden Unterscheidungen, etwa über Machtquellen, Rollenerwartungen oder Chancen beständig neu hergestellt, wiederaufgelegt oder angepasst. Dies geschieht unter Bezugnahme auf geteiltes lebensweltliches Wissen, aber auch in der Konfrontation mit ungewohnten Situationen, in denen dieses Wissen getestet, neutralisiert, moduliert oder erweitert wird.

Da Soziale Arbeit jedoch in sehr unterschiedlichen Alltagskontexten stattfindet, müssen die beteiligten Akteure das, was als Soziale Arbeit dort stattfindet, zunächst als solche interpretieren und ihr Handeln an dieser Interpretation ausrichten. In diesem Zusammenhang sind Rollenerwartungen und die Möglichkeiten des eigenen Handelns von besonderem Interesse. Wer hat die Macht, welche Definition der Situation durchzusetzen? Und wie kann er*sie dies in den gegebenen Interaktionsrahmen tun? Mit Blick auf die Schulsozialarbeit oder »Doing Schulsozialarbeit« schauen wir in den verschiedenen Abschnitten des Lehrbuchs also beispielsweise auf die unterschiedlichen Rollen und damit verbundene Machtquellen, die die Institution Schule zur Verfügung stellt, und zwischen denen sich Schulsozialarbeit bewegen und positionieren muss. Lehrkräfte haben z.B. in der Schule recht umfassende strukturelle Machtmittel, wie Notenvergabe oder die Möglichkeit, jemanden aus dem Unterricht zu ›entfernen‹. Schüler*innen haben eher informelle, persönliche Machtmittel, wie Lästern, Unterrichtsstörungen oder Verweigerung. Aber welche Machtquellen hat die Schulsozialarbeit, die sich meist zwischen diesen Akteur*innen bewegt?

Hier zeigt sich eine Besonderheit von Doing Social Work in Bezug auf das »geteilte Wissen«: Sozialarbeiter*innen gehören einer Berufsgruppe an, die ihr professionelles Wissen nicht nur im Zuge des praktischen Handelns (als Berufserfahrung), sondern auch durch wissenschaftlich basierte Ausbildung und Training erwirbt. Dies gilt in der Schule auch für Lehrkräfte, allerdings haben sie dieses Wissen in anderen Curricula als die Sozialarbeiter*innen erworben. Im Gegensatz dazu beziehen sich die Adressat*innen der Sozialen Arbeit hauptsächlich auf lebensweltliches Wissen. Dazu gehören in der Schule alle Schüler*innen und ihre Familien, aber auch Lehrer*innen und Schulsozialarbeiter*innen waren einmal Kinder und besitzen auch Wissen über Schule aus dieser Zeit. Dieses Wissen ist ihnen quasi ‚unter die Haut' gegangen und hat Einzug in das Doing auch über Emotionen und andere körperliche und seelische Wissensbestände gehalten.

Schaut man also auf das »Doing Schulsozialarbeit« spielt die institutionelle Einbettung der Schulsozialarbeit in die Schule eine zentrale Rolle (▶ Kap. 3). In der Schule bezieht sich letztlich *jede* konkrete Situation in der einen oder anderen Weise auf die gesellschaftliche Funktion der Institution Schule, einschließlich der gebündelten Erwartungen an ihre Mitglieder bzw. Rollenträger*innen. So werden

Kinder und Jugendliche in der Schule vor allem in ihrer Schüler*innenrolle (Böhnisch/Lenz 2014, S. 38 ff.) adressiert und müssen sich u. a. den Erfordernissen des Unterrichts anpassen. Das Wissen über und um Schule bestimmt ihre Vorstellung und ihre Handlungsmöglichkeiten, auch in Bezug auf andere Interessen und Bedürfnisse. Wenn Sozialarbeiter*innen z. B. in eine Klasse kommen und dort Übungen zur Stärkung der Klassengemeinschaft machen, greifen die Schüler*innen auf ihr besonderes Institutionenwissen zurück. Was darf man dort tun? Gelten die Unterrichtsregeln noch? Wer sind die ‚neuen', »anderen Erwachsenen« (vgl. Wolf 2002)? Und auch die Schulsozialarbeiter*innen knüpfen an die Möglichkeiten der schulischen Ordnung an bzw. müssen sich an ihr orientieren.

1.1.2 Die Modi der Herstellung Sozialer Arbeit in der Schulsozialarbeit

Mit dem Konzept des »Doing Social Work« (Aghamiri/Streck/Unterkofler 2023) fragen wir also: Wie verhandeln die Beteiligten Soziale Arbeit und welche typischen Interaktionsmuster lassen sich rekonstruieren bzw. verstehend wiederherstellen?

Merkmale der Sozialen Arbeit – die sogenannten »Modi der Herstellung« (Streck et al. 2018, S. 237 ff.) – werden im Sinne der Grounded Theory durch den Vergleich von Feldprotokollen und Interviewdaten rekonstruiert. Sie können auch dem Verständnis und der Reflexion von professionellem Handeln in der Schulsozialarbeit dienen.

Hier lassen sich im Anschluss an Streck et al. (2018) mehrere grundlegende »Modi der Herstellung« von Schulsozialarbeit identifizieren, die eine Leitschnur für die Reflexion und das Verständnis von professionellem Handeln in der Schulsozialarbeit dienen können.

a) Entscheiden in Ungewissheit
   Was hilft den Adressat*innen der Sozialen Arbeit? Was schadet ihnen aber möglicherweise auch? Oft geht es darum, ein *Problem* zu beheben. Gerade in der Schule ist dies die Erwartung vieler Eltern, Lehrkräfte oder auch Schüler*innen an die Soziale Arbeit. Der Umgang mit Zuschreibungen und die Erwartung von Störungen und Risiken bestimmen das Handeln von Professionellen in vielen Feldern der Sozialen Arbeit. Daher ist es ein wichtiger Teil des Auftrags der Fachkräfte, schädliche soziale Situationen zu verhindern. Diese Grundstimmung lässt sich sehr leicht auf die Schule übertragen. Sozialarbeiter*innen erfüllen diese Aufgabe, indem sie zum einen allgemeine Regeln einer besonderen Organisation oder des Zusammenlebens auf die jeweilige Situation anwenden und gleichzeitig versuchen, auf die Einzigartigkeit der Situation einzugehen. Das Handeln ist geprägt durch das ständige Balancieren von Risiken und Verantwortung auf der einen Seite und der Autonomie der Betroffenen auf der anderen Seite. In dieser Ungewissheit sind die Sozialarbeiter*innen gezwungen, Entscheidungen zur Bearbeitung der Situation zu treffen, ohne wissen zu können, was tatsächlich passieren wird.

b) Verwendung von Differenzkategorien
Sozialarbeiter*innen nutzen typisierendes, kategoriales Wissen über Verschiedenheiten. So beziehen sie sich in unterschiedlicher Weise auf Kategorien wie Geschlecht, ethnische Herkunft oder Klasse. Sozialarbeiter*innen nutzen diese Unterscheidungen z. B., um ihre Situationsdefinitionen zu untermauern, Arbeitsaufträge zu legitimieren oder ihre Position als Expert*innen zu unterstreichen. Dabei ist ihr Handeln mit Diskursen und materiellen Bedingungen sozialer Gerechtigkeit verknüpft. Auch diese Bedingung finden wir in Schulen, wenn z. B. benachteiligte Gruppen von Schüler*innen über Differenzmerkmale wie ethnische Herkunft oder soziale Milieus benannt werden und in den Fokus der Schulsozialarbeit geraten.

c) Die Disziplinierung des Alltags
Soziale Arbeit umfasst Settings, die einen unterschiedlichen Grad an Formalisierung von Alltagswelten aufweisen. Dies ist oft gepaart mit ambitionierten pädagogischen Absichten. So werden z. B. beim Essen, Wohnen oder Arbeiten Settings geschaffen, die Machtverhältnisse überhöhen und die Erziehung durch Disziplinierung betonen. Auch solche Situationen kommen in der Schulsozialarbeit vor, wenn z. B. Unterrichtsregeln für die Schulsozialarbeiter*innen zu Bezugspunkten werden.

d) Diffusitäten bespielen
Soziale Arbeit ist durch eine relative Unbestimmtheit gekennzeichnet. Die Fachkräfte müssen umfangreiche Arbeitsaufgaben in unterschiedlichsten Alltagssituationen bewältigen. Diese spiegeln sich auch in unterschiedlichen Rollenmustern sowie in flexiblen räumlichen und zeitlichen Arrangements wider (s. o.). So agieren Sozialarbeiter*innen mitunter wie Freund*innen, Eltern oder Vermittler*innen. In der Schulsozialarbeit sind sie Vertraute, Spielpartner*innen oder auch Erzieher*innen. Die Unbestimmtheit von Situationen ermöglicht es sowohl den Erwachsenen als auch den Kindern und Jugendlichen, Freiräume zu entdecken und für ihre eigenen Angelegenheiten zu nutzen.

Ähnliche Bedingungen der Herstellung von Schulsozialarbeit werden wir in diesem Buch sichtbar machen, reflektieren (vgl. etwa das Konzept der »Zwischenbühne« ▶ Kap. 4) und gemeinsam überlegen, welche Handlungsmöglichkeiten sich für die Schulsozialarbeit ergeben.

1.2 Zugrunde liegende Forschungsmethodologie

Dieses Lehrbuch basiert – anders als andere Lehrbücher – in hohem Maß auf qualitativ-empirischen Daten und deren Analyse. Deshalb ist es wichtig, dass wir uns in knapper Form damit auseinandersetzen, welche grundlegende Idee der Erkenntnisgewinnung damit verbunden ist.

1.2 Zugrunde liegende Forschungsmethodologie

Das generelle Anliegen des Bandes, an den konkreten Interaktionen der Akteur*innen in der Schulsozialarbeit anzusetzen und daraus etwas über die allgemeinen Strukturen des Handlungsfeldes zu lernen, korrespondiert mit der Methodologie der verwendeten Daten.

> **Forschungsmethodologie**
>
> Unter einer Forschungsmethodologie verstehen wir grundlegende Annahmen bezüglich empirischer Erkenntnisprozesse. Etwas zugespitzt: Eine Forschungsmethodologie formuliert aus, »wie wissenschaftliche Arbeit zu erfolgen hat, um Befunde zu erbringen, die mit der Realität übereinstimmen« (Häder 2019, S. 14 f.). Das betrifft sowohl die Datenerhebung, das Sampling (also die Auswahl der Situationen, die beobachtet werden, oder die Personen, die befragt werden sollen) als auch die Analyse der Daten. Aus diesen grundlegenden Annahmen leiten sich dann konkrete Forschungs*methoden* (wie beispielsweise die Erhebung quantitativer Daten mit Hilfe eines quantitativen Fragebogens oder die Erhebung qualitativer Daten im Rahmen von narrativen Interviews) ab.

Die verwendeten Daten entstanden in Forschungsprojekten, denen allen ein starkes Interesse an den konkreten Alltagsinteraktionen in unterschiedlichen Segmenten des Handlungsfelds Schulsozialarbeit zugrunde lag. Aus diesem Grund wurden Forschungsmethoden gewählt, mit denen die konkreten Interaktionsprozesse und das subjektive Erleben der Akteur*innen im Zentrum standen. Das waren in verschiedenen Fällen (Reinecke-Terner 2017; Aghamiri 2015) ethnographische Methoden und des Weiteren narrative Interviews mit Schulsozialarbeiter*innen und Schüler*innen (Kloha 2018).

Am Ende jedes Datenauszuges befindet sich ein Verweis auf die Quelle bzw. das Forschungsprojekt, in dem die Daten erhoben wurden. Eine Übersicht über die verwendeten Quellen des Datenmaterials finden Sie im Anhang.

Im Folgenden werden wir zunächst einen kleinen Einblick in die Besonderheiten der verwendeten Forschungsmethoden geben, um die Aussagekraft der verwendeten Beispiele deutlich zu machen. Eine Bemerkung vorab: Im Lehrbuch werden Ihnen einige der Personen aus den Interviews begegnen. Die persönlichen Informationen zu diesen Personen – also deren Namen, Orte, Institutionen etc. – wurden natürlich sorgfältig nach forschungsethischen Grundsätzen (vgl. Deutsche Gesellschaft für Soziale Arbeit 2020) anonymisiert und maskiert.

1.2.1 Ethnographische Methoden für die Praxisanalyse

Eine zentrale Perspektive ethnographischer Forschung ist, dass soziale Wirklichkeit – in diesem Fall Schulsozialarbeit – eine interaktive Konstruktionsleistung ist. Soziale Wirklichkeit wird also im gemeinsamen Handeln der beteiligten Akteur*innen hergestellt. Das heißt, ein sozialer Ort wie Schule oder Schulsozialarbeit ist nicht einfach objektiv und materiell vorhanden, sondern besteht aus Absprachen, Routinen, Praktiken, Rollen und Bedeutungen, die die Menschen, die sich dort aufhalten, kennen oder teilen müssen, um sich orientieren zu können. Insofern ist der Gegenstand ethnographischer Forschung die soziale Interaktion in spezifischen Situationen (vgl. z.B. Spradley 1980). Ethnograph*innen versuchen nun, die Bedeutungen, die in diesen Handlungen sichtbar werden, nachvollziehbar zu beschreiben und analytisch zu systematisieren. Ethnographische Forschung hat in der Sozialen Arbeit eine lange Tradition, wenn es darum geht, praktische Zustände zu erfassen und so weit zu theoretisieren, dass sie als Denk- und Handlungsgrundlage für eine wissenschaftlich reflektierte Praxis dienen können – so etwa um die Bedeutungszusammenhänge der bürgerlichen Sozialreformen sichtbar zu machen (vgl. Hoff 2012) oder im Rahmen der Chicago School, insbesondere in den Beschreibungen und Analysen von Jane Addams in Hull-House (vgl. Miethe 2012).

Dafür begeben sich die Forschenden direkt in die jeweiligen sozialen Situationen und Handlungsfelder, die auch der Forschungsgegenstand sind. In unseren Fällen waren das beispielsweise Sitzungen eines Gruppenprojektes und eines Klassenrats von Sozialpädagog*innen in einer Grundschule (Aghamiri 2015) oder eine Begleitung über mehrere Monate im Alltag der Schulsozialarbeit an verschiedenen Schulen, im Zuge derer nahezu alle Angebote und Interaktionen der Schulsozialarbeit beobachtet wurden (Reinecke-Terner 2017). Aber auch anderes Datenmaterial aus ethnographischen Praxisforschungs- und Lehrprojekten haben wir in das vorliegende Lehrbuch einbezogen (z.B. Aghamiri et al. 2018; Aghamiri 2023).

Bei ihren teilnehmenden Beobachtungen machen sich die Forscher*innen zunächst Feldnotizen, die sie dann später in detaillierten »dichten« Beobachtungsprotokollen bzw. Beschreibungen dokumentieren (vgl. z.,B. Breidenstein et al. 2020, S. 85ff.). Diese Beobachtungsprotokolle dienen neben anderen Materialien, wie Interview- oder Feldgesprächstranskripten sowie Artefakten bzw. Gegenständen und ‚Fundstücken' aus dem Feld, im Anschluss als Grundlage der Analyse. Beobachtungsprotokolle sind dabei immer schon durch die persönlichen Erfahrungen der Forschenden als Teilnehmer*innen in den jeweiligen Feldern bestimmt. Die Forschenden schreiben das auf, was ihnen sozusagen *ins Auge fällt*. Eine große Herausforderung besteht dabei in der Verschriftlichung von komplexen sozialen Handlungen, die letztlich immer eine Reduzierung und Auswahl erfordert. Hirschauer nennt diese auch die »Schweigsamkeit der Sozialen« (2001, S. 437). Beobachtungsprotokolle beinhalten also immer schon Interpretationen und damit Bedeutungshinweise, die die Forschenden in ihrer Vertrautheit mit dem Feld (manchmal sogar unwissentlich) hineingeschrieben haben. In der Analyse werden diese Bedeutungen später de-, aber vor allem rekonstruiert. Die sozialen Bedeutungen von Handlungen im institutionell gerahmten Kontext können so erst deutlich gemacht werden.

Beispiel

Wenn in Beobachtungsprotokollen aus der Schule oft die Lautstärke beschrieben wird, kann dies als Hinweis darauf verstanden werden, dass es in der Schule eben auch von zentraler Bedeutung ist, wie laut (unruhig) oder leise (konzentriert) eine Klassengruppe wirkt. Dahinter steht nicht nur eine einzelne Regel für eine besondere Klasse, sondern eine komplexe Idee von schulischer Ordnung und Schüler*innenrolle (Aghamiri 2015, S. 125 ff.).

1.2.2 Narrative Interviews

Bei einem weiteren qualitativen Forschungsprojekt, das eine Grundlage für unsere Beispiele bietet (Kloha 2018), bestand die Datengrundlage zum einen aus narrativen Interviews mit Schulsozialarbeiter*innen, in denen sie in ausführlicher und detaillierter Weise über ihre Arbeit mit spezifischen Schüler*innen erzählten. Zum anderen wurden autobiographisch-narrative Interviews (Schütze 1983) mit Schüler*innen, die von Schulsozialarbeiter*innen betreut wurden, geführt.

Die Grundannahme ist hier, dass Erzählungen selbst erlebter Ereignisse (wie etwa eine Fallgeschichte mit einer Schülerin, aber auch Prozesse in der eigenen Lebensgeschichte dieser Schülerin) einen guten Zugang dazu liefern können, wie diese Ereignisse sich im Erleben des*der Erzähler*in widerspiegeln, wie die einzelnen Elemente des interessierenden Prozesses sich im Sinne einer »Erfahrungsaufschichtung« (Schütze 1981, S. 79) aneinanderreihen. Mit anderen Worten: Über solche Erzählungen ist es besonders gut möglich, Prozesse zu rekonstruieren, die sich (anders als dies meistens durch ethnographische Methoden möglich ist) über einen längeren Zeitraum erstreckten, und gleichzeitig dabei die spezifische Perspektive, die subjektiven »Eigentheorien« (Riemann 2010, S. 229) des*der Erzähler*in herauszustellen. Mit anderen Worten: Wie erlebt jemand etwas und welchen Reim macht er sich daraus im Moment, in dem er über diese Erlebnisse erzählt? Gerade der letzte Aspekt erscheint uns hervorhebenswert, da es hierüber u. a. möglich ist, etwas über die Kategorisierungen zu erfahren, die Professionelle im Hinblick auf die Lebenssituationen der Adressat*innen heranziehen (s. o.).

Beispiel

In zahlreichen Interviews mit Schulsozialarbeiter*innen wurden Schüler*innen als »auffällig« kategorisiert. Hier lässt sich nun genauer der Frage nachgehen, ob sich diese Kategorie in erster Linie auf schulische Kriterien (z. B. abfallende Leistungen), die in der Schule sichtbar werdenden Verhaltensweisen oder auf die Alltags- und Familiensituation, von der der*die Schulsozialarbeiter*in erfährt, bezieht (z. B. durch Informationen über familiäre Konflikte).

1.2.3 Grounded Theory als übergreifendes Leitkonzept

Alle drei Forschungsprojekte orientierten sich an dem methodologischen Zugang der *grounded theory* (Glaser/Strauss 1967). Dieser Forschungsansatz, der in den 1960er Jahren von den amerikanischen Soziologen Strauss und Glaser entwickelt wurde (und in der Folgezeit in unterschiedlicher Form von diesen beiden Autoren und weiteren (u. a. Strauss/Corbin 1996) weiterentwickelt wurde), betont die Möglichkeit, aus den erhobenen Daten selbst durch genaue, vergleichende Analysen allgemeine Erkenntnisse (also *Theorie*) über einen Sachverhalt zu gewinnen.

Damit stellt sich dieser Forschungsansatz gegen eine Vorstellung, dass zunächst rein theoretische Modelle von einem Phänomen (also etwa dem Ablauf eines Beratungspräches in der Schulsozialarbeit) entwickelt werden, die dann in der Folge »nur noch« empirisch überprüft werden. Eine solche Perspektive entspricht in hohem Maße unserem Ansatz, dass sich die Praxis Sozialer Arbeit nicht auf vorher eindeutig beschreibbare Muster und Methoden reduzieren lässt, sondern dass das, was Soziale Arbeit (und damit eben auch Schulsozialarbeit) ausmacht, in einer jeweils konkreten interaktiven Praxis, die es zu entdecken gilt, »hergestellt« wird.

1.3 Zur Nutzung des Lehrbuchs: eine »Gebrauchsanweisung«

Die einleitenden Bemerkungen haben bereits deutlich gemacht, dass aus unserer Sicht professionelles Handeln in der Schulsozialarbeit, also das Handeln von Personen in ihrer jeweiligen professionellen Rolle, in hohem Maße Ergebnis von konkreten Interaktionen und Aushandlungen in einem spezifischen Feld ist. Damit einher geht die Überzeugung, dass dieses Handeln – das, was ein*e Schulsozialarbeiter*in in seiner*ihrer Rolle tut – nicht gänzlich in normativen Richtwerten, konzeptionellen Leitlinien, institutionellen Strukturen oder methodischen Handlungsanleitungen aufgeht. Um nicht missverstanden zu werden: Dies bedeutet keineswegs, dass diese Aspekte zu vernachlässigen wären. Im Gegenteil, sie sind äußerst bedeutsam, um die Handlungsspielräume in einem Praxisfeld wie dem der Schulsozialarbeit abzustecken. Aus diesem Grund stellen Lehrbücher wie das von Speck (2022), Spies und Pötter (2011), Stüwe et al. (2017) oder das Praxisbuch von Baier und Deinet (2011) und (Hollenstein et al. 2017) wichtige Eckpunkte im Professionalisierungsprozess des Handlungsfeldes dar. Hier werden Handlungsspielräume ausformuliert, Zuständigkeiten abgesteckt und methodische Zugänge entwickelt. Wie zentrale Leitplanken tragen solche Perspektiven einerseits nach »innen« zur Selbstvergewisserung der Professionellen, andererseits nach »außen« zur Profilbildung und auch Abgrenzung im Kontext des interprofessionellen Handlungsfeldes Schule bei.

Mit dem vorliegenden Lehrbuch verfolgen wir allerdings ein etwas anderes Leitziel. Wir fragen nicht primär danach, welche normativen und konzeptionellen Leitideen das Handlungsfeld prägen, sondern wie innerhalb dieses Feldes und in der Interaktion mit Angehörigen anderer Professionen professionelles Handeln eigentlich entsteht. Dies hat fundamentale Folgen für die grundlegende Anlage dieses Buches. Denn aus einer solchen Perspektive kann es nicht genügen, Lernende mit »fertigen« Konzepten zu konfrontieren. Vielmehr folgt aus dem eben dargestellten Leitziel das didaktische Ziel, Lernende dazu anzuregen, sich Aspekte des Handlungsfeldes eigenständig zu erschließen. Dies sind die Grundlagen für die

1.3 Zur Nutzung des Lehrbuchs: eine »Gebrauchsanweisung«

Bildung einer professionellen Haltung, die sich immer erst im Prozess des konkreten Tuns und der Reflexion dieses Handelns entwickeln kann.

Damit ist auch bereits die grundlegende Struktur der einzelnen Kapitel des Lehrbuchs angedeutet. Je nach thematischer Ausrichtung bestehen diese aus einer unterschiedlich gewichteten Mischung aus zentralem Orientierungswissen zum Handlungsfeld Schulsozialarbeit einerseits und Ausschnitten aus qualitativen Datenmaterialien andererseits, die zeigen, wie die Aushandlung im Feld jeweils vor sich geht oder verstanden wird. In der Beschäftigung mit Letzteren eröffnen sich – so unsere Hoffnung – Möglichkeiten zur Entwicklung eigener ganz praktischer Sichtweisen und der Entdeckung jeweils spezifischer Aspekte von professionellem Handeln, die nicht durch konzeptionelle Rahmungen allein bereits erfasst sind.

Die Teile, in denen die Beschäftigung mit Datenmaterialien im Vordergrund steht, haben eine durchlaufende Struktur:

- Zunächst wird der Datenauszug kontextualisiert: In der Regel handelt es sich hierbei um Auszüge aus ethnographischen Beobachtungsprotokollen oder Interviewtranskripten. An wenigen Stellen werden auch andere, vor allem schriftliche Materialien zur Analyse herangezogen. Es gibt mal mehr, mal weniger umfangreiche Hintergrundinformationen zum*zur Informant*in, zu der konkreten Situation, um die sich der Datenauszug dreht, zum zentralen Thema etc.
- Daraufhin wird der Datenauszug wiedergegeben.
- Daran anschließende Erschließungsfragen stellen ein orientierendes Angebot in der Auseinandersetzung mit dem Datenmaterial dar. Im Sinne unseres Verständnisses von Fallverstehen als einem grundsätzlich offenen Prozess, der viele Überschneidungen mit dem Analyseprozess in qualitativen Forschungsprozessen zeigt (Schütze 1994a), sind diese Fragen aber nur als Einstieg gedacht. Die Hoffnung ist, dass sich Lernende darüber hinaus auch dazu anregen lassen, jeweils eigene Fragen an das Material zu richten. Auch eigene Praxiserfahrungen können vor diesem Hintergrund reflektiert werden und als mögliche Kontrastierungen zu den von uns angebotenen Datenauszügen dienen. Vorschläge, wie eigene Praxiserfahrungen systematisch festgehalten und reflektiert werden können, geben wir im Kapitel 9.
- Die Passage schließt jeweils mit einem Interpretationsangebot, welches wir aufgrund unserer Beschäftigung mit dem Datenmaterial zur Verfügung stellen. Auch hier ist wichtig zu betonen, dass es hier nicht um die »Auflösung« der vorher gestellten Fragen gehen kann und soll, sondern um die Präsentation *einer* möglichen Perspektive auf das Material.

Abschließend noch ein Hinweis zum didaktischen Setting: Sicherlich kann die Beschäftigung mit den Datenauszügen auch jeweils für sich erfolgen. Gerade für Verstehensprozesse wie dem hier skizzierten hat es sich aber bewährt, diese Prozesse in Gruppensettings zu verankern. Der gemeinsame Blick auf solche Daten und die damit einhergehenden Fragen eröffnen zusätzliche Erkenntnismöglichkeiten: Sie ermöglichen eine größere Vielfalt von Perspektiven auf das Material, die Teilnehmer*innen regen sich gegenseitig an und Ideen können gemeinsam »weitergesponnen« werden. Sie sind natürlich auch für Einzelpersonen nutzbar.

Wir beziehen uns hier auf vielfältige Erfahrungen, die insbesondere im Zusammenhang mit dem sozialen Setting der *Forschungswerkstatt* (Beneker 2015; Mangione 2022; Schütze 2015a; Riemann 2006a) gemacht wurden. Somit kann das Format dieses Lehrbuchs auch als Anregung verstanden werden für die Lehre zur Schulsozialarbeit – an Hochschulen, aber auch in Fort- und Weiterbildungen –, damit aus der Perspektive des entdeckenden und forschenden Lernens wichtige Erkenntnisse entstehen können.

Das Buch endet deshalb auch mit einem Kapitel mit konkreten Vorschlägen, wie sich Lernende selbst – auf der Grundlage qualitativ-rekonstruktiver Verfahren der Datenerhebung und -analyse – auf die forschende Suche nach dem machen, was das Handlungsfeld der Schulsozialarbeit ausmacht.

Gut zu wissen – gut zu merken

- Die anspruchsvolle Praxis der Schulsozialarbeit braucht ethisch-normative Grundlagentheorien, um ihr Handeln zu bestimmen.
- Um dieses Handeln aber reflexiv aufzubrechen, zu überprüfen, anzupassen und für eine lebendige interaktive Schulsozialarbeit zu lernen, braucht es den Blick auf konkrete Situationen, wie sie im Alltag des Handlungsfeldes vorkommen.
- Ein forschender Blick hilft uns, die Prozesse in der Praxis besser nachzuvollziehen und ggf. Handlungsalternativen zu entwickeln. Wir entdecken die Schulsozialarbeit auf der Grundlage von Praxis- und Forschungsbeispielen.

Weiterführende Literatur

Aghamiri, K./Reinecke-Terner, A./Streck, R./Unterkofler, U. (Hrsg.) (2018): Doing social work – ethnografische Forschung in der Sozialen Arbeit. Opladen/Farming Hills, MI: Budrich.

Aghamiri, K./Streck, R./Unterkofler, U. (2023): Handlungsfeldübergreifend beobachten und rekonstruieren: Doing Social Work als theoriebildende Perspektive auf Soziale Arbeit. In: Köttig, M./Kubisch, S./Spatschek, C. (Hrsg.): Geteiltes Wissen – Wissensentwicklung in Disziplin und Profession Sozialer Arbeit. Opladen/Berlin/Toronto: Budrich, S. 55–66.

Riemann, G. (2005): Zur Bedeutung ethnographischer und erzählanalytischer Arbeitsweisen für die (Selbst-)Reflexion professioneller Arbeit. Ein Erfahrungsbericht. In: Völter, B./Dausien, B./Lutz, H./Rosenthal, G. (Hrsg.): Biographieforschung im Diskurs. Wiesbaden: VS Verlag für Sozialwissenschaften, S. 248–270.

2 Anknüpfen an Traditionen: Kurze Geschichte der Schulsozialarbeit

> ☞ **Was erwartet Sie in diesem Kapitel?**
>
> Sie bekommen einen Überblick über zentrale historische Entwicklungsstränge der Schulsozialarbeit. Sie werden angeregt, darüber nachzudenken, welche Themen im Verhältnis von Schule und Jugendhilfe die historische Entwicklung durchziehen.

2.1 Das Verhältnis von Schule und Jugendhilfe bis 1945

Die Schulsozialarbeit hat geschichtliche Bezüge, die bis ins 18. Jahrhundert zurückreichen. Von einer professionalisierten Schulsozialarbeit können wir ab dem Beginn des 20. Jahrhunderts sprechen. Damit ist die Soziale Arbeit an Schulen – entgegen einem Verständnis als »neues« Handlungsfeld – eines der ersten zentralen Tätigkeitsfelder von Sozialarbeiter*innen gewesen und somit aufs Engste mit der allgemeinen Professionsentwicklung Sozialer Arbeit verbunden.

Die Geschichte dieses Handlungsfeldes wurde bereits mehrfach dargestellt. Die umfangreichste Darstellung findet sich in der historischen Studie von Aden-Grossmann (Aden-Grossmann 2016), aber auch in anderen Büchern und Artikeln werden wesentliche Bezüge herausgearbeitet (Speck 2022; für die USA: Shaffer 2006). Dies soll an dieser Stelle nicht wiederholt werden. Im Rahmen dieses Lehrbuchs dient ein Blick auf die Geschichte vielmehr dazu, Fragen herauszuarbeiten, die die Professionalisierung des Handlungsfeldes durchziehen und die auch für die aktuelle Diskussion nach wie vor von großer Bedeutung sind.

Es ist kein Zufall, dass die Wurzeln der Schulsozialarbeit (wie die der Sozialen Arbeit insgesamt) mit der Wende vom 19. zum 20. Jahrhundert international in einer Zeit liegen, in der die Folgen einer ungezügelten kapitalistischen Produktionsweise immer offener und als Massenphänomen zutage traten. Die Städte waren geprägt von einem massiven Ausbau industrieller Produktionsweisen. Große Fabriken und Produktionsanlagen entwickelten einen großen Bedarf an Arbeitskräften, was einen enormen Zuzug von Menschen in die Metropolen bedingte. Die weitgehend ungeschützten und ausbeuterischen kapitalistischen Produktionsweisen hatten eine breite Verelendung der Arbeiterschaft zur Folge (Aden-Grossmann 2016, S. 29 ff.; Shaffer 2006, S. 244). Und es war auch eine Zeit, in der der – im deutschen Fall: sehr junge – Nationalstaat zur eigenen Legitimation mehr oder weniger weitreichende Sozialprogramme auflegte.

Die allgemeine Durchsetzung der allgemeinen Schulpflicht müssen wir in diesem Zusammenhang einerseits als Mittel verstehen, Arbeiter*innen eine für den Produktionsprozesse nötige Minimalbildung zukommen zu lassen, und andererseits als den Versuch, über eine zentral organisierte Bildungseinrichtung die Identifizierung breiter Bevölkerungsteile mit dem Nationalstaat zu fördern.

Schule wurde damit zu einer alle Bevölkerungsschichten umfassenden, verpflichtenden Masseninstitution, in der Schüler*innen mit all ihren jeweiligen – z.T. äußerst prekären – Lebensumständen erschienen. Vor diesem Hintergrund ergaben sich für die Geschichte der Schulsozialarbeit zwei wichtige Entwicklungen.

Aus *ideengeschichtlicher Perspektive* wird vielfältige grundlegende Kritik an den vorherrschenden schulischen Strukturen laut. Der Grundtenor kritisierte dabei, dass Schule sich zu starr auf die Funktion des Unterrichtens konzentriere und den Blick auf die jeweiligen Lebensverhältnisse der Schüler*innen verloren habe. Starke Impulse kamen hier aus reformpädagogischer Richtung. So wurde die Forderung nach mehr Gemeinschaftserfahrungen, der stärkere Einbezug praktischen Tuns in schulische Bildungsprozesse und die Ermöglichung selbstständiger Lernerfahrungen, etwa durch Projektlernen, formuliert (vgl. u. a. Link 2011). Daneben wurde aber auch der konkrete sozialpädagogische Auftrag von Schule formuliert und etwa die Zuständigkeit der Lehrkraft für die soziale und familiäre Situation von Schüler*innen unterstrichen oder die sozialräumliche Öffnung von Schule hin zum jeweiligen Stadtteil angeregt (vgl. u. a. Aden-Grossmann 2016, S. 61). Damit verbunden waren Überlegungen hin zu einer ganzheitlichen Ausrichtung von Schule, die sich auch auf eine multiprofessionell-gleichberechtigte Zusammensetzung des Schulpersonals bezog (vgl. Bäumer 1922, S. 158; zit. n. Aden-Grossmann 2016, S. 79).

Aus *institutionengeschichtlicher Perspektive* lassen sich unterschiedliche Ansätze ausmachen, die damit aufgeworfene Frage des Verhältnisses von Schule und Jugendhilfe zu gestalten. Als Antwort darauf, dass die Vereinigung all der damit zusammenhängenden Aufgaben in der Person der – sozialpädagogisch nicht adäquat ausgebildeten – Lehrkraft zu einer Überlastung führte, wurde etwa zu Beginn des 20. Jahrhunderts der Beruf der Schulpflege geschaffen. Diesen an die Schule angegliederten Fachkräften oblag zum einen die Arbeit mit Familien in prekären Situationen, insbesondere zum Ausgleich schulischer Defizite, als auch die Schaffung von Freizeitangeboten in benachteiligten Stadtvierteln (vgl. Aden-Grossmann 2016, S. 45 f.).

Aus institutioneller Perspektive hatten die sich hier abzeichnenden komplexen Aufgabenstellungen zwei zentrale Folgen. Zum einen wurde deutlich, dass damit ein Bedarf nach spezifisch ausgebildeten Fachkräften entstand. Hieraus ergab sich eine zentrale Zielgruppe für die ersten Ausbildungsstätten für Soziale Arbeit – insbesondere in Form der »Sozialen Frauenschulen«. Zum anderen und damit verbunden erfuhr das gesamte Feld der Jugendhilfe einen deutlichen Professionalisierungsschub. Die damit einhergehende Ambivalenz im Hinblick auf das Verhältnis zur Schule wird in pointierter Weise in Form des 1922 erlassenen Reichsjugendwohlfahrtsgesetzes deutlich. Dieses Gesetz – der Vorläufer des KJHG/SGB VIII – vereinheitlichte die Jugendhilfe, insbesondere durch die Schaffung der Jugendämter. Auf der einen Seite wurde darin zum ersten Mal auf nationaler Ebene das Recht auf Erziehung festgeschrieben. Der Jugendhilfe wurde somit eine Funktion zugewiesen, die über eine reine Aufsichts- und Kontrollfunktion hinausging und die Rechte von Kindern und Jugendlichen in den Fokus nahm. Auf der anderen Seite führte diese Professionalisierung jedoch zu einer grundlegenden Trennung von Schule und Jugendhilfe. Im schulischen Bereich kristallisierte sich nachhaltig die Lehrkraft mit der Kernaufgabe des curricular organisierten Unterrichts als »Leitprofession« (Bauer 2014) heraus.

Die Diskussionen um das Verhältnis von Jugendhilfe und Schule und die Versuche, der Jugendhilfe eine eigenständige Rolle in diesem Verhältnis zu geben, setzten sich bis zum Ende der Weimarer Republik fort. Gleichzeitig wurde deutliche Kritik insbesondere am System der Heimerziehung und den z.T. unmenschlichen Verhältnissen in diesen Einrichtungen laut (vgl. Kuhlmann 1989, S. 26 ff.).

Der Beginn des nationalsozialistischen Regimes 1933 hatte unmittelbare Auswirkungen auf Institutionen im Bildungs- und Sozialbereich. Festgehalten werden kann in aller Kürze, dass die »Machtergreifung« auf der einen Seite massive Einschnitte bedeutete. So wurden viele Akteure, die sich beispielsweise während der Weimarer Republik für Reformen im Verhältnis von Schule und Jugendhilfe bemühten, entlassen, inhaftiert, sie emigrierten und viele von ihnen wurden ermordet (vgl. Aden-Grossmann 2016, S. 83 ff.). Gleichzeitig konzentrierten sich die Verantwortlichen im NS-Apparat unmittelbar darauf, sowohl Jugendhilfe als auch die Schule zu Instrumenten ihrer rassistischen Ideologie und zu Mitteln der Auslese (und letztlich: Ausgrenzung und Vernichtung) von »volksschädlichem« und »lebensunwertem« Leben zu machen (vgl. hierzu die detaillierte Studie zur Fürsorgeerziehung von Kuhlmann 1989; für die Auslesefunktion der Volksschule siehe Link 2011, S. 82; darüber hinaus Schnurr/Steinacker 2011). Und hier zeigte sich, dass es in beiden Feldern – neben wichtigen Beispielen für Widerstand – ein hohes Maß an Bereitschaft gab, sich zum Instrument dieser Ideologie machen zu lassen (vgl. u.a. Richter 2008, S. 450). Somit lässt sich festhalten, dass die Phase der nationalsozialistischen Herrschaft trotz all ihrer menschenverachtenden Ideologie und ihrer Verbrechen für Schule und Jugendhilfe nicht den vollständigen Bruch mit der Zeit vorher bedeutete, sondern dass es vielfältige personelle und ideologische Kontinuitäten gab.

2.2 Entwicklung nach 1945

Die Niederlage des NS-Regimes bedeutete zunächst die Befreiung von einer menschenverachtenden Ideologie. Gleichzeitig waren große Bevölkerungsteile mit dem Zusammenbruch ihrer materiellen Existenzgrundlage und auch der ideologischen Ausrichtung ihres bisherigen Lebens konfrontiert. Dies prägte auch die Ausrichtung von Schule und Jugendhilfe nach 1945. So stand zunächst im Vordergrund, die unmittelbare Not zu bewältigen, pädagogische Institutionen wieder arbeitsfähig zu machen und gleichzeitig zu »demokratisieren« (was u. a. mit der Entlassung einer großen Zahl an Lehrkräften verbunden war). Angesichts dieser Notwendigkeit, unmittelbare Not zu überwinden, aber auch im Kontext eines gesamtgesellschaftlichen Klimas, in dem die Schaffung von Stabilität hohe Priorität bekam (was auch eine Auseinandersetzung mit eigener Schuld und Verstrickung während des NS-Regimes erschwerte bzw. verhinderte), blieben wenig Spielräume für Neujustierungen der Aufgaben und des Verhältnisses von Schule und Jugendhilfe. Beide pädagogischen Felder waren von einer stark »normierenden« und »paternalistischen« Orientierung geprägt, in dem die Integration in soziale Strukturen hohe Priorität erlangte, was mit einem hohen Grad an sozialer Kontrolle »abweichender« Verhaltensweisen einherging (Richter 2008, S. 451). Gleichzeitig setzten Schule und Jugendhilfe die Kontinuität getrennter Entwicklungen fort. Die Jugendhilfe »betont ihre Eigenständigkeit und Selbstständigkeit« (Aden-Grossmann 2016, S. 101). Mit anderen Worten: »In den Jahren von 1945 bis zum Ende der sechziger Jahre wird die Frage nach der Zusammenarbeit von Jugendhilfe und Schule fast nie gestellt« (ebd.).

2.3 Entwicklung in der DDR

Das Verhältnis von Jugendhilfe und Schule in der DDR war in hohem Maße von dem Versuch geprägt, alle Aktivitäten der Jugendarbeit organisatorisch zu bündeln und ideologisch an der »Schaffung des neuen Menschen« (Richter 2008, S. 453) auszurichten. Eine zentrale Rolle kam dabei dem bereits in den Jahren nach 1950 gegründeten Amt für Jugendfragen und der staatlichen Jugendorganisation FDJ zu. Die Jugendhilfe im engeren Sinn übernahm dabei zunehmend kontrollierende und sanktionierende Aufgaben bei wahrgenommenen Verhaltensabweichungen von Kindern und Jugendlichen und geriet »in ein einseitiges Unterstützungsverhältnis schulischer Erziehungsarbeit« (ebd.). Kennzeichnend für die DDR (im Kontrast zur BRD) war dabei der flächendeckende Ausbau von Hortbetreuung an den Schulen als Regelangebot. Auch dieses Angebot war geprägt von einem Spannungsverhältnis zwischen alternativen Lernsettings jenseits des Unterrichts und »Zuarbeit« zu schulpädagogischen Angeboten, etwa durch Hausaufgabenzeit. Bei allen Versuchen, Freiräume gegenüber dem Unterricht zu schaffen, blieb jedoch die verbindende Orientierung an dem ideologischen Ziel der »Entwicklung der ›sozialistischen Persönlichkeit‹« (Aden-Grossmann 2016, S. 163) stets bestehen. Schulsozialarbeit dagegen als explizite professionelle Rolle gab es nicht. Aufgrund nach wie vor nicht vorhandener Forschung zu diesem Themenbereich ist es kaum möglich, verlässliche Aussagen dahingehend zu treffen, welche anderen professionellen Akteur*innen (Lehrkräfte, Pionierleiter*innen) an Schulen gegebenenfalls Teilaufgaben von Schulsozialarbeit »informell« übernahmen.

2.4 Aufbruch ab den 1970er Jahren

Konzeptionelle Diskussionen und Reformprozesse im Bildungsbereich ab Mitte der 1960er Jahre wurden für die Entwicklung von Schulsozialarbeit äußerst bedeutsam. Die Komplexität dieser Prozesse, die u. a. unter dem Begriff der »Bildungsreform« firmieren, kann hier auch nicht ansatzweise dargestellt werden. Wir wollen uns auf für die Entwicklung von Schulsozialarbeit zentrale Aspekte beschränken. Dies sind zunächst konzeptionelle und praktische Diskurse im Bereich der Jugendhilfe und Sozialpädagogik. Ab Ende der 1960er Jahre wurden hier Stimmen lauter, die forderten, den Fokus nicht nur auf die »problematischen« Kinder und Jugendlichen zu richten, sondern gleichermaßen die Institutionen als (Mit-)Verursacherinnen von prekären Lebenssituationen kritisch zu betrachten. Neben den Institutionen der Jugendhilfe (vor allem der Heimunterbringung) geriet hier auch die Schule als Zwangsinstitution in den Fokus (vgl. Tillmann 1987). Zum anderen waren es konkrete Entwicklungen auf schulpädagogischer Seite, die die Bereitschaft zur Zusammenarbeit mit sozialpädagogischen Fachkräften in der Schule förderten. An erster Stelle zu nennen ist hier die Einführung der Gesamtschule. Diese Schulform (vgl. hierzu u. a. Gehrmann 2012) mit ihrer Integration verschiedener Schularten umfasste in der Regel eine Ganztagsbetreuung. Gleichzeitig waren die einzelnen Schulen von einer viel größeren Schülerzahl geprägt als herkömmliche »Einzelschulen«. Dies bedeutete für den Schulalltag zunächst schlicht einen höheren Betreuungsbedarf (u. a. in den nicht unterrichtlich organisierten Bereichen der Ganztagsbetreuung). Gleichzeitig entstand jedoch auch ein höherer »Problemdruck« dadurch, dass Schule vermehrt zum zentralen Lebensort von Schüler*innen wurde und somit auch vielfältige Probleme (z. B. familiärer Art) in der Schule sicht- und greifbar wurden (vgl. Speck 2022, S. 12). Zusammenfassend lässt sich also sagen, dass die Einrichtung von Schulsozialarbeit in einem Spannungsfeld hoher Erwartungen stattfand, verbunden mit bildungssystemkritischen Perspektiven einerseits und praktischen Notwendigkeiten zur Aufrechterhaltung des Systems Schule (in einer reformierten Form) andererseits. Diese Ausgangslage ging an den Schulsozialarbeiter*innen nicht spurlos vorbei.

Sichtbar wird dies in den folgenden Auszügen aus einem Interview mit der Schulsozialarbeiterin Frau Franz. Sie begann nach ihrem Studium und einer kurzen beruflichen Station in der Jugendhilfe Mitte der 1970er Jahre an einer großen

2 Kurze Geschichte der Schulsozialarbeit

Integrierten Gesamtschule in einer norddeutschen Großstadt als Schulsozialarbeiterin zu arbeiten, gemeinsam mit ca. fünf weiteren Fachkräften. Sie arbeitete damals und bis zu ihrer Pensionierung in diesem Handlungsfeld und in schulischer Trägerschaft (▶ Kap. 3).

Wir betrachten im Folgenden zwei Interviewauszüge, in denen wir etwas über ihr damaliges Rollenverständnis und ihre Positionierung im Schulsystem erfahren können. Bitte lesen Sie sich beide Interviewtranskripte durch und bearbeiten dann die sich anschließenden Fragen, bevor Sie unser Interpretationsangebot betrachten.

Im *ersten Interviewauszug* geht sie auf die damalige Orientierung der Fachkräfte ein:

> »Wir waren hochmotiviert, dieses neue Schulprojekt also der Welt zu beweisen, man braucht kein dreigliedriges Schulsystem, man muss die Kinder nicht so früh trennen, die Kinder haben Entwicklungspotenzial, das, das können wir auch beweisen, dass einer mit einer Hauptschulempfehlung in die fünfte Klasse kommt und macht am Ende Abitur, weil er sich ab der siebten oder ab der neunten Klasse plötzlich so entwickelt hat, und, der war einfach langsamer, als, als sein Nachbar.«
> (Interview Bärbel Franz; Quelle: Kloha 2021)

Im *zweiten Transkriptauszug* schildert sie anhand eines Erlasses der Landesregierung die Position, die darin aus ihrer Sicht den damaligen Schulsozialarbeiter*innen zugewiesen wurden:

> »Und der Erlass damals, da stand also jetzt sinngemäß drin, wörtlich kann ich das nicht zitieren, der war das war sowas von lehrerlastig, da stand drin dass wir irgendwie Hilfskräfte der Lehrer sind. Also das war auch diese Hierarchie war auch festgelegt per Erlass dass wir unterstützen sollen im Unterricht. Und überhaupt in der Organisation und so weiter. (.) Da war kein eigenes Konzept nötig.«
> (Interview Bärbel Franz, Z. 521–530)

Reflexionsanregungen

- Welches Selbstbild dieser frühen Schulsozialarbeiterin wird im ersten Ausschnitt deutlich? Durch welche sprachlichen Mittel bringt sie dieses Selbstbild zum Ausdruck?
- Wie erlebt sie dagegen den durch ein offizielles Dokument zum Ausdruck gebrachten Außenblick auf ihre Berufsgruppe?
- Was trägt möglicherweise zu einer solchen Divergenz der Sichtweisen bei? Was erfahren wir über den Professionalisierungsgrad der Berufsgruppe?

Interpretationsangebot

Die Selbstsicht der Schulsozialarbeiterin ist zunächst von einer klaren und sehr umfassenden bildungspolitischen Perspektive geprägt. Das Ziel, das hier zum Ausdruck kommt, ist nicht weniger als die Veränderung des Schulsystems durch Schulsozialarbeit. Bereits mit der Verwendung des »Wir« markiert die Erzählerin hier, dass sie sich als Teil einer kollektiven Bewegung gesehen hat. Ihre berufliche Tätigkeit bekommt eine Bedeutung, die über die konkrete Aufgabe vor Ort hinausgeht, es gibt eine bildungspolitische »Mission«: ein durchlässigeres Schulsystem, das zum Aufbrechen sozialer Benachteiligungen beiträgt. Dies entspricht den hohen gesellschaftspolitischen Erwartungen, die damals mit einzelnen Schritten der Bildungsreform verbunden waren.

Diese Perspektive wird im zweiten Abschnitt mit der bildungspolitischen Alltagsrealität kontrastiert. In einem Erlass des Ministeriums, einem offiziellen und für die konkrete Arbeitssituation der Schulsozialarbeiter hoch relevanten Dokument, wird ihrer Berufsgruppe eine »Hilfsfunktion« im Hinblick auf die traditionell stärkste Berufsgruppe der Lehrkräfte zugewiesen. Die Schlüsselwörter sind hier »Hilfskräfte« und »unterstützen«. Es findet aus Sicht der Erzählerin eine klare Rollenzuweisung statt: Schulsozialarbeiter*innen arbeiten Lehrkräften zu. Diese Perspektive lässt sich verallgemeinernd fassen: Entgegen den umfassenden bildungspolitischen Hoffnungen stützt Schulsozialarbeit ein relativ veränderungsresistentes Schulsystem.

Diese erste Phase des Ausbaus von Schulsozialarbeit in der BRD ist also geprägt einerseits von einer rahmenden theoretisch-konzeptionellen Diskussion um die Rolle von Schule und die Aufgabe von Jugendhilfe und Schulsozialarbeit innerhalb von Schule. Andererseits finden wir eine konkrete Praxisentwicklung, die – wie Aden-Grossmann treffend formuliert – »der theoretischen Diskussion weit vorauseilt« (2016, S. 115) und die in hohem Maß von konkreten Sachzwängen geprägt war. Insbesondere war dies ein stark gestiegener Personalbedarf aufgrund von erhöhten Betreuungsnotwendigkeiten durch die Errichtung von Ganztagsangeboten in Gesamtschulen.

Diese Entwicklung korrespondierte mit der Ausbildungssituation von Sozialarbeiter*innen insgesamt, die gerade erst an die neu gegründeten Fachhochschulen verlagert wurde. Auch hier verbanden sich große gesellschaftspolitische Entwürfe mit einem noch kaum entwickelten professionellen Selbstbild (vgl. Engelke/Spatscheck/Borrmann 2016, S. 100f.).

Die weitere Entwicklung ab den 1980er Jahren war von zwei z. T. gegenläufigen Prozessen geprägt. Zum einen kam der schulische Reformprozess zum Erliegen, was vor allem an einem Stopp des Ausbaus bzw. dem Rückgang von Gesamtschulen deutlich wurde, die bisher das »Einfallstor« (Tillmann 1987, S. 387) der Schulsozialarbeit darstellten. Zum anderen konsolidierten sich gleichzeitig die bestehenden Projekte von Schulsozialarbeit. Insbesondere fand eine fachliche und konzeptionelle Fundierung und Ausdifferenzierung und eine Zunahme an Forschungsaktivitäten, etwa in Form von Evaluationsstudien zu einzelnen Projekten, statt. Deutlich werden in diesen Studien Themen und Problemstellungen, die nach wie vor die Diskussion der Schulsozialarbeit prägen, so etwa die Abgrenzung von und Kooperation mit Lehrkräften (vgl. Faulstich-Wieland/Tillmann 1984). Als zentrales Aufgabengebiet der Schulsozialarbeit bekommt angesichts eines äußerst angespannten Ausbildungsmarktes die Unterstützung beim Übergang von der allgemeinbildenden Schule in eine Berufsausbildung besonderes Gewicht (vgl. u. a. Kersting 1985).

Ein wichtiger Impuls war die Einbindung der Diskussion um Schulsozialarbeit in ein Verständnis einer »lebensweltorientierten« Jugendhilfe, wie es u. a. im 8. Jugendbericht der Bundesregierung ausformuliert wurde (Bundesministerium für Jugend, Familie, Frauen und Gesundheit 1990). Ausgehend von einem Verständnis von Schule als einem Ort, an dem vielfältige Lebenssituationen von Schüler*innen sichtbar werden, wird hier betont, dass Schulsozialarbeit neben freizeitpädagogischen Angeboten immer auch Beratungsangebote vorhalten müsse. Damit einher geht eine verstärkte Orientierung (und Eingrenzung der Aufgaben) von Schulsozialarbeit an den Lebenslagen »benachteiligter« Schüler*innen im Sinne des § 13 SGB VIII (vgl. Schumann/Sack/Schumann 2006, S. 21 f.). Gleichzeitig wurde die Diskussion um die gegenseitige Öffnung von Jugendhilfe und Schule (Stüwe/Ermel/Haupt 2017, S. 23) wieder aufgenommen, ohne dass dies allerdings am faktischen Ungleichgewicht dieser beiden Bereiche in der konkreten Praxis fundamental etwas änderte.

Was sowohl den quantitativen Ausbau von Schulsozialarbeit als auch die fachlich-konzeptionelle Diskussion bis heute am nachhaltigsten beeinflusste, waren die bildungspolitischen Diskurse und Maßnahmen im Anschluss an die erste Pisa-Studie 2001. Hier ist an erster Stelle der flächendeckende Ausbau von Ganztagsschulen im Kontext des Investitionsprogramms der Bundesregierung »Zukunft, Bildung und Betreuung« zu nennen. Neben einer Vielzahl an Landesprogrammen, die zur Einrichtung von Schulsozialarbeit (unter vielfältigen Begriffen, für eine Übersicht siehe u. a. Stüwe/Ermel/Haupt 2017, S. 24) führten, wurden in diesem Kontext die Diskussionen um eine Erweiterung des Bildungsbegriffes um nonformale und informelle Bildungsprozesse wirksam (vgl. u. a. Rauschenbach 2007). So wurde auf vielfältige Bildungsformen jenseits von Unterricht verwiesen und damit verbunden auf die Verantwortung vielfältiger Akteure für deren Ausgestaltung – auch am Ort der Schule (vgl. u. a. Deutscher Städtetag 2007). Schulsozialarbeit wurde aus dieser Perspektive heraus zu einem zentralen Akteur bei der Initiierung und Begleitung von Bildungsprozessen am Ort der Schule. In gewisser Weise wurden hierdurch die vielfältigen Angebote, die das Handeln von Schulsozialarbeiter*innen bereits seit ihren Anfängen geprägt hatten, konzeptionell neu gerahmt. Gleichzeitig verschwanden damit jedoch nicht die Herausforderungen: Schulsozialarbeit steht nach wie vor vor der Herausforderung, ein eigenes Profil und eine eigene Rolle zu finden, insbesondere in ihrer immer noch nachrangigen Position im Verhältnis zur dominierenden Profession der Lehrkräfte. Aber auch das Verhältnis zu den anderen, neu dazu gekommenen Berufsgruppen, insbesondere den Fachkräften der Ganztagsschulen wie etwa Erzieher*innen oder z. T. pädagogisch gering qualifizierten Quereinsteiger*innen, ist nach wie vor ungeklärt und kaum empirisch beleuchtet (vgl. u. a. Speck 2022).

Auch in der aktuellen Bildungspolitik zeigt sich die Ambivalenz zwischen Eigenständigkeit und Instrumentalisierung des Arbeitsfeldes. So verpflichtet sich die Bundesregierung im Koalitionsvertrag von 2021 auf die nachhaltige Förderung von Schulsozialarbeit im Rahmen des Programms »Startchancen« (Bundesregierung 2021). Diesem voluminösen Förderprogramm liegen aber gleichzeitig stark von einer schulischen Leistungslogik geprägte Ziele zugrunde, auf die auch die Einbeziehung multiprofessioneller Fachkräfte ausgerichtet ist (Bundesministerium für Bildung und Forschung 2023).

Das Handlungsfeld Schulsozialarbeit stellt sich zudem nach wie vor nicht einheitlich dar. Es gibt beispielsweise keine eindeutige Statistik zur Verbreitung von Schulsozialarbeit in ganz Deutschland. Darüber hinaus liegt die schon lange bestehende Schwierigkeit darin, die Vielfalt der Trägerschaften zu erfassen. Es gibt verstetigte, also unbefristete Stellen sowie die unbefristeten Stellen der verschiedenen Landes- und Bundesprogramme. Die Entwicklung eines Konzepts zur umfassenden Statistik wurde allerdings schon vor Jahren vorgeschlagen (vgl. Iser/Kastirke/Lipsmeier 2013).

Kommen wir abschließend zu den eingangs formulierten Fragen zurück: Welche Bedeutung bekommt Schulsozialarbeit im Kontext von Schule als zentralem Lebensort von Kindern und Jugendlichen? Der – zugegebenermaßen sehr grobe – geschichtliche Überblick hat gezeigt, dass sich hier eine zentrale Ambivalenz durchzieht. Schulsozialarbeiter*innen waren und sind bemüht, innerhalb des Lebensraums Schule für Schüler*innen Freiräume zu eröffnen und Erfahrungen zu ermöglichen, die im Rahmen des üblichen Unterrichtssettings verschlossen bleiben. Die konzeptionelle Ausdifferenzierung, die zunehmende institutionelle Verankerung und das gewachsene professionelle Selbstbewusstsein von Schulsozialarbeiter*innen haben diese Perspektive gestärkt. Gleichzeitig muss aber konstatiert werden, dass die Beiträge von Schulsozialarbeit die zentrale Stellung von formalen Lernarrangements nicht grundlegend öffnen konnten. Dies bedeutet für die Rolle von Schulsozialarbeiter*innen, dass ihr professionelles Handeln nach wie vor stark von situativen Aushandlungsprozessen bezüglich ihrer Zuständigkeiten, Aufgaben und Handlungsweisen geprägt ist. Um noch einmal auf die Aussage von Frau Franz zurückzukommen: Schulsozialarbeit ist nach wie vor in ein Spannungsverhältnis zwischen einer Neugestaltung von Schule einerseits und der Instrumentalisierung durch schulische Strukturen andererseits eingespannt.

> **Gut zu wissen – gut zu merken**
>
> - Schulsozialarbeit hat eine lange Geschichte und ist eng in Aushandlungen zum Verhältnis von Schule und Jugendhilfe eingebunden.
> - Die Entwicklung von Schulsozialarbeit ist geprägt von Machtverhältnissen. Schulsozialarbeit stand hier immer in einem Spannungsverhältnis zwischen der eigenständigen Schaffung von Bildungs- und Unterstützungsangeboten einerseits und der Instrumentalisierung für schulische Zwecke andererseits.

> **Weiterführende Literatur**
>
>
> Aden-Grossmann, W. (2016): Geschichte der sozialpädagogischen Arbeit an Schulen: Entwicklung und Perspektiven von Schulsozialarbeit. Wiesbaden: Springer VS.
> Shaffer, G. L. (2006): Promising School Social Work Practices of the 1920 s: Reflections for Today. In: Children & Schools 28, S. 243–251.

3 Herausforderungen der institutionellen Einbindung

> ☞ **Was erwartet Sie in diesem Kapitel?**
>
> Es erfolgt ein Einblick in die Bedeutung der Einbindung von Schulsozialarbeit in die institutionellen Strukturen von Schule und der Herausforderung des Umgangs mit Ambivalenzen, die damit jeweils für das professionelle Handeln verbunden sind.

Wenn wir von der institutionellen Einbindung in der Schule oder auch dem Wirken innerhalb der Schule sprechen, dann meinen wir damit immer einen Ort, der aufgrund der institutionellen Bestimmungen tagtäglich Schüler*innen verpflichtet, diesen Ort aufgrund der Schulpflicht zu besuchen. Ebenso können wir hier natürlich auch von dem in den Menschenrechten und Gesetzgebungen verankerten Recht auf Bildung sprechen, denn durch die Schulpflicht soll auch sichergestellt werden, dass Schule alle Kinder erreicht und damit auch allen Kindern eine umfassende Bildung ermöglicht. Zudem ist Schule der Ort, an dem Noten vergeben und damit spätere gesellschaftliche Zuweisungen (Allokation) bestimmt werden. Diese Allokation (Fend 1981) ist schließlich ein Ausdruck der Vergabe von Lebenschancen. Auch wenn mit dem zweiten Bildungsweg noch Weiterentwicklungen möglich sind, so sind diese ersten Jahre in der Institution Schule für die meisten Kinder und Jugendlichen zukunftsentscheidend. Ein zweiter, damit zusammenhängender zentraler Begriff ist die »Selektion«. Denn Noten und Zuweisungen, auch zu bestimmten Schulformen, wie dem Gymnasium, der Oberschule oder bestimmten Maßnahmen innerhalb des Berufsbildungssystems, selektieren Kinder und Jugendliche im Laufe ihrer Schullaufbahn (Fend 2009). Doch sind nicht nur die Noten oder die Bewertungen des Arbeits- und Sozialverhaltens entscheidend, sondern vor allem das in Deutschland immer noch bestehende drei- bzw. viergliedrige Schulsystem. Dies führt allein bei der Wahl oder Zuweisung zur Schulform zur Differenzierung von Schüler*innen. Auch, wenn grundsätzlich immer ein Wechsel in andere Schulformen möglich ist, verweilen sie zunächst in einer ›Einbahnstraße‹, in der, mit Ausnahme der Schulform der integrierten Gesamtschule, der (erste) Abschluss bereits vorbestimmt erscheint.

Wir haben zudem in der Bundesrepublik Deutschland eine föderale Struktur, was bedeutet, dass die einzelnen Bundesländer die Hoheit über die jeweiligen Schulformen haben. Somit gibt es föderalismusbedingt unterschiedliche Bezeichnungen der Schulformen, was sich an der folgenden Auflistung der Ausdifferenzierungen zeigt, die keine Vollständigkeit verspricht.

3 Herausforderungen der institutionellen Einbindung

Wir unterscheiden folgende Schulformen:

- Grundschulen
- Haupt- und Realschulen, vielerorts gibt es inzwischen auch zusammengefasste, kooperierende Systeme wie die »Oberschule«
- Gymnasien, die für die Kinder, die es nicht schaffen, auch zu einer »Abschulung« führen, indem sie bei ausbleibender Schulleistung auf eine in der Hierarchie tiefer liegende Schulform verwiesen werden
- (Integrierte) Gesamtschulen, in der alle Kinder (mit Hauptschul-, Realschul-, Gymnasial- und auch Sonderschulzuweisung) gemeinsam miteinander lernen, aber auch innerhalb dieses Systems differenziert werden, dort in den meisten integrierten Gesamtschulen, aber auch bis zum Abitur bleiben können
- Förderschulen (so denn sie nicht in die inklusive Schule übergeführt worden sind)
- Berufsbildende Schulen

Sehr hervorzuheben ist das Bestreben der Entwicklung einer »Inklusiven Schule«. In dieser Schulform werden alle Kinder unabhängig von ihrem Leistungsstand und Förderbedarf gemeinsam beschult. Dies ist nicht nur eine Schulentwicklungsidee, sondern eine durch die UN-Behindertenrechtskonvention (UN-BRK) vorgelegte Pflicht (Beauftragter der Bundesregierung für die Belange von Menschen mit Behinderungen o.J.). Die weit vorher erschienene Salamanca-Erklärung ging mit ihren Forderungen noch viel weiter (UNESCO 1994) und bezog sich explizit auf »alle« Kinder, »unabhängig von ihren psychischen, intellektuellen, sozialen, emotionalen, sprachlichen oder anderen Fähigkeiten«. Dieses Konzept zielte auf eine »Pädagogik der besonderen Bedürfnisse« (ebd.), die vor allem »kindgerecht« sein soll (ebd.). Dieser fähigkeitsorientierte Ansatz liest sich bedürfnis-, aber nicht defizitorientiert und stellt somit auch für die Schulsozialarbeit eine bedeutsame Begründung eines lebensweltorientierten Ansatzes dar. Eine »Schule für alle« gliedert Kinder nicht in verschiedene Schulformen auf. Doch in Deutschland wird Inklusion, auch in Anlehnung an die UN-BRK, immer noch als Prinzip verstanden, welches bestimmte Förderbedarfe festlegt. Zugleich erscheint es widersprüchlich, Kinder und Jugendliche in einem separierenden dreigliedrigen Schulsystem zu »inkludieren«. Denn Inklusion auf dem Gymnasium hat eine andere Ausrichtung als Inklusion auf einer Gemeinschaftsschule oder Oberschule. Dabei ist es also vor allem die Schulform, die separiert, was niemals dem Anspruch einer echten Inklusion genügen kann.

Natürlich hat auch die institutionelle Entwicklung der »Schule als inklusive Schule« eine Auswirkung auf das Handeln der Schulsozialarbeit (vgl. Haude/Volk/Fabel-Lamla 2018; Fabel-Lamla/Reinecke-Terner 2015; Reinecke-Terner/Kloha 2025). Dies wird ansatzweise – hier im Hinblick auf die Zusammenarbeit in multiprofessionellen Teams – auch im Kapitel zur Inklusion thematisiert (▶ Kap. 7.1.3).

Ein weiterer Blick in Bezug auf die institutionelle Einbindung ist auf das Handeln der relevanten Akteur*innen in der Schule zu richten, um danach die Rolle der Schulsozialarbeit in diesem Gefüge zu diskutieren.

Beginnen wir mit den *Lehrkräften:* Die oben beschriebenen Mechanismen (Selektion, Allokation, Differenzierung) und Strukturbedingungen (Schulpflicht, bestimmte Schulform) führen zu asymmetrischen Verhältnissen zwischen Lehrkraft und Schüler*innen. Denn Lehrkräfte betreuen die Schüler*innen in einem bestimmten Klassensystem tagtäglich, je nach Schulfach wechselnd, in einer festen Gruppe, die sich die in der Regel Schüler*innen nicht selbst ausgesucht haben. Lehrkräfte sind die ersten Ansprechpersonen, genauso ›überwachen‹ sie die schulischen Vorgaben (Anwesenheitskontrollen, Pünktlichkeit, Arbeits- und Sozialverhalten). Sie führen Elterngespräche bei Problemlagen, aber auch turnusmäßig, auch ohne den Anlass von schulischen Problemen zu Elternsprechtagen. Bei den Adressat*innen der Schulsozialarbeit geht es vielfach um schulisches Versagen oder ein ›nicht angepasstes‹ Sozialverhalten. Aber immer werden auch allgemeine Bedarfe und Problemlagen der Kinder- und Jugendlichen behandelt. Dies deutet bereits an, warum nichtschulische Systeme (wie eben die Kinder- und Jugendhilfe) notwendige Kooperationspartner*innen sind. Die Schulsozialarbeit ist die intensivste Form dieser Kooperation (Speck 2022), das gilt auch, wenn sie unter schulischer Verantwortung stattfindet, wie etwa in Niedersachsen oder Nordrhein-Westfalen, da auch diese Konzepte immer den Prinzipien und Handlungsweisen der Kinder- und Jugendhilfe entsprechen müssen.

Ein weiterer Fokus ist somit auf die *Schulleitungen* zu richten. Schulleiter*innen sind innerhalb ihrer Schulen, für die sie die Verantwortung tragen, weisungsbefugt. Je nach Anstellungsträgerschaft haben sie somit starken (konzeptionellen) Einfluss auf das Handeln der Schulsozialarbeit in der jeweiligen Schule.

Im Verlauf dieses Kapitels werden anhand unterschiedlicher Anregungen exemplarische Schwierigkeiten und Chancen der konzeptionellen Einbindung der Schulsozialarbeit in die Institution Schule genauer betrachtet.

3.1 Die Frage der Trägerschaft

Um die grundsätzliche ›Verortungsthematik‹ zu verstehen, ist zunächst eine Einführung in die Konstellation unterschiedlicher Trägerschaften notwendig.

Die Trägerschaft der Schulsozialarbeit ist in Deutschland unterschiedlich geregelt. In der Regel werden drei zentrale Formate unterschieden (vgl. u. a. auch Speck 2022, S. 100 ff. Stüwe/Ermel/Haupt 2017, S. 220 ff.):

- die öffentliche/kommunale Kinder- und Jugendhilfe
- freie Träger und Wohlfahrtsverbände (überwiegend der Kinder- und Jugendhilfe)
- die Schulsozialarbeit unter schulischer Verantwortung (in der Fachliteratur ist vielfach noch die Rede von einer schulischen Trägerschaft)

3 Herausforderungen der institutionellen Einbindung

Im Folgenden stellen wir die den Diskurs prägenden Vor- und Nachteile der unterschiedlichen Trägerschaften gebündelt dar. Dabei fassen wir die Kinder- und Jugendhilfe in ihrer freien und öffentlichen Form als eine Trägerschaft. Für die Trägerschaft der Schulbehörde ist exemplarisch das niedersächsische Konzept »Soziale Arbeit in schulischer Verantwortung« ausgewählt (Niedersächsisches Kultusministerium 2017a). Jedoch ist anzumerken, dass diese Trägerschaft in den Bundesländern, die überhaupt Schulsozialarbeiter*innen unter schulischer Verantwortung angestellt haben, unterschiedlich stark oder schwach konzeptionell begleitet wird.

Tab. 1: Vergleich unterschiedlicher Trägermodelle (eigene Darstellung)

	Kinder- und Jugendhilfe als Träger (externe Trägerschaft)	Schulsozialarbeit in schulischer Verantwortung (am Beispiel Niedersachsen) (interne Trägerschaft)
Personelle Einbindung	Die Schulsozialarbeit ist Teil des Kollegiums, aber es besteht ein anderer, externer Anstellungsträger. Die Lehrkräfte lernen die Schulsozialarbeiter*in zunächst als externe Person eines Jugendhilfeträgers kennen. Der externe Blick verschafft Distanz zum schulpädagogischen Auftrag und schärft den eigenen Auftrag (Kinder- und Jugendhilfe). Die formalen Vorgesetzte(n) beim Jugendhilfeträger haben jedoch innerhalb der Schule keine Weisungsbefugnis. Somit sind die Schulsozialarbeitenden auf Aushandlungen zur Annahme ihrer Angebote angewiesen, auch wenn diese grundsätzlich vertraglich zwischen der Schule und dem Jugendhilfeträger ausgehandelt worden sind. Die Schulsozialarbeit hat in der Regel kein Wahl- und Stimmrecht in den schulischen Gremien.	Die Schulsozialarbeit ist Teil des Kollegiums der Schule mit gleichem Anstellungsträger. Die Schulsozialarbeitenden sind Teil des schulischen (Lehrkräfte-)Kollegiums, jedoch mit anderem akademischen Abschluss. Schulsozialarbeitende sind, genau wie die Lehrkräfte, ein offizieller Teil des Kollegiums. Somit kann eine intensivere Einbindung in das kollegiale Gefüge entstehen, da das gesamte Kollegium derselben Weisungsbefugnis durch die Schulleitung »unterliegen«. Fachliche Unterstützung, z. B. bei Konflikten der Einbindung ihrer Angebote, erhält die Schulsozialarbeit (in Niedersachsen) über ein (schulisches) Dezernat. Wenn hier Aushandlungen stattfinden, sollten sich diese, neben dem schulischen Erlass, immer an der Fachlichkeit des SGB VIII orientieren. Durch die Zugehörigkeit zu Schule verfügen Schulsozialarbeitende über ein Wahlrecht für alle Gremien, können sich selbst für viele Ämter aufstellen und somit konkret mitgestalten.
Zugang zur Struktur des jeweiligen Anstellungsträger	Die Schulsozialarbeit ist personell in die Kinder- und Jugendhilfestruktur eingebunden und verfügt grundsätzlich über einen niedrigschwelligen Zugang zu Kinder-	Schulsozialarbeit ist personell in die Schulstruktur eingebunden und hat somit einen niedrigschwelligen Zugang zu den hier vorliegenden Angeboten.

Tab. 1: Vergleich unterschiedlicher Trägermodelle (eigene Darstellung) – Fortsetzung

	Kinder- und Jugendhilfe als Träger (externe Trägerschaft)	Schulsozialarbeit in schulischer Verantwortung (am Beispiel Niedersachsen) (interne Trägerschaft)
	und Jugendhilfestrukturen: zu Teamstrukturen, interinstitutioneller Vernetzung. Dies wird jedoch auch auf den Standort der jeweiligen Stelle (ländlich, städtisch, sozialarbeiterische Infrastruktur) ankommen. Somit ist zu erwarten, dass Schulsozialarbeit bei der Trägerschaft der Kinder- und Jugendhilfe eine grundsätzlich bessere Ausstattung für die fachliche Begleitung (Supervision, Fachberatung, begleitende Fortbildungen usw.) hat. Der Träger der Kinder- und Jugendhilfe weist in vielen Kontexten der Beratung von Kindern und Jugendlichen eine besondere Expertise auf. Umgekehrt ist die Schulsozialarbeit gegenüber schulischen Beratungsinstanzen (Schulpsychologie, Beratungslehrkräfte, weitere Angebote) eine »externe« Person.	Schulsozialarbeitenden stehen (in Niedersachsen) innerhalb des Kultusministeriums spezifische Angebote zur Verfügung: z. B. schulische Unterstützungssystemen (wie Supervision durch Schulpsycholog*innen, Vernetzung mit Beratungslehrkräften usw.). In Niedersachsen hat die Schulsozialarbeit eine verpflichtete Einbindung in regionale Netzwerke mit anderen Schulsozialarbeitenden des regionalen Landesamtes für Schule und Bildung. Demgegenüber ist die Schulsozialarbeit eine »Externe« gegenüber den außerschulischen Beratungsangeboten der Kinder- und Jugendhilfe, der Zugang ist mitunter hochschwelliger. Allerdings verfügen alle Schulsozialarbeitenden immer über eine fachlich-professionelle Verbindung durch die in der Regel gleiche akademische Ausbildung (B. A. Soziale Arbeit).
Konzeptionelle Vorgaben	Die konzeptionellen Vorgaben der Schulsozialarbeit werden durch Akteur*innen der Kinder- und Jugendhilfe erstellt: Der Träger der Kinder- und Jugendhilfe verfügt bereits im Vorfeld der Einstellung (z. B. bei Beantragung der Maßnahme zur Schulsozialarbeit) über fachlich durch das SGBVIII begründete Konzepte. Diese sollten sich immer auch auf schulische Konzepte beziehen, die umgekehrt die Kooperation mit der außerschulischen Kinder- und Jugendhilfe anstreben (▶ Kap. 4.1.2).	Die konzeptionellen Vorgaben sind durch schulische Akteur*innen erstellt: In Niedersachsen gibt es erst seit 2017 einen Erlass für Soziale Arbeit in schulischer Verantwortung. Zuvor waren Sozialarbeitende im Schuldienst jahrelang ohne (offizielle) konzeptionelle Vorgabe tätig. Begleitet wird die inhaltliche Umsetzung durch Dezernent*innen des regionalen Landesamtes für Schule und Bildung und Fachberatungen (Sozialarbeiter*innen). Dies integriert eine fachlich organisierte Begleitung (wie in Niedersachsen) (Niedersächsisches Kultusministerium 2017a) und eine konzeptionell verankerte Kooperation mit der außer-

3 Herausforderungen der institutionellen Einbindung

Tab. 1: Vergleich unterschiedlicher Trägermodelle (eigene Darstellung) – Fortsetzung

	Kinder- und Jugendhilfe als Träger (externe Trägerschaft)	Schulsozialarbeit in schulischer Verantwortung (am Beispiel Niedersachsen) (interne Trägerschaft)
		schulischen Jugendhilfe (vgl. Niedersächsisches Kultusministerium 2017b) (▶ Kap. 4.1.2)
Verhältnis zur vorgesetzten Person	Die vorgesetzte Person der Schulsozialarbeit ist eine Sachgebietsleitung aus der Kinder- und Jugendhilfe. Falls es für sie zu Konflikten mit der Schulleitung kommt, kann diese die Schulsozialarbeit gegenüber (externen) Fachvorgesetzten fachlich und argumentativ unterstützen. Die Fachvorgesetzten aus der Kinder- und Jugendhilfe sind der Schulsozialarbeit gegenüber weisungsbefugt, nicht die Schulleitung. Allerdings spielen die Bedarfe der Schule bei diesen Aushandlungen auch eine Rolle. Hier bleibt die Schulleitung weisungsbefugt, was ebenso Einfluss auf den Handlungsspielraum einer von extern kommenden Schulsozialarbeitenden haben kann. Grundsätzlich sollten aber auch »externe« Schulsozialarbeitende aus der Kinder- und Jugendhilfe nach Bereitstellung von Büro und Technik autonom in der Schule agieren und auf Augenhöhe mit der Schulleitung kommunizieren können.	Die vorgesetzte Person ist die Schulleitung. Auch wenn in Niedersachsen die Dezernent*innen und auch die Fachberatungen in Bezug auf fachliche Fragen der Schulsozialarbeit/Sozialen Arbeit in schulischer Verantwortung zuständig sind, ist Ihre Schulleitung weisungsbefugt. In Bezug auf die Ausgestaltung ihres Handlungsfeldes kann die Schulsozialarbeit in Festanstellung zwar grundsätzlich autonom agieren, wichtig ist jedoch die Zusammenarbeit mit der Schulleitung auf »Augenhöhe«. Wenn es einen konstruktiven Aushandlungsprozess mit der Schulleitung gibt und eine vertrauensvolle Beziehung mit klarem Rollen- und Aufgabenverständnis vorhanden ist, hat die fachlich gute, konzeptionelle Verortung in der Schule eine gute Voraussetzung. Andernfalls kann sie auf die Fachberatung zurückgreifen, bei großen (nicht ausgeschlossenen) Konflikten auch die Dezernent*innen.
Anstellungssituation	Der Tarif orientiert sich an dem Tarifvertrag der Kommunen und liegt oft höher als bei einer Anstellung unter der Trägerschaft der Landesschulbehörde. Je nach Schwerpunktsetzung der Kinder- und Jugendhilfe ist die Stelle befristet oder unbefristet. Es kann jedoch auch zu Verlagerungen der Schwerpunkte innerhalb der kommunalen Kinder- und Jugendhilfe kommen. Somit ist es weniger als in direkter Trägerschaft der Schule garantiert, dass	Zumeist verfügt die Schulsozialarbeit (in Niedersachsen) über eine unbefristete Anstellung und eine Finanzierung nach Landestarif. Abweichungen kann es bei Maßnahmen mit zum Teil doppelter Trägerschaft zu bestimmten Programmen geben, wie z. B. mit den Schwerpunkten Berufsorientierung oder Arbeit mit Geflüchteten. Der Tarif in Landesträgerschaft ist oftmals niedriger als der der Kommunen.

Tab. 1: Vergleich unterschiedlicher Trägermodelle (eigene Darstellung) – Fortsetzung

Kinder- und Jugendhilfe als Träger (externe Trägerschaft)	Schulsozialarbeit in schulischer Verantwortung (am Beispiel Niedersachsen) (interne Trägerschaft)
die Schulsozialarbeitsstelle immer an der (selben) Schule bleibt. Die Urlaubszeiten können von den Ferienzeiten des Lehrer*innenkollegiums und der Schüler*innenschaft abweichen, auch eine Verlagerung der Arbeitszeit in die Ferien ist denkbar (z. B. bei Ferienbetreuungsmaßnahmen). Natürlich sollte die Schulsozialarbeit dann ein Anrecht auf andere Urlaubszeiten haben.	Dafür hat die Schulsozialarbeit umfängliche Ferienzeiten (als Ausgleich aber, wie etwa in Niedersachsen, eine 46-Stundenwoche – jedoch mit integrierter Vor- und Nacharbeit). Schulsozialarbeiter*innen sind dann verpflichtet, den Urlaub in der Ferienzeit zu nehmen, hat damit allerdings wesentlich mehr freie Zeit am Stück als eine Angestellte mit ›normalem‹ Urlaubsanspruch.

Wie hier sichtbar wird, gibt es Vor- und Nachteile der Rahmenbedingung ›Trägerschaft‹, die ihr (professionelles Handeln) beeinflussen kann.

Daher ist es wichtig, hier eine inhaltliche Positionierung zur Trägerschaft vorzunehmen und aus jeder Trägerschaft heraus diese Haltung auch im Kollegium zu vertreten. Mit den folgenden Anregungen möchten wir für dieses Thema sensibilisieren.

> **Reflexionsanregungen**
>
> - Stellen Sie sich vor, Sie arbeiten als Schulsozialarbeiter*in eines Kinder- und Jugendhilfeträgers in einer Schule. Lesen Sie sich erneut die Spalte dazu durch und versuchen Sie, gedanklich in diese Rolle hineinzufinden. Was empfinden Sie in Bezug auf die dargestellten Vor- und Nachteile? Fühlen Sie sich sicher in ihrer Position als Schulsozialarbeiter*in? Begründen Sie!
> - Stellen Sie sich nun vor, Sie arbeiten in der schulischen Trägerschaft in einer Schule. Lesen Sie sich erneut die Spalte dazu durch und versuchen Sie, gedanklich in diese Rolle hineinzufinden. Was empfinden Sie in Bezug auf die dargestellten Vor- und Nachteile? Fühlen Sie sich sicher in ihrer Position als Schulsozialarbeiter*in? Begründen Sie!
> - In welcher Trägerschaft würden Sie sich persönlich wohler fühlen?
> - Welches »Rüstzeug« brauchen Sie nun in jeder Trägerschaft? Was können Sie tun, um sich aus der jeweiligen Trägerschaft heraus in der Schule zu »behaupten«?
> - Pro-Contra-Debatte: Spielen Sie eine Podiumsdiskussion nach, z. B. im Seminar, bei der sie die eine der beiden Trägerschaften verteidigen.

Deutlich ist geworden, dass unter der schulischen Trägerschaft eine größere Gefahr besteht, dass schulische Routinen unreflektiert übernommen werden, insbesondere, wenn Sie als Einzelkämpfende in einem großen Kollegium von Lehrkräften angestellt sind. Zugleich gibt Ihnen dies aber auch die Chance, langjährige, vertrauensvolle Beziehungen zu dem Kollegium zu knüpfen, dessen Teil Sie sind, in Gremien mit Stimmrecht mitzuwirken (wie z. B. im Schulvorstand) und die Ferien immer ganz zu nutzen. Demgegenüber haben Sie dann aber auch eine deutlich höhere Arbeitszeit während der Woche, die die Ferienzeiten ausgleicht. Wenn die Schulleitung nicht an einem Aushandlungsprozess zu den fachlichen (Mandats-)Bestimmungen der Schulsozialarbeiterin interessiert ist, der Schulsozialarbeit keinen Freiraum gibt und durch die Weisungsbefugnis Aufgaben zuweist, die aus Sicht der Schulsozialarbeit fachlich nicht vertretbar sind (z. B. eine zu starke Einbindung in Ganztagsbereiche zu Lasten der flexiblen Zeit für (Krisen-)Beratungen), kann es zu schweren Konflikten kommen.

Insbesondere die Soziale Arbeit unter schulischer Verantwortung war jahrelang und ist auch heute noch immer wieder umstritten (vgl. u. a. Speck 2022, S. 99 ff.; Stüwe/Ermel/Haupt 2017, S. 224; Spies/Speck/Steinbach 2023a, S. 234 ff.). Der Kinder- und Jugendhilfe als Trägerin und damit auch den freien Trägern der Kinder- und Jugendhilfe wird somit in der Regel eine deutlich höhere Fachlichkeit zugesprochen. Dies liegt u. a. auch an deutlich besseren Rahmenbedingungen. Auch hier können sich bei einer langfristigen Kooperation zwischen Jugendhilfe und Schule ebenso Beziehungen zu Lehrkräften festigen und vertrauensvoll aufbauen. Sie haben jedoch immer eine externe Anstellung. Genau darin liegt aber auch Ihre fachliche Autonomie. Sie sind zwar »Einzelkämpfende«, doch wird ihnen durch ihre Fachvorgesetzte/Sachgebietsleitung gegenüber den Schulleitungen eine verlässliche Unterstützung ermöglicht. In wichtigen Gremien der Schule haben sie jedoch kein Stimmrecht. Die jeweiligen Fachvorgesetzten des Jugendamtes bzw. des Trägers leiten immer »aus der Ferne« (Zipperle/Rahn/Baur 2023, S. 177), vor Ort in der Schule müssen Schulsozialarbeiter*innen zunächst ihre Position selbstständig vertreten. Kommt es zu Konflikten, wird sich ihre Fachvorgesetzte aber mit der Schulleitung in Verbindung setzen. In einer Studie von Vogel werden dennoch auch diesbezüglich institutionelle Grundspannungen, also Konflikte, Auseinandersetzungen und Hierarchien zwischen Schulleitung (und Lehrkräften) gegenüber der Schulsozialarbeit unter der Anstellung der »Kinder- und Jugendhilfeträgerschaft« belegt (Vogel 2006, S. 255).

Unterstützung und Beratung haben Sie im exemplarisch erläuterten Fall von Niedersachsen inzwischen auch als Angestellte der Schule durch Dezernent*innen und Fachberatungen (Niedersächsisches Kultusministerium 2017a). Somit ist die Trägerschaft unter schulischer Verantwortung inzwischen, zumindest in Niedersachsen, spätestens aufgrund der seit 2017 verbesserten Rahmenbedingungen professionalisierter als zu Zeiten der oben genannten Studien.

Zudem gibt es immer noch zu wenige Studien zu Trägerstrukturen im Allgemeinen (Zipperle/Rahn/Baur 2023, S. 177) und kaum zur schulischen Trägerschaft, außer der Studie von Spies et. al (2023b) für Ganztagsgrundschulen sowie prozessbegleitende Studien (Busche-Baumann et al. 2014; Baur/Homuth 2021, 2023) und einer älteren kleinen Erhebung (Terner/Hollenstein 2010, S. 227 ff.). Somit fehlen ausreichend Studien zu den Rahmenbedingungen und Auswirkungen der »schulischen Trägerschaft«, vor allem ein Vergleich zur Kinder- und Jugendhilfeträgerschaft, die die oben genannte Subordinationsthese eindeutig belegen. Es ist hervorzuheben, dass sich auch ein Teil unserer hier dargestellten Protokolle auf Schulsozialarbeitende beziehen, die unter einer Kinder- und Jugendhilfeträgerschaft tätig sind. Eine Übernahme schulischer Routinen ist somit unter jeder Trägerschaft möglich und nicht immer vermeidbar. Umso wichtiger ist die (Selbst-) Reflexion des Handelns. Auch der Kooperationsverbund Schulsozialarbeit, der die schulbehördliche Trägerschaft kritisiert und deren zunehmenden Ausbau mit Sorge betrachtet, betont, dass in jedem Fall »Mindeststandards bei Ausstattung, Rahmenbedingungen und Qualifikation der Fachkräfte eingehalten werden« müssen (2019, S. 4), damit Schulsozialarbeit fachlich ausgewiesen arbeiten kann. Für die Soziale Arbeit in schulischer Verantwortung in Niedersachsen sind diese Rahmenbedingungen alle erfüllt (z. B. Supervision, Räumlichkeiten und Ausstattung, ein zumindest kleiner Zugriff auf das schulische Budget, Qualifikation als B. A. Soziale Arbeit mit Anerkennungsjahr).

Zudem ist die Professionalisierung im Fachdiskurs, aber auch (so erwarten wir es) im Studium, inzwischen stark vorangeschritten, daher wird hier die These aufgestellt, dass die zwei (bzw. drei) Trägerschaften jeweils ihre eigenen Möglichkeitsräume bieten und es vor allem auf die Fachlichkeit der Schulsozialarbeiter*innen an der jeweiligen Schule ankommt. Zu favorisieren wäre vor allem eine doppelte Trägerschaft an jeder Schule, aber dieser Diskurs würde an dieser Stelle zu weit führen.

Unabhängig von dem Sichtbarwerden der Vor- und Nachteile beider Trägerschaften, deren Auswirkungen sich auch von Schule zu Schule unterscheiden, stellen sich in der Betrachtungsweise des »Doing« (▶ Kap. 1.1) die Fragen: Was machen die Schulsozialarbeiter*innen aus den Bedingungen ihres Handlungsfeldes unabhängig von ihrer Trägerschaft? Welche fachlichen Positionierungen stellen sich in den täglichen Interaktionen her? Welche Professionalität wird in der Beobachtung sichtbar oder eben gerade nicht? Es gibt unseres Erachtens viele offene Fragen, da keine explizit vergleichenden, aktuellen Studien vorliegen, ob sich die Schulsozialarbeiter*innen aufgrund ihrer Trägerschaft bzw. aus dem eigenen Rollenverständnis heraus mandatsentsprechend verhalten. Denn letztlich erwerben Sie Ihre professionelle Haltung alle immer durch das gleiche Studium (Soziale Arbeit) oder in begleitenden Fortbildungen.

Wie bereits im Geschichtskapitel sichtbar geworden, ist die Diskussion keineswegs neu (Aden-Grossmann 2016, S. 44). Vor allem kommt es auch darauf an, welche Professionalität die aus dem Studium kommenden Fachpersonen aus den Hochschulen der Sozialen Arbeit mitbringen. Wir gehen grundsätzlich immer von der (akademischen) Ausbildung und der Fähigkeit, unter jeder Trägerschaft eine am SGB VIII ausgerichtete Haltung der Sozialen Arbeit einzunehmen, aus. Denn letztlich müssen sich Schulsozialarbeitende, wie in jedem anderen Handlungsfeld auch (z. B. Krankenhaus, Gefängnis, geschlossene, stationäre Einrichtungen) der Wirkmacht und den Erwartungen der Akteur*innen einer Institution gegenüber fachlich durchsetzen. Damit wird es also auf *Sie*, die Sie dieses Lehrbuch lesen und heute noch in der Rolle der Lernenden sind, selbst ankommen, sich am Ort Schule professionell unter den jeweiligen Rahmenbedingungen mit einem »Schulsozialarbeitshabitus« (Baier 2011, S. 235 ff.) zu behaupten.

Schulsozialarbeitende brauchen somit ein Verständnis ihrer Rolle im System Schule. Dieser alles entscheidende Aspekt als Institution wird nun folgend den Blick genommen.

3.2 Institutionelle Verwobenheit mit schulischen Konzepten als Herausforderung

Als Mitarbeiter*in der Schule, ob über die Kinder- und Jugendhilfe angestellt oder über die Schulbehörde, kommt es nicht selten vor, wie vielfach belegt, dass Schulsozialarbeiter*innen Aufgaben der Lehrkräfte übernehmen oder diesen kompensatorisch zuarbeiten (vgl. u. a. Baier/Heeg 2011, S. 57 f., Spies/Speck/ Steinbach 2023a, S. 237 ff. in Bezug auf die schulische Trägerschaft; Reinecke-Terner 2017, S. 124 ff.). Dies kann im methodischen Setting des Sozialen Lernens der Fall sein, wenn schulpädagogische Konzepte wie der Klassenrat, die Einrichtung eines Trainingsraums oder vorstrukturierte Programme wie »Faustlos«, »Fit for Life«, »Lionsquest« usw. unreflektiert übernommen werden. Denn diese Konzepte sind größtenteils von Schulpädagog*innen, also fachfremd, entwickelt worden, auch wenn einige dieser Programme immer wieder von der Schulsozialarbeit angewendet werden und dies auch als Normalität beschrieben wird (vgl. Pötter 2018, S. 81).

Grund dafür kann sein, dass Lehrkräften (mit dem Ziel einer guten Zusammenarbeit) zur Erfüllung ihrer Funktion (also der der Lehrkräfte) zugearbeitet wird. Das Phänomen, welches sich in den unten folgenden Protokollbeispiele abbildet (z. B. ▶ Kap. 3.4), ist jedoch, dass die Bedürfnisse, Anliegen und Erwartungen der Schüler*innen innerhalb dieser Prozesse oft unsichtbar werden bzw. die Schulsozialarbeit unreflektiert als »Hilfslehrkraft« agiert. Nach weiteren, kurzen theoretischen Einführungen werden die entsprechenden Fallstricke aufgezeigt und reflektiert.

Zunächst geht es darum, den Auftrag der Schule zu erkennen und den eigenen Auftrag richtig einzuordnen. Dies ist insbesondere dann notwendig, wenn Lehrkräfte Schüler*innen »schicken« und Schulsozialarbeit Erwartungen erfüllen möchte.

Denn Lehrkräfte vermitteln oftmals Schüler*innen zur Schulsozialarbeit. Da Lehrkräfte auch Vertrauenspersonen sind, die die Klassenmitglieder gut kennen und oft langjährig begleiten, ist eine Vermittlung auch, insbesondere bei großen persönlichen Problemen, eine gute Chance, um für Schüler*innen Barrieren abzubauen und sie in Beratung zu bringen. Es gibt aber auch andere Anlässe, die sich in Bezug auf die institutionelle Rolle als schwieriger erweisen. Zum Beispiel, wenn Lehrkräfte sich an Schulsozialarbeiter*innen wenden, weil Regelverstöße vorliegen, das Sozialverhalten aus ihrer Sicht schwierig ist, Disziplinprobleme vorliegen oder schulische Ziele nicht erreicht werden. Nicht immer ist dies auch aus Sicht der

Schüler*innen der Fall, vor allem, wenn diese sich umgekehrt nicht von der Lehrkraft verstanden fühlen. Dann kann die Schulsozialarbeit zwar immer auf ihr Mandat der Freiwilligkeit verweisen und dies gegenüber Lehrkräften und Schüler*innen auch kommunizieren, doch letztlich ist sie in diesen Fällen aufgefordert, sich mit den genannten Anlässen (z. B. Schulabsentismus, nicht angepasstes Sozialverhalten, Abschlussgefährdung) auseinanderzusetzen. Dabei kann sie nicht ausschließlich subjekt- und lebensweltorientiert vorgehen, sondern muss auch Schule als Mandatsgeberin anerkennen. Auch wenn sie Vermittlungen anstrebt, geht das Anliegen, dass Schüler*innen durch Beratung ihr Verhalten ändern, vornehmlich von Lehrkräften aus. Der Fall wird also nicht nur von der Fachlichkeit der Sozialen Arbeit her bestimmt, sondern ist gewissen institutionsbedingten Beschränkungen unterworfen. Dies wird im Folgenden zunächst auf der Theorieebene genauer betrachtet.

3.3 »Zweckgebundes Handeln« und das Spannungsfeld der Schulsozialarbeit

In vielen Arbeitsfeldern der Sozialen Arbeit spielt die aktenförmige Dokumentation der Fallentwicklung eine zentrale Rolle. In der Schule sind dies z. B. die Schüler*innenakte, Klassenkonferenzprotokolle, darüber hinaus aber auch mündliche Berichte durch Lehrkräfte, in denen Regelverstöße oder problematische Sichtweisen auf das Kind oder den*die Jugendliche*n dokumentiert werden. Es geht also auch mit dem Auftrag der Sozialen Arbeit einher, diese Vorkommnisse und Dokumentationen zu beachten, sie zumindest zur Kenntnis zu nehmen. Somit haben diese »Akten« und Vorgaben, die von anderen (hier: Schulsystem, Lehrkräften, Schulleitung) festgelegte und beschlossene Maßregelungen beinhalten, den Effekt eines hierarchischen Kontrollinstrumentes, welches »Freizügigkeit, Fallsensibilität und Eigenverantwortlichkeit der professionellen Arbeit behinder[n]« (Schütze 1996, S. 204).

Zugleich möchte und muss die Schulsozialarbeit in Bezug auf den »Auftrag«, den ihr mitunter Lehrkräfte geben, den Schüler*innen gegenüber transparent bleiben: Der Zweck der schulischen Regeln und die Erwartungen innerhalb des Schulalltags an das Verhalten der Kinder und Jugendlichen muss auch durch Schulsozialarbeit den Schüler*innen gegenüber kommuniziert werden. Somit leitet dieser Zweck das Handeln der Schulsozialarbeit auch unabhängig davon, ob Maßnahmen oder Erwartungen in Akten dokumentiert sind oder durch mündliche Überlieferung weitergegeben werden. Schärfer formuliert ist die Schule ein Ort, der durch formale Kontrolle und Sanktionierung geprägt ist. Wenngleich dies nicht in der Ausprägung wie in einer Haftanstalt oder geschlossenen Einrichtung (auch hier sind Sozialarbeiter*innen tätig) geschieht, sind die Kontakte der Schulsozialarbeit zu Schüler*innen, die durch Lehrkräfte ›geschickt‹ werden, immer auch fremdinitiierte Kontaktaufnahmen (vgl. Zobrist/Kähler 2017, S. 10), selbst dann, wenn die Schulsozialarbeitenden die Freiwilligkeit des Gespräches betonen. Schulsozialarbeit wird somit zur Sozialen Arbeit in einem Zwangskontext (vgl. ebd., S. 7). Wie Zobrist und Kähler ausführen, können selbst initiierte Kontakte (vgl. ebd. S. 10) dann zwar ebenso stattfinden, doch auch sie können durch Druck von außen (vgl. ebd., S. 12) geprägt sein, z.B. durch den unsichtbaren Auftrag- oder Gesetzgeber, hier: das System Schule und gesellschaftliche Erwartungen. Hinzu kommt: Wenn Schüler*innen durch Lehrkräfte zur Schulsozialarbeit ›geschickt‹ werden, ist die Schulsozialarbeit möglicherweise bereits durch eine vorher berichtete ›Version‹ eines Vorfalls durch die Lehrkraft beeinflusst. Bei ihr stattfindende Gespräche können zudem nach einem zu erwartenden institutionellen Schema vorstrukturiert sein (vgl. Bauer/Bolay 2013, S. 57). Zudem ist es in manchen Bereichen möglich, dass Schulsozialarbeit eine eigene Aktenführung betreibt (z.B. Falldokumentationen oder auch Anwesenheitsnotizen im AG Bereich usw.). Das im Kontext der Ausbildung eines »Schulsozialarbeitshabitus« geforderte »Nicht-Wissen« (vgl. Baier 2011, S. 144) ist somit als Handlungsmaxime nicht mehr gegeben und im Schulalltag auch schwer umzusetzen.

Natürlich sollte immer auch ein zweckfreier Kontakt möglich sein, doch ist zu reflektieren: Obwohl das Angebot der Schulsozialarbeit innerhalb der Schule als ein überwiegend freiwilliges Angebot kommuniziert wird, müssen die Schüler*innen in manchen Bereichen bestimmte Barrieren überwinden, um an dem Angebot partizipieren und »Zugehörigkeit« zu ihrem (Beziehungs-)Angebot herstellen zu können (Cloos/Thole 2006, S. 86ff.). Somit ist Schulsozialarbeit in der Institution an vielen Stellen präsent, doch sind die Zugänge, im Gegensatz zu vielen anderen Handlungsfeldern der Kinder- und Jugendhilfe, unterschiedlich: Einerseits wird der Zugang zu den Kindern und Jugendlichen dadurch erleichtert, dass Sozialarbeiter*innen den Kontakt zu Klassen zumeist von sich aus aufbauen und im Alltag vielfach durch »Tür- und Angelgespräche« Kontakte pflegen. Insbesondere offene Bereiche, z.B. das Schulsozialarbeitsbüro in der Pause, ermöglichen ›freie‹ Zugangswege, also eine der Schulsozialarbeit angemessene Niedrigschwelligkeit (vgl. Baier 2011, S. 146f.). Andererseits kann es sich ergeben, dass Schüler*innen von einer Lehrkraft aufgefordert, also ›geschickt‹ werden oder die Schulsozialarbeit in Klassenkonferenzen ungefragt präsent ist.

Diese Unterschiedlichkeiten im Zugang machen das Erleben der Schüler*innen gegenüber dem Angebot oftmals ambivalent (vgl. dazu vertiefend Reinecke-Terner 2017, S. 213ff.). An einem Tag erleben die Schüler*innen die Schulsozialarbeit als »verlängerten Arm von Lehrkräften« (Reinecke-Terner 2017, S. 124ff.), an einem anderen begegnen sie dem- bzw. derselben Schulsozialarbeiter*in völlig zwanglos im offenen Freizeitbereich. Auch hier kann es zu Situationen kommen, in denen die Schulsozialarbeit bei Verstößen gegen Schulregeln (z.B. eine Überziehung der Pause, da es gerade so gemütlich ist im Schulsozialarbeitsbüro) intervenieren oder auf die Regeln hinweisen muss. Somit ist auch die Schulsozialarbeit an die Einhaltung der Schulregeln gebunden und übernimmt hier etwas, was von dem frühen amerikanischen Professionssoziologen Everett-Hughes als »dirty work« bezeichnet wird: Eine statusniedrigere Berufsgruppe erledigt Aufgaben, die von niedrigem

Prestige sind, aber einer höhergestellten Berufsgruppe erst ermöglicht, ihre Arbeit zu verrichten (vgl. Hughes 1971).

Festzuhalten ist also, dass Schulsozialarbeit eine besondere, institutionsgebundene Struktur von Sozialer Arbeit aufweist, die immer gefordert ist, die Balance auszuhalten (vgl. Reinecke-Terner 2017, S. 15 ff.) zwischen kontrollierendem Handeln aufgrund der Bearbeitung schulischer Problemlagen und den eher offen strukturierten, lebensweltorientierten Angeboten ohne Zweckcharakter, in denen das so wichtige Freiwilligkeitsprinzip für die Schüler*innen stärker erfahrbar ist. Aghamiris Konzept des »Spektakels« (2015) macht dies sehr gut sichtbar. Um eine kontrollierende Wirkung in der Institution zu umgehen, kann Schulsozialarbeit auch versuchen, »explizit sanktionierende Aktivitäten in organisierter Arbeitsteilung (…) anderen Berufsgruppen zu überlassen« (Schütze 1996, S. 245). Diese anderen Berufsgruppen können dann u. a. Lehrkräfte sein, die stellvertretend verstärkt Regeln kommunizieren (wenn Schulsozialarbeit z. B. einen schweren Regelverstoß beobachtet, den sie selbst nicht allein bearbeiten möchte).

An diese These ist eine theoriegeleitete Analyse von Baier anschlussfähig, in der er die kulturelle Praxis der Sozialen Arbeit in der Schule als Überlebensstrategien und -praktiken beschreibt (vgl. Baier 2007, S. 39; in Bezug auf Machthierarchien in der Schule siehe auch Vogel 2006, S. 255). Baier schlussfolgert:

> »Die erforschten Praktiken Sozialer Arbeit in Schulen sowie die bereits vorhandenen Studien, Praxisberichte und Konzeptionen zu diesem Handlungsfeld zeigen deutlich, dass sich das Berufsfeld Soziale Arbeit in Schulen in einem professionstheoretischen Spannungsfeld bewegt: Auf der einen Seite tritt es als Handlungsfeld einer eigenständigen Profession (Soziale Arbeit) auf, auf der anderen Seite sind Berufstätige in der Sozialen Arbeit in Schulen als ›other workers‹ im Rahmen einer sich professionalisierenden bzw. sich entlastenden Schule tätig.« (Baier 2007, S. 250)

Daraus ergeben sich laut Bolay zwei Differenzlinien: Zum einen darf sich Schulsozialarbeit nicht *unreflektiert* in unterrichts- und hausaufgabenbetreuende Settings einbinden lassen, zum anderen überschreitet sie eine zweite Differenzlinie, wenn das ›Schicken‹ zur Schulsozialarbeit als Sanktion eingesetzt oder auch die höchst umstrittene Praxis des Trainingsraums vollzogen wird (vgl. Bolay 2010, S. 40 ff.).

Trainingsraum

Der Trainingsraum ist ein schulisches Konzept zum Umgang mit Unterrichtsstörungen. In Kürze erläutert: Stört ein*e Schüler*in aus Sicht der Lehrkraft mehrfach den Unterricht, wird er*sie dreimal ermahnt und auch an die Tafel geschrieben, bis der*die Schüler*in schließlich allein in den Trainingsraum geht. Dort sollte er*sie in der Regel eine Lehrkraft begrüßen, die ihr einen Zettel zur schriftlichen Reflexion gibt, der ausgefüllt werden muss. Ist dies in dieser oder der nächsten Unterrichtsstunde des gleichen Unterrichts ordentlich ausgefüllt, darf der Zettel an die Lehrkraft, bei der die Störung aufgetreten ist, zurückgegeben werden, die den*die Schüler*in dann in den Unterricht zurückkommen lässt. Mehrfachbesuche im Trainingsraum führen in der Regel zu weiteren Gesprächen (mit Eltern usw.). Im Konzept ist Schulsozialarbeit nicht vorgesehen

> (vgl. exemplarisch: Bründel/Simon 2013). Hier bestimmt der Zweck das Handeln und es wird schwer für die Schulsozialarbeit, sich fachlich angemessen zu positionieren.

Wie im nächsten Protokollbeispiel sichtbar (▶ Kap. 3.4), kommt es aber doch vor, dass Schulsozialarbeiter*innen dieses Konzept umsetzen, trotz aller fachlichen Probleme, die sich daraus ergeben. Somit geht es immer um die Verortung, bei der auch bestimmte Räume in der Schule eine Bedeutung haben und ihren Zweck mitunter verändern, wie das folgende empirische Beispiel aufzeigt. Welche Fallstricke sich durch die alltägliche Zusammenarbeit mit Lehrkräften ergeben, die ›schicken‹, wird im folgenden Kapitel erläutert und Ihnen mit Fragen zur Interpretation angeboten.

3.4 Ein umfunktioniertes Schulsozialarbeitsbüro und damit zusammenhängende Folgen

Im folgenden Ausschnitt aus einem Beobachtungsprotokoll steht die Arbeit des Schulsozialarbeiters Herr Tomsen im Rahmen des Konzeptes des »Trainingsraumes« im Mittelpunkt.

Fallbeispiel

Die Schülerin Mona (Klasse 7) ist von dem Lehrer Herrn Overath in den Trainingsraum geschickt worden. Der Schulsozialarbeiter Herr Tomsen wirkt in dem im Fachdiskurs »umstrittenen« Trainingsraum mit und nutzt dazu zudem sein Büro gelegentlich als Trainingsraum, wenn er im Trainingsraum selbst nicht Aufsicht führt. Hier ist Mona das erste Mal und versucht zunächst, mit Herrn Tomsen über andere Themen ins Gespräch zu kommen. Sie kommentiert immer wieder ihren Daumen, der geschunden sei von der Arbeit mit dem Draht im Werkunterricht bei Herrn Overath, und betont mehrfach, dass sie auf keinen Fall in den Unterricht zu Herrn Overath zurück möchte. Folgende Auszüge aus dem Protokoll zeigen Herrn Tomsens Bemühungen, Mona entlang der vorgesehenen Regeln des Konzeptes des Trainingsraums anhand eines dafür vorhandenen Formulars (Fragebogen) durch das Gespräch zu führen. Einige aus Kapazitätsgründen hier nicht wiedergegebene Protokollstellen bezeichnen Monas wiederholte Versuche, Herrn Tomsen auf der ›persönlichen Ebene‹ anzusprechen. Die im folgenden Protokollausschnitt erwähnte Regel 4 wird nicht beschrieben, da sie sich in der Beobachtungssituation nicht erschloss, also konkret benannt wurde. Für die Interpretation scheint diese aber auch nicht weiter relevant, auch wenn ein Dissens zur Interpretation der Regel zwischen Schulsozialarbeiter Herr Tomsen und Schülerin Mona deutlich wird.

»Herr Tomsen fragt: ›Und nun? Was machen wir nun?‹ Mona: ›Ja, wie ist denn das mit dem Trainingsraum?‹ Herr Tomsen: ›Ja, warst du denn noch nicht da?‹ Mona: ›Nee.‹ Herr Tomsen erklärt ihr die Regeln und erläutert, wie das System funktioniert. Mona sagt mehrfach, dass sie aber nicht zum Lehrer zurückwill. Herr Tomsen: ›Das geht aber leider nicht, du musst diesen Zettel ausfüllen und dann zurück in den Unterricht.‹ ›Aber nicht zu Herrn Overath.‹ Herr Tomsen: ›Naja, du kannst dir das nicht aussuchen.‹ Sie sieht schließlich auf den Trainingsraumzettel und Herr Tomsen fragt sie: ›Gegen welche Regel hast du denn verstoßen?‹ Mona: ›Na, gegen Regel 4.‹ Er sieht sich den Zettel an, sagt: ›Naja, wohl eher gegen eine andere Regel?‹ Mona: ›Nee doch, Regel 4. Vielleicht die andere auch noch, das kann sein.‹

Mona: ›Dabei war ich ja noch nie im Trainingsraum.‹ Herr Tomsen steigt wieder ins Gespräch ein: ›Ich dachte, wir hätten uns da mal gesehen.‹ Mona: ›Nee, ich bin ja brav. Kann ich zwei Sachen ankreuzen?‹ Herr Tomsen: ›Nein.‹ Mona: ›Oh Mann. Obwohl, wenn ich ehrlich bin, müsste ich noch mehr Regeln ankreuzen. Will nur nicht zu Herrn Overath.‹ Herr Tomsen: ›Ja, dann kannst du leider gar nicht in den Unterricht, dann werden deine Eltern eingeladen.‹

Mona: ›Oh Mann, okay, ich schreib das weiter. Ist doch egal, ob das richtig geschrieben ist?‹ Herr Tomsen: ›Mir ist das egal. Ich will es nur inhaltlich verstehen.‹ Mona: ›Na dann wird es schwer. Ich kann aber gut schreiben.‹ Herr Tomsen: ›Na dann solltest du.‹ Schließlich schreibt sie zu Ende und reicht ihm den Zettel. Herr Tomsen: ›Bist du echt fertig?‹ Er guckt nochmal auf den Zettel und sagt dann: ›Regel nicht befolgt, gibt es nicht.‹ Mona: ›Och Mann, na dann schreib ich eben die Regel hin.‹ Sie schreibt erneut zu Ende. Herr Tomsen: ›Ist doch super, dann gehen wir los, komm noch mit kurz in den Trainingsraum.‹ Alle verlassen den Raum.«

Nachbemerkung (Protokollauszug): »Auf Nachfrage durch die Ethnographin äußert sich Herr Tomsen später am Tag wie folgt: Er sei absichtlich nicht auf Monas Themen eingegangen, weil er wisse, dass sie im Heim lebe und dort gut betreut werde, außerdem habe sie Kontakt zu seiner Kollegin, einer weiteren Schulsozialarbeiterin. Er möchte das Thema beim Unterricht lassen, weil sie die Themen Unterricht und persönliche Probleme vermische. Herr Tomsen kennt ihre Heimleitung und hat kein gutes Verhältnis zu ihr, wie er sagt. Sicher könne er sich denken, dass sie wegen ihres persönlichen Stresses so auffällig im Unterricht war, aber er wollte das nicht thematisieren, auch weil sie durch die Kollegin betreut wird, sollte sich das nicht vermischen. Als ich frage, was gewesen wäre, wenn gerade kein Trainingsraum-Gespräch stattgefunden hätte, sagt er: ›Dann hätte ich ihr besser zugehört.‹«
(Beobachtungsprotokoll aus: Reinecke-Terner 2017, S. 134 ff.)

Reflexionsanregungen

Die Schülerin Mona:

- Welche Bedürfnisse könnte Mona haben, wenn Sie den Trainingsraum bzw. das umfunktionierte Büro des Schulsozialarbeiters betritt?
- Warum geht sie in den Trainingsraum und sucht sie den Sozialarbeiter auf? Was ist der Anlass? Wer möchte dies?
- Werden Monas Bedürfnisse wahrgenommen? Wenn ja, inwiefern? Wenn nein, inwiefern nicht? (Bitte beachten Sie auch die Vorbemerkung zu dem weiteren, oben zusammengefassten ethnographischen Protokoll.)
- Macht Mona dem Schulsozialarbeiter Angebote, das Setting in eine andere Richtung zu lenken? Und wenn ja, wie reagiert er darauf?

Der Schulsozialarbeiter:

- Von welchen Bedürfnissen ist das Handeln des Schulsozialarbeiters bestimmt?
- Wie scheint er seinen Auftrag in diesem Setting zu definieren?
- Inwiefern geht er offen oder geschlossen auf Monas Anliegen ein?
- Sind Sanktionsandeutungen seitens des Schulsozialarbeiters sichtbar?
- Welche Rolle nimmt der Schulsozialarbeiter in seinem zu einem Trainingsraum umfunktionierten Büro ein?

Effekte:

- Welche Effekte kann diese Erfahrung der Raumnutzung in dem Büro des Sozialarbeiters auf Mona oder auch generell auf die Schüler*innenschaft haben?
- Welche (pädagogischen) Effekte mag diese Interaktion zwischen Mona und dem Schulsozialarbeiter in Bezug auf die weitere Beziehungsgestaltung ergeben?
- Welches Rollenverständnis des Schulsozialarbeiters wird in Bezug auf die Zuordnung zur Sozialen Arbeit/Kinder- und Jugendhilfe bzw. zum Schulsystem sichtbar? Oder gibt es eine Zuordnung in einem weniger definierbaren »Zwischen«? Woran ist dies jeweils erkennbar?

Abschließende Reflexionsfrage:

- Welche Faktoren würden eine subjektorientierte, lebensweltorientierte Schulsozialarbeit bestimmen?

Interpretationsangebot

Die Adressatin der Schulsozialarbeit Mona hat offenbar ganz andere Vorstellungen von der Zeit, die sie mit dem Schulsozialarbeiter in seinem Büro verbringen möchte. Ihr Bedürfnis ist es:

a) nicht zu Herrn Overath in die Klasse zurückzumüssen,
b) etwas anderes anzukreuzen (nämlich die Regel 4) und damit ihre Wahrheit der Situation zu dokumentieren und damit gehört zu werden,
c) verstanden zu werden, dass sie nicht schreiben möchte, da sie es aus ihrer Sicht nicht gut kann,
d) vielleicht über etwas anderes mit Herrn Tomsen zu sprechen.

Der Sozialarbeiter hingegen nutzt die Situation, um zu zweit mit Mona in einem Raum zu sein (der sie ja auch nicht entkommen kann), und übernimmt eine auffordernde Rolle. Der Zettel ist das einzige Artefakt, über das die Lesenden des Protokolls Auskunft erhalten. Offenbar war die Konversation für die Beobachterin so zentral, dass keine weiteren Hinweise zum Raum notiert wurden. Somit wird sichtbar, dass Herr Tomsen offenbar eine schulische Korrektur- und Förderlogik verinnerlicht hat (»Regel nicht befolgt, gibt es nicht«, »na dann solltest du«). Es fällt ihm schwer, sich von den Vorgaben (Zettel ordnungsgemäß ausfüllen zu lassen) zu lösen, er klebt regelrecht am Verfahren. Zugleich gibt es im Nachgespräch mit der Beobachterin zu, dass es das Setting und einige Hintergründe nicht zuließen, näher auf Mona einzugehen. Pflichtbewusst präsentiert er das sich ihm selbst auferlegte Rollenverständnis des Trainingsraumhüters im eigenen (Schulsozialarbeits-)Büro, da er eben gerade nicht im eigentlichen, echten Trainingsraum Aufsicht führt. Unklar bleibt, ob er diese Rolle selbst gewählt hat oder dies eine Aushandlung mit den Lehrkräften bzw. der Schulleitung ist. Hierarchien werden sichtbar, der Lehrer schickt, der Schulsozialarbeiter stellt das Setting, die Schülerin hat sich hier den Regeln unterzuordnen, obwohl sie ein Büro betritt, welches in der Regel (zu anderen Anlässen) bei vertraulichem Gesprächsbedarf geöffnet wird. Der Akteur der Schule (die schickende Lehrkraft) bewirkt hiermit, dass die Schule als »Leitprofession« (Bauer 2014) den Raum der Schulsozialarbeit übernimmt und der Schulsozialarbeiter dieses schulische, zweckgebundene Handeln, verinnerlicht und unkritisch umsetzt. Gleichzeitig versucht Herr Tomsen aber, auf einer anderen Ebene Kontakt zu Mona herzustellen (»Egal, ich will nur verstehen«). Mit diesem ambivalenten Verhalten suggeriert er eine Vertrauensebene, die er zugleich mit Ankündigungen aus dem schulischen »Sanktionssortiment« zerschlägt: »Ja, dann kannst du leider gar nicht in den Unterricht, dann werden deine Eltern eingeladen.« Diese Aussage erscheint umso merkwürdiger, wenn wir später durch den Nachtrag der Beobachterin erfahren, dass Mona in einer Heimunterbringung lebt. Hat der Schulsozialarbeiter sie etwa, trotz des Hintergrundwissens im Setting »anonymisiert«, indem er Standards anwendet, die auf jede*n Schüler*in vermeintlich anwendbar sind? Auch gelingt ein Ausbrechen aus dieser Situation kaum, da beide Akteur*innen unmittelbar mit dem Setting des Trainingsraums und des zugrunde liegenden Auftrags verwoben sind. Die Erwartung, dass Mona ihr schulisches Störverhalten anhand der vorgegebenen Kategorien des Trainingsraumskonzeptes reflektiert, liegt oben auf. Ein anderes Gespräch ist kaum denkbar, der Schulsozialarbeiter, der das Gespräch lenkt, lässt keine Abweichungen zu. Es wirkt, als wolle Herr Tomsen am Ende nochmals die eigentliche Bedeutung des Settings markieren, da er hier dazu auffordert, nochmal den »echten« Trainingsraum aufzusuchen.

Warum er dieses tut, bleibt unklar. Ein subjekt- und lebensweltorientierter Zugang hätte bedeutet, auf Mona einzugehen. Dies hätte zur Folge gehabt, dass der Schulsozialarbeiter direkt auf ihre Fragen eingeht, sie aktiv fragt, was sie von ihm wünscht. In Bezug auf die institutionelle Einbindung wäre vor allem notwendig gewesen, den Lehrkräften grundsätzlich im Vorfeld klarzumachen, dass er für den Trainingsraum und Unterrichtsstörungen nicht zuständig ist und sein Büro einen anderen Charakter hat. Es bleibt unsichtbar, wie Mona das Gespräch deutet: Verortet sie den Schulsozialarbeiter auf Seiten der Schule oder verbucht sie das Gespräch für sich so, dass sie in einem vertrauten Moment (beide in einem Büro) ihn als zugewandt und nicht schimpfend erlebt hat? Das Setting wirkt geschlossen. Der Zettel wird ausgefüllt, es gibt keine sichtbare Fortsetzungsoption für den Aufbau der Beziehung: auch weil der Schulsozialarbeiter dies aus mehreren Gründen ausschließt (Konflikt mit der Heimleitung, kein Beratungs-, sondern Trainingsraumgesprächssetting, Mona hat schon eine Beziehung zur Kollegin). Effekte dieser Situation sind nur zu vermuten. Fatal für das gesamte Rollenverständnis einer professionellen Schulsozialarbeit wäre, wenn Mona und andere Schüler*innen nach solchen Erlebnissen das Büro des Schulsozialarbeiters automatisch mit einem Sanktionsraum in Verbindung bringen.

Was eine professionelle, lebensweltorientierte, z. B. an der Leitidee des »Schulsozialarbeitshabitus« (Baier 2011) orientierte Schulsozialarbeit in diesem Setting ausgemacht hätte, lässt sich grob zusammenfassend beantworten:

- Schulsozialarbeit könnte im Vorfeld vor dem Hintergrund ihrer eigenen fachlichen Haltung deutlich machen, dass sie sich nicht an dem Trainingsraumkonzept beteiligt. Wäre dies vorab geklärt, hätten Lehrkräfte die Möglichkeit des ›Schickens‹ gar nicht.
- Das Büro sollte zur Beratung derjenigen dienen, die ihre Anliegen dort selbst bestimmen.
- Zuhören und auf die Anliegen von Mona eingehen, bevor gemeinsam ein Vorgehen ausgehandelt wird, wäre die grundlegende Voraussetzung.

Natürlich kann es in Gesprächen mit der Schulsozialarbeit immer auch um Unterrichtsstörungen und den Konflikt mit Herrn Overath oder der Schule im Allgemeinen gehen, doch bestimmen im Optimalfall Monas Bedürfnisse bei einem subjektorientierten Vorgehen das Handeln beider.

Lebensweltorientierung im Sinne eines »Schulsozialarbeitshabitus« (Baier 2011) bedeutet darüber hinaus, Monas Situation in ihrer Gesamtheit zu erkennen und ganzheitlich mit ihr an ihren Themen zu arbeiten und vor allem Strukturen, auch innerhalb der Schule, dahingehend zu verändern, dass Schüler*innen einen Raum bekommen, ihre Schwierigkeiten mit Schule und Unterricht offen und ohne Sanktionsankündigungen zu besprechen. Dies würde auch voraussetzen, dass Schüler*innen wie Mona freiwillig den Unterricht verlassen dürfen. Manche alternativen Konzepte zum Trainingsraum (Schulstation, die Insel) berücksichtigen bereits diese Grundlagen.

3.5 Institutionelle Öffnungen – ein offenes Schulsozialarbeitsbüro als Chance

Wenn Schulsozialarbeit Teil der Schule ist, egal unter welcher Trägerschaft, ist eine obligatorische Voraussetzung das in der Schule befindliche Schulsozialarbeitsbüro. Diese Rahmenbedingung sollte bestimmte Standards erfüllen (vgl. Stüwe/Ermel/Haupt 2017, S. 238 f.). Ein angemessenes Büro (räumlich und im Hinblick auf die Ausstattung) ermöglicht die Bearbeitung der umfassenden Verwaltungstätigkeiten, vertrauliche Gespräche, ob per Telefon oder persönlich mit verschiedenen Adressat*innen (Kinder und Jugendliche in ihrer Rolle als Schüler*innen, aber immer mit all ihren Themen; Lehrkräfte, Eltern, Kooperationspartner*innen).

Eine wichtige Voraussetzung ist die Erreichbarkeit. Dies kann konzeptionell ganz unterschiedlich forciert werden. Einige finden die Verortung des Schulsozialarbeitsbüros in der Nähe von Freizeitbereichen gut, andere benötigen einen ruhigeren Ort und wiederum andere empfinden es als Vor- oder Nachteil, das Büro in der Nähe von Lehrer*innenzimmern zu haben. Es gab sogar schon Platzierungen im Kellerbereich von Schulen, dies ist sicher die ungünstigste Variante in Bezug auf die Erreichbarkeit; allerdings ist man hier immerhin ungestört, sofern die Ausstattung und die Atmosphäre trotzdem stimmt.

Wie in den folgenden Ausführungen dargestellt wird, nimmt die Schulsozialarbeit einen besonderen, einen anderen Platz in der Schule als »pädagogischem Ort« ein. Ausführungen zum Kontext »Raum« (vgl. Braun 2004; Deinet et al. 2018; Braches-Chyrek/Röhner 2016; Schröteler-von Brandt et al. 2012) verweisen auf die Bedeutung, die die konzeptionelle Bestimmung des Raumes in einer von Regeln geleiteten Institution Schule ausmacht. Dabei bestimmt auch die Nutzung der Räume die Wahrnehmung der Schulsozialarbeit. Im vorherigen Beobachtungsbeispiel wurde herausgearbeitet, dass eine Verortung schulischer Konzepte im Büro der Schulsozialarbeit, wie durch Herrn Tomsen durch die Anwendung des Trainingsraumkonzeptes geschehen, problematisch ist. Die Wahrnehmung des Mandates der Schulsozialarbeit als ›ausführendem Organ‹ der Schule gegenüber dem freiwilligen, subjektorientierten Angebot bleibt sicher dann auch gegeben, wenn die Schulsozialarbeit den Trainingsraum konzeptionell in einem offiziellen Trainingsraum ausführen würde, da sie in beiden Fällen als »verlängerter Arm von Lehrkräften« (vgl. Reinecke-Terner 2017, S. 124 ff.) gedeutet werden kann.

Dies führt also in beiden Fällen (Trainingsraum mit Schulsozialarbeit, Raum der Schulsozialarbeit als Trainingsraum) zu einer Rollendiffusion. Schüler*innen können nicht eindeutig erkennen, wofür (eine subjektorientierte) Schulsozialarbeit steht. Im folgenden Beobachtungsprotokoll (aus einer anderen Schule, aber im Rahmen der Forschung zur »Zwischenbühne«; Reinecke-Terner 2017, S. 53 ff.), zeichnet sich ein anderes Bild der Raumnutzung im Kontext Schulsozialarbeit ab und lädt daher ebenso zur Interpretation ein.

Fallbeispiel

»Das Büro der Schulsozialarbeit darf während der Pausen von Schüler*innen genutzt werden. An das Büro angegliedert ist ein sogenannter Bewegungsraum. Diese Schule verfügt über ganze fünf Schulsozialarbeiter*innen in vier nebeneinander liegenden Büros. Ein plötzlich auftretender Beratungsbedarf (in der Pause nicht ungewöhnlich) wäre also durch ein Verlassen und Wechseln des Raumes jederzeit möglich.

Ich sitze in Frau Blumes Raum der Schulsozialarbeit, die Tür steht offen und es hat gerade zur Pause geklingelt. Kurz darauf kommen viele Schüler*innen in den Raum und nehmen sich wie selbstverständlich alle möglichen Sachen wie Spiele und Karten aus den Regalen. In der Mitte steht Frau Blumes Schreibtisch mit Unterlagen und Computer, auch dort nimmt sich ein Mädchen wie selbstverständlich einen Stift vom Schreibtisch, alle verteilen sich irgendwo im Raum. Nils und ein anderer Junge kommen ebenfalls herein und setzen sich an den Tisch, der im Raum am Fenster steht, und spielen Karten. Ein anderer Junge sitzt an einem zweiten Schreibtisch, der parallel zu Frau Blumes Schreibtisch steht, aber nicht so voll beladen ist wie ihr Schreibtisch.

Einige sprechen Frau Blume an. Sie sitzt an ihrem Schreibtisch auf ihrem Stuhl und schaut offenen Blicks in die Runde. Es sitzen noch einige andere Schüler*innen nebenan im Bewegungsraum auf dem Sofa und beschäftigen sich mit sich selbst.«
(Beobachtungsprotokoll aus: Reinecke-Terner 2017, S. 53)

Reflexionsanregungen

Perspektive auf die Kinder -und Jugendlichen (in der Rolle der Schüler*innen):

- Welche Bedürfnisse der Schüler*innen, die gerade aus dem Unterricht kommen, werden sichtbar?
- Welche Handlungen verweisen auf eine Aneignung des Raumes? Sind diese selbstbestimmt oder unterliegen sie Grenzen?

Perspektive auf die Schulsozialarbeiterin:

3.5 Institutionelle Öffnungen – ein offenes Schulsozialarbeitsbüro als Chance

- Wie präsentiert die Schulsozialarbeiterin den Schüler*innen ihr Büro?
- Welche Merkmale machen sichtbar, ob sie einen offenen oder geschlossenen Raum anbietet?

Perspektive auf den Fokus Raum:

- Reflektieren Sie auf Basis ihrer eigenen (Schul-)Erfahrungen: Wie werden ansonsten Räume in der Schule genutzt?
- Welche Rolle spielen dabei zeitliche Strukturen (Unterrichtszeiten, Pausen)?
- Welchen Grenzen der Raumöffnung unterliegt die Schulsozialarbeit?

Effekte:

- Welchen Effekt mag das Vorgehen der Schulsozialarbeiterin auf die Schüler*innen haben?
- Welche Rolle nimmt der Raum auf diese Art und Weise der Raumnutzung innerhalb der Institution Schule ein?

Interpretationsangebot

Gut sichtbar wird ein offener Zugang des Schulsozialarbeitsbüros. Die Tür steht offen, die Sozialarbeiterin lächelt, was ebenso raumöffnend erscheint. Wie in einem Sog strömen die Kinder und Jugendlichen in den Raum und nehmen sich sogar »wie selbstverständlich« Stifte vom Schreibtisch der Sozialarbeiterin Frau Blume. Gleichwohl diese einen »überladenen« Schreibtisch hat, was auf viel Arbeit verweist, nimmt sie sich die Zeit in der Pause, die Schüler*innen zu sich einzuladen, und macht ihnen damit ein verlässliches Beziehungsangebot. Im Raum befindet sich ein Sofa und Spielelemente wie z. B. Karten, die die Schüler*innen gleich nutzen. Dies sind alles Anzeichen dafür, dass ihnen die Präsenz der Sozialarbeiterin, die »offenen Blicks« am Schreibtisch auf ihrem Stuhl sitzt und »in die Runde« blickt, ihnen vertraut ist und sie sich den Raum wohlfühlend aneignen können. Zugleich entspinnt sich im Gespräch über den Urlaub ein Bild von weiteren, fernen Räumen, der Karibik, wo die offenbar zufriedene Schulsozialarbeiterin Urlaub machen konnte. Die sichtbare Grenze zeigt sich durch die Rahmung des Klingelns zur Pause sowie den Blick auf den Computer und überladenen Schreibtisch, der darauf verweist, dass zu anderen Zeiten hier andere Tätigkeiten stattfinden. Auch dies ist ein Zeichen, das sich Schulsozialarbeit »zwischen den Räumen« (Reinecke-Terner 2017, S. 278 ff.) bewegt, denn der gleiche Raum wird auf unterschiedliche Art genutzt und damit auch multifunktional. Es kommt darauf an, was die Schüler*innen daraus machen (und machen dürfen). Der sichtbare Effekt ist ein vertrauensvoller Umgang mit dem Schulsozialarbeitsraum. Eine Person wie Frau Blume, die ihren Raum für Pausen zur Verfügung stellt, wird vermutlich auch innerhalb der Pause oder zu anderen Zeiten vertrauensvoll ansprechbar sein. Zugleich hätte die Schulsozialarbeit ihr Büro verlassen können, um an anderen Orten Schüler*innen oder

Lehrkräfte aufzusuchen. Natürlich hätte im Zuge dessen auch die Aufsichtsfrage geklärt werden müssen. In einem weiteren Beispiel (▶ Kap. 7.3) wird sichtbar, dass auch Lehrkräfte mitunter in dem Raum sitzen, die, natürlich mit einer anderen, nicht vordergründig sanktionierenden Rolle, auch als Aufsichtspersonen gelten.

Die Rolle, die der Raum im Kontext Schule einnimmt, kann aus Sicht der Schüler*innen diskutiert werden: Offenbar eröffnet sich hier eine Oase im Schulort, die einen Rückzug in Gemeinschaft und guter Stimmung unter Aufsicht einer zugewandten Ansprechperson für Unterstützungsbedarfe ermöglicht. Weitere Räume in der Schule sind vielfach funktional anders besetzt, im besten Fall hat eine Schule noch weitere Rückzugsräume, wie offene Freizeitstationen, Cafés. Doch auch hier ist die Aufsichtsfrage anders geregelt, eine Lehrkraft mag hier in anderer Funktion sein, sie gehört aber immer auch zu denen, die benoten. Im Fall der Schulsozialarbeiterin trifft dies nicht zu. Ein offenes Schulsozialarbeitsbüro nimmt somit eine besondere Stellung innerhalb der institutionellen Einbindung ein.

3.6 Raumnutzung gestaltet (inhaltlich) Räume in der Institution Schule

Zunächst einmal vorausgeschickt: In der Institution Schule nutzt Schulsozialarbeit, egal unter welcher Trägerschaft, immer schulische Räume. Sie liegen in Freizeitbereichen, in Verwaltungstrakten, es sind Klassenräume und Pausenhöfe sowie besondere Funktionsräume oder auch die Mensa. In nahezu jedem Raum findet durch die Akteur*innen der Schule auch (sozial-)pädagogisches Handeln statt, sei es die einfache Pausenaufsicht, sei es der frontale oder frei gestaltete Unterricht, der Klassenrat oder soziales Lernen, das freie Spiel oder das offene Beratungsangebot. Für die Schulsozialarbeit wird es somit immer darauf ankommen, in jedem Raum und in jeder institutionellen Funktion ihre eigene Rolle (selbst) zu bestimmen und transparent im Sinne einer professionellen Schulsozialarbeit zu handeln. Diese sind im Idealfall selbstbestimmt und nicht von anderen Akteur*innen fremdbestimmt entwickelt. Soweit die Theorie. Im tatsächlichen »Doing« jedoch wird ihre institutionelle Verwobenheit sichtbar, und dies auch und gerade in schulischen Räumen: In jedem der Protokollbeispiele werden Auswirkungen auf die institutionelle Rolle sichtbar. Dabei begegnen wir verschiedenen Phänomenen. Zum einen scheint die Rolle, die die Schulsozialarbeit in der Institution einnimmt, die Wirkung des Raumes zu beeinflussen: Zum Beispiel wirkt ein Raum, der für indirekte Sanktionsgespräche (als Unterstützung bei der Bearbeitung von Unterrichtsstörungen während der Unterrichtszeit) genutzt wird, ganz anders als ein Raum, der in der unterrichtsfreien Zeit (Pause) einen offenen, willkommenen, zwanglosen Charakter ausstrahlt. Die unterschiedliche Nutzung der Räume beeinflusst somit auch die Beziehungen zu den Schulsozialarbeitenden, die dadurch innerhalb dieser Räume gestaltet werden.

Aber hat Schulsozialarbeit keinen eigenen Gestaltungsrahmen, um selbst zu bestimmen, wofür sie ihre Räume nutzt? Insbesondere das erste Protokoll verweist doch sehr deutlich auf die Notwendigkeit einer gewissen Raumsensibilität. Warum hat sich der Sozialarbeiter a) überhaupt für die Mitwirkung im Trainingsraum entschieden? Und b) warum nutzt er dann noch sein Büro als Ausweichort, obwohl es einen »echten« Trainingsraum gibt? War er nur zu bequem, den Raum zu wechseln, und hat sich über die Konsequenz keine Gedanken gemacht? Wollte der dem Trainingsraumkonzept dadurch eine andere ›Färbung‹ geben, dass er als Schulsozialarbeiter dem Konzept in seinem Büro eine lockerere Rahmung gibt? Strahlt dem Schulsozialarbeiter der echte Trainingsraum nicht genügend Behagen aus?

Die Nutzung von unterschiedlichen Räumen in unterschiedlichen Settings begegnet uns auch in den hier publizierten Protokollen immer wieder.

> **Anregung zur Weiterarbeit**
>
> Eine Anregung an die Leser*innen dieses Lehrbuchs ist, einmal jedes Protokoll explizit daraufhin zu betrachten, ob Informationen zu den Räumen sichtbar werden und welche Komponenten darauf verweisen, dass ein Raum entsprechend seiner sozialpädagogischen Bedeutung genutzt wird.

Offen bleibt, warum die anderen Akteur*innen (die Lehrkraft, die Mona schickt) so wirkmächtig sind, obwohl sie in der Situation gar nicht dabei sind. Auch dies verweist auf die institutionelle Einbindung und die Bedeutung, die der Schulsozialarbeiter den nicht anwesenden Akteur*innen und ihren Erwartungen zuspricht. Lebensweltorientierung bedeutet, Schulsozialarbeit nur in freiwillig betretbaren Räumen zu nutzen.

Die Schulsozialarbeiterin Frau Blume präsentiert sich und ihr Büro hingegen als sehr offen, dennoch agiert sie in anderen Protokollen im gleichen Büro auch fremdbestimmt gegenüber den Schüler*innen (▶ Kap. 4.3 zum Gespräch mit dem Schüler Bijan). In der Denkfigur »Schulsozialarbeit als Zwischenbühne« (Reinecke-Terner 2017) wird dieses als »zweckgebundenes« Handeln der Schulsozialarbeit diskutiert (ebd., S. 27 ff.).

Wie im folgenden Kapitel zur »Zwischenbühne« beschrieben wird, kommt es also bei der Schulsozialarbeit auch immer auf die Gegebenheiten (Zeiten, Räume) und Anliegen anderer (Interessen, Bedarfe) an, um in diesem »Zwischen« eine professionelle Position innerhalb der institutionellen Einbindung zu finden und auch zu gestalten. Dies gilt räumlich wie inhaltlich in Bezug auf ihre Haltung und ihr Handeln.

Gut zu wissen – gut zu merken

- Schulsozialarbeit ist institutionell eingebunden in ein Schulsystem, dessen Regeln (z. B., Schulpflicht, Schulleistung, Schulformen, Zuweisung) durch das System selbst bestimmt werden.
- Drei Trägerschaften der Schulsozialarbeit werden in der Fachliteratur diskutiert: kommunale und freie Träger der Jugendhilfe sowie schulbehördliche Träger. Diese haben jeweils Vor- und Nachteile.
- Die intentionelle Einbindung führt vielfach zu zweckgebundenem Handeln und muss immer gut reflektiert werden, damit Schulsozialarbeit ihr Handeln nicht dem Schulsystem unterordnet.

Weiterführende Literatur

Baier, F. (2011): Schulsozialarbeiterischer Habitus oder: Ethik und Moral in den Grundhaltungen und Grundmustern der Praxisgestaltung. In: Baier, F./Deinet, U. (Hrsg.): Praxisbuch Schulsozialarbeit: Methoden, Haltungen und Handlungsorientierungen für eine professionelle Praxis. Opladen u. a.: Budrich, S. 135–158.

Fend, H. (2009): Neue Theorie der Schule: Einführung in das Verstehen von Bildungssystemen. Wiesbaden: VS Verlag für Sozialwissenschaften.

Gomolla, M./Radtke, F.-O. (2009): Institutionelle Diskriminierung: Die Herstellung ethnischer Differenz in der Schule. Wiesbaden: VS Verlag für Sozialwissenschaften.

4 Schulsozialarbeit als »Zwischenbühne« – eine Denkfigur

> ☞ **Was erwartet Sie in diesem Kapitel?**
>
> Sie lernen die Denkfigur der »Zwischenbühne« kennen, die wir verwenden, um die vielfältigen Spannungsverhältnisse und Kontexte, in die Schulsozialarbeit im Handlungsfeld Schule eingespannt ist, zu verdeutlichen. Das Konstrukt »Zwischenbühne« wird anhand zentraler Handlungssituationen expliziert und Sie werden angeregt, eigene Sichtweisen darauf zu entwickeln.

4.1 Zwischen zwei Polen des Auftrags

Mit der Denkfigur »Schulsozialarbeit als Zwischenbühne« wird hier ein Konzept vorgestellt, welches die Möglichkeit bietet, Schulsozialarbeit in ihrer Verwobenheit mit der Schule zu verstehen, und damit auch die Komplexität des Feldes auffächert.

Das »Zwischen« ist in der Fachdiskussion immer wieder präsent: Nörber schreibt von der Kooperation von Jugendarbeit und Schule als »ungeklärtes Verhältnis *zwischen* Dienstleistung und Partnerschaft« (2004, S. 434). Drilling beschreibt das Feld *zwischen* Freiwilligkeit und Verpflichtung (vgl. Drilling 2009, S. 113 f.). Andere sprechen vom »Spannungsfeld *zwischen* Erziehung und Bildung« (vgl. Braches-Chyrek/Lenz/Kammermeier 2012; Spies/Pötter 2011, S. 37 ff.). Und Braun und Wetzel diskutieren das Thema *zwischen* »Freizeitpädagogik und Konfliktpädagogik« sowie *zwischen* »normativen Ansprüchen und faktischer Erziehungspraxis« (Braun/Wetzel 2006, S. 5).

> **Reflexionsanregungen**
>
> - Wie begründet sich ein »Zwischen« in Bezug auf das Handlungsfeld Schulsozialarbeit?
> - Welche Formen des »Zwischens« fallen Ihnen noch ein?

Wenn es also ein »Zwischen« gibt, dann können wir auch von *zwei Polen* sprechen. Diese sind anhand normativer Vorgaben zu reflektieren. Der erste Pol fokussiert die

Perspektive und persönlichen Bedarfe und Rechte der Kinder und Jugendlichen und versucht selbstbestimmtes Handeln zu fördern und Gerechtigkeit zu fordern, wo sie nicht besteht. Der zweite Pol geht eher von den Bedarfen der Schule aus und formuliert die Erwartungen der Schule, denen sich die Schüler*innen letztlich fremdbestimmt anpassen müssen, um die Anforderungen der Schule zu bewältigen. Jeder Pol bestimmt auch das Handeln der Schulsozialarbeit bzw. gibt eine Orientierung vor.

4.1.1 Die Perspektive auf die Bedarfe der Kinder und Jugendlichen

Schulsozialarbeit wird im Diskurs schon immer ein »anwaltschaftlicher Auftrag« zugeschrieben: Laut Rademacker ist dieser begründet durch §13 SGB VIII zur besonderen Unterstützung des Ausgleichs für »sozial Benachteiligte und individuell Beeinträchtigte« (vgl. 2002). 2023 wurde Schulsozialarbeit endlich in § 13a SGB VIII als Angebot der Kinder- und Jugendhilfe (im Rahmen der Ergänzungen im Kontext des Kinder- und Jugendstärkungsgesetzes) aufgenommen. Auch der Kooperationsverbund Schulsozialarbeit betont in seinem Bildungsverständnis, dass insbesondere die Kinder Unterstützung durch Schulsozialarbeit erhalten sollen, die an den Anforderungen der Schule scheitern oder schlechte Startchancen haben (vgl. Kooperationsverbund Schulsozialarbeit 2013, 2015a, S. 7, 2019). Grundsätzlich werden aber potenziell *alle* Schüler*innen als Zielgruppe verstanden. Schulsozialarbeit soll, auch wenn die Beratung von Lehrkräften nicht ausgeschlossen ist, vor allem für die Kinder und Jugendlichen da sein, dies betont die Sicht der Adressat*innen (Bauer/Bolay 2013; Aghamiri 2015). Auch der Auftrag zur besonderen Beachtung und Orientierung an den Menschenrechten (Baier 2016), insbesondere an den UN-Kinderrechten (▶ Kap. 7.3) sowie der Inklusion (Haude/Volk/Fabel-Lamla 2018), begründet ein anwaltschaftliches Vorgehen. Zugleich wird die Antidiskriminierung (Kastirke/Holtbrink 2016) und das Entgegenwirken gegen Antisemitismus (vgl. Perko/Czollek/Eifler 2021) immer nachdrücklicher betont. So finden sich ab 2000 immer mehr Veröffentlichungen, die explizit Hinweise darauf geben, dass in der Schulsozialarbeit ein anwaltschaftliches Mandat in Bezug auf die Bedarfe der Kinder und Jugendlichen eindeutig begründet und konzeptionell gewollt ist.

Wie bereits mehrfach deutlich gemacht, gibt es bestimmte Grundhaltungen, die sich sehr konkret mit dem sogenannten »Schulsozialarbeitshabitus« nach Baier (vgl. 2011, S. 135 ff.), angelehnt an das Konzept der Lebensweltorientierung nach Thiersch, beschreiben lassen:

Tab. 2: Handlungsprinzipien und Strukturmaximen der Schulsozialarbeit (nach Baier, F. (2011): Schulsozialarbeiterischer Habitus oder: Ethik und Moral in den Grundhaltungen und Grundmustern der Praxisgestaltung. In: Baier, F./Deinet, U. (Hrsg.): Praxisbuch Schulsozialarbeit: Methoden, Haltungen und Handlungsorientierungen für eine professionelle Praxis. Opladen u. a.: Budrich, S. 135–158, hier S. 138)

Handlungsprinzipien	Strukturmaxime
Autonomie des Subjektes gewährleisten	Dienstleistung
Anwaltschaftliches Handeln	Freiwilligkeit
Aushandlung	Partizipation
Hilfe als Ko-Produktion	Niederschwelligkeit
Aufmerksamkeit	Schweigepflicht
Bilderverbot	Equity
Nichtwissen	
Vertrauen	

Reflexionsanregung

Warum sollte sich Schulsozialarbeit in der Schule »anwaltschaftlich« für Kinder und Jugendliche einsetzen?

Kommentierungsangebot

Schulsozialarbeit sollte sich vor allem deshalb für die Perspektive der Adressat*innen interessieren, da es am Ende immer darum geht, hier Vertrauen zu gewinnen und in Beziehung zu gehen. Nur wenn sie in ihrer Rolle glaubwürdig ist, wird sie Kinder und Jugendliche langfristig unterstützen können. Die Perspektive wertzuschätzen und sich auch für sie gegenüber Lehrkräften stark zu machen, bedeutet nicht, blindlinks und naiv einer Kinderperspektive zu folgen und die Perspektive der Lehrkräfte außer Acht zu lassen; es bedeutet vor allem, der Perspektive der Kinder am Ort Schule Raum zu geben. Nur so besteht eine Chance, aus systembedingten Routinen (u. a. ▶ Kap. 7.1.2) auszubrechen und die Schule und deren Regelungen aus Sicht der Kinder und Jugendlichen zu verstehen. Schulsozialarbeit eröffnet hier einen Horizont, der ansonsten zumeist verschüttet bleibt, da – so ein Sprichwort im Diskurs – ›alles was Schule anfasst, zu Schule wird‹ und sich der »Tanker« Schule nur schwer lebensweltorientiert entwickelt. Kinder und Jugendliche sind zudem allein nicht wirkmächtig genug, um Kritik in der Schule zu äußern, auch wenn es in jeder Schule eine gewählte Schüler*innenvertretung gibt. Aufgrund der schulischen Struktur, der Stellung der Lehrkräfte und der Schulleitung sowie der Benotung gibt es Machtverhältnisse, die sie sensibel erspüren, aber kaum intellektuell einordnen können. Kinder und Jugendliche sind aber in einem Lebensalter, in dem sie die Welt noch neu entdecken, sie sind Seismographen für Gerechtigkeit und Ungerechtigkeit. Erziehung, Bildung und Begleitung ernst zu nehmen, bedeutet daher immer auch diese Stärken anzuerkennen und die Welt durch eben diese Brille zu bewerten. So ist es dann die Schulsozialarbeit, die diese Perspektive vertritt und stellvertretend stark macht. Natürlich kann dies im Gespräch mit den Lehrkräften auch immer dazu führen, dass die Kinder und Jugendlichen ihre Perspektive verändern, ihr Verhalten reflektieren und ggf. auch in Zukunft anpassen. Dies wird aber auch auf die Haltung und Reflexionsbereitschaft der Lehrkraft ankommen. Denn auch hier müssen Kritik angenommen und Prozesse überdacht werden. Wenn die Situation für eine Lehrkraft zu komplex ist, da es eben 30 statt zwei Perspektiven zu verstehen gibt, ist es an der Schulsozialarbeit, auch diese Sichtweise zu vermitteln.

4.1.2 Die Perspektive der Zielrichtung der Schule und der darin verorteten Schulsozialarbeit

Der andere Pol ist die *Zielrichtung der Schule.* Hier geht es um die grundsätzliche Erwartung, dass Kinder und Jugendliche sich institutionell begründeten Normalerwartungen und ihrer Leistung entsprechend verhalten. Dies bedeutet etwa, den Unterrichtsstoff zu schaffen, pünktlich zu sein, ein bestimmtes soziales und organisatorisch adäquates Arbeitsverhalten zu zeigen und damit bestimmte Kompetenzen auszubilden. Natürlich können Kinder und Jugendliche in diesem Rahmen ebenso Selbstbestimmungsstrukturen der Schule nutzen (Wahl der Klassensprecher*innen, Teilnahme an der Schüler*innenvertretung). Dies geschieht in der Regel in Klassenverbänden und anderen größeren Gruppen, somit lässt der Rahmen wenig Raum für individuelle Bewältigungsmuster und -ideen, auch wenn insbesondere innerhalb dieser Settings wichtige soziale Lernprozesse angestoßen werden und bedeutsame, soziale Erfahrungen stattfinden.

Dass die schulischen Zielsetzungen und Vorgaben für die Fachlichkeit der Schulsozialarbeit eine Rolle spielen, ist nicht von der Hand zu weisen und wurde in Bezug auf die »Zweckbestimmung« bereits diskutiert (▶ Kap. 3.3). Also beziehen sich Konzepte der Schulsozialarbeit immer auf die Erreichung schulischer Lernziele.

Mit folgender Tabelle sehen wir nun auf konzeptionelle Vorgaben bzw. Richtungsweisen beider oben diskutierten Trägerschaften. Zum einen bilden wir die Vorgaben als Originalzitate aus dem »Anforderungsprofil für Schulsozialarbeit« des Kooperationsverbundes (2015b) ab, ergänzt durch das aktuellere »Selbstverständnis« (2019), welches das Dokument von 2015 erweitert, jedoch eher ein Positionspapier ist. Zum anderen beinhaltet die Tabelle Auszüge aus dem sehr viel kürzeren Erlass für Soziale Arbeit in schulischer Verantwortung am Beispiel Niedersachsen (Niedersächsisches Kultusministerium 2017a).

Wichtig für die folgende Übersicht ist, dass diese Gegenüberstellung und inhaltliche Systematisierung nur als ein Vorschlag zu verstehen ist und stark reduziert ist. Es können auch ganz andere Zusammenhänge bzw. Vergleichsoptionen festgestellt werden. Dabei ist die Broschüre des Kooperationsverbundes mit ihrem Umfang von 26 (!) Seiten deutlich umfangreicher als der Erlass mit 2,5 Seiten. Zudem ist die Intention eine unterschiedliche: Der Erlass ist als rechtlich bindende Vorgabe zu sehen, zugleich sind die Ausführungen im NSchG (Niedersächsischen Schulgesetz) zum Thema (Kooperation) mit der Kinder- und Jugendhilfe noch kürzer. Das Anforderungsprofil des Kooperationsverbundes hingegen diskutiert umfassend ein breites Spektrum der Umsetzung und fachlichen Anforderungen der Schulsozialarbeit als intensive Form der Kooperation zwischen Jugendhilfe und Schule.

Wir nutzen diesen Vorschlag der Gegenüberstellung, um Sie für konzeptionelle Formulierungen zu sensibilisieren und Ihnen die Bearbeitung der Reflexionsanregungen zu ermöglichen. Es wird empfohlen, sich dafür auch die beiden Dokumente aus dem Internet im Original und in voller Länge herunterzuladen, die Links finden Sie unter »weiterführender Literatur« am Ende dieses Kapitels. Es handelt sich im Folgenden um Originalzitate, die nicht jedes Mal mit Anführungsstrichen gekennzeichnet sind.

Tab. 3: Vorgaben der Trägerschaften Kinder- und Jugendhilfe und Schule im Vergleich (eigen Darstellung)

Grundlegende Ziele	Vorgaben aus Konzepten der Trägerschaft unter der Kinder- und Jugendhilfe (Kooperationsverbund Schulsozialarbeit 2015b und 2019)	Vorgaben aus einem exemplarischen schulischen Erlass (Niedersächsisches Kultusministerium 2017a)
Auf die Gesellschaft bezogen	»Schulsozialarbeit ist ein professionelles sozialpädagogisches Angebot, das systematisch und dauerhaft in jeder Schule zu etablieren ist. Grundlage des Handelns ist die verbindlich vereinbarte, partnerschaftliche Kooperation von Jugendhilfe und Schule.« (2015b, S. 10) Rechtliche Grundlagen sind das SGB VIII (Kinder- und Jugendhilfegesetz), seine Ausführungsgesetze und, soweit vorhanden, entsprechende Gesetze, Richtlinien, Erlasse und andere Regelungen der Länder für die Tätigkeit sozialpädagogischer Fachkräfte an Schulen. Ihre Ziele definiert Schulsozialarbeit aus der Verantwortung zur Gestaltung einer sozialen und humanen Gesellschaft. Auch dort, wo Schulsozialarbeit politisch und administrativ dem Bereich des Schulwesens zugeordnet wurde, gelten die Prinzipien der Jugendhilfe.« (Ebd., S. 10) Die »Ziele sind eingebettet in die sich aus UN-Konventionen ergebenden völkerrechtlichen Verpflichtungen, insbesondere der Kinderrechtskonvention, der Flüchtlingskonvention und der	2.1 Soziale Arbeit in schulischer Verantwortung basiert auf dem allgemeinen Bildungsauftrag der Schule nach § 2 des Niedersächsischen Schulgesetzes (NSchG). Die Schule hat den Auftrag, mit ihren Angeboten zur Entwicklung einer eigenständigen Persönlichkeit der Schülerinnen und Schüler beizutragen. Die soziale Arbeit in schulischer Verantwortung trägt mit ihren Angeboten auch dazu bei, Schülerinnen und Schülern eine erfolgreiche Teilnahme am Unterricht und am Schulleben sowie ein erfolgreiches Absolvieren der Schullaufbahn zu ermöglichen. In Ergänzung zu den Leistungen der Kinder- und Jugendhilfe unterstützt sie beim Abbau von sozialen Benachteiligungen und individuellen Beeinträchtigungen«. (Ebd., S. 429)

Tab. 3: Vorgaben der Trägerschaften Kinder- und Jugendhilfe und Schule im Vergleich (eigen Darstellung) – Fortsetzung

Grundlegende Ziele	Vorgaben aus Konzepten der Trägerschaft unter der Kinder- und Jugendhilfe (Kooperationsverbund Schulsozialarbeit 2015b und 2019)	Vorgaben aus einem exemplarischen schulischen Erlass (Niedersächsisches Kultusministerium 2017a)
	Behindertenrechtskonvention« (2015b, S. 10) sowie in die die globale Definition der Sozialen Arbeit als gesellschaftsverändernde Profession (Kooperationsverbund Schulsozialarbeit 2019, S. 5; DBSH 2016).	
Schulbezogen sowie auf die Struktur der Schule bezogen	»Schulsozialarbeiterinnen und Schulsozialarbeiter tragen dazu bei, positive Lern- und Lebensbedingungen zu erhalten bzw. zu schaffen, indem sie daran mitwirken, Schule als Lern- und Lebensraum so zu gestalten, dass alle Kinder und Jugendlichen darin ihren Platz finden und sich an ihrer Gestaltung beteiligen sowie vielfältige Beziehungen zum sozialen Umfeld entwickeln können« (2015b, S. 11). »Schulsozialarbeiterinnen und Schulsozialarbeiter fördern gemeinsam mit den Lehrkräften in der Schule die individuelle und soziale Entwicklung von Kindern und Jugendlichen, indem sie in der Schule Möglichkeitsräume anbieten, durch die die Schülerinnen und Schüler über das schulische Angebot hinaus ihre Fähigkeiten entfalten, Anerkennung erfahren und soziale Prozesse gestalten können. Dabei berücksichtigen sie die unterschiedlichen Lebenslagen der Schülerinnen und Schüler« (2015b, S. 11). »Freiwilligkeit: Alle Angebote und Unterstützungsmaßnahmen der Schulsozialarbeit sind für junge Leute freiwillig, es sei denn dass sie im Klassenverbund als unterrichtliche Veranstaltung stattfinden« (Kooperationsverbund Schulsozialarbeit 2019, S. 18). »Leistungsanerkennung: Die Leistungen junger Menschen werden	»2.2 Die soziale Arbeit in schulischer Verantwortung legt den Schwerpunkt auf Angebote und Maßnahmen, die • sich an alle Schülerinnen und Schüler richten, • einen präventiven Ansatz verfolgen und • Aufgaben im schulischen Kontext betreffen.« (ebd. S.429) 3.1 Die soziale Arbeit in schulischer Verantwortung ist ein eigenständiges Aufgabenfeld mit eigener fachlicher Kompetenz. Sie findet in der Regel außerhalb des Unterrichts statt. »3.2 Die Angebote der sozialpädagogischen Fachkräfte werden von den Schülerinnen und Schülern grundsätzlich freiwillig wahrgenommen.«(Ebd.) »6.2 Die Weisungsbefugnis für die sozialpädagogische Fachkraft liegt nach § 43 Abs. 2 NSchG bei der Schulleiterin oder dem Schulleiter.« (Ebd., S. 430) »6.3 Staatlich anerkannte Sozialarbeiter*innen sind nach § 203 Abs.1 Nr. 5 StGB bzw. als Amtsträger nach § 203 Abs. 2 Nr. 1 StGB zur Verschwiegenheit verpflichtet.« (Vgl. ebd.)

Tab. 3: Vorgaben der Trägerschaften Kinder- und Jugendhilfe und Schule im Vergleich (eigen Darstellung) – Fortsetzung

Grundlegende Ziele	Vorgaben aus Konzepten der Trägerschaft unter der Kinder- und Jugendhilfe (Kooperationsverbund Schulsozialarbeit 2015b und 2019)	Vorgaben aus einem exemplarischen schulischen Erlass (Niedersächsisches Kultusministerium 2017a)
	unterstützt und anerkannt. Eine Bewertung, etwa in Form von Notengebung oder Rankings, findet durch die Schulsozialarbeit nicht statt« (2019, S. 20).	
Mitwirkung an Schulprogramm und Schulentwicklung	»Ganzheitliches Bildungsverständnis verankern« (S. 23) »Schulsozialarbeiterinnen und Schulsozialarbeiter arbeiten in schulischen Gremien am Schulprogramm und beteiligen sich aktiv an der Schulentwicklung. Sie tragen dazu bei, ein gemeinsames, ganzheitliches Bildungsverständnis zu entwickeln, die speziellen Beiträge der Schulsozialarbeit in der Konzeption der Schule (Schulprogramm) zu verankern und in der praktischen Weiterentwicklung des pädagogischen Profils der Schule umzusetzen. Schulsozialarbeiterinnen und Schulsozialarbeiter bringen ihre Kompetenz bei der Entwicklung der Umsetzungsstrategien ein und beteiligen sich aktiv bei der Realisierung neuer Lern- und Arbeitsformen (2015b, S. 18)	»4.1 Die soziale Arbeit in schulischer Verantwortung ist Teil des Schulprogramms (§ 32 Abs. 2 NSchG). Die Ziele und Schwerpunkte der sozialen Arbeit bestimmt jede Schule unter Beteiligung der sozialpädagogischen Fachkraft nach Maßgabe ihres pädagogischen Konzepts und diesen Bestimmungen. Die Wahrnehmung der Aufgaben der sozialpädagogischen Fachkräfte unterliegt der Gesamtverantwortung der Schulleiterin oder des Schulleiters (§ 43 Abs. 1 NSchG).« (Ebd., S. 429) »6.1 Die sozialpädagogischen Fachkräfte sind pädagogische Mitarbeiterinnen und Mitarbeiter nach § 53 Abs. 1 NSchG. Sie sind stimmberechtigte Mitglieder der Gesamtkonferenz einer Schule nach § 36 Abs. 1 e NSchG.« (Ebd., S. 430)
Zielgruppenbezogen	Gruppenangebote zur Verbesserung persönlicher und sozialer Kompetenzen, z.B.: zur Überwindung von Entwicklungsschwierigkeiten und/oder Verhaltensauffälligkeiten (2015b, S. 15). Weniger stigmatisierend formuliert ist diese Zielrichtung im aktuellen Selbstverständnis, indem auf ihre Unterstützung bei der Umsetzung des Bildungs- und Erziehungsauftrags verwiesen wird; hier wird zudem auch die Demokratieerziehung benannt (2019, S. 18). »Sie entwickeln in einem individuellen Förderprozess mit Schüle-	»3.3 Die soziale Arbeit in schulischer Verantwortung berücksichtigt bei ihren Angeboten und Maßnahmen (…) – die Kompetenzorientierung.« (Ebd. S. 429). »4.4.5 Schulbezogene Hilfen: Sozialpädagogische Fachkräfte unterstützen Schülerinnen und Schüler bei Lernproblemen, insbesondere durch Stärkung der Persönlichkeit, und tragen so zur Bewältigung der schulischen Anforderungen bei.« (Ebd., S. 430)

Tab. 3: Vorgaben der Trägerschaften Kinder- und Jugendhilfe und Schule im Vergleich (eigen Darstellung) – Fortsetzung

Grundlegende Ziele	Vorgaben aus Konzepten der Trägerschaft unter der Kinder- und Jugendhilfe (Kooperationsverbund Schulsozialarbeit 2015b und 2019)	Vorgaben aus einem exemplarischen schulischen Erlass (Niedersächsisches Kultusministerium 2017a)
	rinnen und Schülern differenzierte Unterstützungsinstrumentarien, um zielgerichtete, individuelle Hilfen anbieten zu können.« (Kooperationsverbund Schulsozialarbeit 2015b, S. 14, 2019, S. 24).	
Exemplarische Aufgaben	Grundsätzlich werden viele gleiche bzw. ähnliche Aufgabenfelder aufgeführt: Beratung, Vernetzung, Projekte, Gruppenpädagogische Angebote (vgl. Kooperationsverbund 2019, S. 24ff.). (Zur genaueren Übersicht laden Sie sich selbst bitte die Originale einmal herunter und lesen diese!)	
Zusammenarbeit mit Lehrkräften	»Die Zusammenarbeit mit den Lehrkräften ist wegen des häufigen Zusammenhangs des Hilfebedarfs mit schulbezogenen Leistungen, Problemsituationen oder Konflikten unerlässlich« (2015b, S. 14, vgl. auch 2019, S. 17). »Angebote für Schulklassen, z. B. soziales Kompetenztraining, sozialpädagogische Begleitung von Klassenfahrten, Krisenintervention oder Projektarbeit.« (2015b, S. 15). »Schulbezogene Hilfen sind individuelle Angebote, Gruppenangebote und offene Förderangebote, die gezielt Kinder und Jugendliche darin unterstützen, die Schule und ihre Anforderungen zu bewältigen. Die Aufgabe der Schulsozialarbeiterinnen und Schulsozialarbeiter besteht darin, Kindern und Jugendlichen in enger Kooperation mit den Lehrerinnen und Lehrern bei der Bewältigung ihrer Lernprobleme und/oder ihrer Lebensprobleme zu helfen, ihre Persönlichkeit zu stärken und im sozialen Umfeld Ressourcen zu erschließen.« (2015b, S. 16, vgl. auch 2019, S. 21).	2.3 Die Aufgabe sozialer Arbeit in schulischer Verantwortung wird von sozialpädagogischen Fachkräften im Landesdienst wahrgenommen. Sie unterstützen die Schulleiterin oder den Schuleiter bei der Wahrnehmung ihrer oder seiner Aufgaben (nach § 43 NSchG) sowie die Lehrkräfte im Rahmen der multiprofessionellen Zusammenarbeit.« (Ebd., S. 429) »4.2.2 Beratung der Lehrkräfte, der weiteren pädagogischen Mitarbeiterinnen und Mitarbeiter sowie der Erziehungsberechtigten: Sozialpädagogische Fachkräfte stehen den Lehrkräften sowie den weiteren pädagogischen Mitarbeiterinnen und Mitarbeitern und den Erziehungsberechtigten für Beratung und Begleitung bei Problemlagen der Schülerinnen und Schüler zur Verfügung.« (Ebd., S. 429) »5. Zusammenarbeit Die sozialpädagogischen Fachkräfte tragen durch die Zusammenarbeit mit inner- und außerschulischen Partnern zur Erfüllung der oben genannten Aufgaben bei.« (Ebd., S. 430)

Tab. 3: Vorgaben der Trägerschaften Kinder- und Jugendhilfe und Schule im Vergleich (eigen Darstellung) – Fortsetzung

Grundlegende Ziele	Vorgaben aus Konzepten der Trägerschaft unter der Kinder- und Jugendhilfe (Kooperationsverbund Schulsozialarbeit 2015b und 2019)	Vorgaben aus einem exemplarischen schulischen Erlass (Niedersächsisches Kultusministerium 2017a)
		»5.1 Die sozialpädagogischen Fachkräfte arbeiten mit den Beratungslehrkräften zusammen. Ihre jeweiligen Aufgaben (z. B. in multiprofessionellen Beratungsteams) werden in einem schulischen Beratungskonzept niedergelegt (ebd., S. 430).«
Auf Kompetenzen bezogen	»Sie bieten sozialpädagogische Gruppenarbeit an, bei der Kinder und Jugendliche Kompetenzen zur Bewältigung von Konflikten erwerben können.« (2015b, S. 15) »Sie bauen Peer-Mediationsgruppen auf und koordinieren deren Tätigkeit; sie unterstützen Lehrkräfte dabei, Klassenkonflikte oder akute Krisensituationen in Schulklassen zu bearbeiten.« (2015b, S. 15). Diese Unterstützung ist aber auch übergeordnet gemeint: »Sie übernehmen eine Vermittlungsfunktion, damit ihre Adressatinnen und Adressaten Leistungen nach SGB VIII und anderen Sozialgesetzen einfordern können.« (Ebd., S. 12) (In wesentlich ausführlicherer Fassung lesen Sie bitte die Originalbroschüre)	»4.3.2 Gewalt- und Konfliktprävention: Sozialpädagogische Fachkräfte wirken bei der präventiven Abwehr von Gewalthandlungen und der Bewältigung von Konflikten (u. a. durch Sozialtrainings oder durch Förderung der Medienkompetenz) nach Nr. 2 und 3 des Bezugserlasses zu b) mit.« (Ebd., S. 430) »4.3.3 Förderung der Gesundheit: (...)« (ebd. S. 430) »4.4.2 Förderung von Partizipation und Demokratie: Die Angebote der sozialpädagogischen Fachkräfte fördern die eigenständige Beteiligung der Schülerinnen und Schüler am schulischen Leben (§ 72 und § 80 NSchG) und tragen zu deren Fähigkeit zur demokratischen Gestaltung der Gesellschaft bei.« (Ebd., S. 430)
Auf das schulische Umfeld bezogen	»Im Sinne des § 81 SGB VIII arbeiten Schulsozialarbeiterinnen und Schulsozialarbeiter mit öffentlichen Einrichtungen und Institutionen im Umfeld von Schule zusammen. Sie vernetzen den schulischen Lebensraum mit anderen Jugendhilfeleistungen.« (2015b, S. 12).	»4.2.3 Netzwerkarbeit mit außerschulischen Partnern: Sozialpädagogische Fachkräfte stellen die zur Erfüllung ihrer Aufgaben notwendigen dauerhaften Kontakte und die Zusammenarbeit mit außerschulischen Einrichtungen (s. Nr. 5) sicher. Diese Zusammenarbeit ist Teil des schulischen Netzwerks.« (Ebd., S. 429) »5.6 Zu den weiteren Partnern für die Zusammenarbeit können u. a. die Einrichtungen für Kultur,

Tab. 3: Vorgaben der Trägerschaften Kinder- und Jugendhilfe und Schule im Vergleich (eigen Darstellung) – Fortsetzung

Grundlegende Ziele	Vorgaben aus Konzepten der Trägerschaft unter der Kinder- und Jugendhilfe (Kooperationsverbund Schulsozialarbeit 2015b und 2019)	Vorgaben aus einem exemplarischen schulischen Erlass (Niedersächsisches Kultusministerium 2017a)
		Sport, Sucht- und Drogenberatung, lokale Präventionsräte, die Polizei sowie das Gesundheitsamt gehören.« (Ebd., S. 430)
		»5.7 Die Zusammenarbeit mit außerschulischen Partnern kann durch die Bildungsregionen begleitet werden.« (Ebd., S. 430)
Auf Schulverweigerung bezogen	»Schulsozialarbeiter*innen unterstützen Lehrkräfte, Eltern und Schüler*innen dabei, schulabsentes Verhalten und dessen Ursachen frühzeitig zu erkennen. Sie suchen gemeinsam mit allen beteiligten Personen nach Wegen für den Abbau der Ursachen, um Betroffenen die Rückkehr in den Regelunterricht zu ermöglichen.« (2019, S. 22)	»4.3.1 Schulverweigerung/-absentismus: Sozialpädagogische Fachkräfte wirken nach 3.3.2 des Bezugserlasses zu a) mit, um eine Teilnahme der Schülerinnen und Schüler am Unterricht sicherzustellen.« (Ebd., S. 429)
Auf den Übergang Schule/Beruf bezogen	»Schulsozialarbeiterinnen und Schulsozialarbeiter unterstützen Schülerinnen und Schüler in der Gestaltung des Übergangs von der Schule in die Ausbildung oder weiterführendes Lernen und von der (Berufs-)Schule in Beruf und Arbeit. Sie helfen ihnen dabei, Berufswahl und Lebensplanung zu verbinden, rechtzeitig die relevanten Informationen zu bekommen, die richtigen Schritte zur Qualifizierung zu gehen (z. B. durch Berufspraktika, Bewerbungstrainings) und geben emotionalen Rückhalt. Dabei kooperieren sie mit den Arbeitsagenturen und Jobcentern, den kommunalen Servicestellen (Jugendberufsagenturen) und weiteren Akteuren und Projekten des Übergangsmanagements.« (2015b, S. 17, vgl. auch 2019, S. 21)	»4.4.3 Berufsorientierung und Übergang von der Schule in Beruf/Studium: Die sozialpädagogischen Fachkräfte wirken im Rahmen des schulischen Konzepts für Berufsorientierung oder Berufsvorbereitung mit.« (Ebd., S. 430)

Reflexionsanregungen

Vergleichen Sie die Ausarbeitung und Formulierungen. Fallen Ihnen in der Art und Weise der Formulierung Unterschiede auf (in Bezug auf den inhaltlichen Kontext, Hervorhebungen von besonderen Zusammenhängen, Umfang der Formulierung usw.)?

Worin liegt ein Unterschied zwischen beiden Trägern in Bezug auf die »grundsätzliche Ausrichtung«? (Beziehen Sie dazu Ihre Erkenntnisse aus Kapitel 3.1 zum Vergleich der Trägerschaften mit ein.)

Erkennen Sie Unterschiede in Bezug auf die Individualität und Lebenswelt der Kinder und Jugendlichen? Geht es eher um den Kontext Schule oder um weitere Aspekte? Inwiefern wird hier ein Unterschied zwischen den unterschiedlichen Trägerformen sichtbar?

Diskutieren Sie: Erscheint die Schulsozialarbeit laut Erlass bzw. Anforderungsprofil »autonom« in ihrem Handeln? Erkennen Sie Unterschiede bei der Verortung der Schulsozialarbeit in den Trägerschaften (z. B. mit dem Blick auf die Fachvorgesetzten, auf Ihre Zuständigkeiten inner- und außerschulisch)?

Inwiefern spielen schulische Leistungserwartungen und Kompetenzbildung in den Ausführungen eine Rolle? Diskutieren Sie dies kritisch!

Interpretationsangebot

Zu betonen ist erneut, dass der Erlass für »Soziale Arbeit in schulischer Verantwortung« mit 2,5 Seiten gegenüber dem Anforderungsprofil des Kooperationsverbundes mit 26 Seiten deutlich kürzer ausfällt, was einen Vergleich deutlich schwieriger macht, jedoch schon eine Kernerkenntnis enthält: Seitens der Schulbehörde gibt es bislang keine derart fachlich ausführlicher ausformulierten Vorgaben, die den Schulsozialarbeiter*innen eindeutige Richtungsweisungen in Bezug auf die Umsetzung ihrer Tätigkeit am Ort Schule geben. Zudem wird die Schulsozialarbeit im Anforderungsprofil des Kooperationsverbundes mit Bezeichnungen wie »professionell«, »partnerschaftlich« als ausgewiesenes Handlungsfeld hervorgehoben. Es werden hierbei stets die »Prinzipen der Jugendhilfe« betont. In Bezug auf die Schulentwicklung geht es um ein »gemeinsames, ganzheitliches Bildungsverständnis« zwischen Jugendhilfe und Schule.

Zugleich fallen dem geschulten Auge in der Version von 2015 noch (subtile) politische Forderungen seitens des Kooperationsverbundes auf, wie z. B. die Aussage im Anforderungsprofil: »Schulsozialarbeit ist dauerhaft zu etablieren«. In der Version von 2019 wird direkt die Soziale Arbeit in schulischer Verantwortung kritisiert (S. 4).

Demgegenüber ist mit dem Erlass diese Vorgabe der dauerhaften Anstellung schon automatisch erfüllt und muss nicht besonders erwähnt werden, da Schulsozialarbeit damit ein verbindlicher Teil der Schule ist. Insgesamt bewertet ist die Schulsozialarbeit im Anforderungsprofil, allein aufgrund der Länge, verständlicher und umfassender erläutert.

In Bezug auf die grundsätzliche Ausrichtung wird sichtbar, dass das Anforderungsprofil des Kooperationsverbundes eindeutig auf die theoretischen Inhalte und gesetzlichen Grundlagen der Kinder- und Jugendhilfe (SGB VIII) Bezug nimmt und ihren eigenständigen Auftrag stark betont. Darüber hinaus werden hier alle relevanten Entwicklungen und Vorgaben (z. B. UN- Konventionen, Definition Soziale Arbeit als gesellschaftsverändernde Profession benannt. Es geht auf dieser normativ anspruchsvollen Grundlage um die »speziellen Beiträge der Schulsozialarbeit«, es geht um »enge Kooperation« mit den Lehrkräften, sie soll »fachlich versiert und selbstbewusst auftreten« und kann nur erfolgreich sein, wenn sie »gleichberechtigte Partnerin der Schule ist«. »Die schulpädagogischen und sozialpädagogischen Kompetenzen ergänzen sich zu einem Gesamtangebot«. Demgegenüber fällt die Betonung der Eigenständigkeit und der besonderen Expertise im Erlass der schulischen Trägerschaft weniger ins Gewicht. Hier heißt es, dass sie »in der Regel außerhalb des Unterrichtes stattfindet« und dazu beiträgt, eine erfolgreiche »Teilnahme am Unterricht, (…) Schulleben sowie ein erfolgreiches Absolvieren der Schullaufbahn zu ermöglichen«, Schulsozialarbeit basiert hier auf dem Bildungsauftrag des Niedersächsischen Schulgesetztes. Sie wird lediglich als »Ergänzung« zu den Leistungen der Kinder- und Jugendhilfe verstanden. Begriffe wie »mitwirken« fallen deutlich häufiger auf als im Anforderungsprofil, welches auch diese Vokabel nutzt. Der Begriff verweist jedoch einerseits auf die ebenso große Verantwortung der Lehrkräfte, bestimmte Prozesse der Beratung und des sozialen Lernens ebenso zu gestalten, andererseits wirkt der Begriff »Mitwirkung« in Bezug auf die fachliche Kompetenz der Schulsozialarbeit reduziert und eher kompensatorisch. Dies zeigt sich auch darin, dass Fachkräfte in manchen Aspekten nur einbezogen werden »können« (aber nicht müssen), wohingegen im Anforderungsprofil des Kooperationsverbundes die Ausrichtung an den Menschenrechten eine Zielbestimmung ist. Hier geht es darum, »Schule als Lern -und Lebensraum so zu gestalten, dass alle Kinder darin ihren Platz finden«, und um die gemeinsame Entwicklung der Schule zu einem ganzheitlichen Bildungsverständnis.

In Bezug auf den Lebensweltbezug und die Individualität ist erkennen, dass Schulsozialarbeit im Anforderungsprofil des Kooperationsverbundes die Sichtweise der Kinder- und Jugendlichen stärker konzeptionell verankert. Schulsozialarbeiter*innen entwickeln in einem individuellen Förderprozess mit Schüler*innen differenzierte Unterstützungsinstrumentarien usw. An anderer Stelle heißt es, sie »berücksichtigen die unterschiedlichen Lebenslagen« der Schüler*innen«. Ihre Angebote sollen »Möglichkeitsräume« über die Schule hinaus anbieten. Auch wird die Notwendigkeit offener unverbindlicher Angebote betont (2019). Dass das Anforderungsprofil deutlich weiter geht, zeigt sich auch exemplarisch in den Ausführungen zum Zusammenhang mit dem Übergang Schule/Beruf, welcher sehr viel kürzer im Erlass beschrieben wird und sich auf »den Rahmen des schulischen Konzeptes« bezieht.

Im schulischen Erlass heißt es also, dass Soziale Arbeit in schulischer Verantwortung ihren Schwerpunkt auf Aufgaben legt, die den schulischen Kontext betreffen. Somit bezieht sich der Lebensweltbezug genaugenommen nur auf diesen kleinen Ausschnitt der Lebenswelt Schule, auch wenn die Angebote einen »präventiven Ansatz« verfolgen. Weitergedacht ist dies ziemlich unrealistisch, denn immer kommt das »ganze Kind« und nicht nur der schulische Anteil der Lebenswelt in die Schule.

In Bezug auf den Auftrag wird im Anforderungsprofil eher der Begriff »helfen« genutzt, im Erlass »unterstützen«.

Insgesamt betrachtet sind durchaus Unterschiede zwischen den Trägern erkennbar und die Schulsozialarbeit im Anforderungsprofil wirkt, obwohl auch im Erlass eine Betonung der Eigenständigkeit erkennbar ist, deutlich autonomer. An dieser Stelle kann auch eine Subordination erkannt werden, da die »Weisungsbefugnis« der Schulleitung hervorgehoben wird. Ebenso irritierend ist der Satz »Sie unterstützen die Schulleitung oder den Schulleiter bei der Wahrnehmung ihrer und seiner Aufgaben«. Auch wenn die »übergeordneten Aufgaben« durch die Dezernent*innen wahrgenommen werden, ist es so formuliert, dass die Schulsozialarbeit in der Einzelschule zwar eigenständig, bisweilen autonom agieren kann, aber offenbar auch auf die Schulleitung angewiesen ist bzw. ihre Ansicht zu berücksichtigen hat.

Schulische Leistungserwartungen hingegen spielen in beiden Vorgaben eine gleichwertige Rolle. Immer wieder geht es in beiden Dokumenten auch um schulische Leistung, um Unterstützung, um Förderung, damit die Schüler*innen schulischen Erfolg haben, auch wenn der Lebensweltbezug insbesondere im Anforderungsprofil des Kooperationsverbundes hervorgehoben wird.

Doch gibt es in beiden Ausführungen auch kritische Aspekte:
Im Erlass fällt besonders die Formulierung »wirken nach 3.3.2 des Bezugserlasses zu a) mit, um eine Teilnahme der Schülerinnen und Schüler am Unterricht sicherzustellen« (Niedersächsisches Kultusministerium 2017a, S. 429) ins Auge, wenn es um das Thema Schulverweigerung geht. Dieses entspricht sicher nicht dem Prinzip der Freiwilligkeit. Aber auch im Anforderungsprofil spiegelt sich ein normatives Verständnis wieder, wenn in Bezug auf die Kompetenzen in der Gruppenarbeit von einer »Überwindung von Entwicklungsschwierigkeiten und/oder Verhaltensauffälligkeiten« die Rede ist. Diese Begrifflichkeit findet sich jedoch in der aktuellen Version von 2019 nicht wieder, was auch auf einen inzwischen sensibleren Sprachgebrauch im Zusammenhang mit Schulsozialarbeit verweist.

Zusammenfassend lässt sich jedoch feststellen, dass die schulische Trägerschaft noch einen Nachholbedarf in Bezug auf ihre schriftlichen Vorgaben und die Wahrnehmung der Prinzipien und Gesetzeslage des SGB VIII, also des Kinder- und Jugendhilfegesetzes, respektive des Kinder- und Jugendhilfestärkungsgesetzes, hat. Die Fachlichkeit und das Professionsverständnis der Sozialen Arbeit, die immer durch einen Bachelorabschlusses als Zugangsberechtigung ausgewiesen sein muss, spiegelt sich nicht ausreichend im schulischen Erlass wider, zugleich wird eben dieser Abschluss und das Anerkennungsjahr als Voraussetzung benannt.

Wie jedoch in im Rahmen der Trägerschaftsdiskussion (▶ Kap. 3.1) schon betont, kommt es jenseits der schriftlichen Vorgaben immer auf das tatsächliche

»Doing« im Schulsozialarbeitsalltag an. Die Vorgaben des Anforderungsprofils des Kooperationsverbundes können also auch von Personen, die in schulischer Trägerschaft arbeiten, als wichtige Orientierungshilfe an der Zielsetzung des SGB VIII verstanden werden und ihr Handeln auch unter schulischer Trägerschaft leiten. Unser Appell: Berücksichtigen Sie diese bei der Ausübung Ihrer zukünftigen Tätigkeit als Schulsozialarbeitende.

Sie haben sich nun ausführlich mit den Vorgaben der Schule und der Kinder- und Jugendhilfe aus praktischer Perspektive befasst. Fachbücher, die ebenso den Zusammenhang der Schulsozialarbeit mit schulischen Zielen diskutieren, wurden hier nicht zitiert.

Deutlich wurde aber bisher und auch im weiteren Verlauf dieses Lehrbuchs, dass Schulsozialarbeit in der Institution Schule, die schon lange kein »Gast im Fremden Haus« mehr ist (vgl. Baier 2007), in ihrem »Doing«, ihrem alltäglichen Handeln immer auch Gefahr läuft, fremdbestimmt zu agieren, und ihr selbstbestimmtes Handeln aus den fachlichen Vorgaben heraus (Erlass und Anforderungsprofil sowie der fachliche Diskurs der Profession in Fachbüchern) stets reflektieren, gegenüber anderen formulieren und legitimieren muss.

4.2 Zwischen der Förderung von Selbstbestimmung und den Erwartungen der Fremdbestimmung

Wie kann Schulsozialarbeit sich nun zwischen den Polen Fremd- und Selbstbestimmung behaupten bzw. eine Soziale Arbeit umsetzen, die ihren Prinzipien und Vorgaben entspricht? Parallelitäten sind erkennbar zum Grunddilemma der Sozialen Arbeit, die Beachtung des »doppelten Mandates« (Böhnisch/Lösch 1973), sie agiert immer zwischen Hilfe und Kontrolle.

Reflexionsanregung

Was könnte im Kontext Schule die Spannung zwischen »Hilfe und Kontrolle« bedeuten?

Kommentierungsangebot

Wenn Kinder und Jugendliche ›Hilfe‹ von Schulsozialarbeitenden wünschen, dann oftmals, wenn Sie Streit mit Mitschüler*innen haben, Probleme zu Hause haben oder mit einer Lehrkraft nicht zurechtkommen. Wenn sie zur Schulsozialarbeit gehen, verspricht diese zunächst, auf Basis ihrer Vorgaben eine vertrauliche Unterstützung. Zugleich kann es aber auch sein, dass sich die Lehrkraft der jeweiligen Kinder und Jugendlichen aus ähnlichen Gründen an die Schul-

> sozialarbeit wendet, weil sie sich um die Kinder- und Jugendlichen, ihre Schüler*innen, sorgt. Nur sind die Vorstellungen von der Bearbeitung bzw. Bewältigung des Problems aber auf beiden Seiten der Akteur*innen möglicherweise unterschiedlich. Wenn nämlich die Streitigkeiten mit den Mitschüler*innen dazu führt, dass der Unterricht nicht mehr durchführbar ist oder die Probleme zu Hause zum Schulschwänzen führen oder die Lehrkraft die Ursache für die Probleme mit ihr selbst vor allem in dem*der Schüler*in sieht, dann wird es eine Herausforderung für die Schulsozialarbeit, zwischen diesen beiden Sichtweisen zu vermitteln. Die Spannung ergibt sich auch daraus, dass die Schulsozialarbeit in der Institution Schule immer auch die Zielsetzung des Erreichens der Schulleistungen im Blick haben muss. Dies zeigen auch die Vorgaben beider Trägerschaften (Kinder- und Jugendhilfe sowie die schulische Trägerschaft), wie zuvor aufgezeigt. Schulsozialarbeit möchte also adressat*innenorientiert helfen, sie kann jedoch nicht jeden Bedarf tolerieren und ernst nehmen, wenn diese der schulischen Logik entgegensteht. Sie muss also in irgendeiner Form die Hilfe kontrollieren. Wenn der*die Schüler*in also den Konflikt mit den Mitschüler*innen nicht lösen möchte, sondern erwartet, dass diese aus der Klasse verwiesen werden oder nicht die Kraft hat, zur Schule zu kommen, da die Probleme zu Hause so schwerwiegend sind oder einfach bei der Position bleibt, dass die Lehrkraft sich zu ändern hat, dann muss die Schulsozialarbeit genau zuhören und zwischen den Positionen vermitteln. Dabei läuft sie immer Gefahr, kontrollierend zu wirken, die Schüler*innen, die sich hilfesuchend an sie gewendet haben, sind vielleicht nicht einverstanden mit ihrem Vorgehen.

Inzwischen liegt aber nach Staub-Bernasconi (vgl. 2007) Sozialer Arbeit mit dem »Triplemandat« ein politischer, systemverändernder Anspruch zu Grunde. Diesen Anspruch erkennen wir, zumindest in Bezug auf die zu wahrende Autonomie der Kinder- und Jugendlichen, auch im angesprochenen »Schulsozialarbeitshabitus« (vgl. Baier 2011, ▶ Kap. 4.1.1), welcher sich auf die Argumentation der UN-Kinderrechtskonvention und das Konzept der Lebensweltorientierung (Thiersch 1992, 2020) stützt. Schule ist immer Teil des gesellschaftlichen Systems, auch wenn es hier nicht um schwere Menschenrechtsverletzungen geht, so besteht der Anspruch einer politisch gedachten Schulsozialarbeit auch darin, das System Schule zu verändern.

Die Arbeit mit Kindern und Jugendlichen im Kontext Schule wirft somit eine Reihe von unterschiedlichen Richtungsweisungen und Erwartungen an die Schulsozialarbeit auf. Dies führt immer wieder zu Herausforderungen, denn vielfach klaffen die Erwartungen der einzelnen Kinder und Jugendlichen mit ihren vielfältigen (sozialen) Bedürfnissen im Alltag gegenüber den Erwartungen und Vorstellungen der Lehrkräfte, die das System Schule repräsentieren, auseinander. Der verstärkte Fokus auf die Umsetzung der Kinderrechte (▶ Kap. 7.3) wäre somit auch ein durch Schulsozialarbeit angestoßenes wirksames (schul-)politisches Vorgehen.

Die Rolle der Schulsozialarbeit liegt somit auch darin, die verschiedenen Erwartungen auszutarieren, neue Perspektiven einzubringen, denn nur wenn sie das Vertrauen der Schüler*innen gewinnt, kann sie auch koproduktiv mit ihnen an

4 Schulsozialarbeit als »Zwischenbühne« – eine Denkfigur

ihren Bedarfen arbeiten. Und es gelingt nur, wenn die Lehrkräfte offen sind für Schulsozialarbeit, erst dann entwickelt sich gute Kooperation. Dabei ist die Beziehungsarbeit sowohl gegenüber Schüler*innen also auch Lehrkräften herausfordernd und immer wieder gefährdet, wie mit dem Beispiel zu Mona belegt (▶ Kap. 3.4), welches auch die Spannung zwischen Hilfe und Kontrolle aufzeigt, wobei die Schulsozialarbeit hier deutlich mehr ›Kontrolle‹ ausübt.

Die Erwartungen unterschiedlicher Akteur*innen, die sich an die Schulsozialarbeit richten, strukturieren somit das Handeln der Schulsozialarbeit in den unterschiedlichen Settings. Dies wird auch u. a. im Abschnitt zur Fallarbeit (▶ Kap. 6.2) und zur Arbeit mit Gruppen (▶ Kap. 6.3) deutlich.

Mit der folgenden didaktischen Anregung spielen wir die unterschiedlichen Perspektiven einmal durch. Entwickeln Sie dazu gerne beispielhafte Rollenszenarien (wozu weiter unten angeregt wird ▶ Kap. 9.2.4).

Reflexionsanregungen

Versetzen Sie sich zunächst in die *Lage von Schüler*innen*, denen nahegelegt wird, die Schulsozialarbeit aufgrund von Schulleistungs- oder Disziplinproblemen aufzusuchen.

- Wie geht es Ihnen mit dieser Aufforderung?
- Was erwarten Sie von den Schulsozialarbeiter*innen?

Versetzen Sie sich nun in die *Rolle von Lehrkräften*, die sich von Ihnen als Schulsozialarbeiter*in erhoffen, dass den jeweiligen Schüler*innen bei der Bewältigung von Disziplin- oder Schulleistungsproblemen geholfen wird.

- Wie geht es Ihnen dabei, ihre Schüler*innen zur Schulsozialarbeit zu vermitteln?
- Welche Erwartungen haben Sie an ihre Kollegin, die Schulsozialarbeiter*in?

Versetzen Sie sich nun in die *Rolle der Schulsozialarbeiterin*:

- Gibt es die Möglichkeit, sich konzeptionell abzugrenzen, wenn ein*e Schüler*in, der*die gerade von einer Lehrkraft geschickt wurde, an der Tür klopft?
- Wie gehen Sie als Schulsozialarbeiterin mit dem Anliegen von Schüler*innen um, die wegen Disziplinproblemen Hilfe annehmen sollen und sich dafür auch entschieden haben?

Vergleichen Sie nun die Perspektiven:

- Sehen Sie Fallstricke in Bezug auf die unterschiedlichen Ausgangslagen/Erwartungen?
- Kann es auch optimal laufen? Und wenn ja, wie?
- In welchen Fällen können aber Konflikte entstehen? Benennen Sie diese.

4.2 Förderung von Selbstbestimmung und den Erwartungen der Fremdbestimmung

> Ein Angebot zur Kommentierung haben Sie bereits weiter oben zu den Aspekten der »Hilfe und Kontrolle«.

Diese Überlegungen führen uns zu Schütze (2000), der den Arbeitsbogen der Fallarbeit als das zentrale Handlungsmuster der Sozialen Arbeit beschreibt, in den unauflösliche Paradoxien professionellen Handelns eingelassen sind (vgl. Schütze 2000, S. 52).

Der Arbeitsbogen beschreibt den »Bogen« der Verbindung der unterschiedlichen Erwartungen und den Weg zur Bearbeitung von Fällen. Die Soziale Arbeit nimmt im Fall eine Expert*innenrolle ein, denn sie kann die Bedarfe der einen oder anderen Seite gut einschätzen und sortieren. Die Klient*innen selbst haben zunächst ihre eigenen Bedarfe im Blick und suchen Hilfe durch die Soziale Arbeit. Bei einer Beratung gehen Klient*innen der Sozialen Arbeit also immer in Kontakt mit einem »Berufsexperten« (Schütze 1992, S. 136), mit dem sie einen »stets prekären, immer wieder gefährdeten Vertrauenskontakt« (ebd., S. 136) eingehen. Was das »Projekt« (ebd., S. 136.) oder der »Fall« (ebd., S. 137) ist, kristallisiert sich erst im Laufe der »Handlungsplanung« (ebd., S. 136) in der gemeinsamen Interaktion heraus. Laut Kloha konstituiert sich der Fall der Schulsozialarbeit zwischen der »biographischen Geschichte des Kindes und dem Kontext des »schulischen Beziehungsnetzes« (vgl. Kloha 2023, S. 42). Im Rahmen Schule geschieht dies mit den entsprechenden Erwartungen (▶ Kap. 3).

Dabei kann es bei der Bearbeitung der Anliegen zu ganz anderen Handlungen kommen, als sie vielleicht vorher von manchen Akteur*innen (hier Lehrkräfte) erwartet wurden, wie der folgende Auszug aus dem Interview mit einer Schulsozialarbeiterin zeigt:

Fallbeispiel

»Ich kann mich nur noch daran erinnern, dass wir halt/, dass es irgendwas gab, der hatte auch hier drüben sein Klassenzimmer. (4) Ich glaube, der hat auch immer seine Hausaufgaben nicht gemacht. Also der hatte auch keinen Bock und nichts. (…) Und der Rektor hat mir den quasi vor die Tür gestellt, so: ›Kümmere dich drum.‹ Und wir haben dann/. Wir haben dann die Möbel zusammengebaut, und dann, (…) ja, sind wir da drüber [ins Gespräch gekommen; der Autor]« (Interview Elke Maurer, aus: Kloha 2018, unveröffentlichtes Material)

Reflexionsanregungen

Versetzen Sie sich in den Schüler in dem Moment, als er mit dem Rektor vor der Tür der Schulsozialarbeiterin steht. Welche Erwartungen hat er möglicherweise an die Begegnung mit ihr?

Versetzen Sie sich in die Schulsozialarbeiterin in dem Moment, als sie die Tür öffnet und vom Rektor ihren »Arbeitsauftrag« erhält. Vor welcher Herausforderung steht sie? Beachten Sie dabei sowohl die Beziehung zu dem Schüler als auch zum Rektor.

Interpretationsangebot

Die Schulsozialarbeiterin wird hier mit einem diffusen Arbeitsauftrag, der im Zusammenhang mit Disziplinproblemen des Schülers steht, vor vollendete Tatsachen gestellt. Der Auftrag der Lehrkraft ist sichtbar fremdbestimmt für den Schüler. Die Herausforderung liegt also darin, ein gemeinsames Thema mit dem Schüler zu finden, welches auch durch ihn selbstbestimmt wird.

Um zu erkennen, was nun zwischen der Förderung der Selbstbestimmung und dem Auftrag der Fremdbestimmung geschieht, müssen wir uns noch genauer ansehen, was *zwischen* diesen beiden Polen geschieht.

4.3 Von welchem »Zwischen« sprechen wir hier eigentlich?

Das »Zwischen« wurde in der Schulsozialarbeit bisher wenig erfasst bzw. konkretisiert, auch wenn es, wie oben aufgezeigt, sehr häufig verwendet wird. Es führt zur Denkfigur »Zwischenbühne«, daher wird zunächst das theoretische Phänomen der »Bühnen« stark verkürzt skizziert.

Theoretisch stammt die Bühnenmetapher von Goffman, der, sehr verkürzt dargestellt, menschliches Verhalten anhand einer Theatermetapher als Rollenhandeln von Personen im Alltag beschreibt, die auf einer Vorder- und Hinterbühne agieren (Goffman 2011). Diese Rollen sind auf der Vorderbühne oft mit Funktionen verbunden (z. B. Lehrkräfte, Schüler*innen). Somit werden auch entsprechende Erwartungen an die Rollen gestellt. Wenn die Vorderbühne also die angemessene Darstellung der Rolle »Schüler*in« oder Lehrkraft fordert, findet auf der Hinterbühne eine Entlastung von diesen Rollen statt. Dies kann bei Lehrkräften z. B. das ungezwungene, private Verhalten im Lehrer*innenzimmer sein, bei Schüler*innen das Toben und Reden in unbeobachteter Atmosphäre auf dem Pausenhof. Gut dargestellt ist dieses »Schulleben« auf den Bühnen durch den Schulforscher Zinnecker, der das Konzept Goffmans auf Schule bezog (vgl. Zinnecker 1978). Auf der Grundlage ethnographischer Daten beschreibt er, wie sich die Lehrer*innen und Schüler*innen die »alltägliche Ordnung der Schule aneignen« (1978, S. 29). Dieser offizielle Teil des Handelns in der Schule repräsentiert die »Vorderbühne« (1978, S. 36) und zeigt auf, dass die Konfrontation mit dem in der Schule vorfindlichen Regelkodex, der eingebettet ist in die Regelhaftigkeit der Gesellschaft, bei Eintritt in die Institution dazu führt, dass alle Mitglieder der Schule ihn »offiziell« anerkennen (1978, S. 30). Gegen diese Ordnung zu rebellieren, bedeutet immer, sich gegen die offizielle Ordnung zu stellen und somit die eigene Mitgliedschaft zu gefährden. Daher sei der einzige Weg, den Aufgaben der Vorderbühne zu entgehen, sich auf die inoffizielle »Hinterbühne« zurückzuziehen. Dies machen Schüler*innen sowie Lehrkräfte laut Zinnecker gleichermaßen. Ein Unterschied besteht jedoch darin, dass Lehrer*innen aufgrund ihres Amtes die besondere Funktion als Wächter*innen der Vorderbühne innehaben und eine weniger ausgeprägte »Subkulturbildung« als ihre Schüler*innen aufweisen (1978, S. 30 ff.). Zudem erhalten Lehrkräfte für die Ausübung ihres Berufes ein Gehalt. Sie sind somit grundsätzlich freiwillig in der Schule (unabhängig von den Belastungen ihres Berufes). Schüler*innen sind immer, wie oben beschrieben, dazu verpflichtet, am Ort Schule zu sein.

Was geschieht nun aber *zwischen* den Bühnen? Wie Streblow (2005) in ihrer Evaluationsstudie mit Gruppendiskussionen und teilnehmender Beobachtung an einer Schulstation, die von Schulsozialarbeiter*innen geleitet wird, zeigt, hat Schulsozialarbeit im Schulalltag eine orientierende Funktion für Schüler*innen, die Probleme in Unterricht haben. Die Schulstation bildet einen »neutralen Ort zwischen ihrem peer-Milieu und der dominanten schulischen Moral« (2005, S. 118). Die Schulstation sei somit eine »liminale Übergangssituation« (2005, S. 295). Sie ermöglicht Schüler*innen die Erwartungen, die die Vorderbühne, also der Kontext Unterricht stellt, hier zunächst in einem »geschützten Rahmen« zu verarbeiten.

Auch Bauer und Bolay (2013, S. 55) belegen in einer Forschung aus der Adressat*innenperspektive eine »integrative Zwischenstellung« der Schulsozialarbeit, die sich dadurch auszeichnet, dass schulische Themen in der Regel die (pädagogische) Arbeitsbeziehung überlagern. Dies führt mitunter dazu, dass die bedeutsamen (Lebens-)Themen der Schüler*innen weniger Raum haben, da Schulsozialarbeit »ihre Rolle und ihr Selbstverständnis an der Gewährleistung eines schulischen Erfolges« (2013, S. 55) misst, sofern es den Kindern und Jugendlichen nicht offensiv selbst gelingt, den Rahmen der Beratung auch für ihre Lebensthemen zu nutzen. Der institutionelle Zuschnitt bedingt somit die Gespräche und schränkt die subjektiven Sichtweisen ein (vgl. 2013, S. 57). Auch belegt Böhnisch (2003, S. 82 ff.) anschaulich, wie Kinder und Jugendliche eine Schüler*innenrolle einnehmen und immer auch im »Schüler-Sein[]« (2003, S. 82 ff.) agieren. Auch dies verweist auf ein »Zwischen«.

Nun geht es um den Auftrag, das Mandat der Schulsozialarbeit. Schulsozialarbeit stellt also mit ihren Angeboten etwas her, was es ohne sie so nicht in der Schule geben würde. Welcher Bühne wäre dies zuzuordnen? Im folgenden Protokoll entdecken wir eine Lesart.

Fallbeispiel

Der Klassenrat ist ein besonderes (eigentlich auch schulpädagogisches) Konzept, innerhalb dessen die Schüler*innen ihre Konflikte miteinander selbst besprechen und dabei bestimmte Rollen einnehmen (Protokollant*in, Leitung, Zeitwächter*in usw.) (vgl. zum Konzept ausführlich: Boer 2006). In dem Protokoll geht es um einen Planer, in den jemand etwas reingeschrieben hat. Ob dieser für

4 Schulsozialarbeit als »Zwischenbühne« – eine Denkfigur

alle zugänglich ist oder ein persönlicher Planer, wird nicht klar, ist hier aber auch nicht relevant. Die Schulsozialarbeiterin (hier Frau Blume) führt diese Sitzung durch, indem sie ein Teil davon ist. Auch eine Lehrkraft mit einer sichtbar passiven Rolle ist anwesend.

»Die Leitung (der Schüler Nils) steht nun auf, zeigt den Planer und sagt: ›Da steht ›Fick dich‹.‹ Wieder kommen mehrere zu Nils und stehen um ihn herum. Die Situation wird sehr unruhig, aber Frau Blume und die Lehrerin sagen nichts, sondern warten ab, bis es etwas ruhiger wird. Nach einer Weile wird begonnen, die Schrift zu vergleichen. Javo nimmt sein Heft und legt es Nils und den anderen vor. Frau Blume meldet sich die ganze Zeit und wird nicht drangenommen. Zwischendurch ist Javo schon richtig sauer: ›Ich war das nicht!‹ Irgendwann, als sich schon fast alle wieder hingesetzt haben, sagt Frau Blume, als sie aufgerufen wird: ›Mein Vorschlag ist, man muss es ja nicht öffentlich machen. Ihr könnt das ja zu zweit klären, wär‹ das möglich?«
(Beobachtungsprotokoll aus: Reinecke-Terner 2017, S. 100)

Reflexionsanregungen

Perspektive auf die Kinder -und Jugendlichen (in der Rolle der Schüler*innen):

- Welche Bedürfnisse der Schüler*innen werden innerhalb des Sitzungsausschnittes des Klassenrates sichtbar?
- Welche Handlungen verweisen auf eine Aneignung der Situation? Verhalten sich die Schüler*innen selbstbestimmt? Und wenn ja, warum, wenn nein, was hemmt sie vielleicht auch?

Perspektive auf die Schulsozialarbeiterin:

- Wie verhält sich die Schulsozialarbeiterin in dem Beispiel? (Was tut sie konkret?)
- Was möchte sie mit ihrem Verhalten möglicherweise bewirken?
- Welche Rolle nimmt die Schulsozialarbeiterin in diesem Setting ein?

Perspektive auf die Lehrerin:

- Welche Rolle nimmt die Lehrerin ein?

Perspektive Vorder- und Hinterbühne:

- Würden Sie das beobachtete Setting eher einer Vorder- oder Hinterbühne zuschreiben? Wie begründen Sie ggf. beide Richtungen?

Interpretationsangebot

Die Kinder befinden sich in einer großen Stresssituation, sie sind aufgeregt, möchten den Konflikt lösen bzw. Gerechtigkeit herstellen und Belege der Schuldzuweisung suchen (Schriftvergleich). Frau Blume hält sich zurück, sie respektiert die Regeln des Klassenrates, denn sie ist nicht die Moderatorin. Bemerkenswert ist, dass auch die Lehrkraft dieses Vorgehen unterstützt.

In einem anderen pädagogischen Setting wäre gut vorstellbar, dass zum einen die Äußerung »Fick dich« direkt pädagogisch kommentiert würde, zum anderen die Unruhe, der Schriftvergleich und das Schuldzuweisungsvorhaben ebenso unterbunden würden. Frau Blume schweigt jedoch und äußert sich mit ihren pädagogischen Anregungen nur, nachdem ihr das Rederecht erteilt wird. Sie formuliert ihre Anfrage, »es nicht öffentlich, sondern zu zweit zu klären«, als Vorschlag und fragt höflich, ob dieser denn angenommen werden könnte. Die Autorität in dieser Situation sind somit nicht die Lehrkraft oder die Schulsozialarbeiterin, sondern die Kinder, es ist »ihr« Klassenrat und sie bestimmen das Vorgehen. Auch wenn dieses Setting auf einer Vorderbühne stattfindet (Unterrichtsrahmen Konzept Klassenrat), so lassen sich doch Hinterbühnenmomente feststellen, in denen die Schüler*innen nach ihren Regeln und ihrem Sprachverhalten agieren, wobei sie in diesen Momenten durch die Sozialarbeiterin und die Lehrerin als Zuschauende beobachtet werden.

Auf Frau Blume werden wir auch in anderen Kapiteln treffen. Zur Erschließung verschiedener Handlungsmodi von Frau Blume sehen Sie sich ergänzend auch das Protokoll zu ihrem Büro als Pausenraum an (▶ Kap. 7.3.1).

Nun gibt es noch weitere Protokolle, die Frau Blumes Handeln als Schulsozialarbeiterin beschreiben. Hier wird sichtbar, dass sie auch anders, weitaus direktiver reagieren und agieren kann.

Fallbeispiel

Im Folgenden wird ein Einzelgespräch von der Schulsozialarbeiterin Frau Blume mit dem Schüler Bijan in ihrem Büro beschrieben. Der später aufgeführte Bewegungsspaßraum ist ein Raum, der an das Büro von Frau Blume angrenzt. Hier können sich die Schüler*innen im Unterricht »Bonuspunkte« durch gutes Verhalten im Unterricht verdienen, für welche sie dann einen Zeitrahmen von 20 bis 30 Minuten im Bewegungsspaßraum erhalten. Der Schüler Bijan geht in etwa in die 8./9. Klasse, wirkt jugendlich, ist ca. 15 Jahre alt.

»Frau Blume: ›Ich will dir sagen, wie es ist. Deine Lehrer sagen, ich solle mal mit dir reden, du hättest gar keine Lust mehr zum Lernen. Du kommst immer zu spät und gehst immer direkt nach der Pause aufs Klo. Und dann bleibst du meistens sehr lange weg und kommst dann irgendwann in den Unterricht, als wäre dir das alles egal.‹ Bijan antwortet: ›Keine Ahnung.‹ Frau Blume: ›Musst du immer direkt nach der Pause?‹ Bijan: ›Keine Ahnung, kann sein.‹ Frau Blume: ›Also, du hast es ja jetzt gehört, deine Lehrer sagen, dass du keine Lust hast. Nun sag du mal, wie du das so siehst.‹ Bijan: ›Ich will, aber es geht nicht. Ich hab's ja versucht.‹ Frau Blume fragt ihn: ›Sitzt du denn falsch?‹ Bijan sagt: ›Weiß nicht.‹ Frau Blume: ›Was denkst du, was kann dir helfen? Wer sitzt denn neben dir?‹ Bijan zählt nun einige Namen auf, danach fragt Frau Blume: ›Und mit wem quatschst du? Mit jedem?‹ Bijan: ›Nein, nein, ich rede nicht mit jedem aus'm Unterricht.‹ Frau Blume: ›Ja aber kann es sein, dass du mit Azin viel redest?‹ Bijan: ›Ja, kann schon sein.‹

Frau Blume: ›Und die anderen arbeiten dann und du nicht? Dabei sind das ja nicht die schlechtesten Schüler. Könnten die dir nicht eigentlich 'ne Hilfe sein?‹ Bijan guckt sie an, sagt aber nichts dazu. Frau Blume: ›Wie ich es manchmal sehe, redest du auch manchmal ganz gerne über Tische hinweg.‹ Bijan sieht sie an und lächelt. Sie sieht ihn ein wenig nachdenklich an. Sie fragt ihn: ›Wie ist es mit Schule?‹ Er: ›Klappt immer noch nicht.‹ Sie: ›Wenn wir jetzt Klassenrat hätten, wären wieder viele Beschwerden über dich? Was meinst du?‹ Bijan sagt nun laut und deutlich: ›Nein!‹ Frau Blume: ›Nur selten?‹ Bijan: ›Ja!‹ Frau Blume: ›Ich hab das nur mal so gesagt, ich weiß, das ist nicht so, es gibt inzwischen viel, viel weniger Beschwerden über dich in letzter Zeit, oder?‹ Bijan nickt. Frau Blume fragt weiter: ›Was machst du in der Pause?‹ Bijan: ›Pausenhalle mit Jungs und so, rumgehen.‹ Frau Blume macht sich nebenbei Notizen. Dann sagt sie lächelnd: ›Und du möchtest gern in den Bewegungsspaßraum.‹ Bijan lächelt sie an, sie lächelt zurück und sieht ihm in die Augen. Er senkt den Kopf und sagt: ›Heute Nacht war gar nicht gut.‹ Frau Blume fragt: ›Wieso? Was war heute?‹ Er: ›Normalerweise habe ich immer so 'ne dicke Decke, aber heute hatte ich 'ne dünne und mir war so kalt.‹ Frau Blume: ›Du hast gefroren?‹ Bijan: ›Ja und wie.‹«
(Beobachtungsprotokoll aus: Reinecke-Terner 2017, S. 112)

Reflexionsanregungen

Die Perspektive des Schülers Bijan:

- Was erfährt die Schulsozialarbeiterin Frau Blume von Bijan?
- Wie ist sein Gesprächsverhalten zu deuten?
- Wie scheint ihm die Situation zu gefallen? Was deutet jeweils daraufhin?

Die Perspektive der Frau Blume:

- Woher kennt Frau Blume Bijan? In welchen unterschiedlichen Settings scheint sie ihn bereits erlebt zu haben?
- Wer gibt Frau Blume den Auftrag, mit Bijan zu sprechen bzw. wie begründet sie ihr Verhalten selbst?

Die Perspektive auf den Dialog:

- Wie gestaltet sich der Dialog zwischen den beiden?
- Wird ein Machtgefälle sichtbar? Und wenn ja, warum?

4.3 Von welchem »Zwischen« sprechen wir hier eigentlich?

Die Bühnenfrage:

- Welche Bühnenverortungen, Vorder- oder Hinterbühne werden hier sichtbar? Und wie ist dies jeweils zu begründen?

Nun folgt ein Interpretationsvorschlag und damit einhergehend eine kurze Darstellung der Denkfigur »Zwischenbühne«.

Interpretationsangebot

Deutlich wird: Die Perspektive der Schulleistungen steht im Beispiel mit Bijan im Vordergrund und betont deutlich ein vorderbühnenorientiertes Handeln durch die Schulsozialarbeiterin. Die gleiche Schulsozialarbeiterin hat aber in anderen Protokollen (Pausenraum ▶ Kap. 7.3.1) eine einladende, offene Pause ermöglicht sowie den Klassenrat begleitet (siehe Beobachtung weiter oben), in dem sie eine sehr zurückhaltende Rolle einnimmt. Dies entspricht eher einem hinterbühnenorientierten Vorgehen. Zudem hat die Schulsozialarbeit, hier in der Person von Frau Blume, sich in mehreren Settings präsentiert: Im eigenen Büro, genutzt als Pausen-, aber auch Beratungsraum, in der Klasse im Setting des Klassenrats, durch das Kennen der jeweiligen Mitschüler*innen in allen Beispielen sowie der Lehrkräfte usw. Frau Blume nutzt in dem Gespräch mit Bijan all ihre Zugänge zu seinem Alltag. Die Perspektive Bijans wird jedoch, aufgrund der Dominanz des »Auftrags« der Lehrkräfte, nur durch seine eigene Kommentierung am Schluss sichtbar. Eine Adressat*innenorientierung hätte hier eine ganz andere Gesprächseröffnung erfordert, die den Zugang zur »Hinterbühne« Bijans wahrscheinlich eher ermöglicht hätte.

Somit sehen wir hier ein vorderbühnenzentriertes Setting, und das, obwohl es im Büro der Schulsozialarbeit ohne Anwesenheit der Lehrkräfte und der Klasse stattfindet. Zudem widerspricht das Vorgehen im Gespräch deutlich dem »Schulsozialarbeitshabitus« (Baier 2011) (siehe Auflistung oben), z. B. ist es nicht freiwillig (der Schüler Bijan wird von der Lehrkraft geschickt), es widerspricht auch dem Prinzip des Nichtwissens (Frau Blume ist schon durch die Lehrkräfte vorinformiert), dem Prinzip des Bilderverbots (die Schulsozialarbeiterin hat eine Vorstellung davon, wo es für Bijan hingehen soll, und zeigt diese auch auf), während sich Elemente des Schulsozialarbeitshabitus durchaus in dem davor aufgezeigten Beispielen zum Klassenrat und zur Pausensituation wiederfinden, z. B. Autonomie des Subjektes gewährleisten (die Schüler*innen nutzen das Büro sehr selbstständig), Aushandlung (Frau Blume formuliert ihre Anfrage, das Gespräch auszulagern, als Vorschlag und fragt, ob es möglich ist, diesem zu folgen), Aufmerksamkeit (Frau Blume hört dem Geschehen im Klassenrat zunächst aufmerksam zu und meldet sich), Partizipation (durch die Abgabe der Moderation lässt sie die Schüler*innen ihr Setting Klassenrat selbst gestalten und bestimmt nicht das Vorgehen) und Freiwilligkeit (nur indirekt erfüllt, da der Klassenrat ein verpflichtendes Angebot ist, aber die Schüler*innen entscheiden freiwillig, wen sie drannehmen, auch die Schulsozialarbeiterin Frau Blume muss abwarten, als sie sich meldet; das Aufsuchen des Pausenraumbüros ist eindeutig freiwillig).

Das Mandat des Schulsozialarbeitshabitus könnte somit im Beispiel des »Pausenbüros« (▶ Kap. 7.3.1) als erfüllt gedeutet und wiederum im Gespräch mit Bijan als nicht erfüllt betrachtet werden. Die Schulsozialarbeiterin verstrickt sich somit auf den verschiedenen Ebenen ihres Handelns in eine widersprüchliche Haltung. Die Interaktionen im Alltag bieten somit viele Fallstricke. Im Gespräch mit Bijan wird sichtbar: Das Konzept, sich an Problemlagen zu orientieren, die Lehrkräfte vorher definieren, erweist sich als nicht zielführend in Bezug auf die Perspektive des Adressat*innen. Zu fragen ist daher: Ist dies überhaupt ein Konzept oder gar professionell?

Die Denkfigur »Zwischenbühne« verdeutlicht genau dieses Dilemma: Die Haltung der Schulsozialarbeit in Bezug auf die unterschiedlichen »Settings« und Erwartungen ist kaum eindeutig zu bestimmen und begründet damit auch das immer wieder ambivalente Handeln der Schulsozialarbeit im »Zwischen«. Die Schulsozialarbeiterin Frau Blume balanciert in all ihrem Handeln zwischen Vorder- und Hinterbühne (je nach Setting) und konstruiert dabei eine Zwischenbühne, auf der sie sich selbst bewegt und damit Schulsozialarbeit immer wieder neu herstellt.

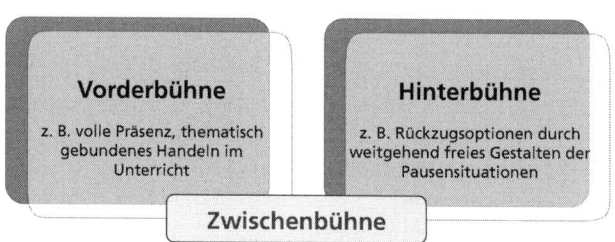

Abb. 1: Die Denkfigur Zwischenbühne

Wir sehen also unterschiedliche Settings (Beratungsgespräch, Klassenraum, Pausengestaltung und offenes Büro), die die gleiche Person (hier exemplarisch Frau Blume) ausführt. Jedes Setting ist von unterschiedlichen Erwartungen, also Interessen (der Personen Schüler*innen, Adressat*innen) geprägt und wendet verschiedene Verfahren an, z. B. wird ein schulpädagogisches Klassenratskonzept durch die Schulsozialarbeit ausgeführt (zwischen Vorder- und Hinterbühne), das Beratungsgespräch orientiert sich nicht an dem Schüler, sondern ist eher direktiv vorderbühnenorientiert gestaltet, der Pausenraum wird offen gestaltet (Hinterbühne), an einem anderen Tag findet in dem gleichen Raum ein geschlossenes Beratungsgespräch mit Bijan statt. Somit sind auch unterschiedliche Kommunikationsformen bei Frau Blume erkennbar. Auch die Zeiten variieren, mal wird die Unterrichtszeit für ein Angebot für alle genutzt (Klassenrat), mal findet während des Unterrichts ein Beratungsgespräch im Büro der Schulsozialarbeiterin statt (Bijan), mal wird das gleiche Büro in den Pausenzeiten für alle offen gestaltet. In der Denkfigur »Zwischenbühne« sind also Kategorien entstanden, die das Handeln in verschiedenen nachfolgend aufgezeigten Dimensionen strukturieren. Diese sind als exemplarisch zu verstehen und könnten sicher noch weiter ausdifferenziert werden. Schulsozialarbeit bewegt sich somit mit Ihren Interaktionen zwischen verschiedenen Kategorien (▶ Abb. 2).

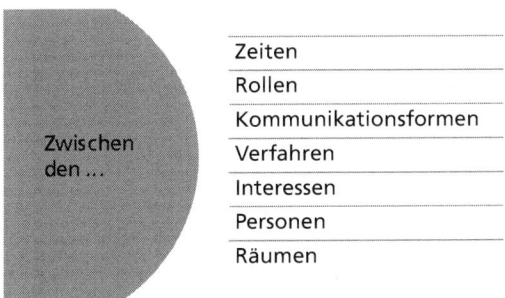

Abb. 2: Dimensionen der Zwischenbühne (Reinecke-Terner 2017, S. 244)

Setzen Sie sich nun näher mit der Denkfigur auseinander:

> **Reflexionsanregungen**
>
> - Finden Sie jeweils ein oder zwei Beispiele des Alltags eine*r Schulsozialarbeiter*in für jedes Element: Was ist gemeint?
> - Welches Handeln der Schulsozialarbeit in welcher Kategorie (z. B. Personen, Räume oder Interessen) kann eher der Vorderbühne und welches der Hinterbühne zugeordnet werden? Inwiefern?
> - Stellt die Zwischenbühne eine Form der Brücke dar? Oder passt diese Metapher nicht? Was für einen ›Boden‹ bereitet die Zwischenbühne?
>
> Zu diesen Fragen bieten wir zur Vermeidung von Redundanzen kein Interpretationsangebot bzw. keine Kommentierung an.

4.4 Fazit

Verdeutlicht wurde mit diesem Kapitel, dass das »Doing« des Alltags im »Zwischen« der Schule stattfindet und von verschiedenen Ereignissen, Bedarfen, Settings und auch Rahmenbedingungen abhängt. Nicht die reine konzeptionelle Vorgabe (z. B. der Erlass oder das Anforderungsprofil) gilt, sondern das Handeln konkretisiert sich im »Tun« jedes Mal neu bei der Berücksichtigung unterschiedlicher Dimensionen des »Zwischens«. Um handlungsfähig zu sein und um mit den verschiedenen Ambivalenzen umzugehen, hat Schulsozialarbeit, hier am Beispiel von Frau Blume diskutiert, eine gewisse »Zwischenkompetenz« entwickelt, der sie sich selbst noch gar nicht bewusst ist. Wenn Sie später in Schulen arbeiten, bietet Ihnen diese Denkfigur eine Reflexionsfolie, um die verschiedenen Dimensionen erst einmal zu ordnen. Daraus abgeleitet werden Sie mit der Reflexion ihres Handelns erkennen, ob sie mehr vorderbühnen- oder hinterbühnenzentriert arbeiten bzw. inwiefern ihre »Zwischenbühne« beiden Seiten gegenüber ausgewogen ist. Es wird immer wieder der Fall sein, dass Sie als Schulsozialarbeitende eine Rolle auf der Vorderbühne einnehmen. Es wäre daher sicher hilfreich, diese Rolle den Schüler*innen gegenüber transparent zu machen. Auch sollten die Lehrkräfte verstehen, warum sie vor allem im »Zwischen« arbeiten und deshalb auch nicht unproblematisch eindeutige vorderbühnenzentrierte Aufgaben (wie Aufsichtsführung, Hausaufgabenbetreuung, Bewertungen und das Führen von Anwesenheitslisten im AG Bereich) durchführen können. Dies kann zu hohen Verlusten ihrer ›professionellen Ausstrahlung‹ gegenüber den Schüler*innen führen. Eine reine Verortung auf der Hinterbühne würde hingegen Lehrkräfte irritieren, da auch sie auf Ihre Unterstützung angewiesen sind. Denn auch das gehört zu ihrem Auftrag. Wenn Sie die Pole der Fremd- und Selbstbestimmung erkennen und reflektieren lernen, werden sie auch hier Lösungen finden, sich vor allem von Fremdbestimmungen abzugrenzen. Dies gelingt vor allem durch eine reflektierte Kommunikation und Transparenz.

Diese spezifische »Zwischenbühnen«-Verortung von Schulsozialarbeit hat Auswirkungen auf die konkreten Kooperationsprozesse mit allen schulischen Akteur*innen. Diesen Aspekt sehen wir uns im nächsten Kapitel beispielhaft entlang der Kooperationsbeziehungen zu Lehrkräften an.

Gut zu wissen – gut zu merken

- Schulsozialarbeit agiert immer im »Zwischen« unterschiedlicher Aufträge – vordergründig zwischen dem Auftrag der Schule mit all seinen Anforderungen und den Bedarfen der Kinder und Jugendlichen, die mitunter eine andere Vorstellung der Bewältigung haben.
- Im Fachdiskurs werden der Schulsozialarbeit spezielle Prinzipien, also Struktur- und Handlungsmaxime zugeschrieben, die ihre professionelle Grundhaltung bestimmen.
- Die Vorgaben der unterschiedlichen Träger (Kinder- und Jugendhilfe und Schule) beschreiben inhaltlich ähnlich, wie Kinder und Jugendliche auf die Erfüllung der schulischen Ziele zu unterstützen sind und wie sich Schulsozialarbeit in der Schule als externes oder internes Mitglied verortet.
- Schulsozialarbeit handelt zwischen der Vorderbühne (Unterricht) und Hinterbühne (Entlastungssituationen) und stellt dabei eine Zwischenbühne her.

Weiterführende Literatur

Goffman, E. (2011): Wir alle spielen Theater: Die Selbstdarstellung im Alltag. München. Berlin/Zürich: Piper.

Reinecke-Terner, A. (2017): Schulsozialarbeit als Zwischenbühne: Eine ethnografische Analyse und theoretische Bestimmung. Wiesbaden: Springer VS.

Zinnecker, J. (1978): Die Schule als Hinterbühne oder Nachrichten aus dem Unterleben der Schüler. In: Carlsburg, G.-B. von/Zinnecker, J. (Hrsg.): Schüler im Schulbetrieb: Berichte und Bilder vom Lernalltag, von Lernpausen und vom Lernen in den Pausen. Reinbek bei Hamburg: Rowohlt-Taschenbuch-Verl., S. 29–122.

5 Innerschulische interprofessionelle Kooperation

> ☞ **Was erwartet Sie in diesem Kapitel?**
>
> Sie erarbeiten ein Verständnis für die große Bedeutung, die Kooperationsprozesse innerhalb der Schule – insbesondere mit Lehrkräften – für das professionelle Handeln von Schulsozialarbeiter*innen haben, und bekommen Einblicke in die Komplexität und die Herausforderungen, die damit verbunden sind.

5.1 Vielfalt der Zusammenarbeit

Fragen zur Zusammenarbeit von Schulsozialarbeiter*innen und Vertreter*innen anderer Professionen – insbesondere Lehrkräften – erhalten im gesamten Diskurs zur Schulsozialarbeit zentrale Bedeutung. In anderen Lehrbüchern wird Kooperation u. a. als »Kerngeschäft« (Spies/Pötter 2011, S. 29) bezeichnet oder als zentrale »Querschnittsaufgabe« (Stüwe/Ermel/Haupt 2017, S. 119) umrissen. Und es gibt gute Gründe dafür, diesem Thema einen solch großen Stellenwert einzuräumen, sowohl im Hinblick auf die Verortung des Handlungsfelds innerhalb der Institution Schule als auch im Hinblick auf Fragen des Mandats und der Zuständigkeiten von Schulsozialarbeit. Wir gehen weiter unten darauf ein.

Zunächst erscheint es uns aber wichtig, auf die Vielfalt und Heterogenität der Handlungs- und Interaktionssituationen hinzuweisen, die sich – blickt man auf die Praxis von Schulsozialarbeit – hinter dem vermeintlich eindeutigen Begriff der Kooperation verbergen. Zu diesem Zweck breiten wir im Folgenden zunächst eine Reihe von Praxissituationen vor uns aus, in denen es ganz allgemein gesprochen zu professionellen Interaktionen zwischen Lehrkräften und einer Schulsozialarbeiterin kommt.

> **Übung Teil 1**
>
> Bitte lesen Sie sich diese Beispiele gründlich durch und versuchen Sie dann, für jede Situation eine Überschrift zu finden, die aus Ihrer Sicht die Situation im

Hinblick auf die Begegnung zwischen den professionellen Akteur*innen charakterisiert.

Ein Lehrer kommt auf eine Schulsozialarbeiterin zu und bittet sie, in seiner Klasse »etwas« zum Thema Mobbing zu machen. Hintergrund sei ein Vorfall, bei dem eine Schülerin auf Instagram massiv und über einen längeren Zeitraum von Mitschüler*innen gedemütigt worden sei. Die Schulsozialarbeiterin trifft sich mit dem Lehrer mehrfach, um den Bedarf zu klären und das Klassenprojekt inhaltlich und organisatorisch vorzubereiten. Schließlich führt sie ein Projekt durch, bei dem sie über mehrere Wochen hinweg allein an jeweils einem Tag für mehrere Schulstunden – ohne den Lehrer – in der Klasse ist. Immer wieder tauschen sich die beiden auf dem Gang aus. Es gibt auch feste Termine, in dem sich beide über den Verlauf des Projektes und mögliche Veränderungen in der Klasse austauschen.

Die Schulsozialarbeiterin führt gleichzeitig – auf Wunsch der Schülerin, die zum Opfer von Online-Mobbing wurde – mehrere intensive Gespräche. Die Lehrerin geht unmittelbar nach einem Gespräch auf die Schulsozialarbeiterin zu und bittet sie, sie über das Gespräch zu informieren, weil sie selbst ein großes Interesse an der Situation der Schülerin habe. Die Schulsozialarbeiterin erklärt ihr freundlich, aber bestimmt, dass sie das ohne eine formelle Entbindung von der Schweigepflicht nicht könne. Die Lehrerin reagiert hierauf zunächst irritiert und enttäuscht.

An einem anderen Tag sitzt die Schulsozialarbeiterin in ihrem Büro über Verwaltungsaufgaben, als es an ihrer Tür klopft. Die Schulleiterin steht vor ihrer Tür, zusammen mit einem Schüler aus der 9. Klasse. In aufgebrachtem Ton erklärt ihr die Schulleiterin, dass der Schüler soeben schon wieder massiv den Unterricht eines Kollegen gestört hätte. Sie habe das zufällig mitbekommen. Die Schulsozialarbeiterin solle sich bitte um den Schüler kümmern, sie habe ja gerade Zeitressourcen dafür. Sie lässt den Schüler an der Tür stehen und geht wieder zurück in ihr Büro.

Am gleichen Tag beobachtet die Schulsozialarbeiterin von ihrem Fenster aus zum wiederholten Mal, wie eine Schülerin in der Pause allein unvermittelt auf eine Gruppe Mitschüler*innen losgeht und anfängt, nach ihnen zu schlagen. Da sie dieses Verhalten schon öfters bei dem Mädchen beobachtet hat, geht sie zu der Klassenlehrkraft im Lehrerzimmer und schildert ihr die Beobachtungen. Die Lehrerin ist erfreut, dass die Schulsozialarbeiterin auf sie zukommt, und meint, sie hätte auch schon lange mit ihr darüber reden wollen. Bei der Schülerin gäbe es gerade zu Hause massive Probleme mit ihrer Mutter, auch der Verdacht der körperlichen Gewalt gegen das Mädchen werde immer deutlicher. Sie bittet die Schulsozialarbeiterin, das Mädchen zu einem Gespräch zu sich zu holen.

Da die Klassenlehrerin in den nächsten zwei Tagen wegen einer Fortbildung nicht in ihrer Klasse ist, die Schulsozialarbeiterin aber nicht mehr so lange warten will, entscheidet sie sich, das Mädchen aus dem Unterricht einer anderen Lehrkraft zu holen. Sie geht auf den Lehrer zu und bespricht mit ihm, wann es aus seiner Sicht günstig wäre, in den Unterricht zu kommen. Er meint, es wäre ihm recht, wenn es nicht in der Mathestunde wäre, weil er ein wichtiges Thema behandele und die Schülerin hier sehr schwach sei. Sie einigen sich auf den Geographieunterricht am folgenden Tag.

Übung Teil 2

Überlegen Sie, nach welchen Kategorien Sie die Praxisbeispiele ordnen könnten. Ziehen Sie hierfür Ihre selbst erarbeiteten Titel für die Praxisbeispiele heran.

Kategorisierungsvorschlag

Uns erscheint eine Kategorisierung sinnvoll, mit der insbesondere die institutionelle Einbindung von Schulsozialarbeit sichtbar wird. Somit ergibt sich die abgebildete Matrix (▶ Abb. 3). Auf der X-Achse wird hierbei nach dem Grad der Hierarchie, in den die Kooperationsprozesse eingebunden sind, also der Frage nach formeller Weisungsbefugnis oder auch informellen Hierarchiestrukturen, differenziert. Die Y-Achse bildet die Intensität der Zusammenarbeit zwischen kurzfristigen Ad-hoc-Kooperationen einerseits (etwa der kurze Austausch über die Situation eines*r Schüler*in) und fest geregelten Kooperationszusammenhängen (etwa ein wiederkehrendes, im Stundenplan integriertes Projekt einer Schulsozialarbeiterin zum »Sozialen Lernen«) andererseits ab.

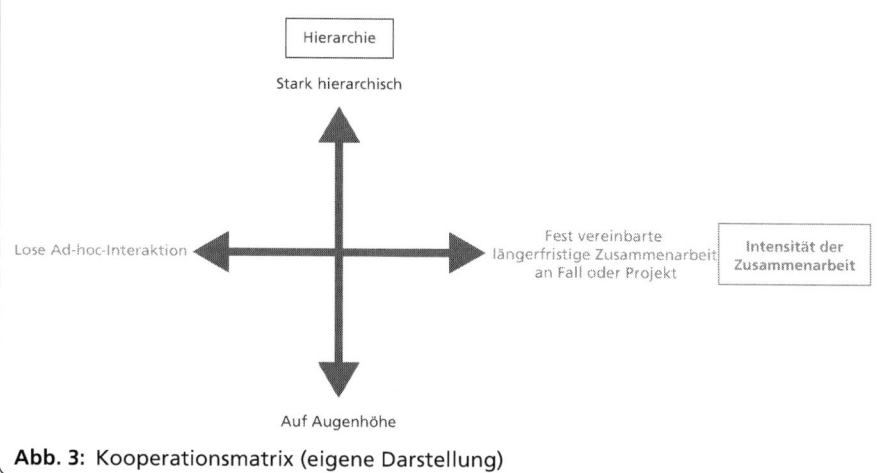

Abb. 3: Kooperationsmatrix (eigene Darstellung)

5.2 Begründungen für interprofessionelle Kooperation

Nachdem wir verdeutlicht haben, wie vielfältig die interprofessionellen Interaktionsprozesse zwischen Schulsozialarbeiter*innen und Lehrkräften im Feld der Schule sein können, wollen wir im nächsten Schritt zwei zentrale Argumente für interprofessionelle Kooperation im Feld der Schule betrachten. Bevor wir dazu kommen, zunächst eine Anregung zur Reflexion.

Reflexionsanregung

Nehmen Sie sich ein Blatt und halten dort stichwortartig fest, was Sie in Ihrer Schulzeit – neben dem curricularen Lernstoff – alles gelernt haben. Tauschen Sie sich mit Kommiliton*innen darüber aus:

- Welche Personen (Professionelle, Freunde, Mitschüler*innen, Familie etc.) waren daran beteiligt?
- Versuchen Sie eine Rangordnung zu erstellen: Was waren besonders wichtige oder auch eher beiläufige Lernprozesse?

Kommentierungsangebot

Vermutlich wird deutlich werden, dass Lernprozesse in der Schule (wie auch in anderen Institutionen) in einer großen Vielfalt stattfinden: Schüler*innen lernen, wie Konflikte in Gruppen ausgetragen und bewältigt werden, sie machen etwa erste Erfahrungen mit zwischen- oder gleichgeschlechtlichen Paarbeziehungen, es finden kulturelle Bildungsprozesse statt (etwa durch den Austausch über populärkulturelle Ereignisse und Artefakte oder durch die Teilnahme an einer Schulband oder HipHop-Tanzgruppe) oder Schüler*innen lernen demokratische Entscheidungsprozesse in der Schüler*innenmitverwaltung – und dazwischen lernen sie auch Englisch, Mathe, Erdkunde etc. Bildungstheoretisch hat diese Erweiterung des Lern- und Bildungsprozesses in den letzten Jahrzehnten große Aufmerksamkeit auf sich gezogen und wurde etwa in der Kategorie der nonformalen Bildungsprozesse diskutiert (Maschke/Stecher 2018). Diese heben sich von formalen (curricular strukturierten) Bildungsprozessen wie insbesondere dem Unterricht einerseits und informellen Bildungsprozessen, die etwa in Interaktionen in der Familie oder der Peer-Group stattfinden, ab.

Kommen wir nun zu den beiden Argumenten, die für eine interprofessionelle Kooperation in der Schule sprechen.

Allgemeiner und jenseits dieses Blickes auf Lernen und Bildung ist festzuhalten, dass Schule ein – wenn nicht *der* – -zentraler Lebensort für Schüler*innen neben der Familie ist, in den sie vielfältige Erfahrungen aus ihrer Lebenswelt mitbringen. Das sind Ressourcen, Kompetenzen, aber auch problematische Erfahrungen oder Verhaltensweisen, die am Lebensort Schule zu Problemen führen. Aus dieser Perspektive wird es schnell einleuchten, dass es auch in dieser Hinsicht mehr als eine Gruppe an Fachkräften braucht: zur Organisation und Moderation breiter nonformaler Lernprozesse oder auch zur Unterstützung bei all dem – manchmal problematischen – sonstigen ›Gepäck‹, das Schüler*innen mit in den Lebensort Schule bringen. In die Schule kommt immer das »ganze Kind«.

Neben diesen schulbezogenen Begründungen für eine interprofessionelle Kooperation gibt es auch ein Argument, dass sich auf einem spezifischen Verständnis von Professionen insgesamt aufbaut. Aus klassischer professionstheoretischer Sicht ist es üblich, für Professionen einen möglichst klar abgegrenzten Zuständigkeitsbereich und eine damit verbundene exklusive Berechtigung zum Handeln innerhalb dieses Bereiches zu definieren (Dewe/Otto 2018a). Demgegenüber argumentiert etwa Bauer, dass aufgrund der Spezialisierung und Ausdifferenzierung von Berufsgruppen eine umfassende Bearbeitung von – häufig komplexen – Fallsituationen nur durch gegenseitige Abstimmung, Arbeitsteilung und Zusammenarbeit möglich ist. Beispiele hierfür sind etwa die ausdifferenzierten Fachrichtungen in der Medizin oder auch Spezialisierungen innerhalb der Profession der Lehrkräfte So gibt es etwa im sonderpädagogischen Bereich Lehrkräfte mit einer spezifischen testdiagnostischen Kompetenz oder es gibt Fachlehrkräfte mit einer beschränkten Zuständigkeit etwa für Werkunterricht.

Es ergibt sich also ein grundlegendes Spannungsfeld zwischen der Aufrechterhaltung der professionseigenen Autonomie in Bezug auf einen Zuständigkeitsbereich und der permanenten Notwendigkeit, diese exklusive Zuständigkeit zugunsten einer gemeinsamen Entwicklung von Vorgehensweisen zu lockern (Bauer 2014). Hier zeichnet sich schon etwas ab, was uns weiter unten noch beschäftigen wird: Das Verhältnis der Professionen zueinander– in unserem Fall etwa Schulsozialarbeit und Lehrkräften – innerhalb dieses Spannungsfeldes ist nicht so eindeutig zu bestimmen. Konkrete Aushandlungen und Abstimmungen spielen eine große Rolle.

Aber zunächst soll vor dem Hintergrund des bisher Gesagten der Begriff der interprofessionellen Kooperation etwas konkreter bestimmt werden, auch wenn das angesichts der Vielfalt an Bestimmungsversuchen eine Herausforderung darstellt.

> **Interprofessionelle Kooperation**
>
> Folgende Definition von Wulfekühler scheint uns wesentliche Elemente der Diskussion um dieses Thema gut einzufangen: »Interprofessionalität meint die Entwicklung abgestimmter, einem gemeinsam definierten Ziel folgende und verknüpfte Praxis von Fachkräften, aus unterschiedlichen Professionen bzw. Disziplinen« (Wulfekühler 2013, S. 54). Im Mittelpunkt steht also aus dieser Perspektive ein Prozess der Abstimmung hin auf ein gemeinsames Ziel.

5.2 Begründungen für interprofessionelle Kooperation

Eine solche lineare Zielorientierung – also der Weg hin zu einer immer intensiveren Art der Zusammenarbeit – steht auch bei konzeptionellen Modellen der Kooperation zwischen Lehrkräften und Schulsozialarbeiter*innen im Mittelpunkt. Beispielhaft sei hier das Modell von Spies/Pötter (2011, S. 31 f.) genannt. Die Autorinnen formulieren vier aufsteigende Stufen mit einem jeweils zunehmenden Grad der Kooperationsintensität. Das dabei zugrunde liegende Kooperationsverständnis reicht von einem »gegenseitige[n] Austausch von Informationen« (Niveau 1) bis zur »gemeinsame[n] Entwicklung und Umsetzung« von Projekten (ebd., S. 32). Solche Modelle leisten einiges: Sie geben insbesondere eine normative Orientierung, wie die Interaktionen zwischen den ungleichen Akteuren Schule bzw. Lehrkräfte einerseits und Schulsozialarbeit andererseits gedacht werden können. Sie machen sehr klar, dass Schulsozialarbeit keine »Zuarbeitsfunktionen« für Schule übernehmen soll. Dies zu betonen, ist – auch nach mittlerweile mehr als zwei Jahrzehnten intensiven Aufschwungs des Handlungsfeldes – äußerst wichtig.

Allerdings geraten solche Modelle an ihre Grenzen, wenn es darum geht, die konkreten Strukturen und Prozesse, in die die Zusammenarbeit zwischen den Professionen am Ort Schule eingebunden ist, zu erfassen. Hier geht es immer auch in hohem Maße um *Machtstrukturen* (vgl. u. a. Baier 2018). Schulsozialarbeit steht – zumindest in den gegenwärtig nach wie vor recht stabilen grundlegenden Strukturen des Schulsystems – der mächtigeren »Leitprofession« (Bauer 2014, S. 274) der Lehrkräfte gegenüber. In diesen Beziehungen geht es immer auch darum, wessen fachliche Perspektive dominierend ist, welche Problembeschreibungen sich durchsetzen (ebd., S. 278). Und in diesem Gefüge zeigt sich Schulsozialarbeit in einer *ambivalenten* Position. Auf der einen Seite zeigt sich deren schwächere Stellung insbesondere darin, dass Schulsozialarbeiter*innen in der Regel auf eine zumindest basale Kooperationsbereitschaft von Lehrkräften und Schulleitung angewiesen sind, um an der Schule handeln zu können. Dies gilt für Lehrkräfte nicht in der gleichen Weise (Kloha 2018, S. 362). Auf der anderen Seite erschließen sich für die Schulsozialarbeit gerade durch ihre »andere« Position im Schulgefüge Machtressourcen, die Lehrkräften nicht zur Verfügung stehen. Diese entstehen etwa durch alternative fachliche oder methodische Kompetenzen (vgl. ebd., S. 278 f.) oder spezifisches Wissen über den Alltag und die Lebenswelt von Kindern und Jugendlichen (vgl. Baier 2018, S. 85 f.).

Gerade diese Ambivalenz macht deutlich, dass Kooperationsbeziehungen von Schulsozialarbeiter*innen nicht als einmal etablierte (etwa durch formelle Kooperationsvereinbarungen, vgl. Schmitt 2008) und dann stabile Kooperationsstrukturen zu verstehen sind. Vielmehr muss deren Prozesscharakter in den Mittelpunkt gerückt werden: Insbesondere wird deutlich, dass

> »innerhalb der Beziehungen zu anderen Professionellen, insbesondere zu Lehrkräften, in hohem Maße die soziale Ordnung des Handlungsrahmens von Professionellen der Schulsozialarbeit immer wieder neu geschaffen wird und sich dadurch Spielräume für deren Handeln sowohl öffnen als auch schließen« (Kloha 2018, S. 366).

Hier aktualisiert sich also in ganz spezifischer Weise das, was wir diesem Lehrbuch als übergreifende Perspektive voranstellen (▶ Kap. 1.1.1; ▶ Kap. 1.1.2): die immer wieder neu in Interaktionen ausgehandelte und hergestellte Ordnung der Schulsozialarbeit.

5.3 Bedeutung der Zusammenarbeit aus Sicht der Schulsozialarbeiter*innen

Wie diese Ordnung im Hinblick auf die Zusammenarbeit zwischen Schulsozialarbeiter*innen und Lehrkräften in Interaktionen entsteht, wollen wir uns im Folgenden an Erzählungen von Schulsozialarbeiter*innen genauer ansehen. Leitend soll dabei die Frage sein, inwieweit die Kooperation zwischen Schulsozialarbeiter*innen und Lehrkräften Bedeutung bekommt. Aus unserer Sicht lassen sich hier drei Dimensionen unterscheiden.

5.3.1 Erteilung eines allgemeinen Mandats

Der Schulsozialarbeiter Stephan Baum erzählt über seinen Wechsel vom Allgemeinen Sozialdienst des Jugendamtes in die Schulsozialarbeit und seine ersten Erfahrungen an Schulen. Er stellt hier die Erfahrungen an seiner ersten und zweiten Einsatzschule gegenüber.

An der ersten Schule ist er gleichzeitig der erste Schulsozialarbeiter. Über die erste Zeit dort erzählt er Folgendes.

Fallbeispiel

E: »ein neues Projekt, ein neues Modellprojekt, keiner wusste, was man denn alles tut, ich wusste es nicht, mein Chef wusste es nicht, der Schulleiter wusste es nicht, die Lehrer wussten es nicht, ja, ich sollte irgendwas machen. Ich hab dann mir das ganze angeschaut, bin dann auch mal in die Lehrerkonferenz, bin eingeladen worden oder hab mich ja selber eingeladen und hab da so meine Vorstellungen, von dem was ich jetzt halt in der Schule mach, ein Stück weit dargelegt und was natürlich auch schlecht war von mir, ich hab auch gesagt, was ich nicht mach und das is dann hängen geblieben. Nach dem Motto, wieso holtn der die Kinder nich zu Hause vom Bett raus und bringt sie rein, das war so ein Thema, um damit Schulverweigerern, da war tatsächlich die Meinung der Lehrer, da kommt jetzt jemand, den schick ich los der holt mir das Kind aus dem Bett, bringts mir in die Schule, damit ich das Kind unterrichten kann und mehr braucht der nicht machen«
(Interview Stephan Baum; aus: Kloha 2018, unveröffentlichtes Material)

Stephan Baum wechselt auf eigene Initiative schließlich die Einsatzschule und macht dort ganz andere Erfahrungen:

»und hab mir dann bewusst diese Schule ausgesucht und das war wie Tag und Nacht. Kollegen, Lehrerkollegen, Kolleginnen sind gekommen, Mensch, da hab ich was, das und das, können wir nicht miteinander und hier an der Schule laufen so viele Kooperationen, dass ich mich manchmal gar nicht trennen kann, dass ich selber auswählen muss, mit wem mach ich was,«
(Interview Stephan Baum, aus: Kloha 2018, unveröffentlichtes Material)

Reflexionsanregung

Diskutieren Sie:

- Worin sehen Sie Gründe für die ablehnende Haltung des Kollegiums im ersten Ausschnitt?
- Wie schätzen sie in beiden Situationen jeweils die Handlungsspielräume des Schulsozialarbeiters ein? Warum sind diese ggf. unterschiedlich?

Interpretationsangebot

Zunächst zeigt sich eine bemerkenswerte »Unwissenheit«: »keiner wusste« etwas. Der »Chef« der Schulsozialarbeit, was auf einen anderen externen Träger hinweist (▶ Kap. 3.1) »wusste nichts«, die Lehrkräfte wussten nichts, der Schulleiter wusste nicht. Dies wirft vor allem Fragen in Bezug auf das vorherige Antragsverfahren, um die Stelle überhaupt zu bekommen, auf. Trotzdem haben die Lehrkräfte eine Vorstellung von der Aufgabe und Funktion der Schulsozialarbeit, im Sinne eines ›Heilsversprechens‹ (▶ Kap. 6.3 in Bezug auf die Gruppenarbeit). Offensichtlich haben die Lehrkräfte die Erwartungshaltung der Schulsozialarbeit gegenüber, dass diese ihnen den Alltag entlastet. Dabei ›vertauschen‹ sie inhaltlich die Funktion der Schulsozialarbeit mit der einer Ordnungsmacht, wie der der Polizei. Dass es in Bezug auf den Umgang mit Schulversäumnissen ganz andere (Bußgeld-)Verfahren gibt (und auch die Polizei die Kinder nicht mehr abholt!), scheinen diese Lehrkräfte ebenso wenig »gewusst« zu haben.

Eine Kooperationsbereitschaft ist hier in keiner Weise erkennbar, nur eine Delegation von ›ungeliebten Problemlagen‹, deren Lösungsoptionen sie darin sehen, »Schüler*innen aus dem Bett zu holen«. Dass diese Schüler*innen danach wahrscheinlich immer noch nicht motiviert sein könnten, an ihrem Unterricht teilzunehmen, kommt den Lehrkräften hier offenbar gar nicht in den Sinn. Also wird den Ausführungen des Schulsozialarbeiters zu seiner Rolle, was er so »macht«, verschlossen und mit Abwehr und Enttäuschung begegnet. Der Schulsozialarbeiter hätte hier sicher einen langen, mühevollen Prozess vor sich gehabt, um die Lehrkräfte professionell mitzunehmen, doch entschied er sich für einen anderen Weg, den Ausstieg.

An dieser Stelle sei bemerkt, dass es durchaus Schulsozialarbeitende gibt, die diese langen Jahre der Kommunikation über ihre Rolle aushalten, insbesondere dann, wenn Schulen zum ersten Mal eine Stelle zugewiesen bekommen und wie hier mit großer Abwehr und Unwissenheit konfrontiert sind.

Dieser Schulsozialarbeiter jedoch wechselt (was in Bezug auf seine psychische, berufliche Gesundheit sicher auch eine gute Entscheidung ist) und trifft nun auf ein ganz anderes Kollegium: Im zweiten Beispiel wird offensichtlich mit einer Vorkenntnis und Vorfreude auf die gleiche Person reagiert. Die Lehrkräfte begegnen ihm zugewandt, auf Augenhöhe, eindeutig kooperationsinteressiert. Das Beispiel zeigt, mit welcher Leichtigkeit der Schulsozialarbeiter hier in das Kollegium wachsen kann, und lässt vermuten, dass ihn dieses kollegiale Miteinander auch trägt. Somit ist diese Offenheit auch eine sehr wichtige Voraussetzung für wirklich gute, gemeinsame konzeptionelle Arbeit und Weiterentwicklung der Schule.

In beiden Beispielen wird etwas sichtbar, was der amerikanische Soziologe Everett Hughes schon vor langer Zeit und im Hinblick auf die gesellschaftliche Stellung von Professionen insgesamt als deren »Mandat« beschrieb, nämlich den Auftrag für einen bestimmten Themen- oder Problembereich, verbunden mit der Lizenz zur Anwendung bestimmter, aus der Autonomie der Profession heraus entwickelter Handlungsweisen (Hughes 1971, S. 287 f.). In der Schule zeigt sich die Nichterteilung eines solchen Mandates insbesondere durch die Verweigerung einer Zusammenarbeit oder durch die Zuweisung von Aufgaben, die jenseits dieses Mandats liegen und sich in Zuarbeitstätigkeiten zum eigenen Mandat der Lehrkräfte – nämlich dem Führen von Unterricht – erschöpfen. Mit anderen Worten: Wird dieses allgemeine Mandat nicht erteilt, sind dem eigenständigen Handeln von Schulsozialarbeiter*innen äußerst enge Grenzen gesetzt.

5.3.2 Aushandlungsprozesse während der Fallkonstitution

Die Frage, welches Thema in der Fallarbeit mit Schüler*innen oder Familien in welcher Form zum Gegenstand der Arbeit wird, ist komplex. Unter dem Stichwort der »Fallkonstitution« (Bauer 2010; hierzu auch zentral: Müller 2012) wird dies auch im Handlungsfeld der Schulsozialarbeit intensiv diskutiert. Weiter unten gehen wir genauer darauf ein (▶ Kap. 5.2). Insbesondere bekommt diese Frage dann eine besondere Brisanz, wenn unterschiedliche Professionen – wie im Feld der Schulsozialarbeit – mit unterschiedlichen Machtressourcen an der Definition dessen beteiligt sind, um was es in der Arbeit gehen soll. Hier spielen unterschiedliche Interessen der Professionsvertreter*innen auf sehr unterschiedlichen Ebenen eine Rolle – von sehr grundlegenden Sichtweisen auf bestimmte Sachverhalte (etwa der Interpretation von Verhaltensweisen von Schüler*innen) bis hin zu ganz situativen Interessen, die im Zusammenhang mit der konkreten Aufgabe stehen, die ein*e Professionelle*r gerade zu bewältigen hat (etwa die Verhinderung einer »reibungslosen« Pausenaufsicht von Lehrkräften durch eine Prügelei zwischen Schüler*innen). Damit soll nicht gesagt sein, dass sich Professionsangehörige in ihren Problemdefinitionen und situativen Einschätzungen wie monolithische Blöcke gegenüberstehen. Gerade in einem Sozialraum wie dem der Schule entstehen gleichzeitig Perspektiven, die mit der konkreten Situation vor Ort zusammenhängen. So können Lehrkräfte und Schulsozialarbeiter*innen etwa angesichts einer Gruppe von Schüler*innen, die regelmäßig Inventar der Schule zerstört, die gleiche Verärgerung empfinden.

Im Feld der Schulsozialarbeit stellen diese Aushandlungen zwischen Lehrkräften und Schulsozialarbeiter*innen ein regelmäßiges und wiederkehrendes Element im Prozess der Fallarbeit dar. Im Folgenden wollen wir uns anhand eines weiteren Transkriptausschnittes aus einem Interview mit einer Schulsozialarbeiterin die Ambivalenzen vergegenwärtigen, die in diesem Aushandlungsprozess liegen können. Eine Schulsozialarbeiterin erzählt:

»Und natürlich ist auch die Denkweise der Lehrer auch ein ganz anderer Blick auf die Kinder. Weil die Lehrer mehr so diese schulischen Dinge im Kopf haben und ich durch meine vorhergehende Tätigkeit in der Lernstube natürlich den Gesamtblick auf Kinder noch ganz anders hab, weil ich den Stadtteil kenn, die Kinder kenn ich und die Familien zum Teil kenne, äh welche Problematiken da da sind. Das wird zum Teil von den Lehrern natürlich nicht so gesehen, weil die ja ihren Stoff einen ganz anderen Auftrag haben am Kind, ihren Lernstoff an das Kind bringen müssen, und ( ) dann eher nur die Beeinträchtigungen sehen, wo es dann Schwierigkeiten gibt mit dem Verhalten oder mit dem Lernen ( ) und da die Problematik sehen. Und ich ähm als Jugendsozialarbeiterin mehr das Gesamtbild im Kopf hab und überleg, wie kann man das gesamte Kind unterstützen, wie kann man die gesamte Familie unterstützen, wo benötigt man dann ähm (.) ähm, wo benötigt man dann Hilfe und wie kann ich die Lehrerin oder den Lehrer dazu bringe das mit zu berücksichtigen, (...)«
(aus: Behle 2021, S. 91)

Reflexionsanregung

- Woraus ergibt sich aus Sicht der Schulsozialarbeiterin die zentrale Spannung zwischen ihr und Lehrkräften beim Blick auf Schüler*innen?
- Woher bezieht sie aus ihrer Sicht ihr Wissen – im Gegensatz zu Lehrkräften?

Interpretationsangebot

In diesem Ausschnitt wird deutlich, worin – aus Sicht der Schulsozialarbeiterin – zentrale Differenzen bei der Fallbetrachtung von Lehrkräften und Schulsozialarbeiter*innen bestehen. Es geht aus ihrer Sicht nicht um persönliche Eigenschaften, um »gute« oder »schlechte« Lehrkräfte oder Sozialarbeiter*innen. Vielmehr entsteht ein Spannungsverhältnis aus unterschiedlichen Blickwinkeln, die beide jeweils auf Schüler*innen einnehmen. Während die Schulsozialarbeiterin für sich einen breiten Blick auf große Teile der Lebenswelt von Schüler*innen reklamiert, konstatiert sie, dass Lehrkräfte quasi notgedrungen durch ihren Auftrag des Unterrichtens einen wesentlich eingeschränkteren Blick einnehmen können. Ob man nun diese letztlich etwas stereotypisierende Sichtweise teilt oder nicht: Als wichtige Quintessenz können wir aus diesem Beispiel ziehen, dass Lehrkräfte und Schulsozialarbeiter*innen aufgrund unterschiedlicher professioneller Wissensbestände eine unterschiedliche Fallsicht entwickeln. Diese entstehen u. a. im Zuge der Ausbildung, aber auch in der konkreten täglichen Praxis. Damit entsteht die Notwendigkeit für Schulsozialarbeiter*innen, in der Interaktion mit Lehrkräften eine Sichtweise auf Schüler*innen aushandeln zu müssen, die es ihnen zu handeln erlaubt. Das kann in Form einer direkten Absprache geschehen: In einer gemeinsamen Besprechung im Büro des Schulsozialarbeiters, zwischen Tür und Angel, im Lehrer*innenzimmer. Es kann aber auch darin bestehen, dass der*die Schulsozialarbeiter*in bewusst darauf verzichtet, sich mit der Lehrkraft darüber auseinanderzusetzen oder sich dezidiert und offen der Sichtweise der Lehrkraft entgegensetzt. In jedem Fall gilt auch für diese komplexen Momente der Fallkonstitution, dass sie von ungleich verteilten Machtressourcen durchzogen sind.

5.3.3 Lehrkräfte als »Gatekeeper«

Eine letzte Dimension der Bedeutung von Kooperationsbeziehungen zu Lehrkräften ergibt sich aus der grundsätzlichen Struktur von Schule, in der die Sozialform »Unterricht« und die zentrale Stellung der Lehrkräfte im Bezug zu Schüler*innen nach wie vor dominiert. Da hierdurch der größte Teil der schulischen Zeit unter der Kontrolle von Lehrkräften steht, bekommen Kooperationsbezüge zu ihnen schon aus der schlichten Tatsache eine große Bedeutung, dass diese eine Voraussetzung für Schulsozialarbeiter*innen sind, um Kontakte zu Schüler*innen herstellen zu können. Dies wird in der folgenden Reflexion einer Schulsozialarbeiterin deutlich:

> »Ich finds ein bisschen schade, dass es sehr von den Persönlichkeiten abhängt, und den Einstellungen Sozialpädagogen gegenüber. Und ich hab auch Lehrer, die mir ganz klar sagen, sie finden mich nett, wir können gerne quatschen, wenn ich möchte, aber sie finden Sozialpädagogen an sich doof. Und das merk ich ganz extrem, wenn man die Statistik am Ende durchguckt, in den Klassen bin ich sehr viel weniger drinnen, weil das sind dann nur die Schüler, die dann selber auf mich zugekommen sind. Da sinds halt drei Schüler, wo's in der anderen Klasse halt viel, viel mehr sind. Wo man viel mehr aufgefallen ist und der Lehrer auf einen zukommt. Ähm, und ich bin immer am Überlegen, wie krieg ich diese anderen Lehrer noch mehr, aber ich hab noch nicht den Draht richtig« (Interview Sabrina Häxner, aus: Kloha 2018, unveröffentlichtes Material)

Reflexionsanregung

Diskutieren Sie, was die von der Erzählerin hervorgehobene Abhängigkeit von »Persönlichkeiten« für den Umgang der Schulsozialarbeiterin mit Lehrkräften im Alltag bedeutet.

Interpretationsangebot

An diesem Segment wird sichtbar, wie angewiesen die Schulsozialarbeiterin auf die konkrete Bereitschaft von Lehrkräften zur Zusammenarbeit ist, um Beziehungen zu Schüler*innen zu etablieren. Wir sprechen hier von einer Gatekeeper-Funktion. Besonders komplex wird diese Konstellation dadurch, dass diese Kooperationsbereitschaft in hohem Maße von der jeweils individuell unterschiedlichen Beziehungsqualität zwischen den beiden Fachkräften abhängt. Es bedarf also eines – zeit- und energieaufwendigen – jeweils neu herzustellenden Vertrauens- und Aushandlungsprozesses mit Lehrkräften, um dem eigentlichen Kerngeschäft, der Arbeit mit Schüler*innen, nachgehen zu können.

5.4 Kooperation als Aushandlung

In diesem Sinne lässt sich die Gesamtstruktur der Kooperation zwischen Lehrkräften und Schulsozialarbeiter*innen pointiert zusammenfassen. Trotz vielfältiger – und sicherlich sinnvoller – Versuche, die Zusammenarbeit zwischen Lehrkräften und Schulsozialarbeiter*innen (bzw. zwischen »der Schule« und »der Schulsozialarbeit«) zu formalisieren und in verlässlichen Vereinbarungen festzuhalten, sind diese Kooperationen von folgenden Merkmalen geprägt:

- Es besteht ein grundsätzliches Machtungleichgewicht zwischen Lehrkräften und Schulsozialarbeiter*innen. In der konkreten Praxis kommt dies jedoch – aufgrund vielfältiger Machtressourcen, über die auch die Schulsozialarbeiter*innen verfügen– in sehr differenzierter Weise zum Tragen.
- Schulsozialarbeiter*innen sind in vielfältiger Hinsicht auf die grundsätzliche Kooperationsbereitschaft von Lehrkräften angewiesen, um ihrer eigentlichen Kerntätigkeit überhaupt nachgehen zu können (Bauer 2014, S. 277).
- Diese Kooperationsbeziehungen aktualisieren sich jeweils in hohem Maß in Form situativer Aushandlungsprozesse, die damit zu einer Kernaufgabe von Schulsozialabeiter*innen gehören. Mit anderen Worten: Schulsozialarbeit ist geprägt von »doing cooperation«.

Gut zu wissen – gut zu merken

- Schulsozialarbeiter*innen sind sehr grundlegend auf Kooperationsbeziehungen zu anderen Professionen, insbesondere den Lehrkräften, verwiesen.
- Jenseits formalisierter Kooperationsvereinbarungen zeigt sich, dass interprofessionelle Kooperation in der Schulsozialarbeit in hohem Maß von situativen und lokalen Aushandlungen zwischen den Akteuren geprägt ist.

- Die Schaffung und Pflege von Kooperationsbeziehungen wird somit zu einer zentralen Aufgabe und Herausforderung im Handlungsfeld Schulsozialarbeit.

Weiterführende Literatur

Bauer, P. (2014): Kooperation als Herausforderung in multiprofessionellen Handlungsfeldern. In: Faas, S./Zipperle, M. (Hrsg.): Sozialer Wandel: Herausforderungen für Kulturelle Bildung und Soziale Arbeit. Wiesbaden: Springer VS, S. 273–286.

Kloha, J. (2022): »Die möchte ich auch möglichst ins Boot mit reinnehmen...« – Die Kooperation von Schulsozialarbeiter*innen und Lehrkräften als ambivalente Herausforderung. In: Weimann-Sandig, N. (Hrsg.): Multiprofessionelle Teamarbeit in Sozialen Dienstleistungsberufen. Wiesbaden: Springer Fachmedien, S. 117–129.

6 Was tun Schulsozialarbeiter*innen?

> ☞ **Was erwartet Sie in diesem Kapitel?**
>
> Anhand zweier zentraler Handlungsformen – der Fallarbeit und der Gruppenarbeit – gewinnen Sie einen Einblick in konkrete professionelle Handlungsvollzüge der Schulsozialarbeit. Zur Einordnung dieser ausführlichen Diskussionen erfahren Sie zunächst etwas über die handlungsmethodischen Grundlagen der Schulsozialarbeit insgesamt.

6.1 Die Methoden der Schulsozialarbeit

Wir wenden uns nun dem konkreten Handeln von Schulsozialarbeiter*innen zu und stellen uns die Frage, was das Handeln dieser Fachkräfte leitet und wie die konkreten Handlungsprozesse gestaltet sind.

Das Handeln im Arbeitsfeld der Schulsozialarbeit ist – wie jedes andere professionelle Handeln auch – dadurch gekennzeichnet, dass es nicht ›naturwüchsig‹ auf reinen Ad-hoc-Entscheidungen der Fachkräfte und deren jeweils subjektivem Alltagsverständnis beruht. Professionelles Handeln steht immer im Bezug zu spezifischem Professionswissen, das in eine Beziehung gebracht wird zu der konkreten Situation im beruflichen Alltag – etwa der Jugendlichen, die gerade vor Ihnen sitzt und Ihnen von ihrem Ärger mit ihrem Vater erzählt (Dewe/Otto 2018b; Schütze 2015a). Ein Teil dieses Professionswissens sind spezifische Handlungsmethoden, die in besonderer Weise den Anspruch erheben, für das Handeln von Professionellen leitend zu werden. Nach einem kurzen Exkurs zum Methodenbegriff werden wir im Folgenden auf einige zentrale Überlegungen zum Methodenrepertoire der Schulsozialarbeit eingehen, wie sie in Fachpublikationen und Landeskonzeptionen für Schulsozialarbeit festgehalten sind. Daran anschließend ist es uns aber – im Sinne der Ausrichtung dieses Lehrbuches – wichtig, deutlich zu machen, dass diese ›Methodensets‹ das Handeln von Schulsozialarbeiter*innen nicht erschöpfend erklären, sondern dass es hier in besonderer Weise zu fallspezifischen interprofessionellen Aushandlungen zwischen den Akteuren kommt. Deshalb wollen wir im zweiten und dritten Teil dieses Kapitels Handlungsprozesse – einmal aus der Fallarbeit und einmal aus einem Gruppenprojekt – systematisch »unter die Lupe« nehmen, um zu verstehen, wie sich diese entfalten.

> **Handlungsmethoden in der Sozialen Arbeit**
>
> Die Frage nach dem, was in welcher Weise für professionelles Handeln in der Sozialen Arbeit leitend ist, ist so alt wie der Professionalisierungsprozess dieser Profession selbst. Im Grunde geht es dabei um die Frage: Welche Ziele Sozialer Arbeit sollen in einem spezifischen Kontext (z. B. in einem Arbeitsfeld) mit welchen Mitteln erreicht werden? Michael Galuske *definiert* Methoden Sozialer Arbeit wie folgt:
> »Methoden der Sozialen Arbeit thematisieren jene Aspekte im Rahmen sozialpädagogischer/sozialarbeiterischer Konzepte, die auf eine planvolle, nachvollziehbare und damit kontrollierbare Gestaltung von Hilfeprozessen abzielen und die dahingehend zu reflektieren und zu überprüfen sind, inwieweit sie dem Gegenstand, den gesellschaftlichen Rahmenbedingungen, den Interventionszielen, den Erfordernissen des Arbeitsfeldes, der Institutionen, der Situation sowie den beteiligten Personen gerecht werden.« (Galuske 2013, S. 35)

Wichtig ist, dass Handlungsmethoden nie losgelöst von den zugrunde liegenden Zielen einerseits, der konkreten Struktur des Arbeitsfeldes (u. a. der institutionellen Einbindung, der verfügbaren Ressourcen etc.) gedacht werden können.

> **Reflexionsanregung**
>
> Überlegen Sie vor diesem Hintergrund: Welche spezifischen Herausforderungen ergeben sich im Hinblick auf methodisches Handeln für Schulsozialarbeiter*innen? Denken Sie hierbei insbesondere an
>
> - die zugrunde liegenden Ziele und
> - die institutionelle Verortung von Schulsozialarbeit.

Die begriffliche Abgrenzung von Methoden, Konzepten und Handlungstheorien ist alles andere als eindeutig und wird breit diskutiert. Diese Diskussion kann hier nicht adäquat wiedergegeben werden.

Auf unterschiedlichen Ebenen gibt es trotz aller Unschärfen aber Versuche, die methodischen Grundlagen der Schulsozialarbeit zu ordnen und zu systematisieren. Auffallend ist hierbei, dass sich diese Darstellungen in hohem Maße an dem ›klassischen‹ Methodenrepertoire der Sozialen Arbeit insgesamt orientieren. So benennt etwa Speck sechs »Kernleistungen« von Schulsozialarbeit, denen dann spezifischere Handlungsmethoden zugeordnet werden (Speck 2022, S. 83 f.):

- Beratung und Begleitung von einzelnen SchülerInnen
- Sozialpädagogische Gruppenarbeit

- offene Gesprächs-, Kontakt- und Freizeitangebote
- Mitwirkung in Unterrichtsprojekten und in schulischen Gremien
- Zusammenarbeit mit und Beratung der LehrerInnen und Erziehungsberechtigten
- Kooperation und Vernetzung mit dem Gemeinwesen

Blickt man in konzeptionelle Grundlagen, insbesondere in Landeskonzeptionen für Schulsozialarbeit, so wird ein methodischer Schwerpunkt deutlich, der in der fallbezogenen individuellen Unterstützung von Schüler*innen und deren Familien liegt (Niedersächsisches Kultusministerium 2017a; Lerch-Wolfrum/Renges 2014).

Diese konzeptionell-methodischen Festlegungen und Eingrenzungen sind wichtig, da sie gerade im schulischen Umfeld zur Orientierung von Praktiker*innen beitragen können. So sind sie hilfreiche Leitlinien, um sich des eigenen Aufgabenfeldes immer wieder zu vergewissern und sich gegebenenfalls auch gegenüber Ansprüchen des mächtigeren Partners Schule abzugrenzen. Gleichzeitig jedoch entsteht durch diesen vermeintlich klaren ›Methodenkanon‹ das Risiko, dass der Blick auf eben die damit verbundenen Aushandlungsprozesse (und das Bewusstsein darüber, dass eben dieses Aushandeln einen elementaren Bestandteil des eigenen Aufgabengebietes darstellt) verstellt wird. Dies wird dann sichtbar, wenn – fast unbemerkt – methodische Ansätze aus der Schulpädagogik sich im eigenen methodischen Selbstverständnis wiederfinden. Beispiele hierfür sind schulische präventive Gruppenangebote, die – z. T. unreflektiert – in das Handlungsrepertoire von Schulsozialarbeit übernommen werden (Pötter 2018).

Deshalb bleibt es wichtig – wie wir oben mit der Perspektive des »Doing« deutlich gemacht haben – auch in methodischer Hinsicht die konkreten ›Herstellungsprozesse‹ der Praxis von Schulsozialarbeit im Blick zu haben. Dazu blicken wir im Folgenden auf zwei Bereiche aus der Praxis der Schulsozialarbeit. Zum einen gehen wir dem Prozess der Fallarbeit mit einer Schülerin (und deren Familie) ausführlicher nach. Zum anderen nehmen wir ein Gruppenprojekt in einer Grundschulklasse näher unter die Lupe. Die Auswahl dieser beiden Bereiche ist nicht ganz zufällig. Sie umfassen sowohl in konzeptioneller Hinsicht als auch im Blick auf die Praxis (vgl. u.a. Baier 2018, S. 14ff.) den größten Teil der Arbeit von Schulsozialarbeiter*innen. Gleichzeitig verstehen wir die folgenden Darstellungen *nicht* als eine Illustration der Methoden »Einzelfallhilfe« und »Gruppenarbeit«. Vielmehr wird deutlich werden, dass sich in beiden Fällen jeweils unterschiedliche methodische Ansätze finden lassen.

> **Literaturempfehlung**
>
> Galuske, M. (2013): Methoden der Sozialen Arbeit: Eine Einführung. 10. Aufl. Weinheim u. a.: Beltz Juventa.
> Spiegel, H. (2013): Methodisches Handeln in der Sozialen Arbeit: Grundlagen und Arbeitshilfen für die Praxis: mit 4 Tabellen und 30 Arbeitshilfen. München; Basel: Ernst Reinhardt Verlag.

6.2 Der Prozess der Fallarbeit

Der Prozess der systematischen und biographisch orientierten Unterstützung, Beratung und Begleitung von Schüler*innen – also einer systematischen Fallarbeit – durch Professionelle der Schulsozialarbeit stellt eine wesentliche Handlungsform innerhalb der Schulsozialarbeit dar. Sie ist nicht als ein eng umgrenzter Teilbereich im Handlungsspektrum von Schulsozialarbeiter*innen zu verstehen, sondern als »Querschnittsaufgabe« (Stüwe/Ermel/Haupt 2017, S. 271), die vielfältige Überschneidungen mit anderen Handlungsformen hat. So werden Gruppenprojekte oder offene Angebote vielfach zu Anknüpfungspunkten zu Schüler*innen, aus denen sich dann intensivere Formen der Fallarbeit entwickeln. Die Intensität und Dauer von Fallarbeitsprozessen kann dabei sehr unterschiedlich sein. Stüwe, Ermel und Haupt (ebd., S. 284) unterscheiden diesbezüglich zwischen (eher kurzfristiger und thematisch eingegrenzter) »Beratung« und »Begleitung«, deren Zielgruppe »Kinder und Jugendliche in belasteten persönlichen, schulischen und familiären Lebens- und Krisensituationen« darstellen. Letztlich sind die Übergänge hier jedoch fließend. Häufig ergeben sich aus kurzfristigeren Beratungsanlässen (bspw. Klärung eines akuten Konfliktes innerhalb des Klassenverbandes) langfristige Prozesse der Fallarbeit.

Als zentrale normative Prinzipien der Fallarbeit bekommen »Vertraulichkeit der Gesprächsinhalte, Freiwilligkeit der Inanspruchnahme, (…) Partizipation, Niedrigschwelligkeit und Alltagsorientierung« (ebd., S. 274) Bedeutung. Vertrauensvolle biographisch orientierte Arbeit mit Schüler*innen ist ohne diese Grundlagen nicht möglich. Und hier wird bereits eine grundlegende Spannung zum Grundprinzip von Schule als Zwangsinstitution sichtbar. Das bedeutet für Schulsozialarbeit, diese Handlungsprämissen im schulischen Kontext immer wieder stark zu machen. Mit anderen Worten: Schulsozialarbeit, die sich nur auf Angebote beschränkt, die den Bildungszielen der Schule ›zuarbeiten‹, wird ihrem Anspruch und ihrem grundlegenden Mandat nicht gerecht (Bundesministerium für Familie, Senioren, Frauen und Jugend 2013, S. 330).

Zunächst wollen wir deutlich machen, dass sich die herausragende Bedeutung von Fallarbeit im Handeln von Schulsozialarbeit auch durch einen Blick auf die mittlerweile über 100-jährige Geschichte dieses Handlungsfeldes erschließt (▶ Kap. 2). Dies wird etwa in der folgenden Fallskizze greifbar. Sie stammt aus einer frühen, umfangreichen Evaluationsstudie zur Schulsozialarbeit (»visiting teacher«) in den USA (vgl. Oppenheimer 1925). Die Skizze wurde von damaligen Schulsozialarbeiterinnen selbst verfasst und schildert ein zentrales Moment in deren Arbeit mit dem Schüler Alec. Neben dem historischen Wert dieses Textes können wir daran sehen, wie zentrale Elemente dieser Arbeit bereits zu diesem frühen Zeitpunkt angelegt waren.

> **Alec, neun Jahre: Fehlendes Interesse an der Schule**
>
> »Alec, ein neunjähriger Junge, kam in diesem Herbst in die dritte Klasse der _____ Schule. Ihm eilte der Ruf voraus, die Schule zu schwänzen. Sein

ältester Bruder, ein 14-jähriger Junge, ist momentan in einem Fürsorgeheim (›Protectory‹). Grund dafür ist, dass er der Anführer einer Bande war, die Betrunkene überfiel. John, 12, und Alec leben mit ihrer Mutter und zwei Untermietern in einer Dreizimmerwohnung im dritten Stock eines alten, heruntergekommenen Hauses. Der von der Mutter getrennte Vater, ›kommt nur vorbei, wenn er betrunken ist, und um Ärger zu machen‹. Die Mutter arbeitet von 7 bis 18 Uhr als Reinigungskraft in einem Kaufhaus, um so den Lebensunterhalt für sich und ihre Söhne zu sichern.

Alec kam am ersten Schultag zur Schule, danach tauchte er erst nach einer Woche wieder auf. Dies war der Anlass dafür, dass uns sein Lehrer bat, mit ihm zu sprechen. Wir erfuhren, dass er unten im Hafen bei den Docks war, in der Nähe von dort, wo er wohnte. Alec ist ein dünner, finster blickender Junge, er schielt und hat 10% Untergewicht. Seine Backen sind blass. In den seltenen Momenten, in denen er spricht, lässt er den Kopf hängen und er lächelt kaum – jedenfalls in der Schule nicht.

Wir fragten ihn, ob er die neue Camden-Brücke kenne und ob er uns einige sehenswerte Stellen im Hafengebiet zeigen könnte. Unten am Wasser war Alec ein anderer Junge – er hielt seinen Kopf aufrecht, er kannte jeden Quadratzentimeter der Gegend, erkannte und erklärte uns die unterschiedlichen Typen von Dampfschiffen, Frachtschiffen, Schleppern etc., die vorbeifuhren. Er wusste, dass darunter drei Feuerboote für Philadelphia waren. In dem Moment war er der tatsächliche Anführer und Fremdenführer für die ganze Gruppe.

Seit sein Lehrer dadurch erfuhr, wo seine eigentlichen Interessen lagen, hat er einen Zugang zu ihm gefunden. Er übertrug ihm Verantwortlichkeiten in der Klasse und Alec hat seinen Platz unter seinen Schulkameraden gefunden.

Vor Kurzem fehlte er am Nachmittag erneut in der Schule. Wir gingen zu ihm nach Hause und fanden heraus, dass er am Morgen versucht hatte, sich Johns Schuhe »unter den Nagel zu reißen«, um zur Schule zu kommen. John bemerkte das allerdings und weigerte sich, sie ihm zu geben. Da der Tag ein jüdischer Feiertag war, konnte er seine eigenen, die im Moment beim Schuster waren, nicht holen. Mit dieser Ausnahme hat er jedoch an keinem einzigen Tag gefehlt – sogar als das Wetter sehr schön war.«

(Dokument aus: Oppenheimer 1925, S. 163 f.; Übersetzung: Johannes Kloha)

Reflexionsanregungen

Überlegen Sie:

- Welche zentralen Themen werden hier bearbeitet?
- Welche Arbeitsschritte werden sichtbar?
- Welche Bedeutung bekommt die Interaktion der Schulsozialarbeiterinnen mit der Lehrkraft?

Interpretationsangebot

Anhand dieses sehr frühen (und sicherlich sehr knappen) Beispiels für einen Prozess der Fallarbeit im Handeln von Schulsozialarbeiterinnen (die Fachkräfte damals waren in aller Regel weiblich) lassen sich nun einige grundlegende Überlegungen zur Fallarbeit der Schulsozialarbeit in unserer Zeit ableiten:

1. Es wird deutlich, wie die Professionellen sich in systematischer und einfühlender Weise mit der Lebenswelt des Jungen auseinandersetzen und darauf aufbauend einen Begleitungs- und Unterstützungsprozess initiieren. Deshalb muss unterstrichen werden, dass Schulsozialarbeit, die auf diese Möglichkeit zum individuellen, fallbezogenen Arbeiten verzichtet, ihrem Mandat nicht gerecht wird (vgl. Speck 2022, S. 82) Eine reine Fokussierung auf schulische ›Ausschnitte‹ dieser Lebenswelt führt »zu einer Funktionsreduzierung der Schulsozialarbeit« (Stüwe/Ermel/Haupt 2017, S. 264 f.).
2. Die Schulsozialarbeiterinnen entwickeln einen eigenständigen Prozess der Fallarbeit. Dieser Prozess wird aber immer wieder an das Handeln anderer Professioneller, hier der Lehrkraft, rückgebunden. Nur dadurch, dass sie eigenständig (und losgelöst vom Ort der Schule) versuchen, die alltägliche Lebenswelt von Alec nachzuvollziehen und zu verstehen, gelangen sie zu Einsichten, die für das Handeln der Lehrkraft sehr bedeutsam werden. Mit anderen Worten: Das fallbezogene Arbeiten von Schulsozialarbeiter*innen muss einerseits eigenen Logiken folgen; damit grenzt sich Schulsozialarbeit – gerade durch die lebensweltliche Offenheit des Arbeitens – von anderen Beratungs- und Unterstützungsprozessen (wie etwa diejenigen von Lehrkräften, Schulpsychologen etc.) ab (Stüwe/Ermel/Haupt 2017, S. 271 f.). Andererseits kann das Handeln von Schulsozialarbeiter*innen nur dann ganzheitlich wirksam werden, wenn die spezifischen interprofessionellen Beziehungen – insbesondere zu Lehrkräften – ernstgenommen und als ein Teil des Fallarbeitsprozesses verstanden werden.
3. Die besondere Qualität der im obigen Beispiel skizzierten Fallarbeit entsteht dadurch, dass die Schulsozialarbeiterinnen den alltäglichen Sozialraum des Jungen als zentralen Erfahrungs- und Bildungsraum des Jungen anerkennen und verstehen. Für uns bedeutet dies, dass es für die Fallarbeit von Schulsozialarbeiter*innen einen zentralen Stellenwert bekommt, Kinder und Jugendliche in ihren sozialräumlichen Bezügen wahrzunehmen (Deinet 2017). Schule wird aus dieser Perspektive zu einem Lebensort neben anderen und in allen Sozialräumen finden zentrale biographische Bildungs- und Bewältigungsprozesse statt. Dies bedeutet auch, dass die Ressourcen eines Teils des Sozialraums (hier: die Erfahrungen und Kompetenzen, die Alec in seinen Erkundungen im Hafen erwirbt) für einen anderen sozialräumlichen Ausschnitt (hier: sein Verhalten innerhalb der Schule) nutzbar gemacht werden kann.

Wir wollen nun im folgenden Kapitel den Prozess der Fallarbeit in der Schulsozialarbeit etwas genauer unter die Lupe nehmen. Grundlage hierfür sind Erzählungen von Schulsozialarbeiterinnen über ihre Arbeit mit Schülerinnen. Insbesondere geht es um die Arbeit der Schulsozialarbeiterin Frau Esen mit der Schülerin Dilena. Um das Verständnis zu erleichtern, werden beide Protagonistinnen zu Beginn des Kapitels kurz vorgestellt.

6.2.1 Was ist das: ein »Fall«?

Fallbeispiel

Die Schulsozialarbeiterin Frau Esen arbeitet seit einigen Jahren an einer innerstädtischen Gesamtschule in einer Großstadt, in einem Viertel, das zwar z. T. von Gentrifizierungsprozessen betroffen ist, das aber immer noch – wie man früher gesagt hat – als ein ›Brennpunktviertel‹ gilt. In dieser Skizze soll es um ihre Arbeit mit der Schülerin Dilena gehen. Sie besucht im Moment, als die konkrete Fallarbeit beginnt, die 11. Klasse. Sie kennt die Schülerin bereits seit mehreren Jahren, da insbesondere ihr Vater regelmäßig an einem ›Elternfrühstück‹ an der Schule teilnimmt.

Dilena leidet seit mehreren Jahren unter einer sich verschärfenden Essstörung. Sie ist gekennzeichnet durch die – für dieses Störungsbild typische – Kombination aus Heißhungerattacken (mit anschließendem Übergeben) und extensiver körperlicher und sportlicher Betätigung. Sie erzählt davon, wie sie sich immer neue Wege einfallen ließ, diese Problematik vor ihrer Familie und ihrem sozialen Umfeld geheim zu halten, muss aber im Rückblick konstatieren, dass diese Geheimhaltung nur eine Illusion war – ihre Umwelt wurde zunehmend auf sie aufmerksam. So auch in der Schule. Insbesondere ihr sich stetig verschlechternder körperlicher Zustand weckte die Aufmerksamkeit von Mitschüler*innen und auch von Lehrkräften. Man »drehte sich nach ihr um« und sie bemerkte das auch.

Nach einiger Zeit taucht in der Fallbearbeitung noch der Verdacht auf, dass Dilena in der Familie von ihrem Bruder geschlagen wird. Auch hier entspinnen sich vielfältige Handlungen der Schulsozialarbeiterin, auf die wir allerdings hier nur sehr kurz eingehen können.

Das ist – in groben Zügen – die Ausgangslage, in der die Fallarbeit von Frau Esen mit Dilena beginnt. Bevor wir aber jetzt auf den konkreten Prozess eingehen, der sich hier nun entspinnt, wollen wir zunächst innehalten und die Frage aufwerfen, was denn nun gemeint ist, wenn wir von einem ›Fall‹ reden. Die Arbeit an ›Fällen‹ stellt die grundlegende Arbeitsweise innerhalb der Sozialen Arbeit dar. Und hierbei wird deutlich, dass dieser Begriff sich zwischen zwei Polen aufspannt.

Auf der einen Seite rückt bei einem ›Fall‹ immer die ganz individuelle ›Gestalt‹ der Geschichte einer Adressatin (wie die Geschichte von Dilena, die uns hier begleiten wird) in den Fokus. Hier begegnen sich individuelle Prozesse, insbesondere biographische Prozesse, aber auch die Entwicklung einer Gruppe, eines Stadtteils etc. und soziale Strukturen bzw. politische Prozesse, die in der ›Gestalt‹ dieser Geschichte sichtbar werden (vgl. u. a. Schütze 2015a). Wenn wir etwa an die Arbeit mit Geflüchteten denken: In deren individueller Geschichte wird immer etwas von der deutschen und europäischen Flüchtlingspolitik sichtbar – in unterschiedlicher, nicht von vorneherein bestimmbarer Art und Weise.

Dies allein macht die Situation eines Menschen (hier: Dilena) aber noch nicht zum ›Fall‹ für professionelles Handeln. Damit etwas zum ›Fall‹ wird, sind auf der anderen Seite übergreifende, abstrakte Kategorien nötig, in die diese Geschichte eingeordnet wird. In der Regel kommen hier zunächst professionsspezifische Wissensbestände in den Blick. Die Wissensbestände der Sozialen Arbeit sind dabei dadurch gekennzeichnet, dass sie aus unterschiedlichen ›Bezugsdisziplinen‹ stammen. Im Fall von Dilena ist dies etwa die psychiatrische Kategorie einer ›Essstörung‹. Das heißt: Es finden Definitions- und Konstruktionsprozesse statt, in deren Verlauf eine individuelle Geschichte in spezifische Problemkategorien eingeordnet und hierfür Bearbeitungsverfahren zugeordnet werden (Giebeler 2008). In den Worten von Burkhardt Müller: Die Geschichte wird zum »Fall von …« und zum »Fall für …« etwas (Müller 2012).

So weit, so gut. Wirft man aber einen genaueren Blick auf Fallprozesse, dann wird deutlich, dass dieses Modell eben selten in einer solchen ›glatten‹ Weise abläuft. Vielmehr ist dieser Prozess der Fallkonstitution (auf den wir im Fall von Frau Esen und Dilena gleich noch genauer eingehen) gekennzeichnet durch vielfältige Momente der Aushandlung zwischen den beteiligten Akteur*innen. Um ganz allgemein zu sprechen: Es sind vielfältige Akteur*innen (und deren jeweilige Perspektiven) daran beteiligt, wenn geklärt wird:

- was jeweils das zugrunde liegende Problem ist, um das es gerade geht, und
- wer in welcher Weise für die Bearbeitung zuständig ist.

Das Feld der Schulsozialarbeit mit seiner Grundstruktur trägt zur Komplexität dieser Aushandlungsprozesse in ganz spezifischer Weise bei. Hier begegnen sich zum einen zwei Professionen mit jeweils unterschiedlichen Selbstverständnissen und Sichtweisen. Zum anderen – dies hat etwa Petra Bauer sehr deutlich herausgearbeitet (Bauer 2010) – spielen hierbei auch institutionelle Gegebenheiten und organisatorische Strukturen eine wichtige Rolle. Für die Schulsozialarbeit ist dies etwa die schulische Interaktionsform ›Unterricht‹, die nur funktioniert, wenn eine Klasse ein Mindestmaß an Homogenität im Hinblick auf das Leistungsniveau, aber auch das Verhalten aufweist. Es gibt also eine durch die Institution Schule und deren Strukturen begründete Erwartung im Hinblick darauf, was ›normal‹ und was ›auffällig‹ ist.

> **Reflexionsanregung**
>
> Denken Sie an Ihre eigene Schulzeit zurück: Gab es Momente, in denen Schüler*innen im schulischen Kontext ›auffällig‹ wurden? Wodurch entstand diese Auffälligkeit? Welche Reaktionen der Professionellen zog dies nach sich?

An dieser Stelle lassen wir die Reflexionen so stehen, wie Sie sie diskutiert haben, und verzichten auf ein Kommentierungsangebot.

6.2.2 Wie wird eine Situation zum Fall?

Nach diesen rahmenden Bemerkungen wollen wir uns wieder der Arbeit von Frau Esen mit Dilena zuwenden. Den Fokus wollen wir dabei auf die Phase der Arbeit legen, in der sich Dilenas Situation als ›Fall‹ für die Arbeit der Schulsozialarbeiterin herauskristallisiert.

> **Exkurs Soziale Diagnose**
>
> Dieser Prozess der Konstitution eines ›Falles‹ hat enge Bezüge zu Fragen, die in den letzten Jahren verstärkt als Gegenstand einer ›Sozialen Diagnostik‹ diskutiert wurden. Weil die damit verbundenen Handlungsschritte im Feld der Schulsozialarbeit aus unserer Sicht mit ganz spezifischen Herausforderungen verbunden sind, erscheint es uns sinnvoll, an dieser Stelle in Form eines kleinen Exkurses hierauf etwas genauer einzugehen.
>
> Was ist mit dem Begriff der ›Sozialen Diagnostik‹ gemeint? Maja Heiner stellt fest, dass hierbei eine Frage im Zentrum steht: »Was kann ich und was muss ich wie zuverlässig wissen, um Aussagen machen zu können, die es mir erlauben, kompetent und zielführend, also effektiv und effizient zu handeln?« (Heiner 2018, S. 242). Es geht also darum, im Prozess der Fallbearbeitung Grundlagen an Wissen über mein Gegenüber zu schaffen, die mir einen höheren Grad an Handlungssicherheit erlauben als ein bloßes Vorgehen ›nach dem Augenschein‹ oder aufgrund meines – ungeprüften – Alltags- oder Erfahrungswissens. Den Handlungsschritt der ›Diagnostik‹ fasst Heiner dementsprechend als die »Theorie und Lehre des Diagnostizierens«, die darauf abzielt, »durch systematische Informationsverarbeitung Entscheidungen begründet zu fällen und Handlungen gut vorzubereiten« (Heiner 2018, S. 243). Mit anderen Worten: Die Idee der Sozialen Diagnostik erhebt den Anspruch, durch geeignete Verfahren den ersten Augenschein, den ich als Professionelle*r von der Situation eines*r Adressat*in, einer Gruppe, eines Gemeinwesens etc. gewinne, als Ausgangspunkt meines Handelns zu hinterfragen, also Distanz zu meinen eigenen Urteilen (oder denen anderer) zu bekommen (vgl. Buttner et al. 2020a, S. 10). Hierfür sind Verfahren nötig, die es einerseits ermöglichen, Informationen auf eine kontrollierte und überprüfbare Art und Weise zu systematisieren und einzuordnen. Hier wird eine Nähe zu Verfahren empirischer Sozialforschung deutlich. Gleichzeitig muss aber auch beachtet werden, dass diese Verfahren nicht von Wissenschaftler*innen durchgeführt werden, die von der Praxis losgelöst sind. Vielmehr ist Soziale Diagnostik als Teil des professionellen Handelns immer an konkrete Handlungsabläufe, bei denen häufig ein – z. T. massiver – Entscheidungs- und Handlungsdruck besteht, gebunden (vgl. Röh 2020, S. 15).
>
> Das Verhältnis der Sozialen Arbeit zu dem Begriff der Diagnose erscheint ambivalent. Auf der einen Seite ist steht die Frage danach, wie Soziale Arbeit auf

der Grundlage systematisierter Informationen handeln kann, am Anfang der Professionsentwicklung. Sowohl Richmond in den USA (1917) als auch Alice Salomon in Deutschland (1926) stellten dies in den Fokus ihrer Überlegungen. Auf der anderen Seite gab es insbesondere im deutschsprachigen Raum massive Kritik an dem Begriff der ›Diagnose‹. Insbesondere wegen der darin mitklingenden Nähe zu einem »technischen« bzw. »naturwissenschaftlichen« und an Modellen der Medizin orientierten Verständnis wurde dieser Begriff (und die damit verbundenen Handlungsschritte) vielfach abgelehnt (vgl. für eine Übersicht der Kritikpunkte: Heiner 2018, S. 244).

Die Diskussion war und ist in vielen Teilen von einer Gegenüberstellung zweier Perspektiven gekennzeichnet. Auf der einen Seite stehen Positionen, die den ›verstehenden‹ Blick auf den jeweiligen Fall als Kern professionellen Handelns betrachten, in dessen Mittelpunkt »die Entschlüsselung des jeweiligen subjektiven Sinns [steht], den die Beteiligten sozialen Prozessen und Strukturen zuschreiben« (ebd.). Auf der anderen Seite wird betont, dass es für eine fachlich fundierte Praxis, die ihr Handeln (auch in der Öffentlichkeit) plausibilisieren und rechtfertigen kann, unumgänglich ist, dass die Grundlagen und Ausgangspunkte des Handelns nachweisbar sind und transparent gemacht werden können (was u. a. durch standardisierte, geprüfte Diagnoseinstrumente zu erfolgen hat). Heiner kennzeichnet diese beiden Positionen als »rekonstruktive« einerseits, »klassifikatorische« Ansätze andererseits (ebd., S. 245 ff.). Allerdings haben sich beide Positionen einander angenähert. Dafür gibt es mehrere Gründe. Zum einen stieg – auch im Kontext tragischer Verläufe in der Jugendhilfe – die Notwendigkeit für die Soziale Arbeit, sich selbst ihres Handelns zu vergewissern und dies auch nach außen vertreten zu können. Zum anderen wurde deutlich, dass sich Soziale Diagnostik auch bei einer Anwendung standardisierter Instrumente nicht auf das ›technische‹ Durchexerzieren dieser Verfahren beschränken kann. Unabhängig davon, ob eher ein rekonstruktives Nachzeichnen der Strukturen des Einzelfalls oder ein standardisierteres Vorgehen im Mittelpunkt steht – einigendes Merkmal Sozialer Diagnostik ist immer der Versuch, den Fall in seiner Komplexität zu verstehen (Gahleitner/Golatka/Hochuli-Freund 2020; Buttner et al. 2020b). Und solche Verstehensversuche sind letztlich immer begrenzt, dem Gesamtbild einer Situation kann ich mich als Professionelle*r immer nur annähern, unabhängig von der Wahl der Zugänge. Und letztlich finden wir hier wieder die Grundstruktur des Begriffs des ›Falles‹: Auch ein Fall ist gekennzeichnet durch die Spannung zwischen einer einmaligen Situation (die es als Professioneller zu entschlüsseln gilt) und allgemeinen Kategorien (etwa von Problemlagen), in die die individuelle Situation eingeordnet wird (in denen sie aber niemals aufgeht) (Giebeler 2008; Schütze 2015a).

Mit Blick auf das Handlungsfeld der Schulsozialarbeit und deren institutioneller Einbindung stellt sich die Frage der Sozialen Diagnostik als ambivalent dar. Insgesamt wurden für die Schulsozialarbeit im Gegensatz zu einer ganzen Reihe anderer Handlungsfelder noch keine eigenständigen konzeptionellen Überlegungen zu einer Sozialen Diagnostik entwickelt. Als Teil der Jugendhilfe werden aber für die Schulsozialarbeit Ansätze relevant, die für das Feld der

Kinder- und Jugendhilfe vorgelegt wurden. In der Praxis werden diese Ansätze für Schulsozialarbeiter*innen etwa dann relevant, wenn es um diagnostische Entscheidungen im Kontext eines Hilfeplans bei Hilfen zur Erziehung geht, an dem Schulsozialarbeiter*innen häufig beteiligt sind (vgl. Hochuli-Freund/ Weber 2020). Auch beim Umgang mit dem Verdacht einer Kindeswohlgefährdung, bei dem Schulsozialarbeiter*innen häufig als Erste konfrontiert sind, sind diagnostische Verfahren nötig, die der Komplexität einer solchen Situation gerecht werden (vgl. Biesel/Hofer 2020). Hier wird beispielhaft die Spannung deutlich, die in einem diagnostischen Zugang liegen kann. Auf der einen Seite ist im Kontext der Kindeswohlgefährdung der diagnostische Prozess in hohem Maße durch rechtliche Vorgaben (insbesondere durch die Regelungen des §8a SGB VIII) vorgegeben, auf der anderen Seite wird in der konkreten Praxis deutlich, wie auch eine noch so differenzierte diagnostische Praxis die Schwierigkeiten, »auf schwankender empirischer Basis« (Schütze 2021, S. 247) handeln zu müssen, letztlich nicht aufheben kann.

Insbesondere durch die institutionelle Verortung im Schulsystem ergeben sich für die diagnostische Praxis von Schulsozialarbeiter*innen weitere Herausforderungen. So sind sie in ihrem beruflichen Alltag häufig mit Diagnosepraktiken anderer Professioneller konfrontiert, die eine andere Perspektive auf Schüler*innen haben. Beispiel hierfür ist die sonderpädagogische Diagnostik, die z. T. weitreichende Folgen für Schullaufbahnen von Kindern und Jugendlichen hat (vgl. Bundschuh/Winkler 2014). Aber auch die permanente Erhebung schulischer Leistungsfähigkeit in Form von Zensuren kann als eine – wenn auch implizite – Art sehr machtvoller schulischer Diagnostik verstanden werden. Sicherlich liegen große Chancen darin, in einem interdisziplinären Feld wie dem der Schule (ähnlich wie in anderen Feldern, z. B. der Psychiatrie) multiprofessionelle Perspektiven auf Schüler*innen zu entwickeln, hin zu einer »disziplinübergreifenden multimodalen Diagnostik« (vgl. Buttner/Pohlmann 2020). Gleichzeitig muss beachtet werden, dass auch diagnostische Aussagen nicht losgelöst von den existierenden Machtunterschieden zwischen den beteiligten Akteuren und Professionsgruppen zu denken sind. So zeigen insbesondere empirische Analysen des konkreten professionellen Handelns von Schulsozialarbeiter*innen (vgl. u. a. Reinecke-Terner 2017) deutlich, wie diese in ihrer Sicht auf Schüler*innen immer wieder schulpädagogische Perspektiven übernehmen. Die ›Gültigkeit‹ einer Diagnose ist immer auch ein Ergebnis konkreter Aushandlungen.

An dieser Stelle können wir keine detaillierte Darstellung verschiedener diagnostischer Instrumente und Verfahren geben. Hierfür liegen eine Reihe differenzierter Veröffentlichungen vor. Insbesondere das »Handbuch Soziale Diagnostik« (Buttner et al. 2018) bietet hier einen guten Überblick. In sehr grober Weise lassen sich die Instrumente dahingehend ordnen, ob sie die gesamte Lebenssituation eines*r Adressat*in in den Blick nehmen oder auf spezifische Aspekte (wie etwa soziale Netzwerke, Selbstbilder etc.) abzielen (vgl. Hochuli-Freund/Sprenger/Gahleitner 2020).

> Abschließend lässt sich festhalten, dass Kompetenzen zu einer differenzierten Erfassung und einem Verstehen von Lebenssituationen für das Handeln von Schulsozialarbeiter*innen eine große Rolle spielen – gerade aufgrund der komplexen und für Schüler*innen so entscheidenden Bedeutung des schulischen Handlungsrahmens. Umso wichtiger ist es, im Auge zu behalten, dass die Formulierung von »Prognosen über soziale und biographische Prozesse« von professioneller Seite, wie Fritz Schütze dies ausdrückt (Schütze 2021, S. 247), immer mit unauflösbaren Unsicherheiten verbunden ist.

Kommen wir zu unserem Fall zurück: Dilenas sich stetig verschlechternde körperliche Situation führt dazu, dass sie in der Schule ›auffällt‹. Sie bemerkt, wie sich Mitschüler*innen nach ihr im Gang umdrehen. Dies ist der Moment, in dem auch die Professionellen in der Schule auf sie aufmerksam werden. Bereits dieser Moment erscheint uns wichtig, da hier deutlich wird, welche Rolle der schulische Raum dafür bekommt, dass Themen sichtbar werden und Relevanz erhalten. Zum einen ist dies die enge alltägliche Nähe zwischen den Mitgliedern von Schule. Erstens kommt es auf den Gängen, im Pausenhof, in den Klassenzimmern zu unzähligen ›kleinen‹ Begegnungen, durch die man voneinander ein Bild bekommt. Und zweitens gibt es eine schulische »Normalerwartung«, wie Schüler*innen sein sollen, welche Rolle sie auszufüllen haben (Böhnisch/Lenz 2014, S. 38 ff.). Wir hatten das oben schon erwähnt. Hier wird diese Normalerwartung durch das ›kranke‹ Erscheinungsbild von Dilena gestört.

Das ist nun der Ausgangspunkt für die Herausbildung des Falles. Dieser Prozess der Fallkonstitution ist hier geprägt von vielerlei Interaktionen zwischen den zentralen Akteuren: Den Lehrkräften, der Schülerin Dilena und der Schulsozialarbeiterin.

Der Prozess lässt sich in zwei Phasen unterteilen. Zunächst ist dies eine Art ›Tanz‹ zwischen den Akteur*innen, der von einem Wechsel zwischen Annäherung und Distanzierung, zwischen Hilfesuche und Rückzug, zwischen Offenlegung und Verbergen geprägt ist. Dem schließt sich eine Phase an, in der dieser ›Tanz‹ durch machtvolle Handlungsweisen beendet wird. In beiden Phasen wird die Bedeutung der schulischen Strukturen für die konkrete Fallarbeit sehr deutlich.

Frau Esen, die die Schülerin schon lange kennt, beobachtet ihre sich verändernde körperliche Situation, genauso wie die Lehrkräfte. Und sowohl bei der Schulsozialarbeiterin als auch bei den Lehrkräften steigt Dilena in der Aufmerksamkeitsskala. Im Interview erläutert sie, dass das ein parallel ablaufender Prozess war. Dies hat zur Folge, dass Lehrkräfte verstärkt auf sie zukommen, mit der Bitte, sich der Schülerin anzunehmen. Es entstehen also Handlungserwartungen und es werden Arbeitsaufträge an die Schulsozialarbeiterin formuliert, wie sie im folgenden Interviewausschnitt deutlich macht:

> »Ja. Ja. Es sind auch ganz viele Lehrer schon vorher auf mich zugekommen mit der Bitte, dass ich sie doch mal bitte (((imitiert aufgeregte Stimme))) <u>mit der stimmt doch was nicht.</u> Kannst Du dich nicht drum kümmern. Also es war viel Sorge, ganz zu Anfang dann durch die Sportlehrer, wie die sie auch schon länger

kannten, ähm es sind ganz viele Leute auf mich zugekommen.«
(Interview Aaliyah Esen, aus: Kloha 2018, unveröffentlichtes Material)

Reflexionsanregungen

- Durch was entsteht die Dringlichkeit in den an sie herangetragenen Anfragen?
- Wie wird das Problem umschrieben?
- Was erfahren Sie über den Handlungsauftrag?
- Versetzen Sie sich in die Rolle der Schulsozialarbeiterin: Wie positionieren Sie sich gegenüber den Lehrkräften?

Interpretationsangebot

Deutlich wird in dem Ausschnitt: Es geht hier noch nicht um eine abgestimmte Kooperation mit verteilten Handlungsschritten o. Ä. Die Schulsozialarbeiterin wird vielmehr zur Adressatin einer – noch diffusen – Sorge der Lehrkräfte, verbunden mit einer diffusen Erwartung, sich zu ›kümmern‹. Allgemein gesprochen: Es entsteht eine sich verschärfende Verdachtssituation, die sich durch die alltäglichen Begegnungen im Schulalltag verhärtet und die nach Klärung ruft.

Zwischen der Schulsozialarbeiterin und der Schülerin kommt es nun zu mehreren Begegnungen, die als gegenseitiges ›Abtasten‹ bezeichnet werden können. Frau Esen sucht auf der einen Seite vorsichtig das Gespräch mit der Schülerin (sie schildert dies als ›Hinterhersein‹) und macht ihr Gesprächsangebote, die Letztere aber immer abweist. Gleichzeitig erlebt die Schulsozialarbeiterin, wie auch Dilena den Kontakt mit ihr sucht. Im folgenden Interviewausschnitt, in dem die Schulsozialarbeiterin die erste längere Begegnung in diesem Zusammenhang schildert, kommt dieses ›Abtasten‹ sehr deutlich zum Ausdruck. Sie schildert hier, wie die Schülerin zu ihrem Büro kommt.

»Sie hat sich blicken lassen, hat die Tür geöffnet, ich bin hin und dann hat sie die Tür auch schon wieder fallen lassen. Also ich hab sie noch quasi in der Tür gesehen. Und dann meinte, was ist denn? Dann sagte sie, ach ich wollt nur mal Hallo sagen, glaub ich, so war das, und war dann schon im Gehen, das ist mir natürlich gleich aufgefallen, oder ich weiß nicht mehr, ob's mir vorher schon aufgefallen ist, aber ich glaub in dem Moment hab ich sie das erste Mal gesehen, das war ziemlich kurz nach den Sommerferien. Oh, du hast aber abgenommen, das war auch meine erste spontane Reaktion, ohne weiter drüber nachzudenken, dann sagte sie, jaja, ich hab ne Laktoseintoleranz.
 Aha, hab ich gesagt, hab ich auch, aber ich seh nicht ((leicht lachend)) so aus. Ja, dann war se aber schon weg.«
(Interview Aaliyah Esen, aus: Kloha 2018, unveröffentlichtes Material)

> **Reflexionsanregungen**
>
> - Welche Rolle spielt in dieser Form der Kontaktaufnahme die räumliche Struktur der Schule (Denken Sie dabei an die Anmerkungen oben ▶ Kap. 3.5)?
> - Versetzen Sie sich in die Person der Schülerin: Welche Erwartungen verbinden Sie möglicherweise damit, bei der Schulsozialarbeiterin zu klopfen?
> - Versetzen Sie sich in die Person der Schulsozialarbeiterin: Wie interpretieren Sie die Kontaktaufnahme durch die Schülerin? Anregung für eine szenische Übung: Spielen Sie, wie Sie Ihren Kolleg*innen in einer Fallbesprechung von dieser Situation erzählen. Was sind die Reaktionen der Teammitglieder?
>
> **Interpretationsangebot**
>
> Zwei Aspekte erscheinen uns hier bedeutsam. Zum einen lässt sich dieser Kontakt als eine Form einer ›indirekten Hilfesuche‹ lesen. Die Schülerin versucht, die Aufmerksamkeit der Schulsozialarbeiterin auf sich – und damit auch auf ihre körperliche Situation – zu lenken, ohne aber ein intensiveres Gespräch führen zu wollen. Und die Schulsozialarbeiterin nutzt die Situation, um einen ersten Zweifel an der – von der Schülerin lange gepflegten – Selbstdarstellung zu äußern.
>
> Besondere Bedeutung bekommt hier die räumliche Situation. Das Büro der Schulsozialarbeiterin ist in den schulischen Gesamtraum eingebunden und damit für Schüler*innen zunächst niedrigschwellig erreichbar. Gleichzeitig ist hier einerseits eine Grenze – in Form der Tür – eingezogen, die überwunden werden muss. Damit unterscheidet sich dieser Raum von anderen schulischen Sozialräumen wie etwa dem Pausenhof oder den Gängen. Andererseits verspricht der Raum der Schulsozialarbeiterin – anders als etwa das Lehrer*- innenzimmer – gerade durch die Grenze der Tür einen Grad von Vertraulichkeit und Zugewandtheit, der weder in den offenen Räumen noch in dem – auch durch eine Grenze markierten – Raum des Lehrer*innenzimmers ermöglicht werden kann.

Was sich in dieser gesamten Phase des ›Abtastens‹, dieses ›Tanzes‹ um das Thema abzeichnet, ist eine zentrale Ambivalenz in der Fallarbeit von Sozialarbeiter*innen insgesamt. Schütze hat diese als Paradoxie zwischen »geduldigem Zuwarten und sofortiger Intervention« beschrieben (Schütze 2021, S. 247). Diese paradoxe Handlungsanforderung ist nicht endgültig aufzulösen und beide Seiten beinhalten substanzielle Risiken: Die Gefahr, die Vertrauensbasis mit der Adressatin zu gefährden, einerseits, das Verstreichen von Handlungsfenstern andererseits. Gerade im Hinblick auf das Thema, das hier im Mittelpunkt steht, die Entwicklung von Essstörungen, gibt es eine breit kommunizierte Wissensbasis über die akuten körperlichen Gefahren, die die Schärfe dieser Ambivalenz noch verstärkt.

So lässt sich das Verhalten von Frau Esen in dieser Situation als umsichtiges Handeln beschreiben, bei dem diese Paradoxie mitbedacht wird. Die Ausbildung einer Vertrauensgrundlage, die für die weiteren Handlungsschritte elementar werden wird, lässt sich auf diese Umsicht beim Vorgehen zurückführen.

Das Blatt wendet sich, als die mehrfachen Versuche der Schulsozialarbeiterin, zu Dilena Kontakt zu bekommen und mit ihr ein Gespräch zu führen, von dieser immer wieder zurückgewiesen werden. Im Interview mit Dilena äußert diese, wie sie die ›Annäherungsversuche‹ der Schulsozialarbeiterin als Strategie durchschaut und bewusst abgewehrt hat:

> »Und sie sprach mich auch schon im Lauf des Tages öfters an, also während der Pausen, ja, können wir ganz kurz reden und so. Und sie betonte auch diese ›können wir ganz kurz reden‹ diese Frage sehr, als obs irgendwas Schönes wäre. Aber ich bin nicht drauf reingefallen, ich wusste, da is irgendwas, sie möchte über meine Magersucht sprechen.«
> (Interview Dilena, aus: Kloha 2018, S. 95)

Auf der Seite der Schulsozialarbeiterin schwingt das Pendel in dieser paradoxen Handlungssituation nun stärker in die Richtung der »sofortigen Intervention«. Und hier wird nun wieder der schulische Rahmen als strukturierendes Merkmal der Intervention sichtbar (▶ Kap. 3). Waren es vorher die vielen kleinen Begegnungen, die sich durch die sozialräumliche Situation des Schulalltages ergeben, sind es nun die Machtressourcen, die der Schulsozialarbeiterin aufgrund des Charakters von Schule als Zwangsinstitution gegeben sind. Konkret: Sie holt die Schülerin aus dem Unterricht. Sie betont im Interview zwar, diesen Schritt mit ihr vorher abgesprochen zu haben. Nimmt man allerdings zur Kenntnis, wie Dilena selbst von dieser Situation erzählt, wird die Ambivalenz, die in diesem Schritt liegt, sehr deutlich:

> »E: Ja, und dann hat sie mich halt da gecatched, sozusagen, hat mich bekommen, mit/
> I: [Da im Biounterricht?
> E: Genau, mitten im Biounterricht, erste, zweite, war nicht ausgeschlafen und ja. Ja, dann blieb einfach wirklich keine Wahl als zuzusagen, da saßen die ganzen Mitschüler und dachten sich bestimmt, was geht denn da, oder was will sie denn mit dir reden?«
> (Interview Dilena, aus: Kloha 2018, S. 95 f.)

Sehr deutlich tritt hier hervor: Der Rückgriff auf Machtressourcen, die in Form dieser Zwangsmaßnahme ja sozusagen nur vom System der Schule ›geliehen‹ sind (denkt man an die Prämisse der Freiwilligkeit von Jugendhilfemaßnahmen), bringt im Kontext von Schule nicht unbeträchtliche Risiken mit sich. Neben der grundsätzlichen Problematik von ›erzwungener‹ Hilfe kommt hier als äußerst relevanter Aspekt das Risiko hinzu, eine*n Schüler*in in der Arenasituation von Schule (und hier besonders von Unterricht) bloßzustellen. Es entsteht ein Verdacht, das ›Bild‹, sozusagen die Soziale Identität (Goffman 1980, S. 10) eines*r Schüler*in kommt potenziell ins Wanken.

> **Reflexionsanregungen**
>
> - Diskutieren Sie in der Gruppe diese grundsätzlich paradoxe Handlungsanforderung zwischen ›Abwarten‹ und ›Intervenieren‹.
> - Welche spezifische Rolle spielt hierbei die Schule als institutioneller Rahmen?
> - Sehen Sie in dem schulischen Rahmen eher Vor- oder Nachteile im Hinblick auf diese Herausforderung?
> - Bezogen auf den spezifischen Fall: Sehen Sie Handlungsalternativen, die der Schulsozialarbeiterin gegebenenfalls zur Verfügung gestanden hätten?

Frau Esen ›nimmt‹ die Schülerin nun mit in ihr Büro und es kommt zum ersten ausführlichen und sehr tiefgehenden Gespräch zwischen den beiden. Aus Sicht der Schülerin stellt dieses Gespräch letztlich den Wendepunkt in ihrer Situation dar, weil es ihr durch das konfrontative Verhalten der Sozialarbeiterin nun gelingt, eine ehrlichere Haltung zu ihrer Problematik einzunehmen und sie explizit als Problem zu definieren. Dilena äußerst sich folgendermaßen:

> »Ja, dann hat sie auch gesagt, warum/ warum belügst du dich selbst, also sie hat halt die Fragen gestellt, die wirklich diesen Punkt trafen. Und mich trafen, vor allem.«
> (Interview Dilena, aus: Kloha 2018, S. 97)

> **Interpretationsangebot**
>
> Zentral wird in dieser Situation: Die Schulsozialarbeiterin stellt einerseits die ›richtigen‹ Fragen, räumt der Schülerin andererseits aber Raum ein, ihre Sichtweise zu schildern, Raum zum offenen Erzählen (was u. a. von Fritz Schütze als eine zentrale Voraussetzung gelingender Beratungsprozesse gekennzeichnet wird) (Schütze 2021, S. 229). Damit wird das Gespräch zu einem wichtigen Meilenstein, weil hier zwei Dinge passieren, die für jede Fallbearbeitung unumgänglich sind:
>
> 1. Es wird zwischen Adressatin und Schulsozialarbeiterin ein Thema gesetzt. Es besteht – zumindest vorläufig – Klarheit, um was es geht.
> 2. Als Folge des Gespräches (es gibt einige Widerstände auf Seiten der Schülerin, auf die wir noch zu sprechen kommen) entsteht ein Arbeitsbündnis. Das heißt, es gibt ein Einverständnis darüber, dass gemeinsam an diesem Thema gearbeitet wird.

Nun könnte man vielleicht einwenden, dass diese Intervention der Herausnahme aus dem Unterricht gerade angesichts der drängenden Zeit doch schon früher hätte erfolgen können. Vielleicht ist da was dran. Aber gleichzeitig wird deutlich, wie beide Aspekte dieses Prozesses der Fallkonstitution nötig waren: Die langsame Annäherung als Element der Vertrauensbildung, die machtvolle Intervention als Moment, der etwas ›ins Laufen‹ gebracht hat. Die Paradoxie zwischen Abwarten und Intervenieren kann nur durch umsichtige Bearbeitung, nicht durch eine absolute Entscheidung für eine Seite gelöst werden.

6.2.3 Unterschiedliche Typen der Fallbearbeitung

Wir kommen nun zum Aspekt der Fallbearbeitung. Wichtig ist hier zunächst die Feststellung, dass die Phase der *Fallbearbeitung* in der Praxis von der soeben beschriebenen Phase der *Fallkonstitution* häufig nicht klar abzugrenzen ist. So wird in diesem – wie in vielen anderen Fällen – einerseits deutlich, dass im Zuge der Fallbearbeitung neue Aspekte der Situation auftauchen können, die eine zumindest teilweise neue Bewertung erfordern. Andererseits kann auch bereits die Phase der Fallkonstitution aus der Sicht der Adressaten verändernde, also intervenierende Wirkung haben. Dies zeigt sich etwa am Beispiel des eben geschilderten Gesprächs zwischen der Sozialarbeiterin und der Schülerin, das für Letztere als ›Wendepunkt‹ in ihrer Leidensgeschichte biographisch sehr bedeutsam wurde.

Wir gehen an dieser Stelle nicht auf alle Handlungsstränge ein, sondern fokussieren auf *vier zentrale Arbeitstypen*, die sich in der gesamten Fallbearbeitung abzeichnen und die so auch in anderen Fallprozessen bedeutsam werden. Und es soll verdeutlicht werden, wie in jedem dieser Arbeitstypen Widersprüchlichkeiten liegen. Die jeweils zentrale Ambivalenz (oder Paradoxie) wird herausgearbeitet. Dieser Blick auf die Paradoxien ist wichtig, denn damit wird deutlich, dass das Bearbeiten der Paradoxien eine zentrale Kernaufgabe der Fallarbeit darstellt, die sich nicht durch ein schlichtes ›Mehr‹ beispielsweise an Methodenkompetenz erschöpft.

Vernetzungsarbeit

Nach dem ersten Gespräch vereinbart Frau Esen sehr zeitnah für Dilena einen Termin bei einer Ärztin. Zu dem Termin kommt sie selbst – und Dilenas Schwester, zu der Dilena eine vertrauensvolle Beziehung hat – mit. Dieser Schritt ist der Ausgangspunkt eines Prozesses, den die Schulsozialarbeiterin im Interview als ›Maschinerie‹ bezeichnet, die dann ›losging‹.

Dieser Ausdruck macht die Art der Arbeit greifbar, in dem technisch-formale Aspekte (etwa die Beantragung von stationären Therapieaufenthalten) viel Raum bekommen und die gleichzeitig immer mit der Schülerin abgesprochen und dieser erläutert werden müssen. Dilena kommt zunächst – nur ermöglicht durch deutlichen Druck der Sozialarbeiterin – in eine Kinder- und Jugendpsychiatrie. Diesen Aufenthalt bricht die Schülerin aber schon nach kurzer Zeit wieder ab. In der darauffolgenden Zeit kehrt sie nicht mehr an die Schule zurück, beantragt aber – u. a. unterstützt durch Frau Esen – eine stationäre Therapie für Essstörungen, die sie antritt und zu Ende bringt.

Was hier als zentrales Handlungsparadox immer wieder auftaucht, ist das Verhältnis zwischen dem »exemplarischen Vormachen« einerseits und dem damit einhergehenden Risiko, Adressat*innen zu verunselbständigen andererseits. In der Fallsituation wird beispielsweise deutlich, dass die Aufnahme in die Kinder- und Jugendpsychiatrie nur deshalb ermöglicht wurde, weil Frau Esen massiven Druck ausübt. Dieser Schritt ist als Form stellvertretenden parteiischen Handelns sicherlich äußerst sinnvoll. Angesichts der Komplexität und Machtfülle eines klinischen Apparates stellt die Schulsozialarbeiterin hier eine wichtige Allianz für die Schülerin dar. Gleichzeitig besteht das Risiko, dass die Schülerin dadurch zunehmend den Eindruck erhält, dass solche Vorgänge sich in Sphären abspielen, zu dem sie keinen Zugang hat. Ein Lernprozess dafür, die Dinge in ›die eigenen Hände zu nehmen‹, kann somit möglicherweise verhindert oder verlangsamt werden.

Übersetzungsarbeit

Der zweite Typ von Arbeit lässt sich als ›Übersetzungsarbeit‹ bezeichnen. Er bezieht sich darauf, dass Schulsozialarbeiterinnen häufig mit dem familiären Beziehungsnetz von Schülerinnen und Schülern zu tun haben – auf ganz unterschiedliche Art und Weise. Mal können Eltern und Familienangehörige als Unterstützungsressource hinzugezogen werden, mal steht eher das Risiko im Vordergrund, dass – vermeintlich oder nicht – von ihnen ausgeht. Und natürlich kommen Sorgeberechtigte schon aus rechtlicher Hinsicht ins Spiel.

Die Herausforderung, die sich dabei stellt, besteht häufig darin, dass in der Beziehung zwischen Schulsozialarbeiterin und Schülerin etwas zum Thema wurde, bei dem einerseits deutlich wird, dass es auch weiteren Familienangehörigen offenbart werden sollte oder muss. Im Fall von Frau Esen und Dilena sind dies zwei Themenbereiche: Zum einen steht bei Dilena eine stationäre Therapie an, für die die Einwilligung der Eltern nötig ist. Zum zweiten taucht während der Fallarbeit noch ein weiteres Thema auf: der Verdacht, dass Dilena immer wieder von ihrem älteren Bruder geschlagen wird, was eine Meldung an das Jugendamt durch die Schulsozialarbeiterin in Absprache mit der Schülerin zur Folge hat. Andererseits geht es hier häufig um Themen, die potenziell beschämend und für die Familie als bedrohlich erscheinen. Mit dem Begriff ›Übersetzungsarbeit‹ ist somit zweierlei gemeint:

1. Mit den Familienangehörigen muss erörtert werden, warum diese Informationen aus der Sphäre der Familie herausgedrungen sind und mit einer familienfremden Person (der Schulsozialarbeiterin) thematisiert wurden.
2. Es geht auch inhaltliche Aspekte. So geht es etwa darum, ein entstigmatisierendes Verständnis von Problemlagen der Tochter (oder des Sohnes) zu entwickeln. Oder es stehen institutionelle Ablaufmuster wie das Vorgehen beim Verdacht einer Kindeswohlgefährdung im Vordergrund, das den Eltern erläutert wird.

Der letzte Punkt wird im folgenden Textausschnitt aus dem Interview mit Frau Esen deutlich, in dem diese einen Besuch bei Dilenas Eltern schildert.

> »Ich hab denen halt einfach wirklich noch mal erklärt, was jetzt () is, wie weit, was das Jugendamt für ne Rolle hat, ist ja immer die Angst ganz groß, Jugendamt nimmt die Kinder aus der Familie, das es nicht so ist, dass es auch immer ne finanzielle Sache ist, und worum es gehen kann. Sie wollte auch raus aus der Familie anfänglich. Das wollten die Eltern auf gar keinen Fall, die haben gesagt, sie können machen, was sie wollen, aber wir wollen unsere Tochter behalten.« (Interview Aaliyah Esen, aus: Kloha 2018, S. 87)

Reflexionsanregungen

- Welche Rolle bekommt die Schulsozialarbeiterin in der geschilderten Situation im Kontakt mit den Eltern?
- Welche Ambivalenz entsteht möglicherweise durch die unterschiedlichen Interessen der Eltern und der Tochter, die hier erwähnt werden?
- Welches grundsätzliche Dilemma, in dem die Schulsozialarbeiterin steht, scheint hier durch?

Interpretationsangebot

Der Schulsozialarbeiterin gelingt es, durch einen offenen, vertrauensvollen Austausch die Ängste der Eltern vor der Eingriffsmacht des Jugendamtes zu thematisieren. Sie arbeitet hin auf eine De-Dramatisierung dieser Institution und ihrer Eingriffsmacht. Gleichzeitig wird aber deutlich, dass sich die Schulsozialarbeiterin in einer grundlegend ambivalenten Handlungssituation befindet. Denn einerseits ist diese Übersetzungsarbeit für das Vertrauensverhältnis zu den Eltern unabdingbar. Andererseits gibt es aber zumindest den Verdacht, dass tatsächlich ein familiäres Problem existiert, das ein Eingreifen des Jugendamtes zur Folge haben könnte. Der Wunsch der Schülerin ist hier zumindest ein Hinweis darauf. Mit anderen Worten: Wie lange kann die Schulsozialarbeiterin in der Rolle der ›Übersetzerin‹ verbleiben, ab wann wird des nötig, dass sie selbst Interventionen anstößt bzw. begleitet?

Biographische Beratungsarbeit

Der dritte Handlungstypus charakterisiert vermutlich das, was wir intuitiv als den Kern von Beratung und Fallarbeit kennzeichnen würden. Fritz Schütze sieht den Kern dieser biographischen Beratungsarbeit darin, Adressat*innen »zu ermutigen, nach neuen Potenzialen in sich selbst, in ihrer Persönlichkeit, in ihrem Interessensspektrum und in ihren potenziellen Befähigungen zu suchen, sich für einen bestimmten neuen Lebensschritt zu entscheiden und dann all die Instrumente zu ergreifen, die zu seiner Realisierung beitragen« (Schütze 2015b, S. 33). Elemente dieser sehr weit gefassten Umschreibung finden sich natürlich auch in den bereits erwähnten Arbeitstypen. Dennoch lassen sich in einer Fallgeschichte häufig bestimmte Situationen identifizieren, in denen diese – ganz allgemein gesprochen – Anregung zu einer Perspektivenerweiterung und die Suche nach ersten Schritten dahin in sehr zugespitzter Form sichtbar werden. In der Geschichte von Frau Esen und Dilena finden wir solche Momente u. a. in dem bereits erwähnten ersten ausführlichen Gespräch, nachdem die Schülerin aus dem Unterricht geholt wurde. Interessant ist, wie Dilena diese Situation in ihrer Erzählung schildert:

> »Sie fragte eher, erzähl doch mal ein bisschen über dein Leben, was machst du grad so, und ich hab halt drauf los erzählt. Hab gesagt, ja, ich mach grad Abitur und äh es macht alles Spaß, total, und ja zu Hause is auch alles schön. Also total die Lüge, alles, im Gegenteil. Ja, dann hat sie auch gesagt, warum belügst du dich selbst, also sie hat halt die Fragen gestellt, die wirklich diesen Punkt trafen. Und mich trafen, vor allem. Wie gesagt, ich bin ja eine labile Person, hab angefangen zu weinen. Hat sie gesagt, ja, in Wirklichkeit läuft grad gar nichts bei mir, also, das is alles zu viel, des zu viel Druck zu Hause, obwohl kein Druck da is, ich mach mir Druck, ich mach zu viel Sport, obwohl ich doch gar nicht so dick bin und warum mach ich das? Also sie hatte die Fragen gestellt, die eigentlich ich selbst beantworten hätte können.
>
> Ja. Und ähm ja sie war auch in diesem Moment total so/ wow, äh doch, du bist ehrlich und du sagst doch/ also ich hab wirklich von einem Moment auf den anderen den Spieß hier umgedreht, also erst mal betonte ich, ja es sei alles gut, und dann auf dem anderen Moment war ich wieder/ oh eigentlich/ eigentlich geht's mir gar nicht ((betont)) so gut. Und ich brach dann halt in Tränen aus und sie sprach mir halt wirklich sehr viel Mut zu, was ich in diesem Moment wirklich gebraucht hatte. Ja von wegen ›wir können doch alles wirklich gut regeln, also wenn wir zusammenarbeiten, Hand in Hand‹.«
> (Interview Dilena, aus: Kloha 2018, S. 97)

Reflexionsanregungen

- Welche Phasen des Gesprächs lassen sich in diesem Ausschnitt voneinander unterscheiden? Welche unterschiedlichen Rollen nimmt die Schulsozialarbeiterin dabei ein?
- Inwiefern bauen diese Phasen aufeinander auf? Was wären mögliche Folgen, wenn einzelne Gesprächsphasen übersprungen worden wären?

Interpretationsangebot

Das Vorgehen der Schulsozialarbeiterin wird hier in zwei Schritten für die Schülerin bedeutsam. Zunächst gelingt es ihr, Dilena zum ›autobiographischen Erzählen‹ zu ermuntern. Diese Erzählung zieht sie nun heran, um Zweifel an der Selbstkonstruktion der Adressatin zu formulieren. Und es wird deutlich, dass sie mit dieser stellvertretenden Deutung hier ›ins Schwarze‹ trifft und dadurch

> Raum dafür schafft, dass Dilena eine realistischere Sicht auf ihre Situation zulassen und dem Worte geben kann. Sie belässt es aber nicht dabei, sondern signalisiert ihr in diesem äußerst verletzlichen Moment ihre Solidarität und ihren Beistand. Damit sind noch keine konkreten Wege zur Veränderung aufgezeigt. Wichtig ist hier die Tatsache, dass sie in nicht verurteilender Weise an die ›Moral‹ der Schülerin appelliert und damit einen Weg aus dem Kreislauf von Selbst- und (antizipierten) Fremdvorwürfen weist.

Es wird also deutlich, welche große Bedeutung es für die Fallgeschichte bekommen kann, wenn hier durch die Professionelle – stellvertretend – neue Deutungsweisen auf eine Situation formuliert werden. Gleichzeitig liegt hierin auch eine Ambivalenz bzw. eine Spannung zwischen der Zuschreibung von Deutungen und Kategorisierungen durch die Professionelle auf der einen Seite und der eigenen Entwicklung von neuen Deutungen ihrer Situation durch die Schülerin auf der anderen Seite. Mit anderen Worten: Der Erkenntnisprozess der Adressatin im Hinblick auf ihre Lebenssituation kann bei zu starker Zurückhaltung der Professionellen nicht in Gang kommen, kann aber auch durch zu »eingreifende« Zuschreibungen sozusagen im Keim erstickt werden (vgl. Schütze 2021, S. 158).

›Da Sein‹ – Ermöglichung von Kontinuität

Bei den bisherigen Arbeitstypen standen jeweils sehr konkrete Interaktionssituationen im Vordergrund, in denen die Schulsozialarbeiterin aktiv die Situation (mit-)gestaltete. In vielen Fallgeschichten lässt sich aber zeigen, wie bedeutsam die – vermeintlich – schlichte Tatsache ist, dass ein*e Schulsozialarbeiter*in über den gesamten Verlauf einer Fallentwicklung *potenziell* für ein*n Schüler*in ansprechbar ist, ohne dass damit jeweils intensive Gespräche oder weitreichende Interventionen verbunden sind. Gerade in Phasen, in denen ein*e Schüler*in beginnt, eigene Schritte auszuprobieren, Dinge selbst in die Hand zu nehmen etc. wird deutlich, wie bedeutsam es wird, dass jemand im Hintergrund ist, der trotzdem ›da ist‹, durch den oder die also Kontinuität ermöglicht wird. Dies erscheint insbesondere im Kontext von Schule bedeutsam, da hier z. T. sehr massive Diskontinuitäten angelegt sind: der grundsätzliche Rhythmus von Schuljahren mit wechselnden Lehrkräften, aber auch Abbrüche durch nicht erfolgte Versetzungen usw. – ganz zu schweigen von den zahlreichen familiären Diskontinuitäten, durch die Schüler*innenbiographien häufig gekennzeichnet sind. Im Fall von Dilena zeigt sich diese Bedeutung des »Da-Seins« von Frau Esen in zweifacher Hinsicht:
    Zum einen trägt das Bewusstsein, dass Frau Esen grundsätzlich erreichbar ist, zur emotionalen Stabilität von Dilena bei. Dies wird insbesondere in den Momenten wichtig, als die Schülerin in unterschiedliche institutionelle Prozesse eingebunden ist wie etwa die Einweisung (und das eigenständige Verlassen) der Kinder- und Jugendpsychiatrie sowie während des langwierigen Beantragungsprozesses einer stationären Therapie. Aber auch während der Therapie selbst und den damit ver-

bundenen Herausforderungen bleibt die Schulsozialarbeiterin für die Schülerin erreichbar und begleitet so ihren Veränderungsprozess.

Zum zweiten wird die Schulsozialarbeiterin als diejenige wichtig, die inmitten all dieser Vorgänge die ›Fäden in der Hand hält‹. Sie ist als kompetente Ansprechpartnerin erreichbar, wenn es um den erwähnten Antrag geht, oder leitet schulische Schritte ein. So ermöglicht sie – in Absprache mit den Lehrkräften –, dass Dilena nach der stationären Therapie wieder in den Schulunterricht einsteigen kann.

Die Ambivalenz in diesem Handeln ist darin zu sehen, dass auf der einen Seite Stabilität in biographisch prekären Lebenssituationen ermöglicht wird. Auf der anderen Seite entsteht aber das Risiko, dass der Umgang mit Abbrüchen und Übergängen als zentrale Entwicklungs- und Lernaufgabe aus dem Blick gerät.

6.2.4 Fazit

Wir haben bisher versucht, entlang dieser Fallgeschichte einiges zu diskutieren, was aus unserer Sicht für die Frage nach der Fallarbeit in der Schulsozialarbeit insgesamt wichtig ist.

Wir haben zunächst einen Blick darauf geworfen, welche Prozesse bei der Phase der Fallkonstitution wirksam werden, also bei der Frage, was tatsächlich der Fall ist und von wem er wie bearbeitet wird. Im zweiten Schritt haben wir uns zentrale Elemente des gesamten Arbeitsbogens der Fallbearbeitung betrachtet.

In beiden Phasen der Fallarbeit wird die Bedeutung des schulischen Rahmens für die Fallbearbeitung sichtbar: Erstens ist dies die fundamentale Angewiesenheit auf die Kooperation mit anderen, insbesondere mit Lehrkräften, die in der Regel über größere Machtressourcen verfügen. Zweitens wird die ambivalente Bedeutung von Schule, insbesondere des alltäglichen schulischen Sozialraums, bei der Herstellung von Kontakt zwischen der Schulsozialarbeiterin und der Schülerin sichtbar. Hier stehen sich die leichte Erreichbarkeit von Schüler*innen und das permanent existierende Risiko der Sichtbarkeit und Stigmatisierbarkeit gegenüber.

Und drittens wird Schule bei der Aushandlung, was denn nun zentrale Problemkategorien in der Fallarbeit sind, wirksam. Neben einschlägig schulischen Fragen (wie etwa dem Leistungsniveau von Schüler*innen) sind dies auch Prozesse, durch die die schulische ›Normalerwartung‹ durch Schüler*innen verletzt wird (wie eben der im schulischen Raum sichtbar werdende körperliche Verfall von Dilena).

Gleichzeitig wurde gezeigt, wie die Arbeit von zentralen Paradoxien oder Ambivalenzen geprägt ist, für die es keine ›schnelle‹ oder ›einfache‹ Lösung gibt, sondern die in umsichtiger Weise bearbeitbar sind. Das gilt für professionelles Handeln in der Sozialen Arbeit insgesamt. Die Komplexität des schulischen Arbeitsfelds trägt jedoch sicherlich zu der Zuspitzung dieser Widersprüchlichkeiten bei (wie es etwa besonders bei der Frage nach dem Umgang mit Vertraulichkeit sichtbar wird).

In der Rekonstruktion dieser Fallprozesse wurde deutlich, dass Schulsozialarbeiter*innen durch ihre sozialräumliche Nähe und die eingangs bereits betonten Prämissen der Vertraulichkeit und Freiwilligkeit für Schüler*innen zu biographisch zentralen Ansprechpartner*innen in prekären lebensgeschichtlichen Situationen werden können.

Um diese Rolle erfüllen zu können, sind vielfältige Kompetenzen nötig, so etwa Handlungswissen zur Gesprächsführung (Stüwe/Ermel/Haupt 2017, S. 277), die Fähigkeit, die eigene, sozialpädagogische Handlungslogik im institutionellen Feld der Schule deutlich zu machen, und fundiertes Wissen über Lebenslagen von Schüler*innen (etwa im Kontext von Migration, vgl. Kloha 2017).

Daneben ist es angesichts der geschilderten Komplexität von zentraler Bedeutung, eine reflexive Haltung zum eigenen Handeln einzunehmen. Insbesondere die vielfältigen Ambivalenzen und Paradoxien des professionellen Handelns im Kontext von Schule müssen immer wieder durch systematische Fallreflexionen vergegenwärtigt werden. Dies ist eine Voraussetzung für deren umsichtige Bearbeitung.

> **Gut zu wissen – gut zu merken**
>
> - Die Arbeit mit »Fällen« stellt eine zentrale Handlungsform der Schulsozialarbeit dar.
> - Im Feld der Schulsozialarbeit bekommen hier unterschiedliche Aspekte der Fallkonstitution eine spezifische Bedeutung: Wie kommt ein Prozess der Fallarbeit zustande? Welche Themen stehen im Mittelpunkt?
> - Aushandlungen mit anderen (schulischen) Akteur*innen haben auf den Prozess der Fallarbeit großen Einfluss.

> **Weiterführende Literatur**
>
> Baier, F. (2018): Beratung in der Schulsozialarbeit. Wiesbaden: Springer Fachmedien Wiesbaden.
> Kloha, J. (2018): Die fallorientierte Praxis in der Schulsozialarbeit: Rekonstruktionen zentraler Prozesse und Problemstellungen. Wiesbaden: Springer VS.
> Müller, B. (2012): Sozialpädagogisches Können: ein Lehrbuch zur multiperspektivischen Fallarbeit. Freiburg im Breisgau: Lambertus.

6.3 Arbeit mit Gruppen

Die Arbeit mit und in Gruppen wird als eine angestammte Methode der Sozialpädagogik verstanden. Das Ziel, das hinter der Idee steht, Erziehung und Bildung in und durch Gruppen zu betreiben, kann als *Subjektwerdung in Gemeinschaft* bezeichnet werden – d. h. die Entwicklung einer eigenständigen Persönlichkeit mit Bezug auf die Anforderungen, Werte und Normen der Gesellschaft. So hat jeder junge Mensch gemäß § 1 des Kinder- und Jugendhilfegesetzes (SGB VIII) ein Recht auf Erziehung zu einer eigenverantwortlichen und gemeinschaftsfähigen Persönlichkeit.

Die zahlreichen Angebote der Schulsozialarbeit zum sogenannten *Sozialen Lernen*, wie beispielsweise sozialpädagogische Klassenseminare, »Sozialkompetenztrainings« (Petermann et al. 2016), *soziale Gruppenarbeit* mit Schüler*innen, die dafür ausgewählt werden, Antigewalttrainings und viele andere, die darauf zielen, »soziales Lernen« in Schulklassen oder anderen Gruppenkonstellationen in Schulen zu unterstützen (z.B. Schröder/Rademacher/Merkle 2013; Stüwe/Ermel/Haupt 2017, S. 301 ff.), nehmen einen großen Raum in der praktischen Tätigkeit von Schulsozialarbeiter*innen ein.

Sozialpädagogische Gruppenarbeit verfügt dabei über einige Merkmale, auf die wir hier nur kurz eingehen wollen. Wichtig dabei ist, dass die Gruppe selbst als Medium und Ort von Erziehung fungiert (vgl. Galuske 2013, S. 97). Das heißt z.B., auch wenn zahlreiche Gruppenarbeiten im Klassenraum stattfinden, stellen die Sozialarbeiter*innen im Sinne der »pädagogischen Ortsgestaltung« (Reutlinger/Hüllemann/Brüschweiler 2021, S. 653) einen sozialpädagogischen Ort zur Verfügung,

> »an dem dann »Dinge und Verhältnisse sichtbar werden. Man könnte von der Möblierung einer Bühne sprechen, auf der dann die Akteure ihre Rollen und ihr Spiel selbst finden müssen« (Winkler 2006, S. 83)

Gruppenarbeit lebt also von einem beiderseitigen Prozess aus Vorbereitung durch die Schulsozialarbeiter*innen, z.B. wenn in Angeboten zum Sozialen Lernen eine fiktive Abenteuergeschichte erzählt wird, und dem Aneignungshandeln der Schüler*innen, d.h. von dem, was die jungen Leute mit dem Angebot anfangen bzw. was sie damit *machen*. Dafür braucht es eine Balance zwischen dem, was für die Gruppe durch die Schulsozialarbeit geplant und thematisch vorgegeben wird, und den Anteilen, die die jungen Menschen selbst gestalten können.

Ein weiteres Merkmal besteht in der Bedeutung von Beziehungen, die in einer Gruppe untereinander, zur Gruppenleitung oder auch nach außen bestehen. Die Qualität dieser Beziehungen nimmt Einfluss auf die Möglichkeiten der Arbeitsbeziehungen innerhalb der jeweiligen aktuellen Gruppe (Behnisch/Lotz/Maierhof 2013, S. 231 f.). Im Allgemeinen braucht es eine Balance aus Autonomie der Einzelnen bei gleichzeitiger Zugehörigkeit und wechselseitiger Abhängigkeit, damit sich die Schüler*innen auch als Subjekte in Gemeinschaft erleben können.

> »Neben der Gestaltung von Beziehungen innerhalb der Gruppe (…) ist der gezielte Einsatz von Programmen, d.h. Inhalten und Themen von Gruppentreffen ein – wenn nicht *das* – zentrale(s) Instrument der Einflussnahme auf den Gruppenprozess« (Galuske 2013, S. 99, H. i. O).

Zu den programmatischen Anteilen gehören z.B. Geschichten, Lieder, Übungen, Witze, Handpuppen, Bilder oder auch Ausflüge mit erlebnispädagogischen Anteilen. Auch der Stuhlkreis, der bei sozialpädagogischen Gruppenarbeiten vielerorts Verwendung findet, passt in dieses Merkmal.

6.3.1 Sozialpädagogische Gruppenarbeit im Kontext schulischer Erwartungen

Sozialpädagogische Gruppenarbeit inszeniert Gemeinschaften mit dem Ziel, Kindern und Jugendlichen Anregungen zu geben, Subjekte in Gesellschaft zu werden. Mollenhauer (1959/1987) vertrat die These, dass die Inszenierung von Gemeinschaften in der Pädagogik immer dann eine Renaissance erlebt, wenn sich tradierte und alltägliche Gruppenformen auflösen oder verändern, und das Verhältnis zwischen Individuum und Gesellschaft ungeklärt oder schwierig erscheint. Im Kontext von Individualisierung entsteht eine besondere Anforderung an die Fähigkeiten und Möglichkeiten des einzelnen Menschen, das eigene Leben zu ›managen‹ und sich zu behaupten.

Dies wirkt sich auch auf die Schule aus: Alltagswelten verändern sich und werden vielfältiger, während die Rollenerwartungen an Schüler*innen in der Schule z. B. weitgehend erhalten bleiben. Wenn daraus Konflikte entstehen, wird oft die Forderung an die Schulsozialarbeit laut, sie solle mit Gruppenarbeit soziale Kompetenzen fördern (vgl. Merkle/Leonhardt 2013). Auch Speck weist darauf hin, dass sozialpädagogischem Handeln an Schulen im Sinne eines »alltagspraktischen Begründungsmusters« (Speck 2022, S. 50) zugeschrieben werde, »Verhaltensauffälligkeiten und (…) schuldeviantes Verhalten« (Speck 2022, S. 50) abzubauen und diesbezügliche Gruppenangebote zu schaffen. Dabei offenbaren sich Tendenzen, Konflikte und Probleme zu individualisieren bzw. zu klientifizieren, indem den jeweiligen Kindern und Jugendlichen präventiv Verhaltensauffälligkeiten zugeschrieben werden, die nun wiederum behandelt werden sollen.

Die Soziale Arbeit an Schulen nimmt sich diesem Anliegen durchaus an. So gehören Klassenseminare im Bereich des Sozialen Lernens an den meisten Schulen zum Regelangebot der Schulsozialarbeit, sie werden aber auch durch externe Anbieter der Jugendhilfe oder der Schulpsychologie beworben. Insofern gibt es durchaus ein wechselseitiges Versprechen in Bezug auf eine Verbesserung des Schulklimas in der Folge sozialpädagogischer Gruppenarbeit zum Sozialen Lernen.

Schauen wir einmal auf ein willkürlich gewähltes Beispiel, mit dem auf eine sozialpädagogische Gruppenarbeit zum Sozialen Lernen hingewiesen wird:

»Auch die Grundschule wird von Konflikten und Gewalt in vielfältigen Formen nicht verschont. Wenngleich das Ausmaß im Vergleich zu anderen Schularten (noch) geringer ist, so stellt Gewalt doch auch hier ein gravierendes Problem dar. Verbale Grenzüberschreitungen, Mobbing, Ausgrenzung, Drohungen, Erpressungen oder körperliche Gewaltanwendungen zerstören nicht nur die Grundlagen des Zusammenlebens- und -lernens, sie stellen auch den Lernerfolg in Frage.

Lernen kann nur in einem Klima der Sicherheit und Anerkennung gelingen. Schulische Lernerfolge sind nicht nur von kognitiven Fähigkeiten und Leistungen abhängig, sondern immer auch von sozialen Gegebenheiten. Deshalb berührt Gewaltprävention und Umgang mit Konflikten die Basis des Lernens. Wenn soziales Lernen gefördert, die Kommunikation verbessert und Konflikte

konstruktiv bearbeitet werden, so wirkt sich dies unmittelbar auf die Lernerfolge der Schülerinnen und Schüler aus. (...)
›Soziales Lernen fördern‹, ›Konflikte konstruktiv bearbeiten‹ und ›In Gewaltsituationen handeln‹ bilden dabei die übergeordneten Bereiche.«
(Zitat einer Homepage: Gugel (o.J.); Wir stärken dich e.V.)

Reflexionsanregungen

1. Welchen Eindruck vermittelt das Angebot mit Blick auf die Schule? Welches Szenario wird hier beschrieben?
2. Was könnte eine dahinterliegende Begründung aus Sicht der Schule sein?
3. Wirken diese Thesen auf Sie als belegbar? Wenn ja, woran machen Sie das fest? Wenn nein, was fehlt?
4. Welche Erwartung, welches ›Heilsversprechen‹, wird mit den Angeboten des »Sozialen Lernens« verknüpft?
5. Was meinen Sie: Können diese Erwartungen in Bezug auf die Entwicklung von Kindern und Jugendlichen so ›passgenau‹ erfüllt werden? Begründen Sie Ihre Argumentation dafür oder dagegen.

Interpretationsangebot

Zunächst wird mit Hilfe zahlreicher Begriffe aus dem Bereich gewaltsamer Übergriffe Bedrohungsszenarien behauptet und eine Gefahr formuliert. Die Schule bleibt »nicht verschont«. Dies verweist auch auf ein möglicherweise sehr gewaltvolles Umfeld außerhalb wie innerhalb der Schule. Grundschulen scheinen dabei noch Orte zu sein, wo diese Gewalt nicht in dem Ausmaß vorkommt wie anderswo. Es wird suggeriert, dass man schnell und umfassend handeln müsse, um schlimmere Zustände zu verhindern.

Ein derart begründetes Angebot bezieht sich vor allem auf die Konformitätserwartungen der Institution Schule. Auf welcher Grundlage die getroffenen Aussagen zustande kommen, ist nicht transparent; dagegen entsteht ein pauschales Bedrohungsszenario, das jederzeit akut werden könnte. Mit dem »Sozialen Lernen« werden vielfältige und sehr weitreichende Erwartungen verknüpft: eine »Verbesserung der Kommunikation, konstruktive Konfliktlösung« und sogar Auswirkungen auf das Lernen, das Kernthema der Schule. Die Ankündigung, durch ein Curriculum zum »Sozialen Lernen« Normalität, Sicherheit und »Lernerfolg« in der Schule herzustellen, suggeriert, dass präventive Angebote pädagogische »Lösungstechnologien« bereithielten, die von außen definierte Erziehungsziele verlässlich erreichen können, würden sie nur konsequent genug angewendet (Sturzenhecker 2000, S. 17).

Diese ›Versprechungen‹ des Sozialen Lernens als Schlüssel für eine kooperierende Schüler*innenschaft können insofern zum Problem werden, als sie die alltagspraktischen Begründungsmuster – wie z.B. die Feuerwehrfunktion oder die Disziplinierungsfunktion –, die an Schulsozialarbeit herangetragen werden (Speck 2022, S. 50), bedienen.

In einer weiterführenden Diskussion könnte man mit Winkler (2006) ein tiefgreifendes und hartnäckiges Missverständnis innerhalb der praktischen Pädagogik ansprechen: dass nämlich Bildung und Erziehung (eben nicht) passgenau zu planen seien und die ›richtige‹ Erziehung auch die gewünschten Ergebnisse hervorbringe. Winkler sieht hier eine Art gesellschaftliches Heilsversprechen, dass der Komplexität pädagogischen Handelns und den darauf gerichteten eigensinnigen Aneignungsprozessen allerdings nicht gerecht werde. Die Gruppenarbeit der Schulsozialarbeit kann Gefahr laufen, richten zu sollen, was z. B. mit Blick auf Ungleichheit gesellschaftlich produziert und reproduziert wurde. Soziale oder sozioökonomische Ursachen von Bildungsungleichheit, die in deutschen Schulen immer wieder sichtbar und auch erneuert werden, finden dagegen in den Programmen zum Sozialen Lernen weniger Beachtung.

Erziehung ist allerdings ihrem Wesen nach immer als ein offener Prozess zu denken. Sozialpädagogische Gruppenangebote zum Sozialen Lernen in der Schule sollten daher nicht von den Zielen her betrachtet und analysiert werden, sondern mit dem Blick auf diejenigen, die von ihnen adressiert werden: den Kindern. Eine sozialarbeiterische Kernfrage für die Rekonstruktion von Prozessen in der Gruppenarbeit würde dann lauten: Wie machen sich Kinder Gruppenarbeiten in der Schulsozialarbeit zu eigen? Wie wird das, was Gruppenarbeit eigentlich (aus-)macht, von den Kindern adaptiert, bearbeitet und verändert? Was haben eigentlich diejenigen davon, die von der Schulsozialarbeit in diesem Sinne adressiert werden?

Wir nähern uns diesen Fragen im Folgenden am Beispiel eines Programms zum Sozialen Lernen einmal auszugsweise.

6.3.2 Entlastung von der schulischen Ordnung

Da sozialpädagogische Gruppenarbeit insbesondere in der Grundschule weit verbreitet ist, soll ein Klassenseminar zum Sozialen Lernen, das von zwei Schulsozialarbeiter*innen in den zweiten Klassen einer Grundschule durchgeführt wird, an dieser Stelle unser zentrales Beispiel darstellen.

> Für diese Gruppenarbeit kommen zwei Fachkräfte der Schulsozialarbeit – hier heißen sie Stefan und Anja – ca. alle drei Wochen über eineinhalb Schuljahre verteilt, für drei Schulstunden am Vormittag in den Unterricht, um verschiedene Gruppenübungen anzuleiten und zu besprechen. Die Gruppenarbeit setzt sich aus zehn thematisch aufeinander aufbauenden Einheiten zusammen und wird später in einen Klassenrat übergeleitet (vgl. z. B. Friedrichs 2023). Schwerpunkte der Arbeit sind Selbst- und Fremdwahrnehmung, Kommunikation, Umgang mit Emotionen und Konfliktlösung. Die Spiele und Übungen werden durch eine Fantasiegeschichte gerahmt, in der ein Papagei namens Jack, verkörpert durch ein Stofftier, und ein imaginärer Seeräuber mit dem Namen Opa Bastian als Protagonisten auftreten.

An verschiedenen kleinen Datenbeispielen werden wir nun zeigen, wie die Kinder eine Gruppenarbeit im Kontext Schule für sich deuten bzw. was sie aus der Gruppenarbeit *machen*. Das heißt, wir knüpfen an dem oben bereits skizzierten Bildungskonzept der Sozialpädagogik an, dass sich nämlich junge Menschen die Welt und das, was sie in ihr vorfinden, selbsttätig aneignen müssen. Betrachtet man Aneignung also als eine in Beziehungen eingebettete und durch besondere soziale Situationen bestimmte Tätigkeit (Aghamiri 2015, S. 59ff.), wird deutlich, dass sich Lernen als Aneignung immer schon als *Soziales Lernen* darstellt. Die Aneignungstätigkeiten der einzelnen Individuen stehen niemals für sich, sondern sind eingebunden in ein komplexes Geflecht aus sozialen Beziehungen und Bedeutungen der geteilten Lebenswelt(en).

Lebenswelt bedeutet eine weitgehend bekannte Umwelt aus Personen, Handlungen und Rollen, die selbstverständlich erscheint. Etwas, das ›einfach‹ da ist und von anderen Subjekten, die dieselbe Lebenswelt teilen, gestalten oder erdulden, ebenfalls als selbstverständlich angenommen wird. Aus der jeweiligen Lebenswelt stammt das Wissen, das den alltäglichen Handlungen vorausgeht. Deshalb sind die Begriffe Alltag und Wirklichkeit unmittelbar mit dem Begriff der Lebenswelt verknüpft (Berger/Luckmann 2007, S. 21).

So teilen Schüler*innen als Klassengruppe spezifisches Wissen darüber, wie Schule funktioniert (▶ Kap. 4.1.2). Man soll beispielsweise im Unterricht leise sein und darf nicht einfach drauf losreden, sondern zeigt auf. Für den Unterricht gelten Regeln des Verhaltens, aber auch für Materialien oder die Regulierung persönlicher Bedürfnisse. Schüler*innen wissen, was man in der Pause tun kann und was nicht oder wie wichtig soziale Kontakte für den Schulalltag sind. Kinder verfügen aber auch außerhalb der Schüler*innenrolle über spezifisches, gemeinsames Wissen von Wirklichkeit. Sie kennen sich mit Familienwelten, mit eigensinnigen Spielwelten und Freundschaftskonzepten aus.

Der Begriff »eigensinnig« beschreibt dabei eine zentrale Bedingung für Aneignungshandeln: Lernen muss für die jeweiligen Subjekte in ihren eigenen Relevanzkontexten Sinn machen, d.h., dass sich Menschen diejenigen sozialen Gegenstände zu eigen machen, denen sie eine persönliche Bedeutung beimessen, die sie interessieren oder von denen sie einen persönlichen »Mehrwert« (Oelerich/Schaarschuch 2005) haben.

Vor diesem theoretischen Hintergrund wollen wir nun zunächst darauf schauen, wie die Kinder die Gruppenarbeit in der vertrauten Lebenswelt Schule aufschlüsseln und deuten.

Fallbeispiel

»Hannah: .Hhh Ich mach ja sonst immer Rechnen und so und Spiele macht mehr Spaß als immer den Kopf anzustrengen und rechnen zu können. Das find ich nich so toll beim Rechnen und so. (4,0) [das Seminar] is das Beste, was ich eigentlich kenne und was ich an Stunden gut finde. (–) Jo. Die Spiele und Anja und Stefan (Sozialpädagog:innen) und die <<lächelt> Sachen, die wir machen.

Interviewerin:	Aber <u>was</u> is das genau, was du daran toll findest? Kannst du das irgendwie sagen?
Max:	\<strahlt und nickt\> Hm=hm. Weil sonst in der Schule <u>lernen</u> wir nur. (.) Und Anja und Stefan komm rein (macht eine einladende Handbewegung wie ein Zirkusdirektor) \<grinst, räuspert sich\> und wir <u>spielen</u>. Dann is kein <u>lernen</u> mehr. Dann braucht man keine Federtasche, keine Mappen. Da <u>spielt</u> man dann nur.«

(Interview aus: Aghamiri 2015, S. 167, 173)

Reflexionsanregungen

Diskutieren Sie kurz:

1. Was beschreiben die Kinder als das Besondere an den Situationen, wenn die sozialpädagogische Gruppenarbeit in der Klasse durchgeführt wird? Denken Sie dabei auch an die Schüler*innenrolle, die die Kinder in der Schule einnehmen.
2. Inwiefern steht das Erleben der Gruppenarbeit im Kontrast zu anderen alltäglichen Settings im Kontext Schule?
3. Was denken Sie, was die Kinder von dem Angebot haben – so wie sie es beschreiben?

Interpretationsangebot

Bereits das »Strahlen« des interviewten Kindes deutet an, dass hier eine Leichtigkeit ins Spiel kommt. Die Gruppenarbeit wird von den Kindern mit dem lebensweltlichen Begriff des Spielens assoziiert. Rechnen, Federmappen, Lernen rücken beiseite und an ihre Stelle tritt das Spiel, das den alltäglichen Unterricht quasi in Gestalt der Schulsozialarbeiter*innen verdrängt. Spiel steht im Kontrast zum Alltag des Unterrichts, der hier mit dem Begriff »Lernen« assoziiert wird. Es wird nicht mehr nur gelernt. Mit der Abgrenzung »das ist kein Lernen mehr« wird sichtbar, dass sich die Kinder hier auf einer anderen Ebene des Schulalltags bewegen. Durch das »wir« zeigt sich, dass es (auch) um ein Gemeinschaftserleben geht. Die Unterscheidung »Lernen/Spielen« markiert zugleich, dass die Kinder hier durchaus unterschiedliche (didaktische) Settings wahrnehmen. Es wird somit schon in diesen wenigen positionierten Worten der Kinder deutlich, warum dieses als besonderes »Spektakel« (Aghamiri 2015) im Schulalltag zu deuten ist. Ein Spektakel meint im Allgemeinen ein Event, das aus dem Alltag herausfällt, das für Aufmerksamkeit sorgt. Im Spektakel darf gelacht, provoziert, auch mal über die Stränge geschlagen werden. Hier gelten zeitlich begrenzt andere Regeln des sozialen Umgangs.

Spiel und Spaß sind aus der Kinderperspektive die wesentlichen Schlüsselbegriffe für die weitere Bearbeitung dieses außergewöhnlichen Schulerlebnisses, des *Spektakels:* Die Deutung als Spiel impliziert den Spaß als vornehmlichen

> Modus der Aneignung. Die schulische Ordnung wird partiell und zeitlich begrenzt außer Kraft gesetzt.

Die Deutung als Spiel bestimmt die soziale Gruppenarbeit nicht nur in der Grundschule, sondern findet sich auch in der weiterführenden Schule, z. B. in der SEK I. Lesen Sie zusätzlich auch die Auszüge aus einem Interview, das mit Schüler*innen einer siebten Klasse während der Corona-Pandemie geführt wurde:

Fallbeispiel

»Interviewerin: (…) Soziales Lernen. Was habt ihr denn da so gemacht, also bevor Corona kam?

July: Also da haben wir ähm Spiele gespielt. Wir ham Konflikte also wenn es Konflikte gab mit Lehrern oder Schülern ham wir die geklärt. Und ja. Wir ham da auch sehr viel geredet und so. Spiele gespielt. Hab ich grad schon gesagt (lacht).

Franzi: Zum Beispiel jetzt in Sozialtraining ham wir halt jetzt eigentlich gar nicht so gespielt, sondern wir ham einfach gelernt so. Also letzte Woche als wir in der Schule waren, ham wir, äh halt gelernt weil wir nichts anderes machen konnten (…) Ja (…) Und ein bisschen geredet. Und mir fehlt das. Dass man na inner Schule auch mal was Lustiges macht. Sich ma locker macht.«

(Interview aus: Aghamiri/Foitzik 2022, Interview_2)

Reflexionsanregungen

1. Wie beschreiben die Schülerinnen den Inhalt der Gruppenarbeit aus ihrer Sicht?
2. Was ist für sie das Zentrale am Sozialen Lernen? Was fehlt ihnen in der ›Corona-Pandemie-Schule‹?

Interpretationsangebot

Auch July und Franzi heben die leibliche und außeralltägliche Dimension der Gruppenarbeit hervor. Ist die Leiblichkeit, das gemeinsame Erleben, die Entlastung durch das Spiel eingeschränkt, »fehlt« etwas. Besonders augenscheinlich ist, dass dieses »bisschen geredet« nicht als das Besondere funktioniert, das die Aneignung der sozialen Gruppenarbeit in der Schule ausmacht.

An einem weiteren Beispiel soll nun sichtbar werden, was die Kinder konkret als Spiel und das »andere« der Gruppenarbeit beschreiben.

Fallbeispiel

Die Schulsozialarbeiter*innen Anja und Stefan spielen mit den Kindern das Spiel »Obstsalat«. Die Kinder sitzen im Stuhlkreis, wobei ein Stuhl fehlt, so dass eine Mitspieler*in jeweils in der Mitte steht. Ziel jeder Runde ist es, im Laufe des Spiels selbst einen Stuhl zu besetzen. Zu Beginn bekommt jede*r Mitspieler*in von den Spielleiter:*innen eine Obstsorte zugeordnet (z. B. Apfel, Banane, Kiwi, Weintraube). Sobald nun die Person in der Mitte eine der Obstsorten aufruft, sollen alle Mitspielenden, die zu dieser Sorte gehören, so schnell wie möglich die Plätze wechseln. Die Person in der Mitte versucht währenddessen, selbst einen Platz zu erreichen. Eine Besonderheit stellt das Kommando: »Obstsalat« dar. Hier sollen alle Mitspieler*innen aufspringen und die Sitzplätze wechseln.

»Aimees Wangen sind gerötet. Sie bleibt zweimal in der Mitte, schaut sich suchend um und schreit dann: ›Apfel‹. Die ›Äpfel‹ springen hoch. Phlippo schmeißt sich auf einen freien Stuhl und lacht laut. Wenn ›Obstsalat‹ gerufen wird, ist der Geräuschpegel sehr hoch. Die Kinder quietschen, juchzen und rufen sich gegenseitig an: ›Banane, Banane!‹ Sie lachen und suchen nach einem Platz. Kinder, die bereits sitzen, weisen andere Kinder auf freie Plätze hin. ›Hier, hier, hier!!‹ Das Spiel geht schnell, die Kinder laufen hin und her. Jauchzen und Gelächter. Frau Knopf geht laut dazwischen: ›Obst kann nicht kreischen und nicht schreien!‹ Die Kinder schauen sie an, es wird kurz leiser, beim nächsten Aufruf brandet das Jauchzen erneut auf. Der Lärmpegel steigt. Es wird gequietscht und gelacht. Viele Kinder lachen mit offenem Mund.« (Beobachtungsprotokoll aus: Aghamiri 2015, S. 258)

Reflexionsanregungen

1. Welche Stimmung wird im Beobachtungsprotokoll deutlich? Achten Sie auch darauf, wie die Situation im Protokoll beschrieben wird.
2. Wie agieren die Kinder in der Situation?
3. Wie versucht die Lehrerin, die Situation wieder unter Kontrolle zu bekommen? Warum hat das keinen Erfolg?
4. Welche ›Spielräume‹ eröffnen diese besonderen Momente für die Kinder und wie könnte die Schulsozialarbeit diese für eine vertiefende Diskussion nutzen?

Interpretationsangebot

Das gesamte Setting des alltäglichen Unterrichts kommt durch das Spiel in Bewegung. Bereits der Stuhlkreis hat die Sitzordnung an Tischen aufgelöst, nun sind das Laufen und Rufen die Tätigkeiten, die die Situation maßgeblich bestimmen. Im Protokoll wird dabei mehrmals auf die Lautstärke Bezug genommen. Es scheint wichtig zu sein, wann es laut wird, dass »gequietscht« und gelacht wird. Dabei steht eine zentrale Unterrichtsregel im Fokus: die Leise-Regel. Die Lautstärke in der Klasse hat in der Schule einen konstitutiven Cha-

> rakter. Wenn es laut wird, erscheint der Unterricht gestört. Ist es dagegen still, verbinden die Beteiligten in der Schule damit Ordnung und eine positiv verstandene Unterrichtsdisziplin. In dem vorliegenden Beispiel des Spiels hat die Leise-Regel allerdings keine ordnende Macht. Die Kinder quietschen, schreien, kreischen und jauchzen. Die leibliche Disziplin, die in der Schule alltäglich verlangt ist, tritt zugunsten einer bewegten, ausgelassenen Spielatmosphäre zurück. In dieser Situation interveniert die Lehrerin als Ordnungsperson, die versucht, die schulische Ordnung über eben diese Lautstärkeregulation wiederherzustellen. Nur hat sie offensichtlich damit keinen Erfolg und somit auch keine Macht über die Situation. Zwar erinnern sich die Kinder sichtbar einen Moment an die Leise-Regel und ihre eigentlich alltägliche Gültigkeit im unterrichtlichen Raum, der Geräuschpegel nimmt kurz ab. Doch das Spiel mit seinen leiblich betonten Aktivitäten hat eine größere Zugkraft und setzt die Leise-Regel zeitlich begrenzt außer Kraft. Es entsteht ein kurzer Moment, in dem andere Regeln gelten und die schulische Ordnung partiell ausgesetzt wird.

Diese Momente in der Gruppenarbeit im schulischen Setting kann die Schulsozialarbeit nutzen, um beispielsweise Themen der Kinder sichtbar zu machen, aufzugreifen und im weiteren Vorgehen explizit zum Thema zu machen. Das Spiel in der sozialpädagogischen Gruppenarbeit kann aber auch Nischen und Zwischenräume eröffnen, um Entlastung von der Anspannung alltäglicher Leistungsanforderung zu schaffen, Kontakte zu ermöglichen oder im Spiel andere Erfahrungen zu eröffnen (Aghamiri 2015, S. 265 ff.). Ungewohnte Rollen können erprobt werden und die Gelegenheit zum Ausagieren von Emotionen genutzt werden. *Spaß* ist dabei die Konsensklammer, mit der die Kinder die sozialpädagogische Gruppenarbeit der Schulsozialarbeiter*innen vom Alltag des Unterrichts abgrenzen (ebd., S. 240 ff.).

6.3.3 Die Themen der Schüler*innen zum Thema machen

Das Spiel in der sozialpädagogischen Gruppenarbeit – das Spektakel – ermöglicht es, Themen im schulischen Rahmen zu bearbeiten, die sonst nicht unbedingt sichtbar werden. In der Aufführung eines Spiels müssen die Mitspielenden die Regeln annehmen, ihre Rollen finden und umsetzen. Sie können dabei im Kontext eines zeitlich begrenzten Events verschiedene Erfahrungen ausprobieren, aber sich auch mit Angelegenheiten, Anforderungen und Herausforderungen auseinandersetzen, die schwer zu verbalisieren sind. Sie können durch kleine Regeländerungen oder Anpassungen im Spiel auch Themen auf die Bühne bringen, die in der Öffentlichkeit einer Schulklasse auch nicht immer in aller Öffentlichkeit verhandelt werden sollen oder können.

Das nächste Beispiel zeigt den Aneignungsprozess eines Spiels in der dritten Einheit der sozialpädagogischen Gruppenarbeit, die wir bereits kennen. Schauen wir uns in der Schulsozialarbeit so eine Situation genau an, werden Themen der

Kinder sichtbar, die zu einem späteren Zeitpunkt erneut thematisiert oder anderweitig aufgegriffen werden können.

Fallbeispiel

»Gespielt wird der ›Wetterspaziergang‹: Die Kinder sollen sich vorstellen, dass sie sich auf einem Gelände – beispielsweise einer Wiese oder einer Lichtung – hin und her bewegen. Dabei entwickelt sich unterschiedliches »Wetter«, das der Schulsozialarbeiter durch verschiedene Musikinstrumente versinnbildlicht: Eine Handtrommel steht für den Donner, eine leichte Rassel bedeutet Regen, eine peruanische Flöte zeigt Wind an, eine Stielkastagnette symbolisiert einen Hagelschauer. Den verschiedenen »Wettern« sind jeweils unterschiedliche Bewegungsformen zugeordnet: Wenn z. B. die Handtrommel den Donner anzeigt, wird laut getrampelt; erklingt die Maracays als Regenschauer, erheben sich alle Mitspielenden auf die Zehenspitzen; beim Wind, der Flöte, sollen die Bewegungen langsam und leicht erscheinen.

Eine Regelbesonderheit stellt allerdings die Stielkastagnette dar: Wenn diese laut rasselt, symbolisiert das einen Hagelschauer und die Kinder sollen sich auf der Stelle in Dreier- oder Vierergruppen zusammenzustellen und einen engen Kreis zu bilden. Zentrales Spielmotiv ist der Schutz in einem Zusammenschluss, den die Zugehörigkeit zu einer Gruppe bietet. Im Laufe des Spiels ergeben sich nun ein paar Situationen, in denen die Kinder sich das Spiel zu eigen machen.

Stefan: ›(...) Wenn es hagelt <<[Er] schüttelt eine laute Klapper>> dann müsst ihr euch zu dritt oder zu viert zusammentun, ja? (2) Und euch schützen. Dann legt ihr die Arme über die Schultern und schützt euch vor dem Hagel, weil Hagel kann ganz schön weh tun.‹

Das Spiel läuft an und die Kinder schlendern zunächst in ihrer eigenen Gangart durch den Raum. Bereits bei der Anleitung des Spiels durch Stefan fällt mir Anna auf. Sie schaut den Sozialpädagogen sehr aufmerksam an und probt im Stehen bereits einzelne Gangarten. Als das Spiel beginnt, geht sie zügigen Schrittes los.

Zunächst tasten sich die Kinder auf Zehenspitzen zum Rasselgeräusch des Regens durch den Raum. Sie gehen vorsichtig, lächeln, lachen und bewegen sich umeinander herum. Der erste Hagel ertönt, Stefan wechselt zur lauten Rassel. Einige Kinder antworten mit Quietschern und Kieksern: ›Iiiiiih!‹ Die Kinder suchen sich eine Dreier- oder Vierergruppe. Hannah und Öson umarmen sich mit Lara und Daniel. Die vier gelten in der Klasse als zwei ›Pärchen‹. Castell, Horas und Serhat lassen Phlippo in ihren Kreis. Auch außerhalb des Unterrichts verbringen Castell, Horas und Serhat viel Zeit miteinander, während Phlippo immer wieder bei ihnen Anschluss sucht. Ray steht mit Ronny und Jan zusammen. Der Zusammenschluss der Gruppen geht schnell. Max, Aimee und Anna stehen zwischen den Kreisen, sie finden zunächst keinen Anschluss an eine Gruppe. Max sieht sich suchend um, Aimee zieht die Schultern hoch. Zeynep scheint wie meistens alle im Blick zu haben: Sie dreht sich zu Aimee hin und holt sie in eine Dreiergruppe mit Gözde und Ramata. Dann streckt Zeynep den Arm aus und umfasst Aimees Schultern. Max geht ein paar Schritte und stellt sich neben Ray, Ronny und Jan. Er steht auf Tuchfühlung mit der Gruppe, allerdings ohne die anderen zu umarmen oder dazu aufgefordert zu werden. Anna bleibt einige Sekunden im Raum stehen und blickt sich um, sie geht vor und zurück, dann orientiert sie sich zur Gruppe um Zeynep und stellt sich dazu.

Stefan wechselt zur Handtrommel. Die Gruppen lösen sich voneinander, die Kinder beginnen kräftig zu trampeln. Viele Kinder lachen, rufen, johlen, trampeln über den Boden. Anna schüttelt sich und trampelt ebenfalls los. Auf den Donner erfolgt erneut der ›Regen‹. Stefan wechselt zur Flöte und damit zum Wind. Die Kinder breiten die Arme aus, viele bewegen die Arme genießerisch auf und ab. Nelly lächelt und wiegt sich im imaginären Wind. Anna schwebt mit den Armen immer an Zeyneps Seite mit. Sie schaut danach, wo die anderen Mädchen sich aufhalten, wann sie einen Richtungswechsel vornehmen. Als die Kastagnette zum zweiten Mal ertönt, huscht Anna sofort an die Seite von Zeynep, sie hebt ihren Arm und erreicht Zeyneps Schulter. Die vier umarmen sich. Stefan bläst nun die Flöte. Wieder erheben sich die Kinder auf die Zehenspitzen. Max lacht entspannt und segelt in einer großen Bahn um den Klassenraum. Stefan gibt erneut einen ›Hagelschauer‹ mit der lauten Rassel vor. Die Kinder bilden zum dritten Mal kleine Kreise. Max, Anna und Aimee haben sofort Anschluss an Gruppen gefunden. Anna umarmt wieder Zeynep, Gözde und Ramata.«
(Beobachtungsprotokoll aus: Aghamiri 2015, S. 291 ff.)

Reflexionsanregungen

1. Vollziehen Sie zunächst in eigenen Worten nach, was in dem Spiel geschieht. Wie machen sich die Kinder die Regeln zu eigen?
2. Achten Sie dabei insbesondere auf die Kinder, die zunächst keinen Anschluss an die Gruppe(n) finden. Wie versuchen sie, diesen Anschluss herzustellen?
3. Wie handeln einzelne Kinder aus der Klasse?
4. Wie würden Sie das Thema bezeichnen, das hier deutlich wird?
5. Wie könnte dieses Thema von der Schulsozialarbeit aufgegriffen werden?

Interpretationsvorschlag

Die erste Gruppenbildung veranschaulicht unterschiedliche Strategien im Umgang mit der Aufgabe Zugehörigkeit herstellen. Der überwiegende Teil der Kinder bildet die geforderten Zirkel mit denjenigen, die ihnen vertraut sind: Castell, Horas und Serhat verbringen die Pausen meist zusammen. In Gesprächen bezeichnen sie sich als beste Freunde. Sie holen Phlippo dazu. Es wäre also für die Schulsozialarbeit interessant, wer auch außerhalb des Unterrichts Kontakt zueinander sucht. Öson und Hannah sowie Daniel und Lara gelten jeweils in der Klasse zwei als ›Verliebte‹; sie bilden eine ›Pärchen-Gruppe‹. Gözde und Zeynep verbindet ebenfalls eine enge Freundschaft, in den Pausen spielen sie oft mit Ramata. Die Aneignung der Spielregel bildet auf diese Weise aktuelle soziale Beziehungen der Alltagswelt ab. Aimee, Anna und Max bleiben zunächst außen vor. Obwohl sie ebenfalls zu dritt sind und regelgerecht eine Gruppe bilden könnten, vermeiden sie Blickkontakt untereinander und suchen nach alternativen Möglichkeiten, sich einem bestehenden Zirkel anzuschließen.

Auffällig ist, dass die Aufgabe des Herstellens von Zugehörigkeit sich nicht an die Gemeinschaft der Klasse richtet. Nicht die Kinder, die bereits eine Gruppe haben, sind aufgefordert, andere einzuladen, sondern die exkludierten Kinder müssen diese Integrationsleistung selbst erbringen. Zeynep ist die Einzige, die hier anders handelt, indem sie Aimee in ihren Kreis holt. Max und Anna bewältigen ihren sichtbaren Ausschluss, indem sie ihn vordergründig unsichtbar machen: Sie orientieren sich nah an einer bestehenden Gruppe und stellen sie quasi performativ einen Anschluss her.

Auf der durch das Spiel entstehenden Bühne wird für alle offenkundig, ob der oder die Einzelne Anschluss an die Gemeinschaft(en) der Klasse hat und welche Anknüpfungspunkte für Freundschaftsbeziehungen bestehen. Auf der Bühne des Spektakels werden also die Möglichkeiten und Begrenzungen sozialer Beziehungen unter den Peers veröffentlicht und damit allgemein zugänglich.

Fallbeispiel (Fortsetzung)

»Der ›Wetterspaziergang‹ geht in die zweite Runde. Während sich die Kinder entlang der vorgegebenen Gangarten durch den Klassenraum bewegen, setzt Anna ihre Erfahrungen mit der Situation in eine neue Strategie um: Sie hält sich während des Gehens beständig in der Nähe von Zeynep auf, die in der vorangegangenen Runde gezeigt hat, dass sie offen dafür ist, Zugehörigkeit auch abseits von fest bestehenden Freundschaften herzustellen. Als der ›Hagel‹ ertönt, huscht Anna sogleich an Zeyneps Seite und bildet mit ihr und zwei anderen Mädchen einen Kreis. Insgesamt kann festgestellt werden, dass bereits bestehende Kontakte und Freundschaften der Ausgangspunkt sind, wenn es darum geht, eine Aufgabe zu erfüllen, die soziale Verbindungen anschaulich machen soll. Ebenso stellt die Übung eine Möglichkeit dar, zu beobachten, welche Kinder darüber hinaus soziale Verantwortlichkeiten übernehmen.

Als Zusatzinformation für das Verständnis des nächsten Abschnitts ist es wichtig zu wissen, dass die Mitschülerin Alissia, die im nächsten Abschnitt eine besondere Rolle spielt, in der Klasse immer wieder zu Polarisierungen beiträgt. Insgesamt fällt es ihr schwer, sich auf angemessene Weise mit den anderen auseinanderzusetzen. Verschiedene Mädchen berichten, dass es bereits im Kindergarten manchmal schwierig war, mit Alissia zu spielen. Sie würde andere kneifen, schubsen, anschreien und mit ihrer Mutter drohen, wenn sie sich darüber beschweren wollten. Dazu gäbe es immer wieder Situationen, in denen sie schlecht über andere rede. In der Klasse zwei hat allerdings die Lehrerin Frau Knopf die Regel ausgegeben, dass niemandem das Mitspielen verwehrt werden dürfe, der oder die danach frage.

Der ›Wetterspaziergang‹ entwickelt sich nun vor dem Hintergrund der ersten beiden Runden weiter:

Diesmal ist Alissia diejenige, die allein in der Mitte des Raumes steht. Sie schaut sich um. Dabei dreht sie sich um ihre Achse, schürzt die Lippen und stützt die Arme auf den Hüften auf. Dann hüpft sie auf Nelly, Hannah und Lara zu, die einen engen Kreis bilden. Auch sie sind als Freundinnen in der Klasse bekannt. Alissia tritt an die Gruppe heran und reißt ohne ein Wort die Arme von Hannah und Lara auseinander. Sie greift dafür die Unterarme der Mädchen, bekommt deren Pullover zu fassen und zieht die Arme ruckartig nach unten. Lara und Hannah wenden sich um, ohne sich loszulassen. Hannah ruft laut: ›Hey!‹, und stößt die Hand von Alissia zurück. Ihre Stirn ist ärgerlich gekräuselt. Lara wendet sich ab und umarmt Hannahs Schulter: ›Wir sind schon genug.‹

Nach ›Regen‹ und ›Wind‹ gibt es den nächsten ›Hagelschauer‹. Die Kinder stellen sich in Gruppen auf. Alissia steht erneut allein in der Mitte. Sie schaut sich um und geht zuerst zu Ramata, Anna und Hendrina. Sie (…) fasst Ramata und Hendrina am Oberarm. Hendrina schüttelt den Kopf, Ramata schaut nach unten. Dann wendet sich Alissia zu Patrycia, Jessica und Max. Alissia zieht an den verschränkten Armen von Patrycia und Jessica. Die Kinder schütteln Alissias Arme ab und halten sich an ihren Schultern gegenseitig fest. Alissia lässt abrupt los, geht zum Schrank und beginnt mit heftig erschütterter Mimik zu weinen. Die restlichen Kinder spielen weiter.«
(Beobachtungsprotokoll aus: Aghamiri 2015, S. 296 ff.)

Reflexionsanregungen

1. Wie geht das Spiel weiter? Geben Sie den Ablauf zunächst ebenfalls mit eigenen Worten wieder. Wie versucht Alissia, ihren Anspruch auf Zugehörigkeit umzusetzen? Wie reagieren die anderen?
2. Wenn Aneignung bedeutet, dass Handeln immer auch einen sozialen Sinn hat, welchen Sinn vermuten Sie hier? Bilden Sie Hypothesen.
3. Wie könnte die Schulsozialarbeit nun mit dem Ergebnis der Übung umgehen? Was würden Sie zuerst tun? Was vielleicht aber auch langfristiger überlegen?

Interpretationsvorschlag

Während Alissia in den ersten beiden Durchgängen keine Probleme hatte, eine Gruppe mit den anderen zu bilden, wird ihr nun sehr entschlossen der Zugang zu verschiedenen Dreiergruppen verwehrt. Während ihre Zurückweisung in der dritten Runde noch auf einer persönlichen Konfrontationsebene mit Hannah und Lara stattfindet, machen in der vierten Runde auch andere mit. Alissias erneuter Ausschluss in der vierten Runde wird quasi gemeinschaftlich bestätigt. Auf diese Weise wirkt der Ausschluss von Alissia in Runde drei und vier weder zufällig noch als Einzelhandlung. Die Mädchen wollen sie tatsächlich nicht in eine Gruppe lassen. Man könnte also von einer Veröffentlichung ihrer Nichtzugehörigkeit sprechen. Das Motiv des Spiels, Zugehörigkeit zu erzeugen, wandelt sich in eine kollektive Aufführung von Nichtzugehörigkeit. Selbst als

Alissia in Tränen ausbricht, spielen die restlichen Kinder scheinbar ungerührt weiter.

In dem Beispiel wird sichtbar, wie sich die Kinder das Motiv des Spiels aneignen. Sie erschließen sich zunächst die soziale Bedeutung und vollziehen die Regeln nach. Dabei entwickeln sie Strategien, das Thema Zugehörigkeit für sich umzusetzen. Allerdings aktualisieren sie das Thema im Verlauf des Spiels: Sie interpretieren die Spielidee als Gelegenheit, einen aktuellen Konflikt der Gruppe in die Öffentlichkeit zu bringen. Die Aufführung, die auf der »Bühne« des Spiels entsteht, heißt: Was unsere Gruppe angeht, haben wir hier einen relevanten Konflikt aus der Lebenswelt des Schüler*innenseins. Dieser Konflikt betrifft Alissia *und* die Gruppe und besteht in einem Problem mit eben der geforderten Zugehörigkeit.

Kommentierung

Schulsozialarbeiter*innen könnten jetzt also gemeinsam mit den Lehrkräften diese Beobachtungen aus der Gruppenarbeit aufgreifen und in einem dafür geeigneten Rahmen thematisieren und lösbar machen. Dafür sollte der Konflikt konkret angesprochen und verhandelt werden. Neue verallgemeinerte Regeln oder moralische Zuschreibungen helfen allerdings oft nicht weiter, sondern eine lösungsorientierte, empathische und gerechte Gesprächsführung.

Als letztes Beispiel soll eine Situation dienen, die die Beschwerden der Mädchen aus der Klasse im Konkreten aufgreift.

Fallbeispiel (Fortsetzung)

»Die Kinder sitzen im Stuhlkreis und besprechen auf Initiative der Schulsozialarbeiter*innen den Konflikt. Zeynep berichtet in diesem Zusammenhang darüber, dass Alissia sie sie bei einer Auseinandersetzung um eine der Schaukeln im Offenen Ganztag angeschrien und geschlagen habe.

Stefan: ›Was meint ihr? Wie können wir jetzt Zeynep und Alissia helfen? Was würdet ihr den beiden jetzt für Tipps geben?‹ Serhat meldet sich: ›Immer abwechselnd schaukeln.‹ Stefan: ›Hm=hm. Danke. Ja.‹ Lara zeigt ebenfalls auf. ›Lara?‹ Lara: ›Sie ka/ sie kann ja … Alissia kann auch das ganz normal sagen, dass sie auch mal schaukeln möchte und dann kann Zeynep zu Ende schaukeln und dann abgeben.‹ Patrycia schließt sich an: ›Zum Beispiel wenn Alissia sagt, ich möchte auch schaukeln. Zeynep kann also zu Ende schaukeln, dann kann Alissia doch in Garten gehen solange. Dann kann sie doch /warten. Solange bis Zeynep ausschaukelt hat kann sie woanders hingehen.‹ Ramata meldet sich als nächstes: ›Also es wäre gut, dass Alissia auch geduldiger wird. Auch mehr die Ruhe bewahrt.‹ Alissia nickt: ›Ich hab keine richtige Geduld.‹ Sie lächelt dabei. ›Das is nich meine Stärke.‹ Stefan: ›Dann müssen wir mal gucken. Vielleicht kann man

dir da ja auch jemand noch mal bessere Tipps geben?‹ Alissia nickt: ›Hm=hm.‹«
(Beobachtungsprotokoll: aus: Aghamiri 2015, S. 306)

> **Reflexionsanregungen**
>
> 1. Wie agiert der Schulsozialarbeiter in der Situation? Wie stellt er z. B. Fragen?
> 2. Welche Vorschläge kommen von den anderen Kindern? Was fällt Ihnen an den Ideen auf?
> 3. Wie reagiert Alissia? Was macht diese Reaktion möglich?
> 4. Überlegen Sie: Was sollte bei so einer Veröffentlichung oder Verhandlung eines Konflikts beachtet werden?
>
> **Interpretationsvorschlag**
>
> Der Ausschnitt aus dem Kreisgespräch zeigt eine Art Konfliktmediation in der Klassenöffentlichkeit. Der Schulsozialarbeiter Stefan spricht die Kinder direkt an (»Was meint ihr?«). Sie wissen also, dass ihre Meinung gefragt und wichtig ist. Zudem benennt er nicht Alissia als ›die Angeklagte‹, sondern fragt nach »Hilfe« und »Tipps« für beide an dem Konflikt Beteiligten. Dadurch verhindert er, dass Alissia und ihr Handeln allein in den Fokus geraten und macht eine konstruktive Gesprächsatmosphäre möglich. Die Kinder bringen Ideen ein und beziehen sich aufeinander. Alissia wird es auf diese Weise möglich, die angesprochene Situation auch anzuerkennen. Sie macht einen kleinen Prozess der Selbstreflexion durch und teilt diesen auch mit den anderen (»Ich hab keine richtige Geduld«). Die Beiträge der Kinder erscheinen sehr konkret und pragmatisch. Sie moralisieren nicht, sondern versuchen, tatsächliche Handlungsalternativen zu benennen. Es entsteht ein Moment gegenseitiger Anerkennung. Wichtig dafür ist, dass Konflikte nicht moralisiert werden. Alle sollten zu Wort kommen, sich aber auch angesprochen fühlen.

An dieser Stelle wird das Spektakel verlassen und in ein Gruppengespräch über eine konkrete Situation überführt. Der Alltag wird hinter der Inszenierung letztlich sichtbar und eben dies führt zur Möglichkeit von Diskussion bzw. alltagsbezogenen Lösungsvorschlägen. Spiel und Spaß im Spektakel können also Themen veröffentlichen, die dann aber in konkreten Bezügen verhandelt werden sollten.

6.3.4 Fazit

Innerhalb des Außeralltäglichen des Spektakels in der Schule – also der Gruppenarbeit, die als Spiel und Spaß gedeutet wird – entstehen Entlastungs-Räume, Spiel-Räume und Frei-Räume, die von den Schüler*innen angeeignet und genutzt werden können. Dadurch dass die sozialpädagogische Gruppenarbeit die schulische Ordnung partiell lockert und erweiterte Spielräume auftauchen, können die Schüler*innen einen eigensinnigen Nutzen produzieren. Die Verwirklichung der zuvor beschriebenen Interessen, z. B. Laufen, Rennen, Gelegenheiten für Kontakte, für Körperlichkeit, Laut-Sein, Freundschaften-Anbahnen und das Einbringen ganz konkreter Wünsche und Bedürfnisse als gemeinschaftliches Anliegen, wird durch die Arbeit mit Gruppen durch die Schulsozialarbeit eröffnet.

Die Bedeutung von Spiel und Spaß liegt beim Spektakel in der Herstellung und Sicherung der Aneignungsräume. Als zentrale Erkenntnis für die Schulsozialarbeit ergibt sich: Der *Trainingsgedanke*, der vielen dieser Gruppenangebote zugrunde liegt, erweist sich aus der Perspektive der Kinder und Jugendlichen einmal mehr als Irrtum der Erwachsenen (vgl. Aghamiri 2023).

Die Schulsozialarbeit sollte die Themen und Anliegen der jungen Menschen also aufnehmen, entlang des Handlungsprinzips Partizipation übersetzen und in die weitere Planung und Thematisierung der Gruppenarbeit aufnehmen.

> **Gut zu wissen – gut zu merken**
>
> - Soziales Lernen in Gruppen kann nicht trainiert werden! Es ist eine Aneignungsleistung der jungen Leute.
> - Spiel und Spaß sind die Formen, in denen sich Kinder (und auch Jugendliche) Gruppenangebote zum sozialen Lernen aneignen.
> - Im gemeinsamen Handeln der Gruppe werden Themen sichtbar, die die Kinder als Gruppe oder als Einzelpersonen beschäftigen. Aufgabe der Fachkräfte ist es, diese Themen zu erkennen und in besprechbare Formen zu übersetzen.

> **Weiterführende Literatur**
>
> Aghamiri, K. (2015): Das Sozialpädagogische als Spektakel. Eine Fallstudie sozialpädagogischer Gruppenarbeit in der Grundschule. Opladen u. a.: Budrich UniPress.
> Simon, T./Wendt, P.-U. (2022): Lehrbuch Soziale Gruppenarbeit. 2., überarb. Aufl. Weinheim/Basel: Beltz Juventa.
> Sturzenhecker, B./Schwerthelm, M. (2015): Gesellschaftliches Engagement von Benachteiligten fördern. Bd. 2. Methodische Anregungen und Praxisbeispiele für die Offene Kinder- und Jugendarbeit. Gütersloh: Verlag Bertelsmann.

7 Zentrale Themen des Handlungsfeldes

Wir haben bereits gesehen, dass das, was im konkreten Fall zum Thema der Arbeit von Schulsozialabeiter*innen wird, in hohem Maße Gegenstand von Aushandlungen ist. Dennoch lassen sich thematische Felder identifizieren, für die Schulsozialarbeit in der Regel einen hohen Grad an Zuständigkeit erlangt oder die als Querschnittsthemen das Handeln in hohem Maße prägen.

Die folgende Auswahl an Themen erhebt hierbei nicht den Anspruch der Vollständigkeit. Unser Ziel ist es vielmehr, zu verdeutlichen, wie diese thematischen Felder in konkreten Handlungsvollzügen sichtbar werden und sich den Schulsozialarbeiter*innen als Herausforderung stellen.

7.1 Schulsozialarbeit und ihre Verortung im Kontext Inklusion

> ☞ **Was erwartet Sie in diesem Kapitel?**
>
> Das folgende Kapitel führt zunächst in das Zielkonzept Inklusion ein, thematisiert die damit einhergehenden Widersprüchlichkeiten bei dessen Umsetzung und nimmt eine Verortung der Schulsozialarbeit in diesem Kontext vor.

Wir machen ausdrücklich darauf aufmerksam, dass in diesem Punkt die aus unserer Sicht relevanten Themen im Kontext Inklusion allenfalls nur angerissen werden können. Eine Vertiefung muss durch andere Lehrbücher und Ihr Selbststudium erfolgen.

7.1.1 Inklusion – immer im Prozess?

»Schulsozialarbeit inklusive« – so lautet das bislang immer noch einzige ausführliche Fachbuch zum Thema Inklusion, welches von Haude, Fabel-Lamla und Volk bereits 2018 als Werkbuch herausgegeben wurde.

Und in diesem Prozess des »Werkens« scheinen sich auch die Schulen selbst noch zu befinden, schaut man auf die sogenannte »Exklusionsquote«, die den Anteil der

Schüler*innen angibt, bei denen ein sonderpädagogischer Förderbedarf diagnostiziert wurde und die auf einer Förderschule – also nicht auf einer Regelschule – beschult werden. Im Jahr 2020/21 betrug diese Quote 4,3 % (Klemm/Hollenbach-Biele/Lepper 2023). Im Vergleich zum Jahr 2008/09 (4,8 %) ging dieser Anteil nur geringfügig zurück. Nur im Bereich »Sprache und Lernen« ist die Quote laut Klemm in den letzten Jahren deutlicher zurückgegangen, im Bereich emotionale und auch geistige Entwicklung ist sie dagegen sogar leicht angestiegen (vgl. Klemm 2022, S. 9). So kommt Klemm, nach der letzten bundesweiten Bestandsaufnahme zur Entwicklung von Inklusion in Deutschland, zu dem Fazit, dass es zwar in den Ländern große Unterschiede gibt, doch: »Für Deutschland lässt sich feststellen, dass das Land beim Abbau des ›exklusiven‹ Unterrichtens in Förderschulen nur langsam voranschreitet.« (2022, S. 13) Auch gibt es seit dem oben genannten »Werkbuch« keine weitere nennenswerte Publikation zum Kontext Schulsozialarbeit und Inklusion.

Sprechen wir über Inklusion, so müssen wir uns zunächst die Geschichte vergegenwärtigen, um die Bedeutung dieses Konzeptes zu verstehen. So führt Siedenbiedel aus, dass die Schulen bis ins 19. Jahrhundert Kinder mit Behinderungen völlig vom Unterricht ausgeschlossen hatten, bevor er erste »Anstalten« für Gehörlose, Blinde und »verkrüppelte« Schüler*innen gab. Um 1900 bildeten sich dann Hilfsschulklassen und in der Weimarer Republik erste Sonderschulen. In der NS-Zeit wurden diese Klassen zum grausamen Zusammenschluss, da Zwangssterilisierungen vorgenommen und diese Kinder massenweise ermordet wurden (vgl. 2015, S. 9 ff.). Mit Kriegsende und der Verabschiedung des Grundgesetzes 1949 wurden neue Wege gegangen. Edelstein verweist darauf, dass die Alliierten sich für eine Reform des Bildungswesens einsetzen und in der gegliederten Schulform ein Hindernis für die Demokratisierung des Landes sahen. Der »Kampf um die Schulstruktur« ging jedoch zugunsten des ausdifferenzierten Schulsystems aus (vgl. Edelstein 2020).

In der Aufbauphase eines neuen Schulsystems entschied sich die Bundesrepublik Deutschland (BRD) also für ein ausdifferenziertes, viergliedriges Fördersystem, in der Deutschen demokratischen Republik (DDR) entstand eine Gemeinschaftsschulform nach politischem Konzept (vgl. Geißler 2019). Auch wenn diese Schulsysteme die Intention hatten, leistungsstarke Kinder und Jugendliche gezielt zu unterrichten und diejenigen mit besonderen Bedarfen besonders bedarfsgerecht zu fördern, vollzog sich immer eine Trennung nach Leistung. Es war also ein langer Weg von der Exklusion zum Konzept der Inklusion, welcher in verschiedenen Stufen erfolgt (▶ Abb. 4).

Die Graphik soll die verschiedenen Paradigmen des Umgangs mit Schüler*innen im Kontext des Schulsystems anschaulich erklären. Sie zeigt verschiedene Szenarien, die vor allem aufzeigen können, inwiefern Kinder und Jugendliche im Schulsystem mitgedacht werden. Wie wir oben zum Schulsystem aufgezeigt haben (▶ Kap. 3), geht es in der Schule grundsätzlich immer um Qualifikation, Selektion und Alllokation (Fend 2009), die Frage ist nur, inwiefern die weniger gut benoteten Schüler*innen in der Ausgestaltung des Curriculums mitbedacht werden.

Innerhalb des Zustandes der ›Exklusion‹ sehen wir also einen eindeutigen Ausschluss bestimmter Personen aus dem System, nicht leistungsstarke Schüler*innen

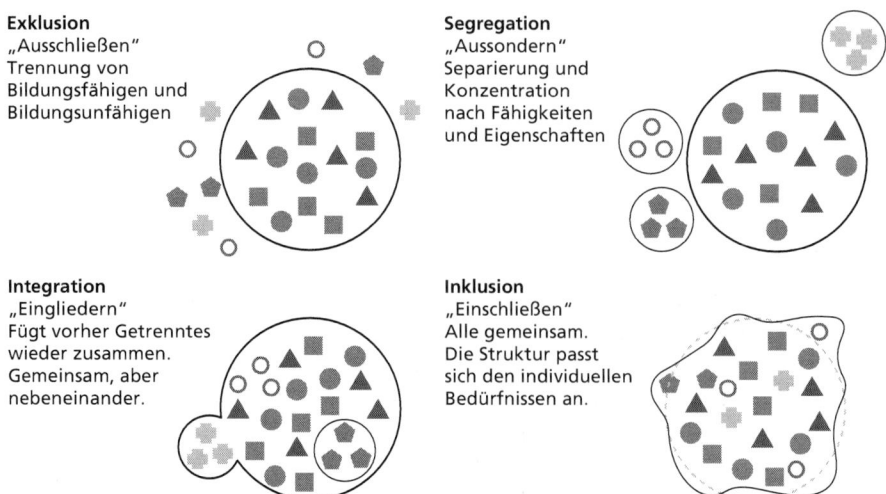

Abb. 4: Schritte zur Inklusion (Robert Aehnelt, zit. n. Kulke 2023; Lizenz: cc by-sa/3.0/de. Link: https://www.bpb.de/themen/inklusion-teilhabe/behinderungen/521497/teilhabe-und-inklusion/ / Schriftart und grafische Elemente an Verlagsstandards angepasst)

werden weder ausreichende Unterstützung noch einen adäquaten Abschluss erhalten, was sie letztlich wenig aussichtsreich in Bezug auf die berufliche Entwicklung in das Gesamtsystem der Gesellschaft ›inkludiert‹. Mit dem Ausbau der Förderschulen, zunächst unter dem Begriff ›Sonderschulen‹, befinden wir uns in der ›Segregation‹. In Förderschulen ist es den Schüler*innen nicht möglich, einen allgemeinbildenden Abschluss zu machen, zudem sind die Förderschulen in der Regel in anderen Gebäuden. Die Schüler*innen mit ›Förderbedarf‹ werden dort gesondert und nach ihren Fähigkeiten gefördert. Es gibt keine gemeinsame Beschulung, die ja genau genommen in dem mehrgliedrigen Schulsystem nur in der Grundschule bis Ende der Klasse 4 besteht. Die Graphik zur Integration zeigt, dass die Integration zumindest eine Öffnung in ein gemeinsames Schulsystem zulässt. Lange Zeit gab es bereits sogenannte ›Integrationsklassen‹, in denen Schüler*innen z. T. in Kleingruppen separat beschult wurden und dann in der Klasse genauso integriert waren, wie die anderen Schüler*innen. Sie hatten dadurch auch die Chance, einen anderen Abschluss als den Förderschulabschluss zu erreichen. Mit dem System der Inklusion sollten nun sämtliche ›Förderschulen‹ und ›Sonderklassen‹ aufgelöst werden und alle Kinder mit den unterschiedlichen Förderbedarfen in einer Klasse beschult werden. Dabei stehen Ihnen nun vor Ort Förderschullehrkräfte vor Ort zur Verfügung. Dennoch sind sie weiterhin mit einem bestimmten Förderbedarf ›gelabelt‹.

> **Exkurs**
>
> Historisch betrachtet ging der Inklusion eine längere Entwicklung voraus. Zunächst waren dies internationale Ereignisse. So forderte die UNESCO 1994 mit der »Salamanca-Erklärung« eine Bildung »für alle«. Auf dieser wegweisenden Tagung wurde ein Aktionsrahmen zur Pädagogik für »besondere Bedürfnisse« beschlossen (UNESCO 1994). Dieser bezog sich ausdrücklich auf alle Kinder und machte keine Unterschiede auf einen besonderen Förderstatus. Mit der UN-Behindertenrechtskonvention (UN-BRK) wurde dann das »Übereinkommen über die Rechte der Menschen mit Behinderungen« 2009 ratifiziert, was insbesondere die Gesellschaft als gesamtes System auffordert, Menschen, die an der Teilhabe an Gesellschaft behindert sind, entsprechend zu »inkludieren« (vgl. Beauftragter der Bundesregierung für die Belange von Menschen mit Behinderungen o.J.). Durch diese in den Mitgliedsstaaten rechtlich bindende Konvention wird somit die gesamte Gesellschaft, nicht nur das Teilsystem Schule, auf allen Ebenen (z.B. Schule, öffentlicher Raum, Verwaltung) zur Barrierefreiheit aufgefordert.

Zur Entscheidung, eine »inklusive Schule« zu entwickeln, trugen auch weitere Ereignisse wie der so genannte »PISA-Schock« im Jahr 2001/02 bei, die das deutsche Bildungssystem erschütterten (zur PISA-Thematik vgl. Tillmann 2015). Die PISA-Studie ist eine weltweite Schulleistungsprüfung, bei der Deutschland in den mittleren bis unteren Reihen platzierte. Insbesondere geriet spätestens seitdem das mehrgliederige Schulsystem in Kritik, da die PISA-Studie ebenso offenlegte, dass die Bildung in Deutschland von der jeweiligen Lebenslage abhängt: »In keinem anderen westlichen Industrieland hingen zudem die Kompetenzen der Schülerinnen und Schüler so stark von ihrer sozialen Herkunft ab wie in Deutschland« (Tillmann 2015). So forderte der OECD-Botschafter 2006 deutlich dazu auf, das mehrgliedrige Schulsystem in Deutschland abzuschaffen. Denn in vielen Ländern gibt es diese Trennung gar nicht (Lohrenscheit 2013). Insgesamt begann somit eine große Schulentwicklungsphase, die auch den Ganztagsschulausbau betraf.

Zur Begriffsentwicklung ist noch hinzuzufügen, dass in der BRK interessanterweise der Begriff »Inklusion« gar nicht explizit genannt wird (vgl. Haude/Volk/Fabel-Lamla 2018, S. 17). Auch im Zuge der sogenannten Salamanca-Erklärung (UNESCO 1994) werden sensibilisierende Begrifflichkeiten verwendet und immer wieder angepasst – im Text ist die Rede von Integration und Inklusion. Im Zuge der Überarbeitung ändert sich die Rede von »Besonderheiten« zu »Außergewöhnlichkeit« (vgl. ebd., S. 20). Wir unterscheiden somit ein enges und ein weites Verständnis von Inklusion (ebd., S. 21). So ist die BRK eher eng gefasst und auf Menschen mit Behinderungen bezogen, während die Salamanca-Erklärung mit der konzeptionellen Idee »einer Schule für alle« weit gefasst ist und auch Menschen mit Behinderung« zu einem breiten Adressat*innenkreis von vielen Menschen mit individuellen Bedürfnissen zählen.

Zusammenfassend kann festgehalten werden: Es geht bei der Inklusion um Chancengerechtigkeit für alle und damit um Veränderungen auf allen Ebenen innerhalb des Rechts- und Bildungssystems. Entscheidend ist nicht nur die strukturelle Ebene, sondern genauso die persönliche Ebene der Haltung und Einstellung. Immer betrifft Inklusion alle Menschen, die an Teilhabe gehindert sind, also von der Gesellschaft behindert werden. Heterogenität wird aus dieser Perspektive nicht als Problem oder Herausforderung verstanden, sondern als Chance und Ressource.

Viele Begründungen können wir jedoch bereits aus den grundsätzlich bestehenden Bildungsaufträgen der Landesgesetze der Schulbehörden entnehmen. Als weiterführende Erarbeitung des Themas empfehlen wir Ihnen, sich einmal Bildungsaufträge genauer anzusehen und zu vergleichen.

> **Reflexionsanregung: Auseinandersetzung mit dem Bildungsauftrag**
>
> Nun werfen wir einen konkreten Blick auf zwei exemplarische Bildungsaufträge einzelner Bundesländer, die in den jeweiligen landesspezifischen Schulgesetzen formuliert sind. Diese Aufträge sind als gesetzliche Grundlage jedes Curriculums jeglicher Schulen in Deutschland zu verstehen. Die Schulen haben sich in der Ausrichtung ihrer Inhalte daran zu orientieren, vor allem wenn es um die Gestaltung des »Sozialen«, also der generellen Bildungs- und Erziehungsziele geht. Die Bildungsaufträge sind unterschiedlich formuliert, da Schule in Deutschland föderalistisch organisiert ist. Das heißt, dass jedes Bundesland seine eigenen Landesgesetze hat, die sich aber im Grundsatz ähneln.
>
> Rufen Sie diese mit den unten angegebenen Links einmal im Internet auf und lesen Sie die unten angegebenen Paragraphen. Falls Sie nicht aus Bremen oder Niedersachsen kommen, finden Sie die entsprechenden Landesschulgesetze mit ähnlichen Ausführungen im Internet.
>
> 1. Wird hier bereits der Auftrag für »Inklusion« sichtbar?
> 2. Haben Sie den Eindruck, dass das aktuelle Schulsystem diesen Vorgaben (die es schon lange vor der Inklusionsdebatte gab!) bereits folgt?
>
> Begründen Sie Ihre Meinung dazu.
>
> Niedersachsen: § 2 Bildungsauftrag der Schule (Niedersächsisches Schulgesetz – NSchG)
> https://voris.wolterskluwer-online.de/browse/document/f64f333a-a845-37da-b0e4-6c2666eaaf0f
> Bremen: § 5 Billdungs- und Erziehungsziele (Bremisches Schulgesetz – BremSchG 2021)
> https://www.transparenz.bremen.de/metainformationen/bremisches-schulgesetz-bremschulg-in-der-fassung-der-bekanntmachung-vom-28-juni-2005-175324?asl=bremen203_tpgesetz.c.55340.de&template=20_gp_ifg_meta_detail_d

Kommentierung

Bei der Bearbeitung dieser »Aufgabe« des Vergleichs sollten Sie wahrgenommen haben, dass

a) bereits sehr viel Potenzial in den Bildungsaufträgen steckt, die die Prinzipien und Ziele ihrer Arbeit als Sozialarbeitende im Schulsystem eindeutig legitimeren, und
b) die Bildungsaufträge in den verschiedenen Bundesländern (hier Niedersachsen und Bremen) sehr unterschiedlich (kritisch) verfasst sein können.

7.1.2 Das System Inklusion: Widerspruch zum Schulsystem oder perspektivisch machbar?

Es gibt jedoch auch genügend Zweifel, ob sich die konzeptionelle Idee der Inklusion wie geplant umsetzen lässt: Denn betrachten wir die Schule als System (▶ Kap. 3) wird – wie bereits mehrfach erwähnt – sichtbar, dass die Schule grundsätzlich eine Selektions- und Allokationsfunktion hat (Fend 2009). Es werden Noten vergeben und Abschlüsse weisen Kinder unterschiedliche Lebensperspektiven zu. Zudem gibt es immer wieder strukturell bedingte institutionelle Diskriminierung (vgl. u. a. Gomolla/Radtke 2009). Das heißt, dass schulische Entscheidungsprozesse immer dazu führen, auch »Kategorisierungen« vorzunehmen und Noten zu vergeben. Wenn ein Kind als förderungsbedürftig angesehen wird, braucht es eine Bezeichnung, um entsprechende Förderung zu erhalten. Wir unterscheiden aktuell Kinder mit der Zuschreibung dieser Kategorien (zur Vertiefung Sarimski 2015, S. 23 f.):

- Förderschwerpunkt Lernen
- Förderschwerpunkt Sozial-emotionale Entwicklung
- Förderschwerpunkt Sprache
- Förderschwerpunkt Geistige Entwicklung
- Förderschwerpunkt Motorische und körperliche Entwicklung
- Förderschwerpunkt Sehen
- Förderschwerpunkt Hören

Diese Kategorisierungen führen somit nicht nur zu Hilfe, sondern auch zu Stigmatisierungsprozessen, wie Schieferdecker (2018), Pfahl und Powell (2016), Spies und Rainer (2016) sowie Küchler und Ivanova (2019) aufzeigen. Insbesondere der Text von Pfahl wird hier ausdrücklich empfohlen, um das Verständnis des Themas zu erweitern.

Ein Beispiel hierfür sind Prozesse im Zusammenhang mit dem § 35a SGB VIII, der sogenannten Eingliederungshilfe für Kinder und Jugendliche mit seelischer Behinderung oder drohender seelischer Behinderung, z. B. psychologischen und sozial-emotionalen Bedarfen. Auch von Seiten der Jugendämter kommt es, wenn durch den § 35a SGB VIII eine Zuweisung zur Schulbegleitung als Unterstützung erfolgen kann, eben auch genau dadurch zu Stigmatisierungen. So befindet sich auch das SGB VIII im »Etikettierungs- Ressourcen-Dilemma« (Neumann/Lütje-Klose 2020). Denn in § 13 werden »sozial benachteiligte und individuell beeinträchtigte Kinder und Jugendliche« ebenfalls explizit benannt.

> **Fallbeispiel**
>
> Im folgenden Ausschnitt aus einem Interview mit einem Mitarbeiter eines Jugendamtes in Führungsfunktion kommt diese Problematik zur Sprache:
> »Der 35 a ist ein mehr oder weniger Ausgleichsmodell, um die Kinder sozusagen am schulischen Alltag zu beteiligen, dass die teilhaben können an Schule, aber es ist nicht schulische Inklusion. Weil es immer noch ne Form der Besonderung ist und auch das Gutachten oder die fachärztliche Stellungnahme Leistungsvoraussetzung ist….wo man sagt, dass hat ja fast was stigmatisierendes oder hat möglicherweise stigmatisierende Wirkung. Das Krankheitsbild ist sozusagen ausschlaggebend, dass ich diese Leistung bekomme.«
> (Gruppendiskussion mit Schulsozialarbeiter*innen, Leitungskräften und Fachberatungen zum Thema Inklusion und Schulsozialarbeit 2023)

> **Reflexionsanregungen**
>
> - Was meint der Sozialarbeiter des Jugendamtes mit Stigmatisierung bzw. »Besonderung«? Worin besteht diese?
> - Was spricht für eine individuelle Alltagsunterstützung der Kinder und Jugendlichen? (Berücksichtigen Sie, dass Sie dies ohne genaue Fallbeschreibung nur vermuten können, wenn sie eine genaue Diagnose nicht kennen.)
> - Welche weiteren Effekte haben solche Maßnahmen im Schulalltag, die sich nicht immer zwingend positiv auf den Alltag des Kindes auswirken?
> - Wie könnte eine nicht stigmatisierende Unterstützung verwirklicht werden?

Daran knüpft sich somit die Frage, wie eine inklusive Schule entwickelt werden sollte, damit möglichst keine stigmatisierenden Effekte entstehen und alle Kinder je nach Bedarfslage die notwendige Unterstützung erhalten. Mit der Novellierung des SGB VIII (Kinder- und Jugendhilfegesetz) durch das Kinder- und Jugendstärkungsgesetz (KJSG) soll auch die (große) »inklusive Lösung«, die Übertragung der Eingliederungshilfe in die Verantwortung der Kinder- und Jugendhilfe bis 2028 erfolgen (vgl. Voigts 2017). Ob diese dann tatsächlich ohne Stigmatisierungseffekte vollzogen werden kann, bleibt (skeptisch) abzuwarten. Denn immer wird es ein »Etikettierungs-Ressourcen-Dilemma« (Neumann/Lütje-Klose 2020) bleiben, wenn Kinder und Jugendliche aufgrund von einer Gesellschaft und Schule, die nicht für alle Menschen barrierefrei gestaltet ist, Unterstützung benötigen, die finanziert und damit ›etikettiert‹ werden muss. Zugleich kann aber auch nicht auf die Ressourcen der Unterstützung verzichtet werden. Hier wären, in Bezug auf die etikettierenden Verwaltungsprozesse, unkompliziertere Lösungen sicher hilfreich.

Ein bzw. das relevanteste Instrument um die Herausforderung der Gründung von »Inklusiven Schulen« zu bewältigen, ist der Index für Inklusion nach Tony Booth und Mel Ainscow. Erstmalig stellten sie diesen Index im Jahr 2000 auf einer Tagung in Manchester vor. Auf deutsche Verhältnisse übertragen wurde der Index durch Boban und Hinz (2003). Dieses kriteriengeleitete Vorgehen kennzeichnet somit Schulentwicklungsprozesse unter dem Leitbild der »inklusiven Schule für alle«.

Ein Zitat aus dem Index zeigt auf, warum die Entwicklung zu einer inklusiven Schule kein Selbstläufer ist:

> »Schulentwicklung ist jedoch kein mechanischer Prozess; sie erwächst daraus, dass Werte, Gefühle und Handlungen miteinander verbunden werden, ebenso wie aus sorgfältiger Reflexion, Analyse und Planung: ›It is about hearts as much as minds.‹« (Booth/Ainscow übersetzt, für deutschsprachige Verhältnisse bearbeitet und herausgegeben von Boban/Hinz 2003, S. 19)

Die drei Dimensionen des Index, aus denen dieser Prozess entsteht, sollen lauten:

1. Inklusive Strukturen etablieren
2. Inklusive Praktiken entwickeln
3. Inklusive Kulturen schaffen

Reflexionsanregungen

Finden Sie in einem ersten Schritt der Bearbeitung dieser Aufgabe jeweils Beispiele für die Unterpunkte und sehen Sie erst danach im zweiten Schritt in den Index für Inklusion:

https://www.eenet.org.uk/resources/docs/Index%20German.pdf

Nun verschaffen Sie sich einen Überblick zu den vielfältigen Inhalten des Vorgehens mit dem Index.

1. Was glauben Sie, wirkt Schulsozialarbeit »per se« aufgrund ihres Auftrages und ihrer Angebote schon daran mit, eine inklusive Schule zu entwickeln? Wenn ja, wie gelingt ihr das?
2. Stellen Sie sich auch die indirekt dahinter liegende Frage: Welche Gesellschaft brauchen wir, um die Inklusive Schule ernsthaft zu realisieren?

Der Index für Inklusion stellt somit einen Schulentwicklungsprozess dar, an dem auch Schulsozialarbeit mit ihren Inhalten andocken und diese konzeptionell legitimieren kann.

7.1.3 Zur Verortung der Schulsozialarbeit im Kontext Inklusion

Fragen wir nun nach der Relevanz der Schulsozialarbeit in diesem Kontext. Wie weiter oben schon angedeutet, gibt es immer noch wenig Beachtung des Themas Schulsozialarbeit im Diskurs zu Inklusion, wie Holtbrink bereits 2017 feststellte (vgl. 2017, S. 199). Demgegenüber sind jedoch klare Parallelen zwischen dem (normativen) Auftrag der Schulsozialarbeit und dem Ziel der Inklusion zu erkennen (2017, S. 199). Dies findet sich im Fachdiskurs immer wieder: Ein großer theoretischer Orientierungspunkt der Sozialen Arbeit ist sehr häufig das Konzept der Lebensweltorientierung nach Thiersch, welches als Strukturmaxime auch Inklusion beinhaltet (2020, S. 132 ff.). In Bezug auf Specks Definition der Schulsozialarbeit, die auch an den § 13 SGB VIII angelehnt ist, geht es stets darum, Bildungsbenachteiligungen zu vermeiden und abzubauen. Zugleich muss betont werden, dass auch hier Widersprüche entstehen, wenn auch mit den Programmen der Schulsozialarbeit immer wieder gezielt auf »Benachteiligte und Beeinträchtigte« fokussiert wird. Doch folgen wir zunächst dem Anspruch, »alle« mitzunehmen und besondere Bedürfnisse zu beachten. Wie in dem Kapitel zu den Kinderrechten sichtbar wird, zählen auch die Menschenrechte und damit die Kinderrechte als Leitlinie (Baier 2016). Grundsätzlich sollte Schulsozialarbeit einen besonderen Fokus auf Antidiskriminierung haben (Kastirke/Holtbrink 2016). Verschiedene lebensweltorientierte Handlungsmaxime und Aufgabenbereiche können ebenso dem Prozess der Inklusion zugeschrieben werden: Partizipation und Demokratie erfahrbar machen, Einzelfallhilfe und Vernetzung, Ganztagsbildung (Fabel-Lamla/Reinecke-Terner 2015, S. 150). Vor allem geht es aber um die Arbeit in multiprofessionellen Teams (ebd., S. 152), denn Inklusion kann nur gemeinsam funktionieren, nicht nur gemeinsam für »alle« Kinder, sondern auch in der Zusammenarbeit der Professionen und Mitarbeitenden der Organisation Schule. Eine Vertiefung zu den Kooperationsprozessen haben wir bereits oben in Bezug auf die Lehrkräfte vorgenommen (▶ Kap. 5). Mit der Beschreibung der »multiprofessionellen Teams« wird dieser Ansatz im Prinzip notwendigerweise erweitert.

7.1.4 Schulsozialarbeit in multiprofessionellen Teams – Arbeit am »System Kind«

Die Arbeit in multiprofessionellen Teams bezieht sich auf die Zusammenarbeit einer Reihe von Personen, die in der Schulalltagsunterstützung des Kindes oder Jugendlichens eine Rolle spielen können und die mit unterschiedlichen Zeitressourcen ausgestattet sind:

- Klassenlehrkräfte (in der Verantwortung für die gesamte Klasse, mehrfach wöchentlich in der Klasse)
- Fachlehrkräfte in einzelnen Fachstunden (unterschiedlich häufig)
- Förderschullehrkräfte mit einer bestimmten Stundenzuweisung
- Schulbegleitungen nach § 35 SGB VIII (durchgehend im Alltag)
- Schulsozialarbeit (zu bestimmten Anlässen, Beratung, Soziales Lernen, Projekte usw.)
- Zusätzliche Therapeut*innen (Ergotherapie, Lerntherapie, Psychologische Unterstützung) – eher außerhalb der Schule ein- bis zweimal die Woche.

Im oben genannten Werkbuch (Haude/Volk/Fabel-Lamla 2018) finden wir eine solche Auflistung zur Multiprofessionalität als Vernetzung aus Sicht der Schulsozialarbeit, sie umfasst weitaus mehr Personen als hier abgebildet, auch außerhalb der Schule (vgl. ebd., S. 80). Die Eltern beispielsweise sind in dem Modell der

Vernetzung ebenso integriert, jedoch an dieser Stelle nicht aufgeführt, um den Fokus auf den »professionellen«, beruflichen Zusammenhang zu legen.

Im Kontext »Multiprofessionlität« kann es leicht zu Problemen bei der Feststellung der Zuständigkeit kommen, deshalb ist die Wahrnehmung der Kooperationspartner*innen aus Sicht des »Systems Kinder« so bedeutsam; wie folgender Interviewauszug verdeutlicht:

Fallbeispiel

»… dann liegt es auch in meiner Rolle das System dieses Kindes zu verstehen, wer da irgendwie Zuständigkeiten hat und im Zweifelsfall da darauf zu gucken, wie man die Ressourcen gut bündeln kann, wie Ressourcen gut genutzt werden können.«
(Gruppendiskussion mit Schulsozialarbeiter*innen, Leitungskräften und Fachberatungen zum Thema Inklusion und Schulsozialarbeit 2023)

Reflexionsangebot

Stellen Sie sich vor, Sie sind Schulsozialarbeitende: Wie gelingt es Ihnen am besten, vom »System Kind« aus zu denken, und wie gelangen Sie an für Sie relevante Ressourcen?

Kommentierung

Im Schulalltag werden Sie immer wieder Personen suchen, die Ressourcen erübrigen können, um sich des jeweiligen Kindes anzunehmen. Dabei haben die verschiedenen Akteur*innen unterschiedliche Zuständigkeiten und unterschiedliche Auffassungen davon. Zum Beispiel kann es sein, dass die Lehrkraft schon sehr lange gut mit den Eltern in Kontakt ist, schwer abgeben kann und den Kontakt selbst herstellen möchte. Dann ist dies zwar eine Ressource, zugleich werden Sie selbst dann gar nicht mit den Eltern in Kontakt kommen. Oder nur über und mit der Lehrkraft, was wiederum bedeutet, dass Sie ihre Anwesenheit mit dem Kind und auch mit der Lehrkraft aushandeln müssen. Ebenso kann es sein, dass eine Förderschullehrkraft zwar zuständig, aber länger krankgeschrieben ist, eine Vertretung gibt es nicht, also bitten Sie übergangsweise eine weitere Kollegin um Unterstützung, mit der Sie (hoffentlich) gut zusammenarbeiten können. Für das jeweilige Problem muss ggf. eine gute Beratungsstelle gefunden oder eine Diagnose erstellt werden. In dem Fall sind die Ressourcen auch im Umfeld, in der Infrastruktur der Schule zu suchen. Wenn Sie gut vernetzt sind, in einer Großstadt leben, werden Sie es leichter haben, an externe (Beratungs- und Unterstützungs-)Ressourcen heranzukommen, wenn Sie auf dem Land leben und weit und breit keine Beratungsstelle verfügbar ist. Wenn Sie sich daher auch bisher nicht mehr Ressourcen erschlossen haben, werden Sie weitaus länger telefonieren oder Mails schreiben müssen, bis Sie erfolgreich sind. Wenn Sie konsequent vom ›System Kind‹ aus denken möchten,

> wird erschwerend hinzukommen, dass dieses sich möglicherweise nicht auf jede externe Beratung einlassen wird.
>
> Es geht also um das Aufspüren von (fachlichen und menschlichen) Ressourcen und um eine gute Verteilung der Ressourcen im Rahmen der multiprofessionellen Zusammenarbeit.

Folgende Aussagen aus Interviews mit zwei Schulsozialarbeiter*innen machen sichtbar, dass diese Arbeit an und mit dem Kind bzw. Jugendlichen unterschiedlich gelingt bzw. vollzogen wird.

Fallbeispiel 1

Schulsozialarbeiterin: »Bei uns ist es konkret so, dass ich, wenn ich mit der gesamten Klasse arbeite, natürlich mit allen arbeite, aber die Förderschullehrkraft natürlich die erste Ansprechperson für die Kinder ist und sie mich dann mal anspricht, wenn sie Fragen hat, in Bezug auf Elternarbeit oder zusammen mal Elterngespräche führen, wenn es um Schulabsentismus geht und so diese Sachen.

Interviewerin: »Oder vielleicht auch um das soziale Gefüge, Integration«

Schulsozialarbeiterin (Gym): »Ja so ist es auch, es gab einen Konflikt und dann ist es auch ein Konflikt, aber eher ist es so, dass sie das alles als Bezugsperson eigentlich ganz gut managt.«
(Gruppendiskussion mit Schulsozialarbeiter*innen, Leitungskräften und Fachberatungen zum Thema Inklusion und Schulsozialarbeit 2023)

Fallbeispiel 2

Schulsozialarbeiter (IGS):
»Um für meine Schule nochmal zu sprechen: Flächendeckend in fast allen Klassen gibt es Kinder, die irgendeinen Förderbedarf offiziell oder inoffiziell haben, also da ist schon flächendeckend eigentlich in jeder Klasse Inklusion vorhanden und wird gemacht und da gibt es dann keine Unterscheidung, dass man dann mit denen Kindern nicht arbeitet und mit den anderen dann arbeitet, das ist alles ne Frage der Rolle und des Auftrags. In dem Moment, wenn es um Konflikte geht oder Beratungsbedarf und das Kind kommt zu mir, dann ist mir das egal, ob es einen Förderstatus hat oder nicht, dann ist das Kind da und hat einen Bedarf und um das kümmere ich mich dann. Wenn es natürlich darum geht, dass Förderplangespräche oder diese Sachen geführt werden, das ist Aufgabe der Förderschullehrkraft. Ähm da macht es vielleicht manchmal Sinn mich hinzuzuziehen, weil es vielleicht Schnittpunkte gibt, die man dann mit abde-

cken kann, weil wenn die Eltern schon mal da sind, dann kann man die Chance dann auch gut nutzen. Ähm genau und sonst, Sozialtrainings und solche Sachen zielen ja auch darauf ab ein gegenseitiges Verständnis und eine Rücksichtnahme auf alle, und da ist es auch egal, ob das Kind einen Förderstatus hat oder nicht, ähm, herzustellen um ein vernünftiges gutes Klassengefüge einfach herzustellen. Schnittpunkte, was Inklusion anbelangt, ist sicher auch nochmal die Beratung von Eltern, wenn es darum geht, Schulbegleitungen zu beantragen, wenn es darum geht, dass es Kinder gibt, wo es möglich ist, dass da vielleicht ein Förderbedarf vorliegt, dann ist aber die Aufgabe der Förderschullehrkraft, quasi diese Prozesse in die Wege zu leiten.«
(Gruppendiskussion mit Schulsozialarbeiter*innen, Leitungskräften und Fachberatungen zum Thema Inklusion und Schulsozialarbeit 2023)

Reflexionsanregungen

1. Die Schulsozialarbeiterin im ersten Fallbeispiel spricht von »managen«, der Schulsozialarbeiter im zweiten Fallbeispiel von »kümmern«. Wem wird in jedem Beispiel aus Sicht der beiden interviewten Personen die Hauptverantwortung für dieses »Kümmern«, bzw. »Managen« zugeschrieben?
2. Arbeiten Sie heraus: Sind hier zwei Modelle der Herangehensweise sichtbar?

Wenn ja, was spricht für das eine, was für das andere Modell?

Interpretationsangebot

Wenn wir zwei Modelle herausfiltern, dann könnte dies für das erste Fallbeispiel das folgende Modell sein:

- Modell 1: Regelung aus Sicht der Förderschullehrkraft
  Die Förderschullehrkraft, die nach Diagnosestellung ein bestimmtes Kind betreut, ist die erste Ansprechperson für das Kind und deren Bedarfe und die Schulsozialarbeiterin richtet sich nach ihrer ersten Einschätzung.

Das zweite Fallbeispiel stellt eine andere Perspektive dar:

- Modell 2: Regelung aus Sicht der Schulsozialarbeit.
  Die Schulsozialarbeit sieht grundsätzlich alle Schüler*innen in Bezug auf ihre Bedarfe als gleich an und versteht sich damit als die erste Ansprechperson für jegliche Anliegen. Somit schätzt SIE die Situation immer zuerst selbstständig ein.

Innerhalb des Modells 1 kann unter Umständen auch eine andere Person gemeint sein, also keine Förderschullehrkraft, sondern z. B. eine Schulbegleitung. Schulbegleitungen werden nach dem oben genannten § 35 SGB VIII als Maßnahme für Schüler*innen besonderen sozialen Bedarfen, also für die »intensive, sozialpädagogische Einzelbetreuung« eingesetzt. Hier würde sich dann jedoch noch ein Problem stellen, denn diese »Assistenzpersonen« sind oft erste Bezugsperson für die Schüler*innen, haben jedoch auch aufgrund der eher eingegrenzten, zugeschriebenen Kompetenzen und Verantwortungsbereiche basierend auf der Diagnose des Kindes normalerweise weniger Handlungsmöglichkeiten, die über die reine Betreuung hinausgehen. Die Frage ist somit allerdings auch, inwiefern diese Personen sich auch um Weiteres »kümmern« oder »managen«. In jedem Fall sollten sie aber in den Prozess von Klärungen einbezogen, mindestens informiert werden.

Beide Modelle, Modell 1, bei dem sich eine stetige Bezugsperson der Schüler*in vordergründig kümmert und auch Modell 2, bei dem sich die Schulsozialarbeit als erste Ansprechperson versteht und versucht, keine Unterschiede zu machen und nicht auf Diagnosen zu sehen, haben in der Schule ihre Berechtigung und es wird mit den Lehrkräften jeweils auszuhandeln sein (▶ Kap. 5), wie mit dem »Fall« umzugehen ist. Denn es ist nicht von der Hand zu weisen, dass die Förderschullehrkraft (in Modell 1) in einer engen stetigen Beziehung zu dem Kind/dem*der Jugendlichen steht, was allein durch den regelmäßigen Zeitaufwand (siehe oben) gegeben ist. Denn ist dies eine gute, tragfähige Beziehung und lässt die Förderschullehrkraft auch die Besprechung weiterer Anliegen des*der betreuten Schüler*in wie soziale Konflikte, weitere Beratungsbedarfe etc. zu, wird sich das Kind/der*die Jugendliche sicher zuerst ihr anvertrauen. Der*die Schulsozialarbeitende der Schule sollte um diesen Umstand und diese Beziehungen wissen, um dann entscheiden zu können, ob sie zusätzlich eine eigene Beziehung aufbauen möchte oder ob sie in der Zusammenarbeit der Förderschullehrkraft vertraut, dass sie die Bedarfe des Kindes schon richtig einschätzt und diese ›managt‹. Zu bedenken ist: Das Kind selbst spielt bei einem solchen Vorgehen jedoch eine untergeordnete Rolle, da es erst nach Einschätzung der Förderschullehrkraft selbst befragt oder beraten wird. Die Schulsozialarbeit wird hier (Modell 1) aber durchaus von der Lehrkraft mit ihrer Expertise für spezifische Themen (Konflikte in der Klasse, Schulabsentismus) gesehen. Wichtig ist also in diesem Modell, dass die Förderschullehrkraft das Angebot der Schulsozialarbeit kennt und diese bei Bedarf auch aufsucht.

Im Modell 2 sieht die Schulsozialarbeit erst einmal über alle weiteren zuständigen Personen hinweg und sieht zuallererst das Kind/den*die Jugendliche*n als erste Ansprechperson, die ihre eigenen Bedarfe artikuliert und für sich selbst spricht. Sie geht vom ›System des Kindes‹ aus. Die Kinder kommen selbstständig zur Schulsozialarbeit, die zuvor dafür gesorgt haben muss, dass alle Schüler*innen (mit oder ohne Förderbedarf) ihr Angebot kennen und wissen, wo sie zu finden ist. Das Prinzip der Niederschwelligkeit ist hier also sehr wichtig. Dann wird sich die Schulsozialarbeit um die jeweiligen Anliegen ›kümmern‹. Sie weiß um ihre konzeptionellen Grenzen und verweist bei spezifischen Fragen (z. B. Förderpläne) auf die Expertise der Förderschullehrkraft. Zugleich nutzt die Schulsozialarbeit ihre Anwesenheit in entsprechenden Fördergesprächen auch als Kontakt zu den Eltern für weitere Anliegen des Kindes, die nicht in den Zuständigkeitsbereich der Förderschullehrkraft fallen. In diesem Modell ist immer dann eine Aushandlung mit weiteren Lehrkräften oder anderen unterstützenden Personen notwendig, wenn es Themen gibt, die diese betreffen (z. B. betrifft ein Konflikt in der Klasse auch immer das System des*der Klassenlehrer*in).

In Bezug auf das Thema »Stigmatisierung« und das »Etikettierungs-Ressourcen-Dilemma« (Neumann/Lütje-Klose 2020) hat Modell 1 jedoch größere ›Tücken‹, denn das Kind ist sichtbar als Förderschulkind ›gelabelt‹, wenn die Förderschullehrkraft zur ersten Ansprechperson wird. Hier kommt es vielleicht auch auf die Schwere des Förderbedarfs an. In jedem Fall ist sensibel mit diesem Thema umzugehen. In Modell 2 bewegen sich die Förderschüler*innen genauso wie die anderen im Schulalltag und nutzen nicht unbedingt ihre Förderschullehrkraft als erste Ansprechperson. Situativ kann sich dies ergeben, aber auch der Förderschullehrkraft sollte in diesem Modell klar sein, dass sie das Kind bei speziellen Themen (Beratung, soziale Themen die Klasse betreffend) zunächst an die Schulsozialarbeit verweisen müsste. Erst danach kann sich auch hier eine weitere Kooperation ergeben, die dann aber mit dem Kind sorgfältig geklärt werden müsste, nicht nur um es selbst über seine/ihre Bedarfe sprechen zu lassen, sondern vor allem auch um Stigmatisierung zu vermeiden. Zugleich trägt die Schulsozialarbeit in solchen Fällen aber auch selbst zur Kategorisierung bei, wenn es z. B. darum geht Schulbegleitungen nach § 35 SGB VIII zu beantragen. Hier scheint es sehr ratsam, wie ja auch durch das zweite Interview, mit welchem dann Modell 2 beschrieben wird, angedeutet, sich vorher mit Förderschullehrkräften und anderen Lehrkräften auszutauschen und den Prozess bestenfalls an Lehrkräfte abzugeben. Auch zu überdenken wäre, ob Schulsozialarbeit überhaupt bei Förderplangesprächen dabei sein sollte, denn die Schüler*innen können nicht sofort unterscheiden, wer ihnen letztlich die Kategorie ›Förderschulkind‹ übertragen hat. Schulsozialarbeit wäre somit sichtbar an diesem Unterstützungs-, aber auch Stigmatisierungskonzept beteiligt.

Gut zu wissen – gut zu merken

- Das Thema »Inklusion und Schulsozialarbeit« hat noch einen Werkstattcharakter. Es gibt noch nicht ausreichend konkrete Konzepte für die Verortung der Schulsozialarbeit.
- Im Bildungsauftrag stecken bereits viele Argumente für eine umfassende, inklusive Bildung in der Schule.
- Eine Aufgabe der Schulsozialarbeit im Kontext Inklusion kann es sein, Stigmatisierungsprozessen vorzubeugen und entgegenzutreten.
- Die Schulsozialarbeit muss sich im Kontext Inklusion multiprofessionell im Team aller (inner- und außerschulisch) verorten.

7.1.5 Fazit

Das Thema »Inklusion und die Verortung der Schulsozialarbeit« befindet sich offenbar immer noch im Bereich der »Werkstatt« (in Anspielung auf das Werkbuch von Haude/Volk/Fabel-Lamla 2018), da es noch keine bzw. nur sehr wenige konkrete(n) Handlungsanweisungen in Form von aktuellen Fachbüchern für Schulsozialarbeit im inklusiven Kontext gibt. Sie sind also selbst gefragt, diese später in ihrem Berufsleben mitzugestalten!

Mit diesem Beitrag haben wir lediglich ein kleines Schlaglicht auf die Kontexte, in denen es um Inklusionsfragen geht, geworfen. Begriffe wie ›Ressourcen‹, ›Multiprofessionalität‹, ›Etikettierung‹ und ›Stigma‹ wurden nur kurz angerissen, alle Fachtermini und Konzepte sollten selbstständig vertieft werden. Wir fassen also zusammen, dass sich inzwischen schon Erfahrungen in unterschiedlichen Handlungskontexten eröffnen, die von den Schulsozialarbeitenden (Interview 1 und 2 ▶ Kap. 7.1.4) aus unterschiedlicher Perspektive reflektiert werden.

Immer geht es aber um eine Aushandlung und Positionierung zum ›Fall‹, zum jeweiligen ›System Kind‹, zur Zuständigkeit. Und es stellt sich die Frage, inwiefern Schulsoziarbeit einen eigenen Beitrag zur Weiterentwicklung einer inklusiven Schule leisten kann. Mit zunehmenden Förderbedarfen und Kategorisierungen wird die Schulsozialarbeit auch immer gefragt sein, Förderbedarfe selbst kritisch zu hinterfragen und ggf. auch in Bezug auf nicht stimmige Kategorisierungen aktiv zu werden. Wie verdeutlicht wurde, wären bei diesen Prozessen auch immer die Kinder selbst einzubeziehen und zu hören. Wie fühlen sie sich selbst mit der Kategorisierung ›Förderschüler*in‹? Wie können Mitschüler*innen verstehen, dass dies keine Stigmatisierung bedeuten soll, sondern als notwendiger Unterstützungsbedarf zu respektieren ist? Zum Beispiel ist ein Rollstuhl als Hilfsmittel ja durchaus akzeptiert. Es geht also immer auch um eine Diskussion und Vermittlung von ›Normen‹ und der Wahrnehmung von einer grundsätzlichen individuellen Verschiedenheit.

Ein weiterer großer Bereich ist die Multiprofessionalität: Wo positioniert sich Schulsozialarbeit im Gefüge der Kooperation mit allen ›am System Kind‹ tätigen Personen und wie transparent ist ihre Rolle gegenüber den Schüler*innen und Lehrkräften?

In diesem Sinne, bleiben Sie an diesen Fragen dran und entwickeln sie die inklusive Schule zusammen mit allen beteiligten Akteur*innen, Schüler*innen, Lehrkräften, Eltern, weiteren Unterstützungssystemen stetig weiter.

Weiterführende Literatur

Haude, C./Volk, S./Fabel-Lamla, M. (2018): Schulsozialarbeit inklusive: ein Werkbuch. Göttingen/Bristol, CT: Vandenhoeck & Ruprecht.

Reinecke-Terner, A./Kloha, J. (2025): Schulsozialarbeit und Inklusion. (Un-)geklärte Herausforderungen? In: Jugendhilfe, 2/25, S. 123–128.

Pfahl, L./Powell, Justin J. W. (2019): »Ich hoffe sehr, sehr stark, dass meine Kinder mal eine normale Schule besuchen können.« Pädagogische Klassifikationen und ihre Folgen für die (Selbst-)Positionierung von Schüler/innen. Weinheim: Beltz Juventa.

7.2 Arbeit mit geflüchteten und migrierten Menschen

> **Was erwartet Sie in diesem Kapitel?**
>
> Nach einer allgemeinen Diskussion zur Bedeutung und Thematisierung der Lebenssituation von Menschen mit einer Migrationsgeschichte für das Handlungsfeld Schulsozialarbeit werden zentrale Kernthemen, insbesondere die Ambivalenzen der Kategorisierung, beleuchtet.

Das Verhältnis von Bildung und Migration ist sowohl in geschichtlicher Perspektive als auch bei Betrachtung der jüngeren Vergangenheit und der Gegenwart äußerst eng. Dies ist zunächst nicht weiter verwunderlich, steht doch Schule als flächendeckende Institution in enger Beziehung zu der Herausbildung von Nationalstaaten und – damit einhergehend – der Notwendigkeit der Konstruktion eines nationalen »Wir«, einer »vorgestellten Gemeinschaft« (Anderson 2016) bzw. von Volkszugehörigkeiten (vgl. Hummrich/Karakaşoğlu 2021). Migrant*innen stellen – mit einer »anderen« Sprache, »anderen« Vorstellungen von Bildung und Bildungsinstitutionen, »anderen« kulturellen und normativen Vorstellungen etc. – eine Herausforderung für das Schulsystem dar, das nach wie vor an der »Normalvorstellung« einer homogenen Schüler*innenschaft orientiert ist. Man kann sagen: Schule »produziert« eine homogene Normalerwartung an Schüler*innen, ohne die das spezifische institutionalisierte Phänomen »Schule« nicht stattfinden kann. Beispiele sind u. a. homogenisierte Leistungserwartungen und die Aufrechterhaltung eines sprachlichen Monolingualismus (trotz zunehmender und im Alltag selbstverständlich werdender sprachlicher Heterogenität) (vgl. u. a. Gogolin 1994).

Es ist an dieser Stelle sinnvoll, zunächst die Frage zu stellen, mit welchen Begriffen und Kategorien hier Menschen zusammengefasst und ihnen bestimmte Eigenschaften, Erfahrungen, Problemlagen etc. zugeschrieben werden. Jahrzehntelang war die Rede von »den Ausländern«, womit eine eindeutige Markierung einherging, dass es sich hier um Menschen handelt, die ihren lebensgeschichtlichen Bezug, ihre ›Herkunft‹ außerhalb Deutschlands haben und – so die Annahme – über kurz oder lang wieder dorthin zurück gehen werden. Nachdem – mit großer Verspätung – Anfang der 2000er Jahre auch der offizielle politisch-gesellschaftliche Diskurs akzeptierte, dass Deutschland eine »Einwanderungsgesellschaft« ist (was u. a. in der Verabschiedung des Zuwanderungsgesetzes im Jahr 2005 resultierte), wurde deutlich, dass die Grundannahmen einer ausländischen Bevölkerung, die wieder ›nach Hause‹ zurückkehren werde, den Realitäten widerspricht. Dementsprechend wurde nun auch eine neue Begrifflichkeit nötig, um diese Gruppe von Menschen adäquater zu erfassen. In diesem Zusammenhang wurde der Begriff des ›Migrationshintergrundes‹ geläufig.

> **Migrationshintergrund**
>
> Nach der Definition des Statistischen Bundesamtes liegt ein Migrationshintergrund vor, wenn eine Person »selbst oder mindestens ein Elternteil nicht mit deutscher Staatsangehörigkeit geboren wurde« (Destatis o. J.).

Damit kommt zum einen eine Akzeptanz zum Ausdruck, dass Menschen ihren tatsächlichen Lebensmittelpunkt trotz einer eigenen oder familiären Migrationserfahrung in Deutschland haben. Zum anderen wird aber eine vermeintlich eindeutige Differenzlinie, die bereits im Begriff des ›Ausländers‹ angelegt war, weitergezogen. Der Begriff ›Migrationshintergrund‹ wird damit zu einem sehr unbestimmten »Containerbegriff«, der äußerst heterogene Lebenssituationen von Menschen zusammenfasst und damit die Illusion einer Eindeutigkeit herstellt (vgl. u. a. Hummrich/Karakaşoğlu 2021, S. 5).

Hier wird eine Ambivalenz sichtbar, die in professioneller Hinsicht das gesamte Feld der Migrationspädagogik durchzieht. Auf der einen Seite helfen Kategorien wie die des ›Migrationshintergrundes‹, Problemlagen und Ungleichheiten sichtbar und damit problematisierbar zu machen. Im Hinblick auf die Bildungssituation junger Migrant*innen wird dementsprechend deutlich, dass diese – auch wenn hier wichtige Differenzierungen, etwa nach dem Alter, der sprachlichen Kompetenz etc. angelegt werden – nach wie vor von einer deutlichen Benachteiligung betroffen sind (vgl. u. a. Brungs 2018; Autorengruppe Bildungsberichterstattung 2016; Kloha 2022). Auf der anderen Seite machen genauere Analysen deutlich, wie begrenzt die Erklärungskraft der Kategorie ›Migrationshintergrund‹ alleine für Benachteiligungslagen ist – im Vergleich etwa zum sozioökonomischen Status der jeweiligen Familie (vgl. u. a. Autorengruppe Bildungsberichterstattung 2016, S. 11). Eine unreflektierte Verwendung dieser Kategorie kann dazu beitragen, dass eine individualisierende Zuschreibung von Defiziten entlang dieser »Migrationsdifferenz« an die Adresse der Betroffenen stattfindet und gleichzeitig der Blick von institutionellen und strukturellen Ursachen von Benachteiligungsprozessen abgelenkt wird. So zeigen empirische Untersuchungen, wie innerhalb der schulischen Strukturen Prozesse institutioneller Diskriminierung wirksam werden, wenn es um den überproportionalen Anteil von Kindern und Jugendlichen mit Migrationshintergrund an niedrigeren Schulformen geht (vgl. u. a. Gomolla/Radtke 2009). Neben solchen institutionalisierten (und damit in institutionellen Prozessen ›verborgenen‹) Formen von Diskriminierung machen Kinder und Jugendliche mit einer Migrationsgeschichte (und allgemein: ethnisch ›andere‹ Kinder und Jugendliche) in der Schule alltägliche Erfahrungen mit offener Diskriminierung und Rassismus, sowohl in der Interaktion mit Schüler*innen als auch mit pädagogischen Mitarbeiter*innen (Rodriguez/Roth/Sosa 2020; Karabulut 2020). Unter anderem aufgrund der Dominanz von Professionellen aus der »weißen« Mittelschicht laufen diese Schüler*innen Gefahr, dass diese Abwertungspraktiken als alltäglicher Erfahrungshintergrund nicht ernst genommen bzw. delegitimiert werden (Karabulut 2022; von ähnlichen Phänomenen in der Jugendhilfe berichtet Melter 2006).

Inwiefern ergibt sich hieraus nun eine Zuständigkeit der Schulsozialarbeit? Diese Frage ist nicht so trivial, wie sie im ersten Moment vielleicht erscheint. Aus unserer Sicht lassen sich – in zugespitzter Weise – hier zwei Perspektiven unterscheiden. Die *eine Perspektive* geht von einem prinzipiellen Bedarf an Unterstützung für Menschen mit einer Migrationsgeschichte aus. Gründe hierfür sind grundlegend angenommene Defizite, etwa im sprachlichen Bereich, aber auch im Hinblick auf kulturell geprägte Normvorstellungen im Bezug auf Wissensbestände über das deutsche Schulsystem etc. Man kann hier von einer ›essentialistischen‹ Defizitperspektive sprechen. Menschen wird auf der Grundlage einer (zugeschriebenen) Zugehörigkeit zu einer ethnisch-nationalen bzw. religiös gefassten Gruppe ein Unterstützungsbedarf zugeschrieben. Damit verbunden sind machtvolle Prozesse, Menschen aufgrund dieser Zugehörigkeiten zu »Anderen« zu machen, was eng mit der Geschichte und der Logik der Sozialen Arbeit verbunden ist (Mecheril/Melter 2010a; Hamburger 2012). Eine *andere Perspektive* ergibt sich, wenn sich die grundlegende Orientierung Sozialer Arbeit am Alltag der Menschen in ihrer konkreten Lebenswelt ergibt. Dies lenkt den Blick weg von externen Zuschreibungen und hin zu den konkreten Erfahrungen von Menschen. Damit wird nicht suggeriert, dass Menschen aufgrund ihrer Migrationsgeschichte keine Benachteiligungen erfahren. Oben wurde schon verdeutlicht, wie sich diese Benachteiligungen auf unterschiedlichen Ebenen auswirken. Es macht aber einen Unterschied, ob man (etwa in der Rolle als Schulsozialarbeiter*in) Menschen quasi von außen diese Benachteiligungen zuschreibt – aufgrund der Annahme von in den Menschen liegenden Defiziten – oder ob man den Versuch unternimmt, zu verstehen, wie sich die konkrete Lebenssituation von Menschen aus deren Sicht gestaltet. Wird die Frage so gestellt, eröffnet sich zumindest die grundsätzliche Möglichkeit, dass ein Zugang zu der Bedeutung möglich wird, die etwa Erfahrungen von Alltagsrassismus für den*die betroffene*n Schüler*in bekommt. Mit anderen Worten: Nicht die verallgemeinernde und stereotypisierende Annahme von Fremdheit der »Anderen« sollte im Mittelpunkt einer pädagogischen Perspektive stehen, sondern der Blick auf den jeweils spezifischen Erfahrungskontext des Gegenübers (vgl. Kloha 2017, S. 188).

Betrachtet man die konkrete Praxis, wird deutlich, dass dieses normative Modell – starre Kategorisierungen hier, vorbehaltloser Verstehensversuch da – nicht durchgehalten werden kann. Insbesondere ist es wichtig zu betonen, dass professionelle Praxis nie ganz ohne Kategorisierungen auskommt (im Kapitel zur Fallarbeit gehen wir hierauf genauer ein). Dies betrifft auch ethnisch-kulturelle Kategorien. Es findet ein *doing ethnicity* (Piñeiro 2021) bzw. ein *doing migration* (Böhmer 2016) statt. Was diese Kategorisierungen jedoch von anderen Kategorisierungen von Adressat*innen unterscheidet, ist deren breite Verfügbarkeit und Präsenz in der öffentlichen Diskussion (Moerman 1974). Jede*r hat ein Bild vor Augen, wenn Stichworte wie ›Flüchtling‹, ›Kopftuch‹ etc. fallen. Und das bedeutet, dass die gleichen Kategorien, die auf der einen Seite auch im professionellen Handeln sinnvoll sein können, um etwa Diskriminierungen beim Namen nennen zu können, auf der anderen Seite das Potenzial haben, zur Grundlage von Diskriminierung und letztlich Rassismus zu werden (Mecheril/Melter 2010b).

Um die Ambivalenz dieser ethnisch-kulturellen Kategorisierungen zu verdeutlichen, wollen wir uns im Folgenden zwei Ausschnitte aus Interviews mit Schulsozialarbeiterinnen ansehen, in denen solche Kategorien eine große Bedeutung bekommen. Im Fokus steht hier ein Spannungsfeld, das zwischen der Herstellung von Gemeinsamkeit und Nähe auf der Grundlage der Zuschreibung gemeinsam geteilter Erfahrungen einerseits und der Konstruktion von Andersheit und Differenz andererseits aufgespannt ist.

Im ersten Beispiel spricht eine Schulsozialarbeiterin, deren Eltern als türkische Arbeitsmigrant*innen nach Deutschland kamen. Sie arbeitet an einer Gesamtschule in einem Viertel einer deutschen Großstadt, dessen Bewohner*innen zum Großteil eine eigene Migrationsgeschichte haben. Im folgenden Interviewausschnitt spricht sie über die Bedeutung, die ihre eigene türkische Herkunft aus ihrer Sicht für die Arbeit mit Schüler*innen aus muslimischen Familien bekommt (die einen Großteil der Schülerschaft an der Schule stellen).

»Aber Jugendliche sind ja oftmals redefaul (((Lachen))) und eh ich jetzt, sagen die auch, eh ich jetzt der Deutschen erklärt hab, wie das bei/ die verstehn das doch auch so/ die ham auch kein Verständnis für unsere Kultur, und uns ist das aber so wichtig. Wie soll ich ihr denn jetzt erklären, dass ich meiner Mutter nicht sagen kann, dass ich nen Freund hab, oder, oder, oder, ja, also da sind ja auch so bestimmte Sachen schon im Kopf und wenn sie dann bei mir sagen können, sie wissen doch wie's is. So damit is schon mal ein ganzer Themenblock weg und dann kommt man ans Eingemachte, das isn gewisser Vorschuss.«
(Interview Aaliyah Esen, aus: Kloha 2018, S. 108)

Reflexionsanregungen

1. Worin besteht aus Sicht von Frau Esen die Bedeutung der geteilten Herkunft?
2. Welche Ambivalenzen sehen Sie?

Interpretationsangebot

Deutlich wird hier, wie Frau Esen einen Erfahrungsraum annimmt und konstruiert, den sie aufgrund ihrer Herkunft mit Schüler*innen teilt. Im Kern geht es dabei um ethnisch-kulturell geprägte Familien- und Geschlechterrollen. Die Schulsozialarbeiterin nimmt aufgrund dieser Gemeinsamkeit für sich in Anspruch, ein unmittelbareres, impliziteres Verständnis für die Lebenssituationen dieser Schüler*innen entwickeln zu können – insbesondere auch für Konflikte, die sich aus divergierenden normativen Vorstellungen zwischen der Eltern- und der Kindergeneration herausbilden. Für die Schüler*innen bedeutet das, dass sie nicht – anders als gegenüber einer »deutschen« Fachkraft – gezwungen sind, diese Konflikte in aller Detailliertheit zu explizieren. Hier lässt sich auch ein Hinweis dazu herstellen, dass diese Themen – etwa die Bilder von »patriarchalen Familienstrukturen« in muslimischen Familien – im öffentlichen Diskurs häufig normativ hoch aufgeladen und in stereotyper Weise verhandelt werden.

> Darüber hinaus gelingt es der Schulsozialarbeiterin aus ihrer Sicht dadurch schneller und unmittelbarer, zu den »tatsächlichen« Problemen (dem »Eingemachten«) vorzudringen.

Während hier die gemeinsam geteilte ethnische Zugehörigkeit letztlich aus Sicht der Schulsozialarbeiterin zur Schaffung und Verfestigung einer Vertrauensgrundlage zu Schüler*innen beiträgt, bleibt diese Sicht nicht ohne Ambivalenz. Denn letztlich bewahrt sie eine eindeutige Kategorisierung zwischen der »deutschen« und »unserer« Kultur, was möglicherweise ein – gerade für Jugendliche wichtiges – Ausprobieren hybrider Zwischenräume erschwert.

Im nächsten Interviewauszug spricht eine »deutsche« Schulsozialarbeiterin über ihre Wahrnehmungen des Stadtviertels – einer Großsiedlung am Rand einer deutschen Großstadt – in der die Grund- und Hauptschule liegt, an der sie arbeitet. Insbesondere fokussiert sie auf die Gruppe der »russischen« Spätaussiedler*innen (die sich selbst ja gerade häufig nicht als russisch, sondern als deutsch verstehen). Hintergrund dieser Passage ist ihre Erzählung darüber, dass sie in vielen Familien aus dieser Gruppe eine hohe Akzeptanz physischer Gewalt als Mittel der Erziehung wahrnimmt.

> »Weil das einfach auch ne große Community dort is, die/ es gibt die russischen Kaufhäuser, es gibt die russischen Friseure, es gibt den russischen Fahrschullehrer, ähm, man muss nicht Deutsch sprechen, man sich da auch/ also man bleibt dann auch in seinem Kreis und lebt auch dieses/ äh ja, die Kultur weiter. Und man muss sich nicht ähm irgendwie da anders orientieren, das is genau und, man muss sich auch hier an diese Gesetzgebung nicht anpassen, dass das Kind doch genau so ähm ein Recht auf Unversehrtheit hat, wie ich als Erwachsener. Das is einfach noch kein vollwertiger Mensch für für die russischen/ für viele, nicht für alle, ganz klar, muss man auch sagen.«
> (Interview Anna Friebl, aus: Kloha 2018, S. 170)

Reflexionsanregungen

- Welches Bild wird hier von der »russischen« Community gezeichnet?
- Welche Folgen ergeben sich hieraus möglicherweise für das professionelle Handeln

Interpretationsangebot

Wie auch im ersten Beispiel werden hier kulturelle Normen als handlungsleitend beschrieben. In dieser Passage dominiert jedoch das Bild einer in sich geschlossenen Gemeinschaft, die sich sowohl auf institutioneller Ebene (eigene Geschäfte und Dienstleistungen) als auch durch spezifische Werte von der »Mehrheitsgesellschaft« abgrenzt. Und diese Werte stehen in hohem Maß und im Hinblick auf sehr zentrale Punkte (körperliche Unversehrtheit) in Opposi-

> tion zu den – in Gesetzen festgehaltenen – Werten der »Mehrheitsgesellschaft«. Was also hier entsteht, ist ein Bild großer Fremdheit, das kaum überbrückbar scheint. Für das professionelle Handeln kann es dadurch problematisch werden, dass genau die Vertrauensgrundlage, die im ersten Beispiel durch die Zuschreibung von Gemeinsamkeit entsteht, hier massiv in Frage gestellt wird.

Deutlich werden in diesen Beispielen die Ambivalenzen von (zuschreibenden) ethnischen Kategorisierungen im professionellen Handeln. Was bedeutet eine solche Perspektive nun für die Arbeitsformen der Schulsozialarbeit?

Im Mittelpunkt steht eine professionelle Haltung, die darin besteht, »Problemlagen von Schüler/-innen nicht pauschal spezifischen Differenzkategorien (wie etwa dem Migrationshintergrund) zuzurechnen, aber gleichzeitig konkrete (migrationsspezifische) Problemsituationen nicht aus den Augen zu verlieren« (Kloha 2017, S. 189). Besonders für Professionelle aus der »weißen« privilegierten Mittelschicht bedeutet dies, Erfahrungen von Rassismus und Diskriminierung als wiederkehrende, regelmäßige Alltagserfahrungen (auch in der Schule) von »ethnisch anderen« Schüler*innen ernst zu nehmen. Dies bedeutet auch, sich der eigenen privilegierten Position, die darin besteht, diese Erfahrungen nicht zu machen, bewusst zu werden (vgl. Scharathow 2018, S. 274).

Aus einem solchen Verständnis heraus können dann spezifische Wissensbestände und Kompetenzen fallbezogen relevant werden (vgl. Kloha 2017, S. 189 ff.), etwa

- das Wissen über spezifische kulturelle Normen, religiöse Praktiken oder kollektive Erfahrungen (wie etwa kollektive Fluchterfahrungen), wenn die Situation des*der Schüler*in diesen Wissensbeständen nicht unreflektiert subsumiert werden. Dies bedeutet für die Praxis der Schulsozialarbeit insbesondere, dass Vorsicht geboten ist bei Handlungsansätzen (etwa im gruppenpädagogischen Bereich), bei denen die vermeintliche »Kultur« von Menschen mit einer Migrationsgeschichte vorschnell zum unhinterfragten pädagogischen Gegenstand wird (vgl. hierzu Stender/Reinecke-Terner 2012);
- Kenntnisse spezifischer psychosozialer Belastungen wie etwa Traumatisierungen (u. a. aufgrund von Fluchterfahrungen) und entsprechender Interventionsmöglichkeiten;
- grundlegende Kenntnisse in aufenthalts- und asylrechtliche Regelungen und
- ein Netzwerk zu spezialisierten psychosozialen Unterstützungsinstitutionen (etwa dem Jugendmigrationsdienst), Migrant*innenselbstorganisationen, religiösen Organisationen (etwa Moscheegemeinden) u. a.

Letztlich geht es also in der Arbeit mit Schüler*innen mit einer Migrationsgeschichte nicht um »Spezialkompetenzen«, sondern um grundlegende Fähigkeiten zu einer genauen Analyse der jeweiligen Fallsituation. Wie in allen Handlungssituationen umfasst dies (aber möglicherweise in zugespitzter Weise) eine differenzierte Reflexion der eigenen gesellschaftlichen und biographischen Position.

Gut zu wissen – gut zu merken

- Die Stellung von Schüler*innen mit einer Migrationsgeschichte im Bildungssystem ist von häufig defizitorientierten Kategorisierungspraxen geprägt.
- Für die Praxis von Schulsozialarbeit ist es deshalb besonders wichtig, die eigenen Kategorisierungen im Hinblick auf diese Schüler*innen kritisch zu reflektieren und kulturalisierende Zuschreibungen zu vermeiden.

Weiterführende Literatur

Hamburger, F. (2012): Abschied von der interkulturellen Pädagogik: Plädoyer für einen Wandel sozialpädagogischer Konzepte. Weinheim: Beltz Juventa.
Kloha, J. (2017): Schulsozialarbeit und Migration. In: Hollenstein, E./Nieslony, F./Speck, K./Olk, T. (Hrsg.): Handbuch der Schulsozialarbeit: Band 1. Weinheim/Basel: Beltz Juventa, S. 187–194.
Mecheril, P./Melter, C. (2010): Differenz und Soziale Arbeit. Historische Schlaglichter und systematische Zusammenhänge. In: Kessl, F./Plößer, M. (Hrsg.): Differenzierung, Normalisierung, Andersheit: Soziale Arbeit als Arbeit mit den Anderen. Wiesbaden: VS Verlag für Sozialwissenschaften, S. 117–134.

7.3 Kinderrechte wahren

Was erwartet Sie in diesem Kapitel?

Sie erfahren, wie Kinderrechte als wichtige normative Grundlage von Schulsozialarbeit handlungsrelevant für Schulsozialarbeiter*innen werden. Die spezifischen Folgen des schulischen Rahmens werden hierbei besonders beleuchtet.

Schulsozialarbeit orientiert sich an Normen, wie bereits oben zu den unterschiedlichen Polen ausführlich ausgeführt (▶ Kap. 4.1). Eine zentrale Leitlinie sind die Rechte von Kindern, die insbesondere in der am 5. April 1992 in Deutschland in Kraft getretenen UN-Kinderrechtskonvention (UNICEF 2024) für das Handlungsfeld besondere Relevanz bekommen haben.

Parallel zur Entwicklung der Menschenrechte, die ihren ersten Höhepunkt 1948 in der Verabschiedung der Allgemeinen Erklärung der Menschenrechte durch die Vereinten Nationen fand, gab es immer schon Pionier*innen der Kinderrechte. Zu nennen sind hier Eglatyne Jebb, die Wegbereiterin der UN-Kinderrechtskonvention mit der ersten Erklärung der Kinderrechte 1924 in Genf, und Januz Korczak, der sich während der NS-Zeit unter schwierigsten Bedingungen für den Schutz der Kinder einsetzte (vgl. Kerber-Ganse 2009).

Ein langer Entwicklungsprozess führte schließlich zur UN-Kinderrechtskonvention, die spätestens ab 1992 die zentrale Grundlage für alle Personen wurde, die mit Kindern und Jugendlichen arbeiten. Wie bereits im Kapitel 4.1.1 ausgeführt, finden sich auch in der aktuellen Schulsozialarbeitsliteratur immer wieder Diskurse um einen »anwaltschaftlichen« Einsatz in der Schulsozialarbeit. Insbesondere Rademacker hebt hervor, dass dieser immer schon begründet durch den § 13 SGB VIII wurde (Rademacker 2002). In Bezug auf die Wahrnehmung von oftmals auch struktureller Benachteiligung hat dieser Fokus aus der Perspektive natürlich Relevanz. Wir erinnern uns: Im Zusammenhang mit der Inklusion wurde dies auch als »stigmatisierend« und als »Etikettierungs-Ressourcen-Dilemma« (Neumann/Lütje-Klose 2020) diskutiert (▶ Kap. 8.1).

Wie die Diskussion um die beiden Pole »Adressat*innen und ihre Bedarfe« auf der einen Seite und die »Anforderungen der Schule« auf der anderen Seite ebenso verdeutlicht haben (▶ Kap. 4.1, ist Schulsozialarbeit vielfach in einer »Dienstleistungsposition« (vgl. Baier 2011, S. 138; Nörber 2004, S. 434). Die Einnahme einer professionellen Haltung ist auch gegenüber den Personen entscheidend, für die die Schulsozialarbeiter*innen in Dienstleistung treten. Dass diese Dienstleistung sich grundsätzlich auf die Sicht der Kinder und Jugendlichen beziehen kann, begründet sich durch die Betonung der Adressat*innenperspektive (Bauer/Bolay 2013, Aghamiri 2015). Betont wurde im Fachdiskurs zunehmend auch der Auftrag zur Antidiskriminierung (Kastirke/Holtbrink 2016), die Orientierung an Menschenrechten (Baier 2016) sowie zur Inklusion (Haude/Volk/Fabel-Lamla 2018). So finden sich ab 2000 immer mehr Texte, die explizit auf diese Mandate verweisen. Auch die Prinzipien der Lebensweltorientierung, durch Baier zusammengefasst im »Schulsozialarbeitshabitus« (vgl. 2011), heben die Handlungsprinzipien Freiwilligkeit, Partizipation, Niederschwelligkeit und Vertrauen (Schweigepflicht) hervor. Es sollte im Mittelpunkt stehen, was Kinder und Jugendliche brauchen und einfordern und wie sich Schulsozialarbeit dafür einsetzen kann. Somit wirkt Schulsozialarbeit konstitutiv, also grundsätzlich für die »großen« Kindesrechte im »kleinen« Alltag, wie Baier anhand einiger exemplarischer Artikel der Kinderrechtskonvention aufzeigt (2016, S. 139 ff.): Schulsozialarbeit hat, so können wir behaupten, eine besondere Sensibilität für Ereignisse und Handlungen, wenn dadurch u. a. folgende Rechte eingeschränkt werden (vgl. ebd.): Das Recht auf Nichtdiskriminierung (Art. 2), das Recht auf Beteiligung (Art. 12), das Recht auf Bildung (Art. 29), das Recht auf »angemessene Praktiker*innen, das Wohl des Kindes (Art. 5) und das Recht, über die eigenen Rechte informiert zu werden (Art. 42). Einige dieser Aspekte sind in diesem Lehrbuch bereits angesprochen.

Im Folgenden wird anhand von zwei weiteren Artikeln aufgezeigt, inwiefern das »Doing Schulsozialarbeit« auch in den Interaktionen des Alltags sensibel für die Wahrung der Kinderrechte ist. Zugleich werden auch Grenzen dieses Handelns im Kontext Schule sichtbar.

7.3.1 Das Ermöglichen von besonderen Freizeitbereichen als Kinderrechtspraxis?

Zunächst ein paar einleitende theoretische Gedanken. Schüler*innen sind am Ort Schule, laut Böhnisch, immer an die Ausübung der Rolle »Schüler*in« gebunden (Böhnisch 2003, S. 82 ff.). Weniger Aufmerksamkeit erfährt aber die Rolle des »Schüler*innenseins« (vgl. Oelerich 1998, S. 164). Hier geht es um die *soziale* »Bewältigung der Anforderungen der Schülerrolle«, weniger um den schulischen Lernund Leistungsbereich (ebd., S. 171). Es findet somit im Schüler*innen*sein* eine Entlastung von der Rolle statt, in der Schulsozialarbeiter*innen zu verlässlichen Handlungspartner*innen werden, die in einer »dauerhaften Struktur« präsent sind (Flad/Bolay 2006, S. 154). Schulsozialarbeit kann somit für Schüler*innen eine »entspezialisierte Kontaktform« (2006, S. 165) darstellen, d. h. eine »erweiterte Beziehungsoption« (ebd., S. 166) werden. Dabei werden auch Erwartungen an ihr Verhalten gerichtet. Dies zeigt beispielsweise die Sekundäranalyse von Baier und Heeg, in der das Kriterium »chillig« aus Sicht der Schüler*innen sehr bedeutsam ist, denn die Sozialarbeiter*innen haben ›einfach Zeit‹ für sie (vgl. Baier/Heeg 2011, S. 23).

Diese Zeit zeichnet sich auch dadurch aus, dass Schulsozialarbeit mit den wenigen zur Verfügung stehenden nicht unterrichtsbezogenen »Zeitressourcen im Massenbetrieb Schule« (Reinecke-Terner 2017, S. 67) »gerahmte Auszeiten« schaffen (ebd., S. 52), in der sie die Möglichkeiten für den Rückzug auf die »Hinterbühne« ermöglichen. Im »offenen Pausenangebot« (ebd., S. 64) erfahren die Schüler*innen einen »geschützten Kontaktrahmen« (ebd.), in der die Schüler*innen sein dürfen, wie sie möchten, sie haben die Chance, aus der »Rolle« herauszufallen. Die folgenden Ausführungen bringen diesen Aspekt nun mit den Kinderrechten in Zusammenhang.

Zu nennen ist hier exemplarisch Art. 31 UN-KRK:

> **Artikel 31 Absatz 1 UN-KRK (Beteiligung an Freizeit, kulturellem und künstlerischem Leben, staatliche Förderung)**
>
> Die Vertragsstaaten erkennen das Recht des Kindes auf Ruhe und Freizeit an, auf Spiel und altersgemäße aktive Erholung sowie auf freie Teilnahme am kulturellen und künstlerischen Leben.

Fallbeispiel

Das Fallbeispiel zeigt eine Situation, in der Frau Blume, die Schulsozialarbeiterin ihr Büro für die Pause öffnet. Auch eine Beratungslehrerin ist als »Gast« anwesend.

»Peter betritt den Pausenraum sehr früh und stellt sich an das Regal. Darin steht ein Glas mit Würfeln. Er macht es auf und wirft alle Würfel (ungefähr 20) auf den Boden. Es gibt einen Riesenlärm. Frau Blume und auch die Beratungslehrerin bleiben ruhig. Frau Blume sieht ihn an und sagt: ›Peter macht hier Chaos, mal was anderes.‹ Peter beginnt ohne Ankündigung aufzuräumen und grinst dabei. Dann erzählt er immer wieder laut Geschichten, geht zu Frau Blumes Schreibtisch und nimmt einen Pinsel, während sie dort sitzt und Tomaten und Basilikum isst. Er tut so, als mische er in ihrer Tupperdose herum und sagt: ›Rot und Grün vermischt.‹ Frau Blume fragt: ›Ja du, was gibt das?‹ ›Olive‹, antwortet er. Dann geht er wieder durch den Raum, sucht sich ein Spiel, setzt sich kurz an den Tisch, packt es aus, steht wieder auf, nimmt wieder die Würfeldose und leert sie erneut auf dem Boden aus. Wieder ist das sehr laut.

Die Beratungslehrerin sagt: ›Peter braucht eine Pausenbeschäftigung.‹ Und zu ihm gewandt: ›Du hast ja ganz viele Fünfen und Sechsen gewürfelt. Jetzt musst du das aber danach sortieren.‹ Peter sagt fröhlich: ›Oh ja, das mach ich auch‹, und beginnt, die Würfel vom Boden aufzuheben und sie auf dem Regal zu sortieren. Etwas später, als er fertig ist, versucht er, am Gespräch von zwei Mädchen auf dem Sofa im Büro teilzunehmen, die sich gerade über ihre AG-Wahl unterhalten. Sehr laut mischt er sich nun mit einem Kommentar ein, warum man die eine AG besser nehmen sollte als die andere, nämlich weil man bei Schach mehr lernen würde als bei Kanu: ›Und das ist gut für den Unterricht!‹ Obwohl es auf mich sehr zerstörerisch wirkt, wie laut er spricht, bleibt Frau Blume ruhig und sagt: ›Peter hat das zwar jetzt etwas laut formuliert, aber da hat er Recht mit dem, was er sagt.‹

Dann wendet sie sich wieder dem Gespräch mit einigen Mädchen zu, Peter setzt sich auf ihren Schreibtischstuhl und sagt, dass er nun Bus fahren würde, und rollt mit dem Stuhl hin und her. Später fragt er Frau Blume, wo die S-Bahn sei. Sie sagt: ›In Spanien?‹ Er sagt: ›Ja, in Spanien, dann fahre ich da jetzt mal hin‹, und rollt mit dem Stuhl aus dem Raum heraus. Die Mädchen sehen sich verwundert an, sagen: ›Oh Peter‹, reden dann aber weiter mit Frau Blume. Als er wieder hereingerollt kommt, setzt er sich an den Tisch und spielt laut hörbar mit einem Brummkreisel, den er dreht. Später spielt er mit einer kleinen Schachtel ›Baseball‘. Alles was er tut, ist mit Geräuschen und Kommentaren untermalt. Als die Pause zu Ende ist, geht er.«
(Beobachtungsprotokoll: Peter, aus: Reinecke-Terner 2017, S. 55 f.)

Reflexionsanregungen

1. Rahmenbedingungen
    - Welche Eingrenzungen (zeitlich und räumlich) gibt es in diesem Protokoll?
    - Welche Pausenraummöglichkeiten mag eine Schule ansonsten vorhalten? (Welche Räumlichkeiten kennen Sie selbst?) Und welchen Personen begegnen sie dort?
2. Möglichkeitsräume und Grenzen
    - Was passiert in dem Raum? Welche Handlungen werden sichtbar?
    - Was bietet der Raum rein räumlich an Artefakten, was die Kinder und Jugendlichen nutzen können?

- Was bietet der Raum rein menschlich, was die Kinder und Jugendlichen nutzen können?
- Welche Möglichkeiten eröffnet dieses Büro/dieser Pausenraum insbesondere dem Schüler Peter und wie nutzt er diese? Wie mag es ihm dabei gehen?
- Worin liegen zeitliche, räumliche und menschliche Grenzen, das Schulsozialarbeitsbüro für diesen Zweck zu nutzen?

3. Bedeutung dieses Ortes im Schulalltag
   - Welche Bedeutung hat der Pausenraum, bzw. das hier dafür genutzte Schulsozialarbeitsbüro im Alltag?
   - Inwiefern ist diese Bedeutung in Einklang zu bringen mit dem in Art. 31 genannten Recht auf Ruhe, Spiel und Freizeit?
   - Was macht den besonderen Charakter dieses Pausenraumes im Protokoll (auch im Gegensatz zu anderen Schulräumen) aus?
   - Inwiefern gelingt hier eine Bewältigung der Schüler*innenrolle im »Modus« des Schüler*innenseins?
   - Welche Prinzipien seitens der Schulsozialarbeit (▶ Tab. 2) finden hier Anwendung und haben damit eine Bedeutung?
   - Welche Haltung nimmt Frau Blume damit gegenüber den Kindern und Jugendlichen ein und welche Bedeutung kann dies in Bezug auf die vorher genannten Aspekte haben?

Interpretationsangebot

Auch Pausen und die Wahrnehmung der Bedürfnisse der Kinder- und Jugendlichen im Schulalltag haben eine kinderrechtsbezogene Relevanz. Die Kinder und Jugendlichen verfügen zwar räumlich über große, offene Bereiche außerhalb des Klassenzimmers, diese sind aber nicht selten auch durch Lautstärke und Trubel geprägt. Inzwischen gibt es vielfältige, kreative Raumgestaltungen in Schulen mit Sitzecken, Spielemöglichkeiten wie Tischfußball oder Tischtennis und anderen, geheimen Rückzugsorten. Teilweise gibt es auch öffentliche Spieleausgaben. Vielfach teilen sich die Schüler*innen diese Orte mit vielen anderen. Die Aufsicht in den offenen Räumen ist in der Regel durch Lehrkräfte geregelt. Dabei sind persönliche Gespräche zwischen Erwachsenen und Schüler*innen grundsätzlich möglich, aber nicht verlässlich und durch die Aufsichtsverantwortung gerahmt. Auch in dem Protokollbeispiel können sich die anwesenden Erwachsenen (Beratungslehrerin, Schulsozialarbeiterin) nicht von der Aufsichtspflicht entlasten. Der Raum ist überschaubar besucht, doch steht er grundsätzlich allen Schüler*innen der Schule zur Verfügung. Aber nicht alle Kinder und Jugendlichen der Schule nutzen dieses Angebot. Auch dies kennzeichnet das Handlungsprinzip der Freiwilligkeit. Zudem wird in diesem Beispiel ein besonderer Schutz am Ort Schule deutlich, der sich vor allem durch die Atmosphäre im Schulsozialarbeitsbüro und die Haltung der Schulsozialarbeiterin (und Beratungslehrerin) ergibt. Sehen wir auf die Prinzipien, die hier auf den ersten Blick gewährleistet sind: Freiwilligkeit, Niederschwelligkeit und

Adressat*innenorientierung. Peter nutzt diesen Raum freiwillig. Er hat einen niedrigschwelligen Zugang, auch zu den persönlich wirkenden Artefakten (der Schreibtisch, später der persönliche Schreibtischstuhl von Frau Blume, die Tupperdose usw.). Peter eignet sich sichtlich vertrauensvoll den Raum mit all seinen Möglichkeiten (auch die Spiele, der Pinsel, das Sofa) an. Die Freiheit, die der Raum suggeriert, zeigt sich auch durch Peters Heraus- und wieder Hereinrollen mit dem Schreibtischstuhl. Ebenso frei wirkt die Art und Weise seiner Kommunikation (lautes Reden und offensives Nutzen der Gegenstände, viel sichtbare Bewegung im Raum). Frau Blume und auch die Beratungslehrerin, die eher als Gast oder auch Besucherin in dem Raum zu verstehen ist, erkennen Peters Verhalten an und reglementieren es nicht. Lediglich die Beratungslehrerin kommentiert, dass er eine »Pausenbeschäftigung« braucht.

Sehen wir auf ein weiteres Kriterium: Die Adressat*innenorientierung lässt sich durch das mehrfache Eingehen auf Peters Themen durch Frau Blume belegen: Sie fragt ihn interessiert, was die Mischung in ihrer Tupperdose ergibt. Sie akzeptiert sein lautes Reden und gibt seiner Ansicht Recht, dass Schach gut für den Unterricht sei. Sie lässt sich auf sein Schauspiel ein und fragt ihn, ob der Schreibtischstuhl auch als S-Bahn zu verstehen ist, nachdem Peter selbst den Bus erwähnt. Mit ihrer offenen Haltung geht sie in Beziehung zu Peter. Der Raum hat somit nicht nur das Angebot der vielfältigen, gemütlichen Einrichtung, sondern bietet auch Beziehung an, die unmittelbar durch das Öffnen des Schulsozialarbeitsbüros verfügbar wird. Schulsozialarbeit schafft somit im selbstverwalteten Büro eine besondere Form der Raumaneignung, die durch wenig Aufsicht und Kontrolle geprägt ist. Inwiefern auch Partizipation bei der Raumgestaltung und -ausstattung möglich ist und war, wird durch das Protokoll nicht beantwortet.

Sehen wir auf Peter und die anderen Besucher*innen, so können wir feststellen, dass sie durch das Angebot einen Raum in der Schule haben, den sie sich im Gegensatz zu anderen, stärker strukturierten und weniger (inhaltlich und persönlich) gestalteten Aufenthaltsbereichen auf ihre Art und Weise aneignen können. Ein Junge wie Peter, der sich im Unterricht an die Regeln des Stillsitzens halten muss und möglicherweise mit seinem eher extrovertierten Verhalten auffällt, findet hier einen Raum vor, in dem er sein darf, wie er möchte, noch dazu erlebt er Akzeptanz seines kreativen Verhaltens seitens der anwesenden Erwachsenen.

Zeitliche Grenzen ergeben sich durch die Pausentaktung, räumliche Grenzen durch den eher kleinen Raum, der nicht von vielen Kindern genutzt wird und nur innerhalb dieser Pausenzeitfenster in der Art genutzt werden kann. Auch menschlich wird es davon abhängen, wer gerade den Raum nutzt und an welche Grenzen Peter vielleicht auch bei anderen Kindern mit seinem Verhalten stoßen kann.

Schulsozialarbeit ermöglicht also mit diesen Angeboten das Kinderecht der »Beteiligung an Freizeit« in der Schule für Kinder und Jugendliche wie Peter, die es nutzen möchten.

7.3.2 Diskriminierende Alltagssituationen und Reaktionen als Kinderrechtspraxis?

Im nächsten Abschnitt steht das Recht auf Nichtdiskriminierung (Art. 2 UN-KRK) im Mittelpunkt. Auch hier wird anhand eines Beobachtungsprotokoll diskutiert, welche Relevanz dieses Recht im konkreten Handlungsvollzug, im »Doing« von Schulsozialarbeit bekommt. Hierzu ist vorab nochmals hervorzuheben, dass insbesondere dieses Mandat eine besondere Rolle im Handeln der Schulsozialarbeit einnehmen sollte. Somit verweist Staub-Bernasconi (2019, S. 381 ff.) grundsätzlich auf ein Antidiskriminierungsmandat der Sozialen Arbeit, welches sich direkt auf die Schule bezieht. Denn in Bezug auf die Menschenrechte, in denen Art. 26 das Recht auf Bildung festschreibt und ebenso in den Kinderrechten mit Art. 28 hervorgehoben wird, dient Bildung als Schlüssel, um Armut zu überwinden (ebd., S. 381). Dies findet jedoch vielfach ohne die Anerkennung der persönlichen Situation der Kinder und Jugendlichen zu Hause statt.

Ein Exkurs zeigt auf: Staub- Bernasconi beschreibt ein Projekt von Marie Toussaint, Lehrerin und Freiwillige in der Bewegung »Die vierte Welt« in Lille (2019, S. 381). Ziel der Bewegung »Vierte Welt ATD« (All Together for Dignity/Gemeinsam für die Würde aller), ist eine Bewegung aus der Schweiz, die sich für die Überwindung der Armut zusammen mit denen, die sie erfahren, zum Ziel gesetzt hat. Dabei richtet sie sich an Personen aller sozialen Schichten (ATD Fourth World – All Together in Dignity). Staub-Bernasconi führt aus, wie sich Toussaint auf mehreren Ebenen für die Verständigung zwischen Eltern und Lehrkräften einsetzte. Denn verantwortlich für eine vermeintlich mangelnde Bereitschaft zur Bildung durch die Kinder sei »nicht nur, wie seitens der Lehrerschaft beklagt wird, die fehlende Unterstützung der Eltern, sondern es sind auch die großen Schwierigkeiten von LehrerInnen und SchulleiterInnen mit ihnen zusammenzuarbeiten« (2019, S. 381). Dies ist ein Appell an Lehrkräfte, ihre Sichtweise zu verändern und auch auf die Lebensrealitäten der Kinder und Jugendlichen aktiv selbst zuzugehen. Toussaint gestaltete u. a. unter Beteiligung von Sozialarbeiter*innen regionale Bildungsprojekte, u. a. ein Kolloquium zwischen Eltern und Lehrkräften, damit »Kinder besser lernen können, wenn sie nicht aufgrund ihrer familiären (sozialen) Herkunft verachtet werden« (2019, S. 384).

Zudem belegt das die bereits erwähnte Forschung zur »institutionellen Diskriminierung« (Gomolla/Radtke 2009) (▶ Kap. 7.1.2), dass in Schule Routinen wirkmächtig sind, die Entscheidungen aufgrund von festgefahrenen Kategorien und institutionellen Notwendigkeiten begründen. Somit beeinflusst die Sichtweise der Lehrkräfte auf die Unterstützungsfähigkeiten der Herkunftsfamilie und in Bezug auf den sozialen Status wegweisende schulische Allokationsentscheidungen (z. B. der Zuweisung zum Gymnasium oder eben zur Hauptschule nach der vierten Klasse) (vgl. ebd.). Die zentrale Erkenntnis ist hier, dass es zu diskriminierenden Praktiken durch Schule kommen kann, auch wenn jede einzelne Lehrkraft eine diskriminierende Perspektive weit von sich weisen würde.

Die Frage ist, inwiefern Schulsozialarbeit hier regulierend eingreifen kann, ohne selbst zu diskriminieren und Kategorien zu verfestigen. Festgestellt werden kann jedoch: Die Diskriminierungsthematik ist für die Fachlichkeit der Schulsozialarbeit essentiell. Unterschieden werden bei Kastirke und Holtbrink (vgl. 2016, S. 168 f.) drei Formen, die sich auf Kinder und Jugendliche auswirken und mit der Schulsozialarbeit in Folge der bereits geschilderten Mandate umgehen sollte: Die interaktionale Diskriminierung (Verhalten), strukturelle Diskriminierung (grundsätzliche Ungleichheitsstrukturen) und die eben genannte institutionelle Diskriminierung (vgl. ebd.).

Betrachten wir das dazugehörige, übergeordnete Kinderrecht für die Interpretation des nächsten ethnographischen Protokolls:

Artikel 2 Absatz 1 UN-KRK (Achtung der Kindesrechte; Diskriminierungsverbot)

Die Vertragsstaaten achten die in diesem Übereinkommen festgelegten Rechte und gewährleisten sie jedem ihrer Hoheitsgewalt unterstehenden Kind ohne jede Diskriminierung unabhängig von der Rasse, der Hautfarbe, dem Geschlecht, der Sprache, der Religion, der politischen oder sonstigen Anschauung, der nationalen, ethnischen oder sozialen Herkunft, des Vermögens, einer Behinderung, der Geburt oder des sonstigen Status des Kindes, seiner Eltern oder seines Vormunds.

Am folgenden Beispiel aus dem Schulallalltag lässt sich die Rolle der Schulsozialarbeit gut anhand einer einfachen Alltagssituation diskutieren:

Fallbeispiel

»Als wir in der Mensa sitzen, kommt eine Lehrerin, Frau Erlenfeld, die Klassenlehrerin der Klasse 6a, mit an den Platz zu Herrn Tomsen und mir. Wir sehen Sinan an uns vorbeikommen, er trägt sein Tablett und außerdem eine rote Plastiktüte. Kurz zuvor hat die Klassenlehrerin Frau Erlenfeld noch erzählt, dass sie zwei Mädchen als Neuzugang in ihre Klasse bekommen hätte. Dann sagt die Lehrerin zu Herrn Tomsen: ›Guck mal, der Sinan, siehst du seine Tasche?‹ Herr Tomsen guckt rüber zu ihm. ›Ja.‹ Frau Erlenfeld: ›Das ist eine Plastiktüte. Das ist seine Schultasche!‹ Herr Tomsen beginnt, Partei für Sinan zu ergreifen: ›Ja, aber nun sieh doch mal. Im letzten Jahr, da war Sinan höchstens dreimal in der Woche in der Schule, da hatte er übrigens nie seine Sachen dabei und heute hat er seine Sachen in einer Tüte, kommt regelmäßig, isst sogar Mittag und nimmt dabei von sich aus das Käppi ab. Das ist doch ein echter Fortschritt, oder?‹ Frau Erlenfeld, die während der Erzählung schon ein wenig lächeln musste, aber nur mäßig überzeugt von Herrn Tomsens Sichtweise wirkt, guckt ihn an und sagt: ›Ja, aber mich nervt das.‹ Herr Tomsen: ›Ja okay, aber er entwickelt sich noch.‹« (Beobachtungsprotokoll: Sinan, aus: Reinecke-Terner 2017, S.165)

Reflexionsanregungen

Situationsanalyse:

1. Was geschieht in dieser Situation? Wie handelt der Schulsozialarbeiter? Wie die Lehrerin? Welche Rolle spielt der Schüler Sinan?
2. Welche Sichtweise auf Sinan wird durch die Lehrerin deutlich und was ist ihr Status gegenüber dem Schüler?
3. Welche Sichtweise auf den Schüler Sinan wird durch den Schulsozialarbeiter deutlich?
4. In welcher Beziehung scheinen der Schulsozialarbeiter und die Lehrkraft zueinander zu stehen?

Kinderrechte im Fokus:

1. Lesen Sie nochmal den obigen Artikel 2. Darin sehen Sie eine Auflistung von »Diskriminierungskategorien«. Welcher Art der Diskriminierung kann dieses Beispiel zugeordnet werden? Begründen Sie Ihre Antwort.
2. Ist das Handeln des Schulsozialarbeiters bereits als antidiskriminierendes Handeln zu bezeichnen? Wenn ja, warum? Wenn nein, was bräuchte es mehr?
3. Ist es aus Ihrer Sicht in Ordnung, dass der Schulsozialarbeiter über Sinan spricht, ohne ihn einzubeziehen? Wenn ja, warum? Wenn nein, warum nicht?
4. Was vermuten Sie: Inwiefern wird die Sichtweise des Herrn Tomsen von der Lehrkraft akzeptiert? Wird es sie zum Nachdenken bringen können?

Alltagssituationen als Orte des konkreten Handelns?

1. Ist aus Ihrer Sicht diese Mittagssituation in der Mensa als »professionelles Handeln« zu deuten? Begründen Sie Ihre Antwort.
2. Argumentieren Sie: Warum könnte auch eine Mittagessenssituation Gelegenheitsstruktur sein, um mandatsorientierte Gespräche zu führen? Wenn Sie nicht dieser Ansicht sind, argumentieren Sie bitte gegenteilig.

Fragen über die Situation hinaus:

1. Welcher Raum und welche Handlungen würden sich darüber hinaus für den Schulsozialarbeiter eröffnen, um sich gegen Diskriminierung des Schülers Sinans einzusetzen?
2. Ist die Situation bereits als »Kooperationssituation« zwischen Lehrkraft und Schulsozialarbeit zu deuten? Wenn ja, wo liegen hier die Chancen? Wenn nein, wo liegen hier die Grenzen?

Interpretationsangebot

Dass Schulsozialarbeit auch im »Zwischen« den Zeiten, Räumen usw. stattfindet, wird in diesem Protokoll einmal mehr deutlich. Eine scheinbar banale, eher informelle Situation des Zusammensitzens zwischen einer Lehrerin und einem Schulsozialarbeiter (Herr Tomsen) zur Mittagszeit wird zum Kristallisationspunkt entscheidender Fragen diskriminierenden Verhaltens. Steht es der Lehrerin zu, so über einen Schüler zu sprechen? Darf sie sich überhaupt gegenüber anderen, also dem Sozialarbeiter, abfällig über die Tasche des Schülers äußern? Zugleich wird der Anspruch sichtbar, den sie an die Ausstattung der Schüler*innen stellt. Es geht nicht nur darum, Schulsachen gebündelt zu tragen, sondern auch darum, in was sie getragen werden, nämlich einer ordentlichen Schultasche. Aus welchen Gründen Sinan keine andere Tasche, sondern eine rote Plastiktüte dabeihat, hinterfragt sie nicht. Ohne zu wissen, welchen sozialen und finanziellen Status Sinan tatsächlich hat, scheint die nicht anerkennende Äußerung der Lehrerin als eine Verletzung des Kinderrechts auf Nichtdiskriminierung nach Art. 2 in Bezug auf die »soziale Herkunft bzw. des Vermögens« zu deuten. Zumindest bewertet sie seine Art und Weise der Organisation als nicht passend.

Nun ist es der Sozialarbeiter Herr Tomsen, der, wie die Beobachterin bereits deutete, Partei ergreift. Es eröffnet sich für ihn zugleich darin eine Chance, Sinans gesamte Entwicklung positiv zu reflektieren und die Tüte als Meilenstein hervorzuheben. Eine Reihe von positiven Aspekten fällt dem Sozialarbeiter direkt ein, währenddessen die Lehrerin ihm nicht einmal zustimmt, sondern weiterhin ihr »Genervt-Sein« darüber stellt. Eine kinderrechtsorientierte Haltung seitens des Schulsozialarbeiters ist somit deutlich erkennbar. Er versucht, die Lehrerin darauf aufmerksam zu machen, dass das Verhalten eben nicht nur aus ihrer Perspektive zu bewerten ist. Wie in den obigen Praxisbeispielen von Staub-Bernascomi ausgeführt (2019, S. 381 ff.) sind der Lehrerin die Lebenswelt und Umstände des Schülers fremd, sie bewertet Sinans Lösungsansätze augenscheinlich mit wenig Respekt. Demgegenüber erkennt und benennt der Sozialarbeiter die Ressourcen sowie die Entwicklung des Schülers Sinan. Er dreht die Situation um und betont, dass in der Nutzung einer roten Plastiktüte für die Schulsachen keinesfalls eine Abwertung, sondern eine Aufwertung liegt. Das eher unauffällige Gespräch in der Mensa beinhaltet also einen Austausch über grundlegende, unterschiedliche Perspektiven auf das Verhalten eines (exemplarischen) Schülers. Diese können auch eine Relevanz für zukünftige Bewertungen des Schülers Sinan (und sogar anderer Schüler*innen) durch seine Lehrerin haben. Insofern scheint das Verhalten des Sozialarbeiters durchaus professionell, auch wenn das gesamte Setting kein offizielles Beratungssetting ist, sondern in einem offenen, auch zeitlich informellen Raum stattfindet und ohne eine Ankündigung wie »Wir reden jetzt mal über Sinans Entwicklung« entsteht.

Herr Tomsen kennt sein kinderrechtsbezogenes Mandat, er zeigt, dass er sich für die Schüler*innen, die er betreut und kennt, zu jeder Zeit einsetzt. Zugleich ist dies im weitesten Sinne auch als Kooperationsmoment zwischen Lehrkraft und Schulsozialarbeit zu deuten. Während die Lehrerin hier implizit einen Handlungs- und Anpassungsbedarf zum Ausdruck bringt (Sinan sollte eine andere Tasche tragen), stellt der Sozialarbeiter klar, dass Sinan auf einem guten, ganz eigenen Weg im eigenen Tempo ist und die Ressourcen nutzt, die ihm zur Verfügung stehen. Er zählt auf, dass Sinan bereits vieles tut, was von ihm erwartet wird: Er setzt das Käppi ab, isst zu Mittag, hat seine Sachen überhaupt dabei und stellt sogar das Tablett ordentlich zurück.

Und sicher ist es problematisch, wenn die Lehrkraft, der durchaus eine machtvolle Position zuzuschreiben ist, da sie Noten an Sinan vergibt und auch das Arbeitsverhalten bewertet, sich abfällig über einen ihrer ›Schutzbefohlenen‹ äußert. Offensichtlich aber möchte sie auch wissen, was der Sozialarbeiter zu dieser Situation sagt. Sie »checkt ab«, ob sie den Sozialarbeiter auf ihre Seite ziehen kann, ob er das gleiche Problemverständnis teilt. Der Sozialarbeiter tut in diesem Moment das, was er tun kann: Er reagiert mit Gegenargumenten. Darüber hinaus hätte er aber auch sehr viel deutlicher werden können, in dem er der Lehrkraft gegenüber ihre Machtposition und ihr offensichtliches diskriminierendes Verhalten spiegelt, zudem auf Sinans Kinderrechte und auf sein Recht, wegen der roten Plastiktüte nicht abgewertet zu werden, hinweist. Fraglich wäre, ob es bei einem solch deutlichen Auftreten des Sozialarbeiters gegenüber der Lehrkraft auch in Zukunft noch zu diesen informellen Gesprächen käme, bei denen sich Lehrkräfte auch trauen, offen ihre Ansichten wiederzugeben. Das Handeln des Schulsozialarbeiters mag somit, in Bezug auf die Zusammenarbeit mit der Lehrkraft, auch als diplomatisch zu deuten sein. Somit sehen wir hier letztlich auch eine gewachsene, vertraute Beziehung zwischen der Lehrkraft und dem Schulsozialarbeiter, die Räume eröffnet, um Gespräche über Schüler*innen auf anderen Ebenen zu führen und unterschwellige Gedanken zu Schüler*innen auch ans Licht kommen zu lassen.

Darüber hinaus könnte der Schulsozialarbeiter Herr Tomsen aber auch diese denkwürdige Situation zum Anlass nehmen, um im Lehrerkollegium solche Situationen und Bewertungen zu thematisieren oder dort auch allgemein und offiziell über das Wahrnehmen der Ressourcen der Schüler*innen aufzuklären. Dies wäre eine Chance, Unterschiede zwischen den Vorstellungen der Lehrkräfte und den Möglichkeiten der Schüler*innen ohne Vermögen und mit unterschiedlicher sozialer Herkunft herauszustellen. Dieser Raum kann dann ebenso, abstrahiert von der beobachteten Gesprächssituation mit der Lehrkraft, genutzt werden, um die Kinderrechte und das Recht auf Nichtdiskriminierung der Schüler*innen hervorzuheben. Weiterführend könnte, wie oben von Staub-Bernasconi angeregt (vgl. 2019, S. 381 ff.), daran gearbeitet werden, Lehrkräfte und Eltern ins Gespräch zu bringen. Auch hier kann der unterschiedliche soziale Status sichtbar werden und im besten Fall bei Lehrkräften mehr Verständnis für die Bemühungen der Eltern und Kinder, mit diesem Schulsystem umzugehen, zu erzeugen.

7.3.3 Fazit: Kinderrechte im Schulalltag – Chancen und Fallstricke

Die beiden Protokolle haben dargestellt, welche Möglichkeitsräume Schulsozialarbeitende im Alltag haben, die »großen« Kinderrechte in »kleinen« Alltagssituationen zu erblicken und entsprechend mandatsgerecht zu handeln. Somit haben die hier diskutierten Beobachtungen aufgezeigt, dass der Alltag ebenso auch Fallstricke bietet, die Rechte der Kinder zu missachten. Als Kontrastfolie zu der Beobachtung der Frau Blume sei ein Beispiel (▶ Kap. 4.3) benannt, in der dieselbe Frau Blume den Schüler Bijan sehr »vorderbühnenorientiert« mit den Ansprüchen der Lehrkraft konfrontiert, die ihn zu ihr »geschickt« hat. Weder die Adressat*inneniorientierung noch das Recht auf »Nichtwissen« ist hier durch die Schulsozialarbeit erfüllt. Ebenso gibt es ähnliche Beispiele zum Schulsozialarbeiter Herr Tomsen, der die Schülerin Mona in einem Trainingsraumgespräch im umfunktionierten Schulsozialarbeitsbüro mit den Ansprüchen des Lehrers Herrn Overath konfrontiert, ohne sich auf Monas Sichtweise einzulassen, geschweige denn die des Lehrers in Frage zu stellen (▶ Kap. 3.4).

Die interaktionale Ebene bietet somit viele Fallstricke für Diskriminierungen und Nichtwahrung von Kinderechten – auf allen Seiten. Neben den je individuellen Stereotypisierungen durch Einzelne (Lehrkräfte und auch Schulsozialarbeitende selbst), sind aber auch immer institutionelle Strukturen und Normsetzungen in den Situationen wirksam. Dies äußert sich z. B. in der Erwartung, dass sich Schüler*innen dem Unterricht anpassen (Beispiel Mona/Herr Overath und der umfunktionierte Trainingsraum ▶ Kap. 3.4) oder es zeigt sich der Homogenisierungsdruck von Schule, der sich dann, wie im Beispiel um den Schüler Sinan, aus der subjektiven Sicht der Lehrkraft auch in der Forderung nach »homogenen« Schultaschen und dementsprechenden Normalerwartungen zeigt.

Es geht somit für eine professionelle Schulsozialarbeit immer darum, die die Perspektive der Adressat*innen und deren (Kinder-)Rechte in den Blick zu nehmen. Denn auch Schulsozialarbeit agiert immer auch als Akteur*in des Interaktionsraums Schule und ist, um Professionalität zu wahren, umso mehr auf Reflexion der Situationen angewiesen. Wir erinnern uns an die einleitend genannten Diskriminierungsformen nach Karstirke und Hotbrink (vgl. 2016), die auch die »institutionelle Diskriminierung« (vgl. auch Gomolla/Radtke 2009) beschreibt. Demnach muss immer auch die »institutionelle Ebene« reflektiert werden. Also sind für alle in der Schule wirkenden Akteur*innen (wie z. B. Lehrkräfte und Schulsozialarbeitende) immer auch generelle Maßstäbe rund um das Thema Schule zu hinterfragen: Wer bestimmt beispielsweise, wie eine Schultasche auszusehen hat? Auf welcher Basis werden Entscheidungen der Bewertung in Schule getroffen?

Zusammenfassend lässt sich also behaupten: Es gibt viele *Chancen*, die Kinderrechte als Leitlinie des Handelns durchzusetzen, und Schulsozialarbeit bietet hier einiges an (z. B. die Situation der Kinder aus anderer Perspektive zu bewerten und zu kommunizieren, sie kann andere »Pausen»räume schaffen usw.). Genauso liegt aber immer eine Chance und ein Kinderrecht darin, Kinder zu einem guten Bildungsabschluss zu bringen, dabei müssen sie zuweilen auch Anpassung lernen, um

7.3 Kinderrechte wahren

zu bestehen. Die Frage ist, inwieweit sich Schulsozialarbeit hier aktiv beteiligen muss oder sie eher diese Prozesse so neutral und adressat*innenbezogen, wie es ihr möglich ist, begleitet.

Fallstricke ergeben sich somit auf allen Ebenen. Die institutionelle Ebene scheint immer leitgebend, aber ist vielfach eher unsichtbar. Denn Handlungen, die den Kinderrechten widersprechen, zeigen sich vor allem auf der individuellen Interaktionsebene. Hier entstehen im täglichen Handeln im routinierten Alltag blinde Flecke. Wie die Beispiele (Mona nach der Zuweisung des Lehrers Overath im Trainingsraum des Schulsozialarbeiters Herrn Tomsen ▶ Kap. 3.4; Bijans »Beratungs«gespräch bei der Schulsozialarbeiterin Frau Blume, angeregt durch eine Lehrkraft ▶ Kap. 4.3; die Diskussion um Sinans Plastiktüte ▶ Kap. 7.3) aufzeigen, ist die Vorderbühne, also die Institutionsebene in vielen Situationen (im Gegensatz zu wesentlich selbstbestimmter durchgeführten Pausen und Projekten) deutlich richtungsweisend. Denn auch für das Handeln der Schulsozialarbeit ist es offenbar schwer, das Thema Verhaltensanpassungen zum Erreichen von Schulabschlüssen, guten Noten usw. entgegen jeglichem adressat*innenorientierten Anspruch nicht zu ignorieren.

Abschließend sei nun dazu angeregt, Alltagssituationen auch als Chancen der Wahrung der Kinderrechte zu deuten, jeweils auch immer die Institutionsebene zu reflektieren und diese ggf. auch an anderer Stelle (Schulkonzepte, Gremien, politische Arbeit) zu verändern.

Gut zu wissen – gut zu merken

- Schulsozialarbeitende haben im Alltag viele Möglichkeiten, die »großen« Kinderrechte in »kleinen« Alltagssituationen zu erblicken und entsprechend mandatsgerecht zu handeln.
- Eine offene, niedrigschwellige Raum- und Pausengestaltung als freiwilliges Angebot der Schulsozialarbeit kann Kinderrechte, wie z. B. das »Recht auf Freizeit«, mehr Bedeutung verleihen, als der reguläre Schulalltag es vermag.
- Die »Prinzipien« der Schulsozialarbeit sensibilisieren auch für eine Missachtung von Kinderrechten im Schulalltag.
- Bei Verletzungen der Kinderrechte (z. B. Diskriminierung) sollte Schulsozialarbeit Wege finden, aktiv und im Gespräch mit Lehrkräften dagegen vorzugehen.

Weiterführende Literatur

Baier, F. (2016): Menschenrechte – Leitlinie zur Gestaltung von Vielfalt an Schulen. In: Fischer, V./Geneger-Stricker, M./Schmidt-Koddenberg, A. (Hrsg.): Soziale Arbeit und Schule: Diversität und Disparität als Herausforderung. Schwalbach/Ts.: Wochenschau Verlag.

7.4 Partizipation

> ☞ **Was erwartet Sie in diesem Kapitel?**
>
> Das Handlungsprinzip der Partizipation wird häufig benannt, doch selten im Kern verstanden. Dieses Kapitel beleuchtet entsprechende Handlungsspielräume in der Schulsozialarbeit und zeigt, was es braucht, um Partizipation als demokratisches pädagogisches Prinzip zu verstehen.

Wie oben bereits deutlich wurde (▶ Kap. 6.1), sind die Kinderrechte eine wichtige und verpflichtende rechtlich-normative Orientierung für das professionelle Handeln von Schulsozialarbeiter*innen. Aber wie kann es gelingen, die Kinderrechte auch ganz konkret in der Praxis der Schulsozialarbeit umzusetzen?

An dieser Stelle wird die Handlungsmaxime *Partizipation* (Thiersch 1992) wichtig, denn sie knüpft in Form nationaler Gesetzgebung direkt an die Kinderrechte an und dient dazu, das Recht auf Beteiligung (§ 8 SGB VIII) in der pädagogischen Alltagspraxis verbindlich zu verankern. Partizipation gilt dabei als Handlungsprinzip, das im alltäglichen Handeln immer wieder neu überdacht und realisiert werden muss, d. h. eine ständige Reflexion der eigenen Praxis erfordert (Stork/Aghamiri 2016, S. 216 f.). Damit ist Partizipation gleichzeitig eine ethisch-normative Anforderung an das professionelle Handeln in der Schulsozialarbeit sowie ein Thema für rekonstruktive Praxisreflexion. Der folgende Abschnitt zeigt also zunächst, was sich hinter dem »Containerbegriff« Partizipation verbirgt, welche unterschiedlichen Formen Partizipation umfassen kann und wie eine Konkretisierung in der Schulsozialarbeit als »Doing Participation« aussehen könnte. Jeweils ein Beobachtungsprotokoll aus einer Sekundarschule der SEK I und eines aus der Grundschule dienen dabei wiederum als Handlungsbeispiele.

7.4.1 Die Sache mit dem Spinat oder: Anliegen der Selbst- und Mitbestimmung

Partizipation erscheint in sozialarbeiterischen Zusammenhängen als prinzipiell gesetzt. Innerhalb der Fachöffentlichkeit der Sozialen Arbeit bzw. der Sozialpädagogik wird Partizipation als »Schlüssel« für gelingende (Selbst-)Bildungsprozesse, Demokratiebildung, Resilienz oder auch Kinderschutz diskutiert (z. B. Knauer/Sturzenhecker 2016). Ohne Partizipation nicht zumindest zu erwähnen, kommt kaum ein Konzept aus, auch nicht in der Schulsozialarbeit. Sherry Arnstein schrieb in einem bekannten Aufsatz über verschiedene Formen der Umsetzung von bürgerschaftlicher Partizipation: »Participation is like eating spinach – everybody is for it. In principle …« (1969, S. 216). Mit ihrem Vergleich spielt sie darauf an, dass zwar alle wüssten, Spinat sei gemeinhin eine gesunde Sache; wenn man ihn aber selbst essen solle, fänden viele Menschen ihn dann doch zu bitter und suchten nach Ausreden, um den Verzehr zu vermeiden. Ganz ähnlich verhält es sich mit Partizipation: Sozialarbeiter*innen sind sich *im Prinzip* einig, dass gute Sozialarbeit und Sozialpädagogik ohne eine substantielle Beteiligung der jungen Leute eigentlich nicht gehen, aber die Umsetzung erscheint dann doch oftmals als zusätzliche, mitunter bittere Zumutung. Kinder und Jugendliche seien zu jung, zu schwierig, zu unerfahren oder die Zeit einfach nicht da (vgl. für die Hilfen zur Erziehung z. B. Pluto 2007). Tatsächlich lässt sich eine besondere Unbestimmtheit des Handlungsprinzips feststellen, die in der Praxis dazu führen kann, dass sozialpädagogische Fachkräfte jegliches *Mitmachen* in pädagogischen Zusammenhängen bereits als *Beteiligung* interpretieren. Oser und Biedermann stellen diesbezüglich fest:

> »Das Konzept wetzt sich ab und verliert seine spezifische semantische Kraft. Alles und jedes Ziel der Erziehung hat dann mit Partizipation zu tun; alle kommunikativen Prozesse werden dann unter dieses Emblem gestellt. Die normative Ladung des Begriffs hängt in diesem Falle nur noch mit dem Glauben der Menschen zusammen, dass Partizipation an sich etwas Gutes (…) sein müsste, und dass man sein Leben danach auszurichten habe« (Oser/Biedermann 2006, S. 25).

Im schlimmsten Fall gilt schließlich jede kommunikative Interaktion zwischen erwachsenen Sozialarbeiter*innen und jungen Menschen in der Schule bereits als Partizipation. Schon der Begriff legitimiert dann (sozial-)pädagogisches Handeln generell als »gut«. Darüber hinaus ist man sich unter Pädagog*innen mitunter recht vorschnell einig, dass man »das ja alles bereits mache«. Partizipation benötigt also zunächst dringend eine Konkretisierung.

Fragen, die zu einer Konkretisierung führen können, sind folgende: Was bedeutet Partizipation? Und warum denken wir heute so viel über Partizipation in pädagogischen Handlungsfeldern wie der Schulsozialarbeit nach? Der Begriff umspannt eine Vielzahl von Bedeutungen, die von situationsabhängiger Beteiligung im Sinne bloßen Mitmachens bis hin zu demokratischer Partizipation entsprechend der Eröffnung von Entscheidungs*rechten* reicht (▶ Kap. 6.1). Synonyme sind z. B. Beteiligung, Mitwirkung, Teilnahme und Teilhabe sowie Mitbestimmung. Partizipation gilt als wesentliches Merkmal demokratischer Gesellschaften und wird für die Bürger*innen durch Politik und Recht in verschiedenste Lebensbereiche vermittelt (Schnurr 2011, S. 1069).

Will man in der Schulsozialarbeit Partizipation also tatsächlich und konkret umsetzen, gilt es, den Begriff überhaupt erst einmal zu definieren. Richard Schröder, der Leiter des ersten Kinder- und Jugendbüros in Herten, beschreibt Partizipation beispielsweise als Funktion, die sowohl die einzelnen Menschen in ihrem Subjektsein als auch die Gemeinschaft als sozialen Lebensort anspricht: »Partizipation heißt, Entscheidungen, die das eigene Leben und das Leben der Gemeinschaft betreffen, zu teilen und gemeinsam Lösungen für Probleme zu finden« (Schröder 1995, S. 14). Hier werden drei Aspekte deutlich, die Partizipation als gemeinsames Entscheiden fokussieren:

Partizipation – drei Aspekte

Erstens geht es bei Partizipation um individuelle Wünsche und persönliche Interessen, d. h. um Aspekte und Themen von *Selbstbestimmung*. Allerdings bedeutet Selbstbestimmung allein noch keine Partizipation, denn es geht *zweitens* auch ganz zentral um die Anforderungen und Anliegen der jeweiligen sozialen Gemeinschaft, d.h. um Themen, die *Mitbestimmung* erfordern. Um nun aber Selbst- und Mitbestimmungsthemen auch konkret verhandelbar zu machen, kommt als *dritter* Aspekt noch der Meinungsbildungsprozess, die Beratung und gemeinsame Aushandlung hinzu. Denn Partizipation bedeutet nicht nur die *Möglichkeit zu entscheiden*, sondern auch die Beteiligung an den *Aushandlungen* von Interessen und den damit verbundenen Lösungsmöglichkeiten. Während Selbstbestimmung gleiche Rechte für alle voraussetzt, braucht die Aushandlung von Mitbestimmungsthemen vor allem die Erfahrung von Solidarität in einer Gemeinschaft. Eine so verstandene Partizipation repräsentiert also ein demokratisches Kernprinzip, aber auch eine sozialpädagogische Handlungsmaxime, die *Subjektwerdung in Gemeinschaften* fördert. Sie ist demnach für jedwede sozialpädagogische Praxis zentral, auch in der Schulsozialarbeit.

Das folgende Beobachtungsbeispiel eröffnet einen Einblick in einen von der Schulsozialarbeiterin Melanie geleiteten Klassenrat. Der Klassenrat wurde bereits oben mit einem anderen Protokoll thematisiert (▶ Kap. 4.3) und ist ein in Schulen relativ weit verbreitetes Gremium, in dem Anliegen der Einzelnen oder auch der Klassengemeinschaft thematisiert werden (können) (vgl. z. B. Friedrichs 2023).

Fallbeispiel

In dem Beispiel geht es um Regeln und Bedingungen des Zusammenlebens in der Klasse 7 einer Sekundarschule – ein zentrales Thema für Partizipation. Nach verschiedenen Konflikten innerhalb der Klasse, vor allem mit Lehrkräften, wurde das Thema von der Schulsozialarbeiterin Melanie im Klassenrat eingebracht.

Teilnehmende an der Situation sind die Schüler*innen der Klasse 7 sowie die Schulsozialarbeiterin Melanie und ihre Praktikantin Petra. Alle sitzen im Stuhlkreis. In der Mitte hat Melanie Bildkarten verteilt.

»Melanie (Schulsozialarbeiterin) schlägt die Klangschale, es wird leise im Kreis. Melanie: ›So. Wir wollten ja nach dem letzten Mal damit weitermachen, dass ihr euch überlegt, was euch persönlich wichtig ist für euch und eure Klasse. Jetzt schaut mal auf die Karten. Welche spricht euch denn da so an?‹ Die Karten, die in der Mitte liegen, zeigen z. T. Landschaften, wie Wüste, Strand, eine Wiese, Bäume. Es gibt Wellen, Sandburgen mit bunten Kugeln, goldene Spitzdächer von Tempeln und Kirchen, Kastanien. Manche zeigen Menschen, Kinder, eine Gruppe, die einen Strand entlangläuft. Es gibt ein Bild mit einem Eis, Wolken, verschiedene Tiere, einen Surfer.

Melanie sagt: ›Es geht darum, dass ihr mal schaut, welche Ideen ihr so habt bei den Bildern. Welche Bilder gefallen euch? Was könnte das, was da drauf ist, für unsere Klasse, für dich selbst oder die Schule bedeuten? (…) Jeder bekommt jetzt gleich drei Glassteine. Die könnt ihr dann auf die Bilder verteilen, die euch irgendwie ansprechen, ok? Und dann sammeln wir mal.‹

Während die jungen Leute schauen und warten, ein bisschen flüstern und sich zu den anderen umblicken, verteilen Melanie und Petra (Praktikantin) aus einem der Beutel Glaslinsen.

Viele Schülerinnen und Schüler blicken nach unten. Zögern. Einzelne drehen die Glaslinsen in ihren Fingern hin und her. Melanie: ›Was braucht ihr in der Schule, damit ihr euch wohl fühlt? Das ist die Frage.‹ Einer der Jungs flüstert seinem Nachbarn zu: ›Guck mal den alten Mann. Man braucht ja keinen alten Mann.‹ Kichern. Melanie setzt erneut an: ›Schaut noch mal. Welches Bild zeigt vielleicht etwas, das euch wichtig wäre?‹ (…)

Einzelne Schülerinnen und Schüler beginnen ihre Glaslinsen zu verteilen. Auch die Erwachsenen legen ihre Linsen auf ausgewählte Bilder. (…)

Letty fragt in die Runde: ›Was ist das da eigentlich?‹ und zeigt auf eine Karte mit einem Tempeldach. Während zunächst nur einzelne junge Leute zögerlich aufstehen, kommt Bewegung in die Sache. Meist erheben sich immer drei bis vier Jugendliche gleichzeitig. Sie machen sich auf einzelne Bilder aufmerksam, platzieren ihre Glaslinsen, manche setzen sich sofort wieder hin, andere schauen den anderen zu.

Nachdem sich alle wieder gesetzt haben, fragt Melanie, wer nun etwas zu seiner Karte sagen möchte. Die meisten Hände verschwinden sofort wieder in den Jackentaschen und die Gesichter hinter der Maske. Schweigen. Melanie: ›Wir wollen hier Regeln für die Klasse aufstellen. Was ist euch also wichtig?‹ Schweigen. Melanie: ›Na los.‹ Stille. Melanie wartet.

Hermine meldet sich: ›Ich hab die Wolken. Die Wolken stehen für mich für Frieden. Ich möchte, dass es Frieden gibt.‹ Melanie greift das auf: ›Frieden. Super! Du willst also, dass es Frieden gibt in der Klasse.‹ ›Und auf der Welt‹, ergänzt Hermine. ›Super‹, bekräftigt Melanie. ›Das schreiben wir jetzt mal auf eine Karte.‹ Sie stockt kurz und lacht: ›Wer schreibt das auf? Wer mag Karten schreiben?‹ Hermine meldet sich gleich wieder und bekommt von Andrea ovale Moderationskarten und einen Edding. Sie schreibt ›Frieden‹ auf die erste Karte und klebt die Karte auf ein Papier, das an der Tafel hängt.

Letty zeigt auf: ›Ich hab die Affen da genommen. Affen halten zusammen. Ich finde wir sollten auch zusammenhalten.‹ Alex kichert, aber nickt dabei. Melanie fragt Letty, was auf die Karte soll. Letty überlegt: ›Gemeinschaft?‹ Melanie: ›Gemeinschaft. Super.‹ Es entsteht wieder eine Pause. Melanie setzt erneut an: ›Was braucht ihr in der Schule?‹ Valentin ruft in den Kreis: ›Kiosk!‹ Lachen und Zustimmung. ›Kiosk, Alter! Genau!‹ Melanie: ›Ja. Gut, Valentin. Was steckt denn dahinter, wenn du das sagst. Das ist ja jetzt erst mal nicht auf so einer Karte.‹ Die Schülerinnen und Schüler rutschen hin und her. ›Na Essen.‹ Melanie: ›Ja, aber was heißt das denn? Was würde das denn bedeuten, wenn ihr hier einen Kiosk habt?‹ Valentin: ›Dann müssen wir nicht zu Netto.‹ Lachen. Alex ergänzt: ›Wir müssten nicht raus. Ein Kiosk das geht viel schneller. Man kann sich was holen und trotzdem in der Pause bleiben.‹ Melanie: ›In der Siebten dürft ihr ja auch noch gar nicht zu Netto.‹ Letty: ›Eben. Das ist ja das voll Ätzende.‹ Melanie übernimmt: ›Also ein Kiosk das ist Essen und Versorgung.‹ Nicken. Melanie zu Hermine: ›Schreib mal was dazu auf? Vielleicht Essensversorgung in der Schule.‹ Hermine schreibt: ›Essen in der Schule‹.

Petra (Praktikantin) wendet sich nun an Wowa, der neben ihr sitzt: ›Wowa. Ich hab gesehen, dass du deinen Stein auf das schöne Eis da vorne gelegt hast.‹ Wowa windet sich ein wenig: ›Hm. Ja.‹ Petra: ›Sag mal warum. Das würde mich interessieren. Warum hast du dir das ausgesucht?‹ Wowa scheint es unangenehm zu sein, so plötzlich im Mittelpunkt zu stehen. Er sagt laut und schnell: ›Weil ich Hunger hab. Ich hab nichts gefrühstückt.‹ Melanie sagt: ›Das können wir doch auch aufschreiben.‹ Jemand sagt: ›Hunger.‹ Wowa zieht sich in seine Jacke zurück. Melanie: ›Wir könnten Frühstück aufschreiben und das zu dem Essen hängen. Wer ist für Frühstück?‹ Ein paar Jugendliche melden sich. Wowa klingt genervt: ›Ich war eigentlich nur hungrig, weil ich jetzt heute nix gegessen habe. Ich will hier nix aufschreiben.‹

Valentin zeigt auf: ›Wer hat die Wüste da genommen?‹ Ann-Kathrin meldet sich und sagt, dass das keine Wüste sei, sondern ein Strand und dass sie den genommen habe, weil ihr in der Pause immer so kalt sei. Melanie: ›Was möchtest du denn stattdessen?‹ ›Drin bleiben?!‹, antwortet Ann-Kathrin ohne Verzögerung. ›Dass ich nicht raus muss.‹

Letty meldet sich jetzt und zeigt auf ein Bild, das nicht weit von ihrem Platz entfernt liegt und eine lächelnde Frau zeigt: ›Wer hat das gelegt?‹ Alex zeigt auf: ›Ich war das.‹ Warum, fragt jemand. Alex: ›Die ist allein, aber lächelt. Das heißt, dass man auch alleine glücklich sein kann.‹ Melanie fragt nach, was er damit sagen will. Valentin meldet sich: ›Es ist in der Schule ja nicht jeder mit jedem befreundet.‹ Alex runzelt die Stirn und zuckt die Schultern: ›Also ich kann auch allein glücklich sein. Man sollte nicht allein sein, aber es ist eben auch ok. Wenn es nicht anders geht eben.‹«
(Beobachtungsprotokoll 2, aus: Aghamiri 2021, Zeile 85–160)

Reflexionsanregungen

Mit Blick auf die einleitend formulierte Definition: Welche Aspekte von Partizipation finden sich Ihrer Ansicht nach in diesem Fallbeispiel?

1. Was ist der Anlass für den Klassenrat? Um welche »Angelegenheiten des Einzelnen oder der Gemeinschaft« (vgl. Schröder 1995, S. 14) geht es?
2. Welche Themen der Selbstbestimmung zeigen sich? Welche Themen der Mitbestimmung werden sichtbar? Achten Sie dabei nicht nur auf verbale Äußerungen.
3. Wie gestalten die Sozialarbeiter*innen den Meinungsbildungsprozess? Das heißt, wie werden die Schüler*innen angeregt, sich über ihre Interessen klar(er) zu werden? Wie wird ihnen vermittelt, dass ihre Meinung wichtig ist?
4. Wie eignen sich die Jugendlichen das Angebot an? Was tun sie selbst, um in den Meinungsbildungsprozess einzusteigen?
5. Welche Schwierigkeiten bezüglich der Thematisierung der eigenen Ideen zeigen sich? Wie gehen die Sozialarbeiter*innen damit um? Wie gehen die Jugendlichen damit um?

6. An welchen Stellen fordern die jungen Leute ganz konkret Selbstentscheidungs- und Mitentscheidungsrechte ein?

Fragen über die Situation hinaus:

1. Überlegen Sie, wie Sie an Stelle der Schulsozialarbeiter*innen (weiter) vorgehen könnten.
2. Was ist Ihrer Ansicht nach ein Vorteil der Bildkarten mit Blick auf das Einbringen von Themen und Äußern von Interessen? Was könnte aber auch einengend oder problematisch daran sein?
3. Wie könnte der Meinungsbildungsprozess noch vertieft werden? Welche möglichen anderen Ansätze fallen Ihnen ein, um an die Ideen der Schüler*innen zu kommen?
4. Am Ende der Situation steht eine Sammlung von Anliegen. Wie könnte man damit weiterarbeiten? Unterscheiden Sie hierbei auch wieder zwischen Selbst- und Mitbestimmungsthemen. Wo könnte über die einzelnen Ideen und/oder Themen entschieden werden?
5. Wie würden Sie mit Verweigerungshandlungen der Schüler*innen umgehen, die in dem Protokoll z.T. auch sichtbar werden? Wie stehen Sie zu einem »Recht auf Nichtbeteiligung«?

Interpretationsangebot

Zunächst einmal: Es scheint nicht ganz leicht zu sein, mit den Schüler*innen der Klasse 7 über ihre persönlichen und gemeinschaftlichen Angelegenheiten ins Gespräch zu kommen. Die Situation ähnelt darin den Aussagen von Fachkräften, die aufgrund ihrer Erfahrungen davon ausgehen, Kinder und Jugendliche wollten sich gar nicht wirklich beteiligen (vgl. z.B. Hansen/Knauer 2015). Nichtsdestotrotz zeigen sich im Laufe der Klassenratsstunde verschiedene Themen der Jugendlichen, die sich auf Selbst- oder Mitbestimmungsanliegen beziehen. Warum also Partizipation in der Schulsozialarbeit oder im Klassenrat mitunter schwierig erscheint, hat auch etwas mit der Schule als Institution zu tun: Die Meinung von Kindern und Jugendlichen ist gar nicht immer gefragt. Teil der Schüler*innenrolle ist vor allem die Anpassung an schulische Ordnungserwartungen. Vor dem Hintergrund ungleich verteilter Gestaltungsmacht werden demokratische Gremien, wie der Klassenrat, manchmal auch zur Disziplinierung oder öffentlichen Abstrafung einzelner Jugendlicher genutzt. Ein Schwerpunkt der Interpretation der Situation, der für die Eröffnung von Partizipation wichtig erscheint, liegt daher auf der Frage, wie und ob es den Sozialarbeiter*innen gelingt, einen Meinungsbildungsprozess zu gestalten bzw. wie die Jugendlichen dazu ermutigt werden (können), sich vor den anderen zu äußern.

Um an die Ideen und Themen der Schüler*innen zu kommen, nutzen Melanie und Petra verschiedene, der Klasse z.T. bereits bekannte Materialien. So dient die Klangschale dazu, die Konzentration der Beteiligten auf das Folgende zu richten. Partizipation erfordert also zunächst einen (sicheren) Ort, an dem Themen erarbeitet und angesprochen werden können. Die Klangschale in Verbindung mit dem Stuhlkreis, in dem jede*r jede*n sehen kann, könnte aber auch an disziplinierende Gesprächssettings im Kontext Schule anknüpfen: Einzelne stehen im Fokus der Kritik, der Stuhlkreis wird zu einer Art Tribunal, das die jungen Leute als schulische Aufgabe auffassen (vgl. z. B. Boer 2006, S. 207).

Die Schüler*innen halten sich mit Äußerungen also zunächst zurück. Sie scheinen erst einmal abzuwarten, was mit ihren Beiträgen passiert, wie die Stimmung im Stuhlkreis ist und ob sie etwas Relevantes in dem Klassenratsthema für sich entdecken können. Melanie behält in diesem Zusammenhang die Geduld. Sie fragt immer wieder nach und hält auch Schweigepausen oder kleine Witzchen aus. Die Bildkarten wiederum dienen als eine Art ›Gedankenbrücke‹: Den Jugendlichen wird nichts Konkretes vorgegeben, stattdessen regen die Bilder zu Assoziationen an, die dann erst in Sprache gefasst werden müssen. Auf diese Weise entstehen Ideen, die mit individuellen und gemeinschaftlichen Erfahrungen verknüpft sind und nicht stereotyp bekannte schulische Regelplakate reproduzieren. Auch die Möglichkeit, zunächst mit Setzsteinen auf Vorlieben oder Relevanzen hinzuweisen, entlastet die Schüler*innen von der Erwartung, sich verbal zu äußern. Beteiligung wird möglich, auch ohne in den Fokus aller zu geraten.

In der Situation zeigen sich nun unterschiedlich einzuordnende Anliegen: Die Wünsche nach Frieden und Zusammenhalt in der Klasse, der in den Äußerungen von Hermine und Letty zum Ausdruck kommen, erscheinen eher als ethische Grundsätze, wie ein Zusammenleben in der Klasse 7 gestaltet werden sollte. Sie könnten für eine Regelentwicklung als eine Art programmatischen Rahmen dienen. Anliegen der Gemeinschaft und damit Themen der Mitbestimmung werden dagegen ganz konkret formuliert: Die jungen Menschen wünschen sich z. B. Möglichkeiten der Versorgung mit Essen. Sie schlagen dafür einen Kiosk vor; auch um nicht auf den Supermarkt neben der Schule angewiesen zu sein, den sie nur heimlich besuchen können. An dieser Stelle wird sichtbar, wie komplex sich ein solches Partizipationsthema darstellen würde, wenn die Schulsozialarbeiter*innen es mit den Schüler*innenweiter entwickelten. So müssten zunächst Bedingungen zum Eröffnen einer solchen »Schüler*innen-Firma« erkundet werden: Wie kann die Schulleitung überzeugt werden? Durch welche schulischen Gremien muss der Antrag? Wo könnte der Kiosk angesiedelt sein? Wer macht mit? Wie wären rechtliche Bestimmungen? Wer entscheidet über Angebot, Öffnungszeiten, Preise, Team? Wo befinden sich Ansprechpartner*innen für Ideen, Beschwerden etc.? Ein solches Projekt hätte einen hohen Nutzen für die Schüler*innenschaft und wäre damit nicht nur »Dekoration«, wie Partizipationsprojekte genannt werden, die lediglich einen schmückenden Charakter für die Außendarstellung pädagogischer Einrichtungen besitzen (vgl. z. B. das 9-Stufen-Modell nach Schröder 1995). Es fänden sich zudem zahlreiche Bildungsaufforderungen abseits des curricularen Unterrichts, wie mathematische Kalkulationen, dialogisches Argumentieren, Kommunikation, Öffentlichkeitsarbeit, Planungskompetenzen usw.

Doch zurück zu der Situation im Klassenrat: Während mit der Essensversorgung ein Mitbestimmungsthema angesprochen wird, benennt Ann-Kathrin am Beispiel des Strandbildes, das sie mit Wärme assoziiert, ein Selbstbestimmungsanliegen. Sie möchte selbst darüber entscheiden dürfen, ob sie in der Pause im Gebäude bleibt oder auf den (kalten) Schulhof geht. Wo sich Schüler*innen während der Pause aufhalten, ist in den meisten Schulen strikt geregelt. Ann-Kathrin spricht also ein Thema an, das tradiert den Machtverhältnissen der schulischen Ordnung unterworfen scheint. Insbesondere an dieser Stelle wird sichtbar, dass mit dem Aufgreifen dieses Anliegens auch eine Machtfrage gestellt wird. Wer hat an der Schule eigentlich welche Entscheidungsrechte? Bei einer Verhandlung über eine Lösung dieses Anliegens müsste die Frage der Entscheidungsrechte also mitgedacht werden. An dieser Stelle wäre es letztlich nötig, grundsätzlich zu klären, was die Schüler*innen in der Klasse verlässlich selbst oder mitentscheiden sollten und worüber die jungen Menschen kein Entscheidungsrecht haben sollten (vgl. z. B. Aghamiri 2021). Damit Partizipation in der Schulsozialarbeit nicht willkürlich bleibt, braucht es Rechte der Selbst- und Mitentscheidung, die verbindlich geklärt werden müssen.

Dazu gehört im Übrigen auch das Recht auf Nichtbeteiligung. Wenn Wowa z. B. darauf hinweist, dass sein Beitrag nicht aufgeschrieben werden solle, kann das ebenfalls als Anliegen der Selbstbestimmung verstanden werden.

7.4.2 Partizipation als Anlass für Solidarität und Verantwortung

Das nachfolgende Beispiel zeigt eine Klassenratssituation in einer zweiten Grundschulklasse. In diesem Fall geht es um die Entscheidung darüber, wie der »Spieletag« vor den Ferien gestaltet werden soll. Der Fokus der Beobachtung liegt auf Ahmet, einem achtjährigen Kind, das mit seiner Familie vor elf Monaten aus den kurdischen Gebieten im Irak gekommen ist. Ahmet ist erst seit drei Wochen in der Klasse 2, nachdem er zunächst eine DaZ-Klasse (Deutsch als Zweitsprache) besucht hatte.

Fallbeispiel

Nach der Eröffnung des Klassenrats durch die Lehrerin Frau Sonne und die Schulsozialarbeiterin Grit und der Feststellung des Themas Spieletag sammeln die Kinder im Plenum Vorschläge, die auf Moderationskarten notiert werden.

»Die Kinder rufen ihre Ideen in den Raum hinein: ›Schwingtuch!‹ ›Wasserbombentennis.‹ ›Pisspott.‹ <lachen> Grit schreibt die Vorschläge auf gelbe Karten. Die Kinder überlegen zum Teil zu zweit oder zu dritt, was sie vorschlagen wollen. Tonja: ›Das Spiel mit der Klammer, die man nicht an seinen Sachen haben darf.‹ ›Och, nee.‹ Ömer winkt ab. Ein Mädchen ruft: ›Feuer, Wasser, Blitz.

Das macht draußen noch mehr Spaß!‹ Schließlich liegen elf Karten mit Vorschlägen in der Stuhlkreismitte. Nesrin hängt die Karten an die Pinnwand und Frau Sonne zieht aus dem Klassenratsordner einige Bänder mit Klebestreifen: ›Du reißt dir jetzt drei Punkte vom Band ab‹, sagt sie. ›Dann kannst du zur Pinnwand gehen und deine Punkte auf die Spiele kleben, die du auf jeden Fall spielen möchtest. Du kannst deine Punkte verteilen oder auch auf ein Spiel kleben, wenn dir das Spiel besonders wichtig ist.‹ (Bei dem durch die Lehrerin vorgeschlagenen Entscheidungsverfahren handelt es sich um eine sog. Mehrpunktentscheidung, bei der die Kinder ihre Stimme verteilen oder aber auch Schwerpunkte setzen können.)

Ellen steht als letzte auf, überlegt vor der Pinnwand, klebt ihre Punkte: zwei auf Feuer-Wasser-Blitz, einen auf Wasserbombentennis. Ahmet steht immer noch an der Seite. Die Klebepunkte hält er in der Hand. Ömer geht zu ihm und spricht mit ihm, er zeigt dabei auf die Karten und die Punkte. Ahmet lächelt und schüttelt den Kopf, er schaut auf seine Schuhe. Ömer sagt etwas zu Ahmet, dann dreht er sich um: ›Frau Sonne, Stopp! Ahmet kennt die Spiele gar nicht!‹ Ahmet zuckt mit den Schultern und schaut ein wenig verlegen zu Boden. Grit hält inne: ›Hm. Stimmt.‹ Sie zögert. ›Daran hatten wir jetzt gar nicht gedacht. (--) Was machen wir? Hat jemand eine Idee?‹

›Wir können ihm die Spiele ja zeigen.‹ ›Wir spielen alles vorher einmal durch.‹ ›Nee, das dauert viel zu lange.‹ Es geht eine Weile hin und her. Grit erteilt verschiedenen Kindern das Wort. Nesrin macht den Vorschlag, die Spiele zu beschreiben. Max wendet ein, dass Spiele nur mit Beschreiben ›im Kopf durcheinander gehen‹. Pia fällt ein, dass sie doch noch Fotos vom Spielenachmittag mit den Eltern haben. Kalle: ›Da haben wir doch aber was ganz anderes gemacht!‹ Pia kontert, dass sie dann ja Bilder von den Spielen, die zur Auswahl stehen, malen könnten. Frau Sonne: ›Gute Idee. Finde ich.‹ Nachdem die Lehrerin Pia bestätigt hat, findet dieser Vorschlag allgemeine Zustimmung. Ömer ruft: ›Wer malt?‹

(...) Die Kinder malen die Spiele nun in kleinen Gruppen auf und hängen die Bilder an die Abstimmungswand. Ahmet bringt sich ebenfalls ein, indem er seinen Vorschlag, Fußball zu spielen, aufzeichnet. Jedes Bild wird anschließend erklärt; einzelne Kinder äußern sich zu den Vor- und Nachteilen der jeweiligen Spiele. Nachdem alle Fragen geklärt sind, setzen sich die Kinder wieder auf ihre Plätze. (...)

Frau Sonne hat inzwischen für jedes Kind drei neue Punkte ausgeschnitten und Grit gibt die Punkte herum: ›Hast du einen Überblick bekommen? Kannst du dir die Spiele ein bisschen besser vorstellen?‹, fragt sie. Ahmet lächelt und nickt: ›Ja bisschen besser.‹ Kalle flüstert Max zu: ›Ich hab mich auch entschieden.‹ (...) Max und Kalle springen auf. Ömer und Ahmet gehen gemeinsam zur Pinnwand. Ahmet lächelt. Er klebt einen Punkt auf ein Bild, das Wasserbombentennis darstellen soll, einen auf Feuer, Wasser, Blitz und einen auf sein eigenes Bild mit Fußball spielenden Kindern.«
(Beobachtungsprotokoll 2, aus: Aghamiri 2019, Zeile 12–92)

Reflexionsanregungen

1. Worum geht es in der Situation? Welches Mitbestimmungsthema wird verhandelt?
2. Wie ist die Abstimmung organisiert? Wie entsteht ein »demokratisches Problem«? Wie könnte man dieses Problem bezeichnen?
3. Die Kinder agieren in der Situation vielfältig und lebhaft. Worauf könnte das Ihrer Ansicht nach hinweisen?
4. Wie bringen sich die Kinder in den Prozess ein? Wie begleiten die Erwachsenen den Entscheidungsprozess?
5. In der Schule geht es neben Partizipation als Entscheidungsbeteiligung auch oft um »Partizipation als Verantwortungsübernahme«. Wie findet sich dieses Thema in der Situation wieder?
6. Wodurch kommt eine Lösung letztlich zustande?

Fragen, die über die Situation hinausweisen:

7. An formale Partizipationssettings gibt es verschiedentlich den Vorwurf, dass sie Kinder mit ausgeprägten Kommunikationsfähigkeiten bessere Chancen der Durchsetzung ermöglichen (z.B. Prengel 2019). Diskutieren Sie Möglichkeiten der Meinungsbildung, die auch Kindern einen Zugang verschaffen, die sich nur wenig oder gar nicht mündlich äußern.

Interpretationsangebot

Partizipation als Möglichkeit, über die eigenen Themen und die Angelegenheiten der Gemeinschaft mitzuentscheiden (▶ Kap. 6.3), setzt voraus, dass alle Beteiligten verstehen, worum es jeweils geht. Der Schüler Ahmet, der noch nicht lange in der Klasse ist, sieht sich hier mit einem demokratischen Entscheidungsverfahren konfrontiert, das er nicht einschätzen und daher auch nicht gestalten kann. Ihm ist möglicherweise weder der Ablauf des demokratischen Gremiums und seiner Verfahren vertraut noch kann er sich eine Meinung bilden, da ihm die (für die anderen Kinder über ihre alltägliche Erfahrung selbstverständliche) Kenntnis der Spiele fehlt. Demnach sieht sich Ahmet dem Geschehen lediglich ausgesetzt, er hat keine Möglichkeit, die Situation einzuschätzen. Er könnte lediglich nachahmen und mitmachen, sich aber keine Meinung bilden.

Dies erkennt nun sein Mitschüler Ömer und übernimmt Verantwortung für die Realisierung von Partizipation in dieser Situation. In einem kleinen Akt von Solidarität (ver)leiht er Ahmet seine Stimme und sorgt dafür, dass die Nichtorientiertheit des Mitschülers die notwendige Aufmerksamkeit bekommt. Der vertraute Prozess müsste angepasst werden. Die verantwortlichen Pädagoginnen lassen sich auf diese Unterbrechung ein. Dabei machen sie aber nicht das Nichtwissen des Kindes zum Thema – wie es im Kontext Schule durchaus üblich ist –, sondern die eigene Unaufmerksamkeit und geben das Problem an die

Gruppe zurück. Die Fragen »Was machen wir?« oder auch »Was könnten wir da machen?« weisen in der Praxis auf partizipative Prozesse hin. Die Erwachsenen nehmen ihre Gestaltungsmacht nicht wahr, um eine Lösung zu präsentieren, sondern um die jeweilige Gemeinschaft in ihrer Eigenschaft als Adressat*in, aber auch Urheber*in von Lösungen und Regeln anzusprechen. An dieser Stelle wird Ahmets Situation der Noch-Fremdheit mittelbar zum Thema. Es wird in die Öffentlichkeit der Klasse gebracht, die sich ihm annimmt.

Im weiteren Verlauf beraten Kinder, die Lehrerin und die Schulsozialarbeiterin darüber, wie sie Ahmet dabei unterstützen können, sich eine Meinung zu bilden – die Grundlage jeden partizipativen Entscheidungsprozesses. Ahmets Situation bedeutet nun kein irgendwie geartetes, defizitäres Nichtwissen, im Gegenteil: Es entsteht ein erweiterter Meinungsbildungsprozess für die gesamte Klasse. Ahmet eignet sich in der Erfahrung von Partizipation sowohl Verstehbarkeit als auch das Erlebnis von Solidarität und damit ein Gefühl der Zugehörigkeit zu der neuen Klasse an. An dieser Stelle wird deutlich, wie ein demokratisches Entscheidungsverfahren Kohärenz im Alltag pädagogischen Handelns tatsächlich unterstützen kann, wenn die Voraussetzung einer sorgfältigen Meinungsbildung ernst genommen wird (vgl. Aghamiri 2019).

Partizipation braucht also nicht allein den »guten Willen« und das pädagogische Geschick der Schulsozialarbeiter*innen. Eine Anhörung im Schüler*innenparlament, ein freundliches Aufnehmen von Vorschlägen der Kinder und Jugendlichen oder das Thematisieren von Konflikten im Klassenrat reichen nicht aus, um als Gleiche ohne Zwang mit den eigenen Interessen in die Öffentlichkeit zu treten. Verbindliche Mitbestimmungsrechte sichern demokratische Prinzipien über das individuelle Vermögen oder die jeweils situativen Gegebenheiten hinaus: Sie machen die Schüler*in zur Träger*in eigener demokratischer Rechte. Das heißt selbstverständlich nicht, dass Mitbestimmungsrechte eine gute Pädagogik ersetzen. Damit Kinder und Jugendliche ihre Rechte überhaupt wahrnehmen können, braucht es eine pädagogische Haltung, die sich auf Respekt und Dialogbereitschaft gründet. Grundlage für Partizipation ist ein gut organisierter Meinungsbildungsprozess, der alle Kinder und Jugendlichen gemäß ihren Erfahrungen und Fähigkeiten einschließt.

Partizipation kostet in diesem Sinne Zeit und Sorgfalt, kann so aber eine Grundlage für die pädagogische Arbeit und das Selbstverständnis der Schulsozialarbeit bilden.

Gut zu wissen – gut zu merken

- Partizipation in der Schulsozialarbeit beginnt in den Köpfen der pädagogischen Fachkräfte.
- Damit Kinder demokratisch partizipieren können, müssen sie wissen, dass sie verbindliche Selbst- und Mitentscheidungsrechte im Alltag der Schule haben, die nicht von ihrem jeweiligen Wohlverhalten und der Willkür der Erwachsenen abhängen.

- Damit Kinder demokratisch partizipieren können, braucht es Orte in der Schulsozialarbeit, an denen Kinder ihre Rechte auch wahrnehmen können.
- Partizipation braucht erwachsene Erwachsene, die eine eigene Meinung vertreten, aber nicht immer schon zu wissen meinen, wie etwas am besten zu regeln ist.

Weiterführende Literatur

Sturzenhecker, B./Schwerthelm, M. (2020): Konzeptionelle Grundlagen für die Offene Kinder- und Jugendarbeit. 3. Aufl. Gütersloh: Verlag Bertelsmann Stiftung.
Aghamiri, K. (2017): Partizipation: Schülerinnen und Schüler, Eltern und Lehrerschaft. In: Hollenstein, E./Nieslony, F./Speck, K./Olk, T. (Hrsg.): Handbuch der Schulsozialarbeit. Handlungsfelder. Arbeitsschwerpunkte. Praxisentwicklungen. Bd. 1. Weinheim/Basel: Beltz Juventa, S 172–178.

8 Spuren der Schulsozialarbeit

> **☞ Was erwartet Sie in diesem Kapitel?**
>
> Zunächst werden Sie kurz mit Ansätzen der Wirkungsorientierung bekannt gemacht. Darauf aufbauend wird als alternative Perspektive diskutiert, welche biographischen Spuren Schulsozialarbeit im Leben von Adressat*innnen hinterlässt.

8.1 Was heißt hier Wirkung?

Die Frage danach, ob das Handeln von Schulsozialarbeiter*innen Veränderungen bewirkt, bei wem, in welchem Ausmaß und mit welchen Folgen, spielt in der Diskussion um das Handlungsfeld eine nicht zu übersehende Rolle. So finden sich in zentralen deutschsprachigen und internationalen Hand- und Lehrbüchern zur Schulsozialarbeit (Stüwe/Ermel/Haupt 2015; Massat/Kelly/Constable 2016; Speck 2022) jeweils zentrale Kapitel zur Frage der Wirksamkeit oder zu einer an Wirksamkeitsfragen orientierten Praxis. Dies ist zum einen eine Folge eines breiten, handlungsfeldübergreifenden Diskurses zur Wirkungsorientierung von Sozialer Arbeit (Borrmann/Thiessen 2016; Sommerfeld 2016; König/Ottmann 2023). Zum anderen lassen sich aber auch spezifische Gründe ausmachen, warum die Frage nach der Wirksamkeit im Handlungsfeld der Schulsozialarbeit solch hohe Relevanz hat.

> **Reflexionsanregung**
>
> Diskutieren Sie in Kleingruppen, welche Gründe aus Ihrer Sicht der großen Bedeutung von Wirkungsfragen in der Schulsozialarbeit zugrunde liegen.

Insgesamt lassen sich folgende zentrale Gründe festhalten:

1. Schulsozialarbeit ist angesiedelt in einer Institution, die mit dem Instrument der Zensurvergabe und permanenten Leistungsbewertung einen – vermeintlich –

einheitlichen und allgemeingültigen Indikator für Wirksamkeit von pädagogischen Interventionen zur Verfügung hat. Demgegenüber stellt sich nun für die Schulsozialarbeit die Frage, wie angesichts dieses mächtigen Systems die Wirksamkeit des eigenen Handelns sichtbar gemacht werden kann.
2. An Schulsozialarbeit werden hohe und z. T. deutlich überhöhte Erwartungen gestellt. Schulsozialarbeit wird stellenweise zum »Allheilmittel zur Lösung persönlicher, schulischer, familiärer und gesellschaftlicher Problemlagen« (Speck/Olk 2014, S. 38) erhoben. Dadurch stellt sich die Frage, welche realistischen Wirkungen von Schulsozialarbeit zu erwarten sind und wie diese sichtbar und deutlich gemacht werden können.
3. Schulsozialarbeit bindet öffentliche Ausgaben in beträchtlichem und nach wie vor steigendem Ausmaß. Dadurch steigt auch der Legitimationsdruck von Schulsozialarbeit (vgl. Speck 2022, S. 122).

Damit verbinden sich zwei Ziele der Wirkungsorientierung: Erstens sollen durch die Frage nach der Wirksamkeit Erkenntnisse generiert werden, die wieder zurück in die Praxis fließen und dadurch beitragen, diese besser, effektiver, stärker an den Bedürfnissen der Adressat*innen auszurichten. Es geht hier also sozusagen um eine »Innenperspektive«. Zweitens sollen die Ergebnisse dazu dienen, die Praxis nach außen hin – angesichts öffentlicher Erwartungen und Ressourcen – zu legitimieren. Hier steht also eine »Außenperspektive« im Vordergrund.

Gleichzeitig lassen sich – quer hierzu – zwei unterschiedliche Blickrichtungen unterscheiden. Zum einen ist dies der reflexive und evaluative Blick zurück auf das bereits geschehene Handeln. Zum anderen leitet sich daraus der zukunftsorientierte Blick ab, der die Frage stellt, wie das noch zu leistende Handeln möglichst zielführend, bedarfsorientiert etc. gestaltet werden kann.

8.2 Ergebnisse von Wirkungsforschung

In den letzten zwei Jahrzehnten gab es eine Vielzahl von Forschungen, die der Frage der Wirkungen von Schulsozialarbeit nachgegangen sind. Im deutschsprachigen Raum konzentrierten sich Forschungsanstrengungen dabei in erster Linie auf das Handlungsfeld als Ganzes, weniger auf die Wirksamkeit spezifischer Methoden und Handlungsansätze innerhalb der Schulsozialarbeit. Hintergrund dieser Forschungen war dabei u. a. die hohe – und z. T. deutlich überhöhte – Erwartung an Schulsozialarbeit, die manchmal als »Allheilmittel zur Lösung persönlicher, schulischer, familiärer und gesellschaftlicher Problemlagen« (Speck/Olk 2014, S. 38) betrachtet wurde und wird. Wirkungsorientierte Forschung trägt vor diesem Hintergrund auch dazu bei, ein fundierteres und realistischeres Bild von den Möglichkeiten aber auch Grenzen des Handlungsfeldes zu gewinnen.

Es ist an dieser Stelle nicht möglich, die komplexen Ergebnisse dieser Wirkungsforschung in ihrer Detailliertheit nachzuzeichnen. Insgesamt lassen sich die Perspektiven der Forschung grob in zwei Kategorien unterteilen.

Auf der einen Seite stehen Forschungen, die der Frage nachgehen, welche Folgen das Handeln von Schulsozialarbeiter*innen innerhalb der Institution Schule bewirkt. Diese häufig quantitativ ausgerichteten Untersuchungen richten sich etwa auf die Zufriedenheit von Schüler*innen mit dem Angebot der Schulsozialarbeit (vgl. u. a. Wagner 2015; Fabian et al. 2010; Pudelko 2010; Rahn/Baur/Zipperle 2023). In einigen Studien wurde die Frage gestellt, inwiefern sich das »Schulklima« durch die Anwesenheit von Schulsozialarbeit änderte (vgl. u. a. Cosner Berzin et al. 2011). Untersuchungen zu einzelnen spezifischen Themenfeldern oder methodischen Ansätzen sind im deutschsprachigen Raum eher selten. Eine Ausnahme bildet hier die Untersuchung von Hermann et al. (2011) zu den Wirkungen von Schulsozialarbeit im Hinblick auf Gewaltvorfälle innerhalb der Schule. Insbesondere in angloamerikanischen Studien finden sich hier weitere thematische Ausrichtungen. So liegen Wirkungsstudien zur Gewaltprävention (Cawood 2010), zur Unterstützung von Trauerprozessen durch Schulsozialarbeit (Quinn-Lee 2014) oder im Feld der interkulturellen Arbeit (Teasley/Archuleta/Miller 2014) vor.

Eine zentrale Schwachstelle dieser primär quantitativ ausgerichteten Forschung besteht jedoch darin, dass die Frage danach, »wie« Schulsozialarbeit wirkt, häufig unklar bleibt. Vor diesem Hintergrund haben sich Wirkungsanalysen herausgebildet, die versuchen, Licht in diese »Black Box« zu werfen. So nehmen einerseits Studien die konkreten Interaktionsprozesse im professionellen Alltag in den Blick (u. a. Baier 2018, 2023; Kloha 2018a; Reinecke-Terner 2017; Aghamiri 2015). Auf der anderen Seite hat sich ein Forschungsstrang herausgebildet, der dezidiert die Perspektive der »Nutzer*innen« von Schulsozialarbeit, also insbesondere der Schüler*innen nachzeichnet (vgl. u. a. Eidemann 2023; Baur/Stange/Gschwind 2023; Schumann/Sack/Schumann 2006). Ausgangspunkt dieses Ansatzes ist, dass die Wirkungen Sozialer Arbeit immer als Prozess einer »Koproduktion« (Spiegel 2013, S. 33 ff.) entstehen. Die Bedeutung, die Schulsozialarbeit für ihre Adressat*innen gewinnt, kann nur nachvollzogen werden, wenn die »Black Box« der konkreten Interaktion geöffnet und ein Blick darauf geworfen wird, wie Schulsozialarbeiter*innen und Schüler*innen (und auch Lehrkräfte, Familienangehörige etc.) miteinander interagieren bzw. wie sich Schüler*innen das Angebot der Schulsozialarbeit »aneignen« (vgl. Deinet 2017). So wurde etwa deutlich, dass die Bedeutung von Schulsozialarbeit*innen für Schüler*innen dadurch entsteht, dass sie einerseits in der Schule niedrigschwellig erreichbar sind, aber gleichzeitig von Schüler*innen als die »Anderen« im Vergleich mit Lehrkräften wahrgenommen werden und als »ganze Person« in vielfältiger Weise ansprechbar sind (vgl. u. a. Bolay/Flad/Gutbrod 2004; Streblow 2005). Kloha (2018) konnte darüber hinaus herausarbeiten, wie Schulsozialarbeit für Schüler*innen zu einem »sicheren Ort« auch im Hinblick auf prekäre, gefährdende Familiensituationen werden und auf dieser Grundlage wichtige biographische Entwicklungen anstoßen kann.

8.3 Wirkungsforschung »in eigener Sache«

Die Frage nach der Wirkung von Schulsozialarbeit beschränkt sich aber nicht auf dezidierte Wirkungs- und Evaluationsforschung. Vielmehr ist die Suche nach der Wirksamkeit des eigenen Tuns ein elementarer Teil professionellen Handelns, gerade in der Schulsozialarbeit.

Im Verlauf der Fallarbeit stehen Schulsozialarbeiter*innen immer wieder vor der Frage, ob das eigene Handeln im Leben einer Schülerin, einer Familie etc. »Spuren hinterlässt«. Und nicht nur irgendwelche Spuren: Es stellt sich die Frage, ob das eigene Handeln dazu beigetragen hat, Entwicklungen anzustoßen, durch die das Ziel, das vorher (implizit oder explizit) formuliert wurde, näherkommt. Aus der Perspektive der Professionellen stellt sich also die Frage: »Mache ich einen Unterschied«? Die Beantwortung dieser Frage ist nicht trivial und dennoch für das Selbstbild von Professionellen letztlich nicht zu umgehen. Eine dauerhafte Unsicherheit darüber, ob das eigene Handeln sinnvoll, zielführend und wirkungsvoll ist, kann etwa dazu führen, dass eine zynisch-distanzierte Haltung zum eigenen Tun entsteht und sich Phänomene des »Ausbrennens« zeigen (vgl. u. a. Schütze 1994b). Gleichzeitig gibt es strukturelle Ursachen dafür, dass die Beantwortung dieser Frage immer wieder mit großen Unsicherheiten verbunden ist. Zentral ist hier die grundlegende Struktur professionellen Handelns, die gekennzeichnet ist von einer »Nicht-Technisierbarkeit« (vgl. u. a. Luhmann/Schorr 1982) und von vielfältigen, nicht aufhebbaren Paradoxien und Widersprüchlichkeiten (vgl. u. a. Schütze 1992; Helsper 2010). Davon nicht zu trennen sind die Unwägbarkeiten der konkreten Fallentwicklung und der Entwicklungen in der Biographie z. B. einer Schülerin oder eines Schülers. Es ist schlicht nicht möglich, all die damit verbundenen Prozesse im Auge zu behalten und in einen Kausalzusammenhang mit dem eigenen Tun zu stellen (vgl. Kloha 2018, S. 316 ff.). Erschwerend kommt im Hinblick auf diese Frage die institutionelle Struktur von Schule hinzu. Durch die Vielzahl an weiteren Professionellen, insbesondere der Lehrkräfte, wird die Möglichkeit, Entwicklungen auf das eigene Tun zurückzuführen, noch komplexer und schwieriger.

Um deutlich zu machen, wie relevant diese Frage für Schulsozialarbeiter*innen ist, gehen wir zunächst auf Äußerungen ein, die eine weitere Schulsozialarbeiterin diesbezüglich macht.

Fallbeispiel

Im Mittelpunkt steht hier die Schulsozialarbeiterin Frau Eibecker und ihre mehrjährige Arbeit mit der Schülerin Alexandra Brokalakis. Im Zentrum der Fallarbeit steht die prekäre Familiensituation von Alexandra. Ihre Beziehung zu ihrer Mutter ist geprägt von vielfältigen Gewaltvorfällen durch die Mutter. Schließlich kommt Alexandra in eine Notwohnung des städtischen Jugendamtes und anschließend zu einer Pflegefamilie. Die Schulsozialarbeiterin (sowie die Schule insgesamt) wird für die Schülerin während dieser Zeit zu einer wichtigen Anlauf- und Zufluchtsstelle. Zum Zeitpunkt des Interviews hat Alexandra trotz dieser prekären Situation gerade erfolgreich die Schule beendet. Vor dem hier vorliegenden Interview gab es ein Vorgespräch mit ihr, der Schulsozialarbeiterin und dem Interviewer (in dem u. a. das Interview, das der Interviewer mit Alexandra führte, vorbesprochen wurde). Während dieses Gespräches kündigt Alexandra an, nach den Prüfungen (und damit nach der Beendigung ihrer Zeit an der Schule) in der Schule noch beim Räumen von Tischen und Stühlen helfen zu wollen. Der Interviewer fragt die Schulsozialarbeiterin im Anschluss an deren Schilderung der Fallgeschichte nach dem »Beitrag«, den diese zur Situation von Alexandra geleistet hat:

»I: Wo sehen Sie denn sozusagen Ihren Beitrag dazu, dass die Alexandra jetzt da ist, wo sie ist? Wo auch immer das ist/
E: (((Kurzes Lachen))) Ja, das ist/ also das ist die Krux bei dem Beruf überhaupt, dass man eigentlich keine Ergebnisse sieht, sag ich jetzt mal. Es ist wirklich so. Also ich weiß ja nicht, wie's gewesen wär, wenn ich das nicht gemacht hätte, oder wenn ich nicht interveniert hätte. Jetzt speziell bei der Alexandra denk ich mir, hat das dazu beigetragen, dass sie gerne in die Schule gekommen ist.
I: Mhm
E: Ja. Und sich da äh auch aufgehoben gefühlt hat. Also das sagt sie ja auch, sie hilft jetzt beim Umziehen da, von diesen Räumen, als ihren Beitrag zu dem, was sie gekriegt hat, hier an der Schule. Also das find ich ne ganz erstaunliche Idee, erstmal, und Formulierung auch. Also ich weiß nicht, vielleicht haben's die Lehrer zu den Schülern gesagt, jetzt könnt ihr uns was zurückgeben, indem ihr helft, das weiß ich nicht. Aber wenn das nicht so ist, sondern wenn sie das so sieht, dann find ich das ganz erstaunlich. Da war ich ganz gerührt, auch, weil sie das irgendwie/ das fand ich schon toll, also wie gesagt, wenn's nicht von den Lehrern kommt, als Aussage, sondern wenn's wirklich von der Alexandra kommt, is toll. Und ich denke, das hat schon dazu beigetragen, dass ich ihr halt die Möglichkeit geboten hab, erstens dass sie jederzeit zum Gespräch kommen konnte, und dass ich sie unterstützt hab wenn sie was gewollt hat, oder so, dass ich dann einfach gesagt hab, du, weißt was, da rufen wir jetzt gleich an, oder so. Oder hast schon überlegt, dass du da vorbeigehst oder so, also solche Sachen ähm, die sie dann auch sofort gemacht hat, aber wo ich nicht ganz sicher bin, ob sie vielleicht/ ob sie da selber drauf gekommen wär.
I: Ja
E: Das denk ich schon, dass das für sie positiv war und dass das n Teil auch meiner Arbeit hier war, hm.«
(Interview Pia Eibecker, aus: Kloha 2018, S. 145)

Reflexionsanregungen

- Welches grundlegende Problem spricht Frau Eibecker hier an?
- Wie versucht sie, in diesem Ausschnitt eine Lösung für dieses Problem zu finden?

Interpretationsangebot

In diesem Abschnitt geht Frau Eibecker – angeregt durch die Frage des Interviewers – dem Problem nach, wie sie die Folgen ihres eigenen Handelns einschätzen kann. Es geht eigentlich um zwei Fragen:

- Hat mein Handeln (positive) Folgen für die Adressatin?
- Wie kann ich die Veränderungen, die ich bewirkt habe, erfassen? Welche Indizien finde ich für die Wirksamkeit meines Handelns?

Sie stellt sich hier also einer Fragestellung, die ganz allgemein gesprochen als Evaluation ihres Handelns bezeichnet werden kann. Und sie konstatiert gleich zu Beginn ein aus ihrer Sicht zentrales Grundproblem: Die eindeutige Rückführung bestimmter Veränderungen auf bestimmte Handlungsweisen ist schwierig. Oder anders: Sie benennt hier die Schwierigkeit, Ursache-Wirkungs-Zusammenhänge im Hinblick auf ihr Handeln herzustellen. Sie gibt sich aber damit nicht zufrieden, sondern macht sich in diesem Abschnitt gewissermaßen auf die »Suche« nach den Spuren ihres Handelns. Sie macht dies an der Äußerung von Alexandra fest, nach den Prüfungen noch in der Schule helfen zu wollen. Frau Eibecker interpretiert diese Ankündigung dahingehend, dass Alexandra der Schule (und damit auch der Schulsozialarbeiterin) etwas »zurückgeben« will von dem, was sie in der Schule bekommen hat. Diese Ankündigung wird für sie sozusagen zu einer greifbaren »Evidenz«, dass sie bei Alexandra etwas bewirkt hat und ihr etwas »geben« konnte. Und sie entwickelt eigene Vorstellungen darüber, was das gewesen ist: Sie hat ihr einen niedrigschwelligen Raum gegeben, um jederzeit ihre prekäre Situation zu besprechen. Und sie hat ihr wertvolle Hinweise und Tipps gegeben. Ihr Handeln wurde aus ihrer Sicht für Alexandra also als Möglichkeit zur Reflexion und als »Leitschnur« für anstehende Entscheidungen bedeutsam (z.B. im Hinblick auf das Verhältnis zu ihrer Mutter und auch auf Fragen der beruflichen Orientierung). Zusammenfassend lässt sich festhalten, dass Frau Eibecker in diesem Abschnitt eine – auf den individuellen Fall bezogene und subjektive – Wirkungsanalyse ihres Handelns durchführt.

Der Grund dafür, dass Schulsozialarbeiter*innen ganz dezidiert nach den Spuren ihres eigenen Handelns fragen und suchen, liegt also neben der oben erwähnten Einbettung in schulischen Strukturen auch in generellen Strukturen professionellen Handelns:

- Professionelles Handeln ist immer in konstitutive Widersprüchlichkeiten und Paradoxien eingebunden, die nicht abschließend aufzulösen sind (Schütze 1992).
- Pädagogisch-professionelles Handeln ist nicht technisierbar, d.h. nicht zu reduzieren auf einfache Ursache-Wirkungszusammenhänge (Luhmann/Schorr 1982).

- Professionelles Handeln hat immer auch enge Bezüge zur Biographie des*der Professionellen. Das heißt, die Erfahrungen im professionellen Handeln – auch die Erfahrungen des Misslingens – können massive Auswirkungen auf das eigene Selbstbild des*der Professionellen haben (Schweppe 2002; Schütze 1994b).

Diese grundsätzlichen Strukturen professionellen Handelns und die eingangs erwähnten besonderen Gegebenheiten im Handlungsfeld Schulsozialarbeit machen die Frage nach der Wirkung des eigenen Handelns für Professionelle zu einer prekären Angelegenheit. Welche Strategien entwickeln Fachkräfte, um ihre Wirksamkeit im eigenen Handeln dennoch zu »entdecken«?

Im Folgenden stellen wir zu dieser Frage drei Fallbeispiele dar, anhand derer wir unterschiedliche Aspekte diskutieren, wie Fachkräfte sich über die Wirkung des eigenen Handelns vergewissern. Im ersten Fallbeispiel geht es um die Herstellung von kausalen Wirkungszusammenhängen, im zweiten Fallbeispiel steht die Bezeugung der eigenen Wirkung durch dritte Personen im Mittelpunkt und im letzten Fallbeispiel das Bewusstwerden der (auch langfristigen) biographischen Relevanz des eigenen Handelns für den*die Adressat*in.

Aufgabe für die folgenden Fallbeispiele

- Überlegen Sie sich, durch welche Erfahrungen sich der*die Erzähler*in in der jeweiligen Passage über die Wirkung seines*ihres Handelns vergewissert.
- Diskutieren Sie in Kleingruppen: Inwiefern wird durch solche Erfahrungen das professionelle Selbstbild gestärkt, welche Risiken liegen aber gegebenenfalls auch darin?

Fallbeispiel: Herstellung von Kausalität

Die Schulsozialarbeiterin Frau Esen (▶ Kap. 5.2) resümiert ihre Arbeit mit der Schülerin Dilena, die unter massiven Essstörungen litt und die von Frau Esen über einen langen Zeitraum begleitet wurde. Sie erwähnt dabei, dass die Schülerin nach der Rückkehr aus einer stationären Therapie zu ihr in die Schule kommt und ihr einen selbst verfassten Text über ihre Krankheit überreicht:

»Und interessant ist es im Nachhinein, sie wurde behandelt, hats auch geschafft, hat jetzt ((leicht lachend)) wieder richtig schöne rosige Pausbäckchen und stand irgendwann vor meiner Tür mit (.) ganz viel Schriftkram und sacht, hier, is mal für Dich zum Lesen.

Da hat sie das einfach mal so niedergeschrieben, ihre Geschichte, zehn Seiten und das Schöne war, ((leicht lachend)) ich kam ziemlich häufig drin vor und also die Dankbarkeit dann auch, das/ also das Gefühl zu haben, da is es auch wirklich angekommen, es wurde angenommen, es is angekommen, es wurde wertgeschätzt.«

(Interview Aaliyah Esen, aus: Kloha 2018, S. 89)

Interpretationsangebot

Die Wirkung ihres Handelns macht Frau Esen an zwei Aspekten fest. Zum einen betont sie die veränderte körperliche Erscheinung von Dilena in sehr bildhafter Weise. Unterlegt ist hier eine direkte Kausalbeziehung zwischen ihrem Handeln – der Unterstützung während der langen Phase der Magersucht – und der sichtbar gewordenen körperlichen Stabilisierung der Schülerin. Zum zweiten erzählt sie davon, dass die Schülerin selbst diese Kausalität herstellt, und zwar in einem von ihr verfassten Text, in dem sie sich noch einmal mit der Bewältigung ihrer Essstörung auseinandersetzt und in dem die Schulsozialarbeiterin eine deutliche Rolle bekommt. Mit anderen Worten: Die Kausalität ihres Handelns für die Überwindung der Krankheit wird hier von der Betroffenen selbst schriftlich festgehalten.

Diese Erfahrungen, dass positive Veränderungen bei Adressat*innen direkt auf das eigene Handeln zurückzuführen sind, sind für die Erzählerin eine wichtige Erfahrung. Sie und auch andere Professionelle berichten davon, dass dies für sie angesichts einer Vielzahl an Fallsituationen, in denen die Bedeutung des eigenen Handelns nicht greifbar wird und diffus bleibt, »Leuchtturm-Erfahrungen« sind.

Fallbeispiel: Bezeugung durch Dritte

Der Erzähler ist Schulsozialarbeiter (»Jugendsozialarbeiter an Schulen«) und berichtet über die Erfahrungen mit Kooperationsbeziehungen zu Lehrkräften.

»Also die Lehrer, also auch in den Konferenzen, also gerade auch an den Anfangskonferenzen, oder wenn Lehrer neu sind, die kriegen immer von der Schulleitung oder aber vom Konrektor auch, der mein Tandem z. B. ist, gleich die Einführung, ›Wenn ihr Probleme mit den Eltern habt, wenn ihr mit den Eltern nicht klarkommt, wenn ihr das Gefühl habt, da läuft was schief, Jugendsozialarbeiter. Da haben wir das große Privileg jemanden zu haben, der von der Jugendhilfe hier auch ist. Der die Leute auch kennt ähm () in den Stadtteilteams.‹ Und, dass man halt dann auch des entsprechend aktiviert.«
(aus: Behle 2021, S. 54)

Interpretationsangebot

Im Gegensatz zum ersten Beispiel steht hier keine konkrete Fallsituation im Mittelpunkt. Vielmehr wird die Wirksamkeit des eigenen Handelns für den Erzähler dadurch deutlich, dass diese und seine allgemeine fachliche Kompetenz von der Schulleitung selbst in wiederkehrender Form und an zentralen Stellen (»Anfangskonferenzen«) bezeugt wird. Die Verwendung der direkten Rede unterstreicht diese Bedeutung. Der Schulsozialarbeiter erlebt sich als jemand, dessen Handlungskompetenz als für die Schule zentral bewertet wird (»Privileg«).

Wichtig wird dies deshalb, weil die Erfahrung der Wirksamkeit des eigenen Handelns nicht auf eine jeweils konkrete Fallsituation und auf die darin involvierten Akteur*innen beschränkt bleibt, sondern von einer Autoritätsposition generalisiert und breit kommuniziert wird.

Fallbeispiel: Offenbarung von biographischer Relevanz

Der Erzähler ist ein Schulsozialarbeiter mit langjähriger Erfahrung. Er betrachtet sich selbst als »Pionier« in diesem Handlungsfeld in der Stadt, in der er tätig ist.

»Da krieg ich schon immer wieder mit, dass/ oder so als Ergebnis kommen Schüler, die vor zwei Jahren hier fertig waren, ihren Abschluss gemacht haben, die sich dann melden und sagen, Mensch, jetzt bin ich schon fast fertig mit meiner Ausbildung und die Stelle hab ich nur gekriegt, weil Sie mir damals geholfen haben, Bewerbungsmappen zu schreiben, Vorstellungsgespräche üben, Telefonieren lernen, begleiten zu Praktikumsplätzen und, und, und« (Interview Stephan Baum, aus: Kloha 2018, unveröffentlichtes Material)

Interpretationsangebot

Bedeutend wird hier, dass die Wirkung seines Handelns für den Schulsozialarbeiter nicht unmittelbar sichtbar wird (etwa durch eine Rückmeldung des Schülers oder der Lehrkraft) sondern dass Schüler*innen nach Beendigung der Schulzeit auf ihn zukommen und die Spuren betonen, die er in ihren weiteren Lebensgeschichten hinterlassen hat. Im Kontext zentraler biographischer Weichenstellungen (etwa der Beginn einer Berufsausbildung) wurde sein Handeln für Schüler*innen bedeutsam.

Dieses langfristige Sichtbarwerden von Wirksamkeit ist insbesondere für das Handlungsfeld Schulsozialarbeit relevant, da spätestens der Schulabschluss häufig eine Schwelle darstellt, nach der der Kontakt zu Schüler*innen abbricht. In anderen Fällen wurde vom »Verschwinden« von Schüler*innen berichtet, die während ihrer Schulzeit die Schule verlassen und es keine Möglichkeit mehr gab, Informationen über ihre weitere Entwicklung zu bekommen.

8.4 Wirkungsebenen

Karsten Speck und Thomas Olk (2014) machen deutlich, dass sich Wirkungszusammenhänge auf unterschiedlichen Ebenen ausmachen lassen. Sie unterscheiden dabei eine konzeptionelle Ebene, eine institutionelle Ebene und die Ebene konkreter Handlungsprozesse. Neben diesen wichtigen Diskussionen rückt aber als zusätzliche Ebene auch die Frage in den Fokus, wie Schulsozialarbeiter*innen selbst sich ihrer eigenen Wirksamkeit vergewissern. Nimmt man diese Frage als zentrales Element ihres professionellen Handelns ernst, dann eröffnen sich Möglichkeiten, an dieser Frage systematisch zu arbeiten (etwa in Fallbesprechungen, Supervision etc.). Dies erlaubt, sowohl unrealistische Vorstellungen über das eigene Tun kritisch-konstruktiv zu hinterfragen als auch immer wieder Wirkungen, die aus der subjektiven Perspektive des*der Schulsozialarbeiters*in nicht mehr wahrnehmbar sind, wieder in seinen/ihren Wahrnehmungsfokus zu bringen. Denn eine langfristige, dauerhafte Überzeugung über die *Un*wirksamkeit des eigenen Tuns kann zu Abstumpfung oder einer zynischen Arbeitshaltung führen (Kloha 2018; Riemann 2000).

Gut zu wissen – gut zu merken

- Schulsozialarbeit sieht sich von fachlicher und politischer Seite mit Erwartungen konfrontiert, ihre eigene Wirksamkeit immer wieder nachzuweisen.
- Die Frage nach der Wirksamkeit des eigenen Handelns ist aber auch für die einzelne Fachkraft bedeutsam und gerade im schulischen Kontext nicht einfach zu beantworten.

Weiterführende Literatur

Zipperle, M./Baur, K. (Hrsg.) (2023): Empirische Facetten der Schulsozialarbeit. Weinheim: Juventa.

9 Anregungen zur Weiterarbeit

> ☞ **Was erwartet Sie in diesem Kapitel?**
>
> Sie lernen Ansätze und konkrete Möglichkeiten des forschenden Lernens kennen, um selbst das Handlungsfeld Schulsozialarbeit weiter zu erkunden und Schulsozialarbeit noch tiefergehend zu entdecken.

Im bisherigen Verlauf des Lehrbuchs wurde – hoffentlich – deutlich, dass aus unserer Sicht viel über ein Handlungsfeld der Sozialen Arbeit wie das der Schulsozialarbeit gelernt werden kann, wenn man sich intensiv mit Erfahrungen der beteiligten Akteur*innen beschäftigt und deren Blick darauf, wie die Praxis *ist*, und diese Sichtweisen und Erfahrungen systematisch dem gegenüberstellt, was in Konzepten, Programmen, Leitfäden in normativer Weise darüber zum Ausdruck kommt, wie die Praxis aussehen *soll*. Dies geschah im bisherigen Verlauf insbesondere auf der Grundlage qualitativ-rekonstruktiver Datenmaterialien, die im Kontext umfangreicherer Forschungsprojekte erhoben wurden. Die Grundüberlegung dieses Lehrbuches würde aber missverstanden werden, wenn der Eindruck entstünde, die Beforschung des Handlungsfeldes Schulsozialarbeit und die damit verbundenen Erkenntnisse sollten nur in den Händen von Forscher*innen ab einem gewissen wissenschaftlichen Qualifikations- und Formalisierungsniveau liegen (üblicherweise ab der Promotion, in Drittmittelprojekten etc.). Wir wollen einer solchen Sichtweise entgegenstellen, dass Formen des forschenden Erkundens der Praxis Sozialer Arbeit zumindest auf zwei weiteren Ebenen sinnvolle und produktive Erkenntnisse liefern kann, die wir kurz skizzieren wollen.

9.1 Formen des Forschenden Lernens während der grundständigen Ausbildung

Für Studierende der Sozialen Arbeit erscheint forschendes Handeln nach wie vor als etwas, dessen Grundzüge zwar in Einführungsseminaren vermittelt werden, das man sich dennoch nicht zur »eigenen Sache« macht, sondern als etwas erlebt, was von dafür spezifisch professionalisierten Wissenschaftler*innen – oft jenseits der

Sozialen Arbeit – *für* die Soziale Arbeit gemacht wird und deren Ergebnisse man dann mehr oder weniger ehrfürchtig rezipiert. Demgegenüber wollen wir unterstreichen, dass gerade studentische Lernprozesse, die einer forschenden Grundlogik folgen, vielfältige Chancen bieten, gerade das grundlegend Neue eines Handlungsfeldes kennenzulernen und dabei systematisch von dem auszugehen, was Studierende als Forscher*innen erfahren (Hanses 2012). Damit können diese Lernprozesse ein Gegengewicht zu einer stark normativen Perspektive bilden, wie sie häufig Lehrformate im Studium kennzeichnen. Auf der anderen Seite stellt aber gerade die Bindung an methodische Regeln (bei all den methodischen Kompromissen, die in einem studentischen Projekt aufgrund der begrenzten Ressourcen und dem naturgemäß geringeren Grad an Erfahrung von Studierenden einzugehen sind) die Grundlage dafür dar, sich die Eigenlogiken des neuen Handlungsfeldes nicht vorschnell zu eigen zu machen. Vielmehr eröffnen die notwendigen Verlangsamungen und für Studierende auf den ersten Blick manchmal mühsamen methodischen Schleifen Räume für eine systematische Reflexion (Hanses 2012) und die Entwicklung einer konstruktiv-kritischen Perspektive auf den Forschungsgegenstand (Crawford 2006). Darüber hinaus kann studentische Forschung Ergebnisse zeitigen, die Studierende dabei bestärkt, selbst zu aktiv Beteiligten an professionellen Diskursen und nicht nur zu »Konsumenten« eines vorformulierten Professionswissens zu werden (Riemann 2006b).

9.2 Aneignung einer forschenden Haltung

Neben dieser Fruchtbarmachung zur Erkundung eines gesamten Handlungsfeldes können forschende Zugänge auch ein strukturierter und systematischer Weg sein, über das eigene Handeln etwas zu erfahren, sich sozusagen beim Handeln »über die Schulter« zu schauen. Gerade angesichts der vielfältigen Erwartungen und externen Aufgabenzuschreibungen an Schulsozialarbeiter*innen stellen eine forschende Haltung und forschungsbasierte Reflexionsprozesse eine Möglichkeit dar, sich zum einen dem eigenen Tun in detaillierter und genauer Weise zuzuwenden und gleichzeitig eine Distanzierung herzustellen, die es ermöglicht, in konstruktiver und wertschätzender (und eben nicht in Form von Schuldzuschreibungen etc.) darauf zu blicken, wie man selbst in Interaktionen eingebunden ist und wie das eigene Handeln von zentralen Kernproblemen des Handlungsfeldes (Kloha 2018) und professionellen Paradoxien und Widersprüchlichkeiten (Schütze 1992, 2015a) geprägt ist.

Für beide Varianten braucht es Zugänge, die zum einen in ihrer methodischen Regelhaftigkeit systematische Lernprozesse ermöglichen, die nicht vorschnell durch ungeprüftes Alltagswissen überdeckt werden, die aber in ihrer Komplexität so weit reduziert werden können, dass sie auch von Studierenden und (angehenden) Praktiker*innen angewandt werden können. Im Folgenden wollen wir eine Reihe solcher Zugänge vorstellen. Diese sollen ausschließlich als Anregung verstanden werden und ersetzen nicht eine intensive Auseinandersetzung mit den Möglichkeiten und Grenzen der jeweiligen Methode. Hierzu zählt auch der entsprechende Rahmen, insbesondere zeitliche und räumliche Ressourcen. Die Übungen und Materialien, die das vorliegende Lehrbuch durchziehen, können als Anregung zur Auseinandersetzung mit einer jeweiligen Methode dienen.

9.2.1 Verbale Methode: Partner*inneninterviews zu erlebten Praxissituationen

Eine weitere Möglichkeit besteht darin, dass Sie eigene Erlebnisse einem Gegenüber detailliert erzählen. Das kann beispielsweise ein*e Kommiliton*in in einem Praxisseminar sein. Eine hierfür sehr geeignete Interviewform ist das sogenannte interaktionsgeschichtlich-narrative Interview (Riemann 2000; Kloha 2018). Sie erzählen dabei dem Gegenüber eine selbst erlebte Geschichte aus einem Praxiskontext. Das kann eine Geschichte mit einem*r Adressat*in, mit einem Projekt, aber auch die gesamte »Geschichte« des Praktikums, welches man gerade hinter sich hat, sein. Wenn sich ein*e Erzähler*in in dieser Weise seinen*ihren Erinnerungen hingibt, entsteht die Chance, dass erlebte Ereignisse zum einen im Prozess des Erzählens in einen Gesamtzusammenhang gebracht werden und damit eine »Gestalt« bekommen können, die auch dem*der Erzähler*in in dieser Form noch nicht bewusst war. Zum anderen wird durch die soziale Situation des Erzählens eine Distanzierung ermöglicht. Man bleibt mit dem Erlebten nicht bei sich, sondern rückt die Situation als erzählte Geschichte in einen sozialen Kontext. Das Erzählte kann somit zum Gegenstand einer konstruktiv-kritischen Auseinandersetzung mit der erlebten Praxis werden und für beide (Erzähler*in und Zuhörende) wertvolle Erkenntnisse erschließen. Diese Erkenntnisprozesse können über den konkreten Einzelfall hinausgehen. Das heißt, man kann durch eine solche Erzählung auch auf allgemeine Themen, beispielsweise eines Praxisfeldes, stoßen (vgl. Riemann 2005a).

Wichtig ist dabei zweierlei: Auf Seiten des*der Erzähler*in ist es wichtig, sich im Erzählen auf die »Gewordenheit«, die Prozesshaftigkeit des Erlebten zu konzentrieren. Mit anderen Worten: Wie baute sich die Situation auf, wie verlief der Prozess? Auf Seiten des*der Interviewer*in und Zuhörer*in ist es notwendig, dass diese freiläufige Erzählung nicht durch vorschnelle eigene Beiträge und Kommentierungen unterbrochen wird, sondern durch aktives Zuhören ein Interesse an dem Erlebten signalisiert wird. Erst nachdem die Geschichte »fertig« erzählt ist, können genauere Nachfragen zu dem Erzählten formuliert werden. Das ist dann auch der Moment, an dem Kommentierungen möglich sind. Ausschlaggebend ist aber dabei, dass es nicht darum geht, den*die Erzähler*in in Widersprüche zu verstricken oder eine »entlarvende« Haltung einzunehmen. Der Respekt vor der Erzählung ist äußerst wichtig.

Die erzählten Geschichten können – müssen aber nicht – aufgezeichnet werden. Auch bereits im Prozess des Erzählens sind Erkenntnismomente möglich. Wird die Erzählung aufgezeichnet und transkribiert, ist anschließend eine noch umfassendere analytische Arbeit (etwa in einer Interpretationswerkstatt ▶ Kap. 9.2.3) möglich – die aber mit einem hohen Zeitaufwand und einer grundlegenden Bereitschaft, sich auf einen solchen Forschungsprozess einzulassen, verbunden ist.

> **Weiterführende Literatur**
>
> Eine genaue Darstellung, wie diese Methode im Lehrkontext eingesetzt werden kann, findet sich bei:
>
> Riemann, G. (2005): Zur Bedeutung ethnographischer und erzählanalytischer Arbeitsweisen für die (Selbst-)Reflexion professioneller Arbeit. Ein Erfahrungsbericht. In: Völter, B./Dausien, B./Lutz, H./Rosenthal, G. (Hrsg.): Biographieforschung im Diskurs. Wiesbaden: VS Verlag für Sozialwissenschaften, S. 248–270.
>
> Eine gute, knappe Einführung zur Methode des narrativen Interviews insgesamt:
>
> Riemann, G. (2010): Ein Forschungsansatz zur Analyse narrativer Interviews. In: Bock, K./Miethe, I. (Hrsg.): Handbuch qualitative Methoden in der Sozialen Arbeit. Opladen: Budrich, S. 223–231.

9.2.2 Methoden zur Verschriftlichung von Praxiserfahrungen: Ethnographische Praxisprotokolle

Beobachten Sie selbst! Setzen Sie sich unauffällig in eine hintere Ecke eines Klassenraumes, vielleicht sogar in Absprache in einen Beratungsraum (das wird jedoch sicher sensibler und schwieriger umsetzbar).

Dies können Sie innerhalb der Praxis tun, wenn die Daten ganz bei Ihnen bleiben und Sie die Schüler*innen und Lehrkräfte vorher transparent informieren. Eine Beobachtung im Freizeitbereich wäre sicherlich auch möglich, aber auch hier gilt der Datenschutz, den Sie beachten müssen. Wenn Sie bei einer anderen Schule hospitieren bzw. forschen, müssen Sie oftmals eine komplizierte Beantragung bei der Schulbehörde vornehmen oder, das wäre vielleicht ein einfacherer Weg, im Rahmen der Klausel »Qualitätsentwicklung« in Absprache mit der Schulleitung die Erlaubnis einholen, die Daten aber nicht veröffentlichen.

Mit dieser Methode der teilnehmenden Beobachtung tauchen Sie in ein Teilelement der Ethnographie ein: Sie beobachten die eigene Praxis und treten in diesem Sinne vom alltäglichen Handlungsdruck oder auch von den Handlungsroutinen zurück. Das heißt, Sie »befremden« sich von Ihrer eigenen Praxis, um diese reflexiv zu betrachten (Riemann 2004). Ethnographie bedeutet im weitesten Sinne so etwas wie eine kulturelle Beschreibung, ein Eintauchen in den Kontext, eine konkrete Beobachtung der Praktiken. Umgesetzt wird dies in der Regel mit der Methode der teilnehmenden Beobachtung (vgl. Breidenstein et al 2013). Während der Beobachtung der Situation machen Sie sich Notizen. Dies kann unmittelbar während und kurz nach dem Erleben der Situation geschehen (etwa am Abend). Vor allem verdichten Sie die Notizen zu einem eigenen Text, der so nah wie irgend möglich am Geschehen bleibt.

Notieren Sie während der Situation so schnell Sie können zusammenhängende Stichpunkte. Nehmen Sie sich, am besten direkt danach, Zeit, um diese Notizen in Ruhe zu einem Text zu verdichten.

Schreiben Sie nun so, dass Sie einem*einer Leser*in diese Situation ebenfalls plastisch vor Augen führen können. Der Ablauf der Situation sollte deutlich werden, d. h., man fängt am Anfang der Situation an und endet am Ende. Schreiben Sie so detailliert und »dicht« wie möglich. Insbesondere sollten die Perspektiven der jeweiligen Akteur*innen deutlich gemacht werden. Das geschieht beispielsweise, indem Sie notieren: Die Lehrerin erzählte der Schulsozialarbeiterin, dass bei dem Jungen ADHS diagnostiziert wurde.« Am besten wäre es hier auch das Wortwörtliche zu notieren, also: Frau Müller (Lehrerin) sagte zur Schulsozialarbeiter*in: »Der Max hat ADHS.« Eine Anonymisierung ist hier natürlich unerlässlich.

Sollten Sie als Beobachterin selbst eine Rolle spielen, machen Sie dies auch im Text sichtbar (Streck et al. 2013). Versuchen Sie aber, soweit es geht, sich selbst aus der Situation herauszunehmen.

Nehmen Sie sich dann die Zeit, um das Protokoll zu analysieren, es ggf. mit anderen zu teilen und zu besprechen (auch dies immer unter Berücksichtigung aller notwendigen Absprachen). Sie werden Erkenntnisse über Praktiken und Interaktionen im Alltag gewinnen, die Sie nachdenklich stimmen werden und durch die Interpretation Erkenntnisse erhalten, die Sie nachhaltig für Ihre eigene Professionalisierung nutzen können. Genauer beschrieben ist dieses Vorgehen im folgenden Konzept der »Interpretationswerkstatt«.

Weiterführende Literatur

Breidenstein, G./Hirschauer, S./Kalthoff, H./Nieswand, B. (2013): Ethnografie: Die Praxis der Feldforschung. Konstanz: UVK.
Riemann, G. (2004): Die Befremdung der eigenen Praxis. In: Hanses, A. (Hrsg.): Biographie und soziale Arbeit: Institutionelle und biographische Konstruktionen von Wirklichkeit. Baltmannsweiler: Schneider Verlag Hohengehren, S. 190–209.
Streck, R./Unterkofler, U./Reinecke-Terner, A. (2013): Das »Fremdwerden« eigener Beobachtungsprotokolle. Rekonstruktionen von Schreibpraxen als methodische Reflexion. In: Forum Qualitative Sozialforschung 14, Nr. 1, Art. 16, Januar 2013.

9.2.3 Interpretationswerkstatt: Arbeit mit schriftlichen Datenmaterialien

Die Interpretationswerkstatt hat ihre Ursprünge in dem Modell der Forschungswerkstatt, wie sie insbesondere im Kontext der Narrationsanalyse entwickelt wurde (Riemann 2006a; Mangione 2022; Beneker 2015). Über die Rolle im Kontext von qualitativ-rekonstruktiven Forschungsprojekten hinaus wurde aber recht schnell auch die Möglichkeit deutlich, durch die systematische gemeinsame Beschäftigung mit qualitativen Datendokumenten aus der sozialen Welt der Sozialen Arbeit (also etwa – wie oben erläutert – Interviewtranskripte oder ethnographische Protokolle) einen besonders differenzierten Zugang zu Lebenswelten von Adressat*innen und zur professionellen Praxis zu gewinnen. Insbesondere hat sich gezeigt, dass sich gerade durch die diesen Verfahren immanente Perspektivenvielfalt im Hinblick auf das Datenmaterial weitreichende Prozesse des Selbst- und Fremdverstehens eröffnen. Somit können durch eine solche gemeinsame Arbeit wichtige Impulse für nachhaltige Professionalisierungsprozesse angestoßen werden (Mangione 2022; Riemann 2005b; Völter 2008).

Für eine genaue Diskussion dieser Methode verweisen wir auf die einschlägigen Veröffentlichungen hierzu. Hier muss ein grober Überblick genügen.

Wichtig ist zunächst der Rahmen der Interpretationswerkstatt. Sie verabreden ein Treffen mit anderen Kolleg*innen, Studierenden usw. und verabreden, Protokolle mitzubringen, die Sie diskutieren möchten. Von grundlegender Bedeutung ist eine verbindliche Atmosphäre des Vertrauens. Dies bedeutet insbesondere, dass Inhalte der gemeinsamen Arbeit nicht ohne die Zustimmung der Beteiligten nach außen dringen, gerade wenn es sich um biographische Prozesse oder autoethnographische Materialen eines Werkstatt-Mitglieds handelt. Dies ist mit einer Haltung einer prinzipiellen Offenheit und Fehlerfreundlichkeit verbunden. Es darf kein Leistungsdruck entstehen oder Angst vor »falschen« Beiträgen aufkommen – was gerade im Hochschulkontext mit der häufig dominierenden Prüfungslogik nicht immer einfach zu bewerkstelligen ist. Darüber hinaus sollten ausreichend Zeitressourcen zur Verfügung stehen. Als groben Anhaltspunkt können pro Datendokument 1,5 bis 2 Stunden angesetzt werden. Insgesamt hat es sich bewährt, eine Werkstattsitzung aufzuzeichnen, um sich vom Druck des Mitschreibens zu befreien. Die folgenden Schritte haben sich als grundlegende Struktur bewährt, müssen aber flexibel gehandhabt werden:

1. Vor der Werkstattsitzung: Lektüre des Datenmaterials
   Das Datenmaterial sollte allen Beteiligten mit ausreichend zeitlichem Vorlauf zur Verfügung gestellt werden. Wichtig ist dabei eine umfassende Maskierung des Materials. Die Identität von Dritten muss unbedingt geschützt werden.
2. Einstimmung durch den*die Dateneinbringer*in
   Der*die Dateneinbringer*in hat zunächst die Möglichkeit, noch etwas zu dem von ihr eingebrachten Material zu sagen. Das können Kontextinformationen – etwa zu einer Institution oder zu einer befragten Person – sein, aber auch Hinweise zur Situation der Datenerhebung (Interviewsituation) oder zur Einordnung einer geschilderten Situation in einen breiteren Zusammenhang. Die anderen Werkstattmitglieder haben anschließend die Möglichkeit, Nachfragen zu stellen.
   Wenn es sich bei dem Datenmaterial um einen autoethnographischen Text (etwa ein Praxisprotokoll) handelt, empfiehlt es sich, dass der*die Dateneinbringer*in nach dieser Phase in eine passive Zuschauer*innenrolle wechselt. Damit wird erreicht, dass in der weiteren Analyse der Text an sich und nicht die Person im Mittelpunkt steht (die dann u.U. immer wieder unter Rechtfertigungsdruck gerät). Dies kann dadurch unterstützt werden, dass im weiteren Verlauf die Person nicht mehr direkt adressiert, sondern von ihr in der 3. Person als »Protokollant*in« gesprochen wird.

3. Allgemeine Einschätzungsrunde
In einem nächsten Schritt teilen die anderen Werkstattmitglieder ihre Eindrücke, die sie bei der Lektüre des gesamten Textes gewonnen haben. Gerade hier ist es wichtig, vielfältige Perspektiven zuzulassen und »ins Unreine« sprechen zu können. So können erste Hypothesen bezüglich des Handelns der Akteure*innen im Datenmaterial formuliert werden, eigene Unsicherheiten und Ratlosigkeit zum Ausdruck kommen oder auch schlicht die eigene Emotionalität bezüglich der im Datenmaterial aufscheinenden Prozesse verbalisiert werden.
4. Sequenzielle Analyse
Auf dieser Grundlage wird nun gemeinsam das Material einer genauen Analyse unterzogen. Dabei kann das – bei kürzeren Texten, etwa einem Protokoll von ca. zwei bis drei Seiten – gesamte Material betrachtet werden oder ein Ausschnitt (auf den man sich ggf. vorher schon geeinigt hat). Wichtig ist hier, dass das Material sequenziell, d.h. Abschnitt für Abschnitt von vorne nach hinten analysiert wird, um dem »Nacheinander« des jeweiligen Prozesses gerecht zu werden. Bei der Segmentierung, d.h. der Einteilung der einzelnen Abschnitte sollte man sich daran orientieren, wo geschlossene Sinnzusammenhänge zu identifizieren sind, d.h. wo »etwas Neues beginnt«. Insbesondere die Narrationsanalyse hält hier noch differenzierte Kriterien zur Identifizierung von Abschnitten parat (Schütze 1983). Wichtig ist, sich die Frage zu stellen, was in dem jeweiligen Abschnitt aus der Perspektive der darin auftauchenden jeweiligen Akteur*innen vor sich geht und für sie bedeutsam wird: »Was passiert hier«? Das Ziel insbesondere dieses Schrittes ist es, ein Verständnis für das Handeln der Akteur*innen zu entwickeln, deren Motive und Antriebe nachvollziehbar zu machen.
5. Zusammentragen wichtiger Themen
Nach der Phase dieser Feinanalyse hat es sich – gerade in Seminarkontexten, bei denen studentische Lehrforschungs- und Praxisreflexionsprojekte im Mittelpunkt stehen – bewährt, wieder »einen Schritt zurück zu treten« und sich abschließend zu fragen, welche übergreifenden Themen nun bei dieser Analyse wichtig wurden. Dies kann ein Verständnis dahingehend fördern, dass man sich hier nicht nur mit ganz individuellen Problemstellungen beschäftigt, sondern dass in der fallbezogenen Auseinandersetzung allgemeine Themen professionellen Handelns sichtbar und greifbar werden.
6. »Zurückholen« des*der Materialeinbringer*in
Gerade wenn ein autoethnographischer Text im Mittelpunkt stand, ist es wichtig, am Ende dem*der Einbringer*in noch mal das Wort zu überlassen. Hierbei geht es allerdings nicht um so etwas wie das »Verifizieren« oder »Falsifizieren« der in der Analyse angestellten Überlegungen oder gar um eine nachgehende Rechtfertigung. Im Mittelpunkt sollte die Frage stehen, wie es im*ihr dabei ging, den anderen dabei zuzuhören, wenn sie sich über die schriftliche Fixierung eigener Erfahrungen austauschen.

> **Weiterführende Literatur**
>
> Beneker, H. (2015): Forschungswerkstatt. In: Rätz, R./Völter, B. (Hrsg.): Wörterbuch Rekonstruktive Soziale Arbeit. Opladen: Barbara Budrich, S. 82–85.
> Reim, T./Riemann, G. (1997): Die Forschungswerkstatt. Erfahrungen aus der Arbeit mit Studentinnen und Studenten der Sozialarbeit/Sozialpädagogik und der Supervision. In: Jakob, G./von Wensierski, H.-J. (Hrsg.): Rekonstruktive Sozialpädagogik: Konzepte und Methoden sozialpädagogischen Verstehens in Forschung und Praxis. Weinheim: Juventa, S. 223–238.
> Riemann, G. (2006): Forschungswerkstatt. In: Bohnsack, R./Marotzki, W./Meuser, M. (Hrsg.): Hauptbegriffe qualitativer Sozialforschung. Opladen/Farmington Hills, MI: Budrich, S. 68 f.

9.2.4 Szenisches Arbeiten

In der Auseinandersetzung mit qualitativen Datenmaterialien wie insbesondere ethnographischen Beobachtungsprotokollen, Praxisprotokollen über eigene professionelle Erfahrungen oder narrative Interviews hat sich gezeigt, dass neben den Erkenntnissen, die durch eine textanalytische Analyse gewonnen werden, weitere Einsichten dadurch entstehen können, dass diese Texte zur Grundlage von szenischen Methoden werden.

Diese erweiterten Erfahrungs- und Lernebenen entstehen zum einen dadurch, dass durch die szenische Reinszenierung von erlebten Praxissituationen körperbezogene Aspekte greifbar werden. Damit wird die vorwiegend kognitive Ebene der Textanalyse um ein breites Spektrum an sinnlichen Eindrücken erweitert (Völter/Küster 2010). Zum zweiten eröffnet die unmittelbare Greifbarkeit einer Situation durch ihre szenische Interpretation die Möglichkeit, dass die Perspektiven der Akteur*innen in ihren spezifischen Rollen und Beziehungen deutlich hervortreten (Völter/Küster 2010). Und drittens wird es möglich, sehr konkret in der Situation nach alternativen Handlungsoptionen zu fragen und diese unmittelbar auszuprobieren.

Gerade für professionelle Situationen, wie sie für die Schulsozialarbeit typisch sind, die von einem komplexen interprofessionellen Beziehungsgeflecht, dem damit zusammenhängenden hohen Kommunikations- und Abstimmungsbedarf und den darin immer wieder angelegten Missverständnissen und – auch machtbasierten – Aushandlungen und Konflikten geprägt sind, eröffnet ein solches Vorgehen Möglichkeiten des professionellen Lernens und letztlich auch der organisationsbezogenen Weiterentwicklung (Dellenborg/Lepp 2018).

Völter und Küster (2010, S. 262 f.) schlagen ein Vorgehen vor, das aus folgenden zentralen Schritten besteht:

1. Textanalyse des eingebrachten Datenmaterials (etwa nach den oben vorgestellten Schritten einer Interpretationswerkstatt).
2. Auswahl der zu spielenden Figuren durch die Teilnehmer*innen, Festlegung des Rahmens und evtl. dafür notwendiger Requisiten. Die Teilnehmer*innen »gehen« in die jeweiligen Rollen.

3. Erste Spielrunde: Die Teilnehmer*innen spielen die Szene, mit dem Hinweis des*der Spielleiter*in, sich im Spiel aufeinander zu beziehen.
4. Reflexion der Szene: Die Teilnehmer*innen überlegen, ob die Art der Darstellung passend war.
5. Zweite Spielrunde: Die Szene wird mit den für die Teilnehmer*innen nötigen Modifikationen gespielt.
6. Rollenfeedback: Die Teilnehmer*innen reflektieren in ihren Rollen ihr Erleben und die Interaktion mit den anderen Beteiligten.
7. Verlassen der Rollen: Die Teilnehmer›*innen treten aus den Rollen heraus. Gemeinsam diskutiert die gesamte Gruppe mögliche Erkenntnisse aus dem szenischen Spiel, insbesondere auch deutlich gewordene Handlungsalternativen.

Es ist an dieser Stelle nicht möglich, auf die vielfältigen Varianten dieser Methode einzugehen. Anregungen geben die unten angeführten Literaturverweise. Wichtig sind uns hier einige zentrale Hinweise:

- Die Methode eignet sich nicht für eine kurzfristige Intervention, sondern sollte in einen längerfristigen Gruppenprozess eingebunden sein. Dies kann ein Hochschulseminar sein, in dem Studierende sich der Praxis von Schulsozialarbeit als forschend Lernende nähern. Denkbar sind aber auch Gruppen von Praktiker*innen, die mit dieser Methode im Rahmen von Organisationsentwicklung arbeiten (ein Beispiel hierfür aus dem Pflegebereich stellen Dellenborg/Lepp 2018 dar).
- Wichtig ist die Orientierung an den Erfahrungen der Teilnehmenden, wie sie durch die schriftlichen Datenmaterialen zum Ausdruck kommen. Aber auch im Prozess der szenischen Arbeit steht nicht die Entwicklung einer möglichst eindrucksvollen Inszenierung im Mittelpunkt, sondern der Lernprozess der Teilnehmenden. Wichtig ist hier insbesondere die von Augusto Boal vertretene zunehmende Auflösung der Rollen von Schauspieler*innen und Zuschauer*innen (Boal 2021).
- Szenisches Arbeiten erfordert von der anleitenden Person ein ausreichendes Maß an Erfahrung. Dies bezieht sich nicht nur, aber auch auf Situationen, die gerade durch ihre szenische Aktualisierung und Erfahrbarkeit das Risiko in sich bergen, für Teilnehmer*innen belastend zu werden und deren individuelle Grenzen überschreiten. Hier ist es wichtig, bereits im Voraus Umgangsstrategien zur Verfügung zu haben.

Weiterführende Literatur

Ein wichtiges Buch zur Methode des Forumtheaters, das für die hier dargestellte Idee des ethnographischen Spiels wichtige Grundlagen lieferte:

Boal, A. (2021): Übungen und Spiele für Schauspieler und Nicht-Schauspieler. 4. Aufl. Berlin: Suhrkamp.

Ein Beitrag, in dem die hier vorgestellten Schritte und der Einsatz der Methode im Kontext transnationaler Sozialer Arbeit diskutiert wird:

Völter, B./Küster, M. (2010): Ethnographische Praxisprotokolle und Rollenspiel: Eine Methode zur Projektreflexion in der transkulturellen Gemeinwesenarbeit. In: Heinzel, F./Thole, W./Cloos, P./Köngeter, S. (Hrsg.): »Auf unsicherem Terrain«: Ethnographische Forschung im Kontext des Bildungs- und Sozialwesens. Wiesbaden: VS Verlag für Sozialwissenschaften, S. 255–265.

Ein Beispiel für die Relevanz und das Erkenntnispotenzial dieser Methode im interprofessionellen Kontext:

Dellenborg, L./Lepp, M. (2018): The Development of Ethnographic Drama to Support Healthcare Professionals. In: Anthropology in Action 25, S. 1–14.

10 Ausblick

Das Lehrbuch, das Sie nun durchgearbeitet oder sich in Ausschnitten angesehen haben, verfolgt das Ziel, anhand der Diskussion von exemplarischen empirischen Datenmaterialien einen Einblick in die Komplexität des Handlungsfeldes Schulsozialarbeit zu ermöglichen, der über die Auseinandersetzung mit konzeptionell-programmatischen Überlegungen hinausgeht. Leitend für uns ist in diesem Sinne ein Verständnis, das professionelle Praxis als Ergebnis von spezifischen Aushandlungen und Interaktionen betrachtet, wie wir es bereits deutlich gemacht haben (▶ Kap. 1.1).

Entlang dieses Ansatzes, den wir hier »Doing Schulsozialarbeit« nennen, zeigen wir, wie sich Schulsozialarbeit in der Praxis ereignet bzw. wie sie »gemacht« wird. Folgt man Gildemeisters (1992, S. 211) Überlegungen zum professionellen Handeln, stehen Sozialarbeiter*innen aufgrund der Vielfältigkeit und der Diffusität interaktiver, sozialer Handlungssituationen ständig vor der Herausforderung, ihre Berufsrolle immer wieder neu hervorzubringen oder auch zu behaupten. Wir haben gesehen, dass dies insbesondere in der Schulsozialarbeit zutrifft.

Dafür konnten wir verschiedene Protagonist*innen aus vergangenen Forschungsprojekten kennenlernen, die seit einigen Jahren in der Schulsozialarbeit tätig sind und aufgrund von schulisch geprägten Ordnungen, Routinen und Erwartungen oftmals um ihre Fachlichkeit ringen. Dies wird besonders sichtbar, wenn die Praktiker*innen, wie Frau Blume, Herr Tomsen, Anja und Stefan, Miriam und viele andere, im »Doing« ihres Berufsalltages die professionelle Haltung der Sozialen Arbeit – Adressat*innenorientierung, Partizipation, Parteilichkeit, Freiwilligkeit usw. – sowohl mit den Schüler*innen als auch mit den Lehrkräften und der schulischen Institution verhandeln. Denn das »Doing« bestimmt das Handlungsfeld jeden Tag aufs Neue. Die eigentliche Professionalität kann somit nicht unbedingt in einer idealtypischen Umsetzung sozialarbeiterischer Normen bestehen, sondern zeigt sich in der beständigen Aushandlung und Reflexivität der eigenen Praxis. Und so sind in diesem Lehrbuch eben Frau Blume, Herr Tomsen, Stefan und Anja sowie die Adressat:innen diejenigen, die Ihnen als Leser*innen und Studierende anhand der konkret erlebten und erzählten Situationen Reflexionsfolien anbieten, vor deren Hintergrund Ihre eigene Fachlichkeit wachsen und sich entwickeln kann.

Einiges von dem, was wir an Beispielen in das Buch gebracht haben, konnten wir in unserer eigenen Lehre bereits ausprobieren. Konflikte, Missverständnisse in Aushandlungsprozessen, Zuschreibungen oder auch pädagogische Erfolge werden so anschaulicher und verankern sich über das eigene Erinnerte in der studentischen Auseinandersetzung:

Beispiele

- »Ich hätte nicht gedacht, dass wir so viele ähnliche Erfahrungen als Schülerinnen und Schüler gemacht haben. Deshalb war die Einheit mit der Schülerrolle für mich wichtig.«
- »Erst habe ich gedacht: Ok, das ist jetzt ein einzelnes Beispiel. Aber dann habe ich in der Analyse gemerkt, wie viel Schulstruktur in jeder einzelnen Handlung steckt.«
- »Bei den Interviewausschnitten habe ich das Gefühl gehabt, da spricht meine eigene Anleiterin. Da wusste ich: Damit musst du dich auseinandersetzen, wenn du in diesem Handlungsfeld klarkommen willst.«
- »Ich habe gelernt, dass es total viel Kommunikationsfähigkeit und Verhandlungsgeschick braucht, um eine gute Schulsozialarbeiterin zu sein. Und wie vielfältig das ganze Feld ist! Da habe ich nun großen Respekt davor.«
- »In der Art und Weise, wie die Schulsozialarbeiter*innen die Kinder und Jugendlichen ansprechen, wird eigentlich ihre Haltung deutlich.«

(Auszüge aus studentischen Lernportfolios, vgl. Aghamiri 2018–2024)

Sich ein neues Handlungsfeld zu erschließen, ist eben auch ein Aneignungsprozess, der an eigene Erfahrungen als Schüler*in, als Praktikant*in, als Erzieher*in oder andere Rollen und vielfältige Erlebnisse anknüpft. Auch dieser Aneignungsprozess braucht Selbsttätigkeit, Sinn und Leiblichkeit. Wir hoffen, dass die Beispiele einen solchen erfahrungsbasierten Anknüpfungspunkt darstellen können und praktische Auseinandersetzungen befördern.

Und wir sind überzeugt, dass es für Sie als (angehende) Praktiker*innen wichtig ist, eine forschende und entdeckende Haltung im Hinblick auf die spezifischen und z. T. äußerst heterogenen Strukturen des Handlungsfeldes zu entwickeln. Somit haben wir auch unsere eigenen, aus empirischer Forschung generierten Denkfiguren aufgezeigt.

Wir haben skizziert, dass Schulsozialarbeit im »Zwischen« stattfindet, mit ihren Interaktionen stellt sie täglich eine »Zwischenbühne« her. Zwischen den Zeiten, Räumen, Personen, Verfahren, Interessen, Rollen, Kommunikationsformen gestaltet sie ihr Handeln oftmals situativ und den Gegebenheiten angepasst. Die stetige Reflexion kann somit auch dazu dienen, eine gewisse »Zwischenkompetenz« zu entwickeln.

Ebenso haben wir einen kleinen Einblick in die Gruppensettings der Schulsozialarbeit im Sinne eines »Spektakels« gegeben. Das Wissen um Nischen und Entlastung von der schulischen Ordnung, um Spiel und Spaß als Modus der Aneignung durch die Schüler*innen oder auch um die Möglichkeit, durch Beobachtungen im Spektakel an die dahinterliegenden Themen der jungen Leute zu kommen, kann Schulsozialarbeit aus Adressat*innenperspektive zu einem positiveren Aneignungsort machen.

Auch dazu möchten wir Sie inspirieren, Phänomene, die das Feld selbst abbildet und die nur durch Forschung sichtbar werden, zu erkennen, neu zu benennen und zu konzeptualisieren.

10 Ausblick

Was vielleicht noch fehlt, ist ein Blick über den interaktiven Tellerrand im Sinne eines politischen Mandats, welches letztlich nie theoretisch, sondern auch praktisch realisiert werden muss: Schauen wir also noch einmal als Ausblick auf die aktuelle sozial- und bildungspolitische Situation der Schulsozialarbeit. Ohne an dieser Stelle einen Blick in die Glaskugel werfen zu können, ist zu erwarten, dass sich das Handlungsfeld in den nächsten Jahren weiter dynamisch entwickeln wird und zentrale Fragestellungen auftauchen werden, dem sich Praktiker*innen stellen müssen. Zwei dieser Entwicklungslinien wollen wir exemplarisch kurz skizzieren.

Zum einen wurde im September 2023 zwischen Bund und Ländern das sogenannte »Startchancen-Programm« verabschiedet, das von 2024 bis 2034 mit einer Gesamtsumme von maximal 20 Milliarden Euro die Weiterentwicklung von schulischen Bildungsprozessen an ca. 4000 ausgewählten Programmschulen fördern wird. Neben der Förderung von baulichen Maßnahmen und Unterrichtsentwicklung steht hier mit einer dritten Säule der Ausbau von multiprofessioneller Zusammenarbeit und insbesondere auch Schulsozialarbeit im Mittelpunkt (Bundesministerium für Bildung und Forschung 2023). Während hier also die innerschulische multiprofessionelle Zusammenarbeit an zentraler Stelle verankert ist, verharrt das Programm bei der Formulierung der zu erreichenden Ziele stark in einer Logik, die auf schulischem Output beruht. So wird als zentrale, auf die individuellen Schüler*innen bezogene Zielvorgabe die Verbesserung der »Kernkompetenzen in Lesen, Schreiben, Mathematik« (Bundesministerium für Bildung und Forschung 2023, S. 3) ausgegeben. Es bleibt abzuwarten, wie es Schulsozialarbeit gelingt, innerhalb dieses Zielhorizontes »Schulleistung« eigenständige lebensweltorientierte und auf Kinder- und Jugendhilfe bezogene Ziele zu formulieren, diese für das eigene Handeln zu formulieren und in den jeweils konkreten Strukturen in die Praxis zu implementieren. Zugleich geht es sicherlich immer darum, Kinder und Jugendliche auch in Bezug auf ihre schulische Laufbahn zu unterstützen, aber ihre ganz individuellen Bedarfe des Heranwachsens dürfen nicht aufgrund von »Programmlogiken« verschüttet oder übersehen werden.

Zum anderen wird der Ausbau ganztägiger Bildungs- und Betreuungsangebote fortgesetzt werden. Insbesondere wird hier der Rechtsanspruch auf ganztägige Betreuung im Grundschulbereich, der ab dem Schuljahr 2026/27 sukzessive eingeführt wird, große Bedeutung bekommen. Während dieses Tätigkeitsfeld in der Regel nicht zum Kernaufgabengebiet von Schulsozialarbeit zählt, stellen sich hier verstärkt Fragen der inner- und außerschulischen, berufsübergreifenden Kooperation jenseits der Kooperation mit Lehrkräften. Diese Entwicklung ist von einem virulenten Spannungsfeld zwischen der Sicherstellung der pädagogischen Qualität der Angebote im Hinblick auf spezifische Ansätze einer »Ganztagsbildung« (Coelen 2004) einerseits und dem Mangel an qualifizierten Fachkräften für diese Handlungsfelder andererseits geprägt (Autorengruppe Fachkräftebarometer 2021; Seemann 2019). Zunehmende Bedeutung gewinnen hierbei Versuche, den Fachkräftemangel durch z.T. nur minimal pädagogisch qualifizierte Fachkräfte als Quereinsteiger*innen zu decken. Insbesondere im Hinblick auf jugendhilferelevante Fallsituationen bis hin zu Verdachtsfällen der Kindeswohlgefährdung stellt sich hier aus Sicht der Schulsozialarbeit die Frage, wie in diesem multiprofessionellen Kontext jeweils konkret Kooperationsstrukturen etabliert und nutzbar gemacht werden können. Wie wird es Ihnen als angehenden Praktiker*innen gelingen, Schulsozialarbeit in ihrer Eigenständigkeit darzustellen und ihre Kinder- und Jugendhilfefachlichkeit als besondere Expertise in die multiprofessionellen Teams einzubringen?

Diese übergreifenden Entwicklungen sowie eine Vielzahl an lokalen sowie bundeslandspezifischen Strukturen erfordern von Fachkräften der Schulsozialarbeit zum einen ein klares Bewusstsein über das Profil des Handlungsfeldes, der eigenen Aufgaben und deren Grenzen, der Zuständigkeiten anderer Professionen sowie eine fundierte fachliche und methodische Kompetenz. Zum anderen benötigen sie aber auch einen geübten und sensibilisierten Blick über ihr »Doing Schulsozialarbeit«. Es gelingt Ihnen dadurch, zu erkennen, wie die konkrete Praxis in der Interaktion mit Adressat*innen und anderen professionellen Akteur*innen »gemacht« wird. Nur so können Sie immer wieder Handlungsspielräume entdecken und im Sinne der Schüler*innen nutzbar zu machen. Gerade zu Letzterem hoffen wir, mit diesem Lehrbuch einen Beitrag leisten zu können.

Vielleicht lesen Sie das Buch immer mal wieder, legen es zur Seite, beobachten sich selbst forschend in Ihrer Praxis, so wie wir es im letzten Kapitel vorgeschlagen haben. Auch, wenn dies nach einem hohen Aufwand klingt, so wird es Ihnen, neben den üblichen Instrumenten wie der Supervision und kollegialen Beratung, Fort- und Weiterbildung, auch im ganz normalen Alltag gelingen, ihre Fachlichkeit zu hinterfragen, diese überhaupt selbst erst einmal kennenzulernen und sich schließlich nachhaltig professioneller zu entwickeln.

Literatur

Aden-Grossmann, W. (2016): Geschichte der sozialpädagogischen Arbeit an Schulen: Entwicklung und Perspektiven von Schulsozialarbeit. Wiesbaden: Springer VS.
Aghamiri, K. (2015): Das Sozialpädagogische als Spektakel. Eine Fallstudie sozialpädagogischer Gruppenarbeit in der Grundschule. Opladen u. a.: Budrich UniPress.
Aghamiri, K. (2019): Teilhabe und Partizipation von geflüchteten Kindern in Kita und Grundschule. In: Unterstützung von geflüchteten Menschen über die Lebensspanne. Weinheim/Basel: Juventa, S. 123–137.
Aghamiri, K. (2021): Schule als »kleine Gesellschaft«. Mitbestimmungsrechte als demokratische Grundbedingung. In: Lernende Schule 93, S. 4–6.
Aghamiri, K. (2023): Schulsozialarbeit. In: Rießen, A. van/Bleck, C. (Hrsg.): Handlungsfelder und Adressierungen der Sozialen Arbeit. Stuttgart: Kohlhammer, S. 91–99.
Aghamiri, K./Reinecke-Terner, A./Streck, R./Unterkofler, U. (Hrsg.) (2018): Doing social work – ethnografische Forschung in der Sozialen Arbeit. Opladen/Farming Hills: Budrich.
Aghamiri, K./Streck, R./Unterkofler, U. (2023): Handlungsfeldübergreifend beobachten und rekonstruieren: Doing Social Work als theoriebildende Perspektive auf Soziale Arbeit. In: Köttig, M./Kubisch, S./Spatscheck, C. (Hrsg.): Geteiltes Wissen – Wissensentwicklung in Disziplin und Profession Sozialer Arbeit. Budrich, S. 55–66.
Anderson, B. R. (2016): Imagined communities: reflections on the origin and spread of nationalism. Revised edition. Londo/New York: Verso.
Arnstein, S. (1969): A ladder of Citizen Participation. In: Journal of the American Planning Association 35, S. 216–224.
ATD Fourth World – All together in Dignity (o. J.): Who we are. https://www.atd-fourthworld.org/who-we-are/world-without-poverty/ (Abruf 15. 8. 2024).
Autorengruppe Bildungsberichterstattung (Hrsg.) (2016): Bildung in Deutschland 2016: Ein indikatorengestützter Bericht mit einer Analyse zu Bildung und Migration. Bielefeld: W. Bertelsmann Verlag.
Autorengruppe Fachkräftebarometer (2021): Fachkräftebarometer Frühe Bildung 2021. München: Deutsches Jugendinstitut. https://www.fachkraeftebarometer.de/fileadmin/Redaktion/Publikation_FKB2017/Publikation_FKB2021/WiFF_FKB_2021_web-5-Personal-Ganztag.pdf (Abruf 28. 4. 2025).
Baier, F. (2007): Zu Gast in einem fremden Haus: Theorie und Empirie zur sozialen Arbeit in Schulen. Bern: Peter Lang.
Baier, F. (2011): Schulsozialarbeiterischer Habitus oder: Ethik und Moral in den Grundhaltungen und Grundmustern der Praxisgestaltung. In: Baier, F./Deinet, U. (Hrsg.): Praxisbuch Schulsozialarbeit: Methoden, Haltungen und Handlungsorientierungen für eine professionelle Praxis. Opladen u. a.: Budrich, S. 135–158.
Baier, F. (2016): Menschenrechte – Leitlinie zur Gestaltung von Vielfalt an Schulen. In: Fischer, V./Genenger-Stricker, M./Schmidt-Koddenberg, A. (Hrsg.): Soziale Arbeit und Schule: Diversität und Disparität als Herausforderung. Schwalbach/Ts.: Wochenschau Verlag.
Baier, F. (2018): Beratung in der Schulsozialarbeit. Wiesbaden: Springer Fachmedien Wiesbaden.
Baier, F. (2023): Schulsozialarbeit und Macht Performanz von Akteur*innen gegenüber Wirkmächten in Beratungsgesprächen. In: Zipperle, M./Baur, K. (Hrsg.): Empirische Facetten der Schulsozialarbeit. Weinheim: Juventa, S. 48–61.

Baier, F./Deinet, U. (Hrsg.) (2011): Praxisbuch Schulsozialarbeit: Methoden, Haltungen und Handlungsorientierungen für eine professionelle Praxis. Opladen u. a.: Budrich.

Baier, F./Heeg, R. (2011): Praxis und Evaluation von Schulsozialarbeit: Sekundäranalysen von Forschungsdaten aus der Schweiz. Wiesbaden: VS Verlag für Sozialwissenschaften.

Bauer, P. (2010): Organisatorische Bedingungen der Fallkonstitution in der Sozialen Arbeit. Ein Literaturbericht. In: Zeitschrift für Pädagogik 56, S. 249–266.

Bauer, P. (2014): Kooperation als Herausforderung in multiprofessionellen Handlungsfeldern. In: Faas, S./Zipperle, M. (Hrsg.): Sozialer Wandel: Herausforderungen für Kulturelle Bildung und Soziale Arbeit. Wiesbaden: Springer VS, S. 273–286.

Bauer, P./Bolay, E. (2013): Zur institutionellen Konstituierung von Schülerinnen und Schülern als Adressaten der Schulsozialarbeit. In: Spies, A. (Hrsg.): Schulsozialarbeit in der Bildungslandschaft: Möglichkeiten und Grenzen des Reformpotenzials. Wiesbaden: Springer VS, S. 47–69.

Baur, C./Homuth, F. (2021): Strukturreform der Schulsozialarbeit in Niedersachsen – Zwischen Spielräumen und Verengungen. In: Eckert, D./Meinunger, L./Morgenstern, I./Schad-Heim, J./Seibold, C. (Hrsg.): Bildung – Chancen – Gerechtigkeit: Dokumentation des Bundeskongress Schulsozialarbeit 2019. Norderstedt: BoD – Books on Demand, S. 146–148.

Baur, C./Homuth, F. (2023): »Ich glaube, wir sind da auf einem ganz guten Weg.« – Qualitätsentwicklung von Schulen in Niedersachsen durch Schulsozialarbeit. In: Zipperle, M./Baur, K. (Hrsg.): Empirische Facetten der Schulsozialarbeit. Weinheim: Juventa, S. 222–233.

Baur, K./Stange, L./Gschwind, A. K. (2023): Allround-Kompetenz der Schulsozialarbeit. Das Bild der Schulsozialarbeit aus Nutzer*innen-Perspektive. In: Zipperle, M./Baur, K. (Hrsg.): Empirische Facetten der Schulsozialarbeit. Weinheim: Juventa, S. 121–132.

Beauftragter der Bundesregierung für die Belange von Menschen mit Behinderungen (Hrsg.) (o. J.): Die UN-Behindertenrechtskonvention. Übereinkommen über die Rechte von Menschen mit Behinderungen. Bonn/Berlin: Bundesministeriums für Arbeit und Soziales.

Behle, C. (2021): »Gemeinsam aktiv?« – Die Herausforderungen in der Zusammenarbeit von Schulsozialarbeiter*innen und Lehrkräften an Grundschulen – Bachelorarbeit. Nürnberg: Technische Hochschule Nürnberg Georg Simon Ohm.

Behnisch, M./Lotz, W./Maierhof, G. (2013): Soziale Gruppenarbeit mit Kindern und Jugendlichen: Theoretische Grundlage – methodische Konzeption – empirische Analyse. Weinheim; Basel: Beltz Juventa.

Beneker, H. (2015): Forschungswerkstatt. In: Rätz, R./Völter, B. (Hrsg.): Wörterbuch Rekonstruktive Soziale Arbeit. Opladen: Budrich, S. 82–85.

Berger, P. L./Luckmann, T. (2007): Die gesellschaftliche Konstruktion der Wirklichkeit: eine Theorie der Wissenssoziologie. 21. Aufl., [unveränd. Abdr. der 5. Aufl.]. Frankfurt am Main: Fischer Taschenbuch.

Biesel, K./Hofer, M.-T. (2020): Soziale Diagnostik im Kinderschutz. In: Buttner, P./Gahleitner, S. B./Hochuli-Freund, U./Röh, D. (Hrsg.): Soziale Diagnostik in den Handlungsfeldern der Sozialen Arbeit. Berlin/Freiburg im Breisgau: Lambertus, S. 42–50.

Boal, A. (2021): Übungen und Spiele für Schauspieler und Nicht-Schauspieler. 4. Aufl. Berlin: Suhrkamp.

Boban, I./Hinz, A. (2003): Index für Inklusion. Lernen und Teilhabe in der Schule der Vielfalt entwickeln. Wittenberg.

Boer, H. de (2006): Klassenrat als interaktive Praxis. Auseinandersetzung – Kooperation – Imagepflege. Wiesbaden: VS, Verl. für Sozialwissenschaften.

Böhmer, A. (2016): Bildung als Integrationstechnologie? Neue Konzepte für die Bildungsarbeit mit Geflüchteten. Bielefeld: transcript.

Böhnisch, L. (2003): Pädagogische Soziologie: eine Einführung. 2., überarb. und erw. Aufl. Weinheim München: Juventa.

Böhnisch, L./Lenz, K. (2014): Studienbuch Pädagogik und Soziologie. Bad Heilbrunn/Stuttgart: Klinkhardt/UTB.

Böhnisch, L./Lösch, H. (1973): Das Handlungsverständnis des Sozialarbeiters und seine institutionelle Determination. In: Otto, H. U./Schneider, S. (Hrsg.): Gesellschaftliche Per-

spektiven der Sozialarbeit. Kritische Texte zur Sozialarbeit und Sozialpädagogik. Berlin/ Neuwied: Luchterhand.
Bolay, E. (2008): Überlegungen zu einer lebensweltorientierten Schulsozialarbeit. In: Grunwald, K./Thiersch, H. (Hrsg.): Praxis lebensweltorientierter sozialer Arbeit: Handlungszugänge und Methoden in unterschiedlichen Arbeitsfeldern. 2. Aufl. Weinheim/München: Juventa, S. 147–162.
Bolay, E. (2010): Anerkennungstheoretische Überlegungen im Kontext Jugendhilfe und Schule. In: Ahmed, S./Höblich, D. (Hrsg.): Theoriereflexionen zur Kooperation von Jugendhilfe und Schule: Brücken und Grenzgänge. Baltmannsweiler: Schneider Verlag Hohengehren, S. 30–48.
Bolay, E./Flad, C./Gutbrod, H. (2004): Jugendsozialarbeit an Hauptschulen und im BVJ in Baden-Württemberg.: Abschlussbericht der Begleitforschung zur Landesförderung. Tübingen.
Borrmann, S./Thiessen, B. (Hrsg.) (2016): Wirkungen Sozialer Arbeit: Potentiale und Grenzen der Evidenzbasierung für Profession und Disziplin. Leverkusen-Opladen: Budrich.
Braches-Chyrek, R./Lenz, G./Kammermeier, B. (2012): Soziale Arbeit und Schule: im Spannungsfeld von Erziehung und Bildung. Leverkusen: Budrich.
Braches-Chyrek, R./Röhner, C. (Hrsg.) (2016): Kindheit und Raum. Opladen: Budrich.
Braun, K.-H. (2004): Raumentwicklung als Aneignungsprozess. In: »Aneignung« als Bildungskonzept der Sozialpädagogik: Beiträge zur Pädagogik des Kindes- und Jugendalters in Zeiten entgrenzter Lernorte. Wiesbaden: VS Verlag für Sozialwissenschaften, S. 19–48.
Braun, K.-H./Wetzel, K. (2006): Soziale Arbeit in der Schule. München Basel: Reinhardt.
Bremisches Schulgesetz (BremSchuG) (2024): https://www.transparenz.bremen.de/metainformationen/bremisches-schulgesetz-bremschulg-in-der-fassung-der-bekanntmachung-vom-28-juni-2005-175324?asl=bremen203_tpgesetz.c.55340.de&template=20_gp_ifg_meta_detail_d (Abruf am 30.9.2024)
Bründel, H./Simon, E. (2013): Die Trainingsraum-Methode: Unterrichtsstörungen – klare Regeln, klare Konsequenzen. 3., erw. und aktual. Aufl. Weinheim/Basel: Beltz.
Brungs, M. (2018): Bildung, Schule und Schulsozialarbeit in der Migrationsgesellschaft. In: Blank, B./Gögercin, S./Sauer, K. E./Schramkowski, B. (Hrsg.): Soziale Arbeit in der Migrationsgesellschaft. Wiesbaden: Springer Fachmedien Wiesbaden, S. 471–482.
Bundesministerium für Bildung und Forschung (2023): Eckpunkte zum Startchancen-Programm – Ergebnis der gemeinsamen Verhandlungsgruppe des Bundesministeriums für Bildung und Forschung und der Länder vom 20.09.2023. Berlin: Bundesministerium für Bildung und Forschung.
Bundesministerium für Familie, Senioren, Frauen und Jugend (2013): Bericht über die Lebenssituation junger Menschen und die Leistungen der Kinder- und Jugendhilfe in Deutschland – 14. Kinder- und Jugendbericht. Berlin: Bundesministerium für Familie, Senioren, Frauen und Jugend.
Bundesministerium für Jugend, Familie, Frauen und Gesundheit (1990): Bericht über Bestrebungen und Leistungen der Jugendhilfe – Achter Jugendbericht. Bonn: Bundesministerium für Jugend, Familie, Frauen und Gesundheit.
Bundesregierung (2021): Mehr Fortschritt wagen – Bündnis für Freiheit, Gerechtigkeit und Nachhaltigkeit – Koalitionsvertrag 2021–2025. https://www.spd.de/fileadmin/Dokumente/Koalitionsvertrag/Koalitionsvertrag_2021-2025.pdf (Abruf 28.4.2025).
Bundschuh, K./Winkler, C. (2014): Einführung in die sonderpädagogische Diagnostik: Mit 19 Tabellen. 8., überarb. Aufl. München/Stuttgart: Reinhardt/UTB.
Busche-Baumann, M./Becker, M./Rainer, H./Oelker, S. (2014): Einblick – Schulsozialarbeit in Niedersachsen. Hochschule für angewandte Wissenschaft und Kunst (HAWK). https://www.lag-schulsozialarbeit-nds.de/wp-content/uploads/2017/12/Einblick_Schulsozialarbeit_in_Niedersachsen.pdf (Abruf 14.8.2024).
Buttner, P./Gahleitner, S. B./Hochuli-Freund, U./Röh, D. (Hrsg.) (2018): Handbuch Soziale Diagnostik: Perspektiven und Konzepte für die Soziale Arbeit. Berlin/Freiburg im Breisgau: Deutscher Verein für öffentliche und private Fürsorge e. V/Lambertus.
Buttner, P./Gahleitner, S. B./Hochuli-Freund, U./Röh, D. (Hrsg.) (2020a): Soziale Diagnostik in den Handlungsfeldern der Sozialen Arbeit. Berlin/Freiburg im Breisgau: Lambertus.

Buttner, P./Gahleitner, S. B./Hochuli-Freund, U./Röh, D. (2020b): Soziale Diagnostik in den Handlungsfeldern Sozialer Berufe. In: Buttner, P./Gahleitner, S. B./Hochuli-Freund, U./Röh, D. (Hrsg.): Soziale Diagnostik in den Handlungsfeldern der Sozialen Arbeit. Berlin/Freiburg im Breisgau: Lambertus, S. 7–26.

Buttner, P./Pohlmann, S. (2020): Soziale Diagnostik in der Psychiatrie. In: Buttner, P./Gahleitner, S. B./Hochuli Freund, U./Röh, D. (Hrsg.): Soziale Diagnostik in den Handlungsfeldern der Sozialen Arbeit. Berlin; Freiburg im Breisgau: Lambertus-Verlag, S. 112–136.

Cawood, N. D. (2010): Barriers to the Use of Evidence-Supported Programs to Address School Violence. In: Children & Schools 32, S. 143–149.

Cloos, P./Thole, W. (2006): Ethnographische Zugänge. Wiesbaden: VS Verl. für Sozialwissenschaften.

Coelen, T. (2004): »Ganztagsbildung« – Integration von Aus- und Identitätsbildung durch die Kooperation zwischen Schulen und Jugendeinrichtungen. In: Otto, H.-U./Coelen, T. (Hrsg.): Grundbegriffe der Ganztagsbildung: Beiträge zu einem neuen Bildungsverständnis in der Wissensgesellschaft. Wiesbaden: VS Verlag für Sozialwissenschaften, S. 247–267.

Cosner Berzin, S./O'Brien McManama, K. H./Frey, A./Kelly, M. S./Alvarez, M. E./Shaffer, G. L. (2011): Meeting the social and behavioral health needs of students: rethinking the relationship between teachers and school social workers. In: Journal of School Health 81, S. 493–501.

Crawford, F. (2006): Research for and as practice: educating practitioners in inquiry skills for changing cultural contexts. In: White, S./Fook, J./Gardner, F. (Hrsg.): Critical reflection in health and social care. repr. Maidenhead/Berkshire: Open University Press, S. 172–184.

DBSH – Deutscher Berufsverband für Soziale Arbeit e. V. (2016): Definition der Sozialen Arbeit. https://www.dbsh.de/profession/definition-der-sozialen-arbeit.html (Abruf 2.5.2025).

Deinet, U. (2017): Schulsozialarbeit zwischen Schule, Sozialraum und Bildungslandschaft. In: Hollenstein, E./Nieslony, F./Speck, K./Olk, T. (Hrsg.): Handbuch der Schulsozialarbeit: Band 1. Weinheim/Basel: Beltz Juventa, S. 48–56.

Deinet, U./Gumz, H./Muscutt, C./Thomas, S. (2018): Offene Ganztagsschule – Schule als Lebensort aus Sicht der Kinder: Studie, Bausteine, Methodenkoffer. Opladen/Berlin/Toronto: Budrich.

Dellenborg, L./Lepp, M. (2018): The Development of Ethnographic Drama to Support Healthcare Professionals. In: Anthropology in Action 25, S. 1–14.

Destatis (o. J.): Migrationshintergrund. https://www.destatis.de/DE/Themen/Gesellschaft-Umwelt/Bevoelkerung/Migration-Integration/Glossar/migrationshintergrund.html (Abruf 6.10.2022).

DGSA – Deutsche Gesellschaft für Soziale Arbeit (2020): Forschungsethische Prinzipien und wissenschaftliche Standards für Forschung der Sozialen Arbeit – Forschungsethikkodex der DGSA. https://www.dgsa.de/fileadmin/Dokumente/Service/Forschungsethikkodex_DGSA.pdf (Abruf 25.7.2023).

Deutscher Städtetag (2007): Aachener Erklärung. https://www.staedtetag.de/files/dst/docs/Dezernat-3/Archiv/aachener-erklaerung-2007.pdf (2.5.2025).

Dewe, B./Otto, H.-U. (2018a): Profession. In: Handbuch Soziale Arbeit. 6., überarb. Aufl. München: Ernst Reinhardt, S. 1191–1202.

Dewe, B./Otto, H.-U. (2018b): Professionalität. In: Otto, H.-U./Thiersch, H./Treptow, R./Ziegler, H. (Hrsg.): Handbuch Soziale Arbeit. München: Ernst Reinhardt, S. 1203–1213.

Domes, M./Sagebiel, J (2024): Die Bedeutung von Theorien Sozialer Arbeit für die Praxis. Exemplarische Fallanalysen. Stuttgart: Kohlhammer.

Drilling, M. (2009): Schulsozialarbeit: Antworten auf veränderte Lebenswelten. 4., aktual. Aufl. Bern/Stuttgart/Wien: Haupt.

Edelstein, B. (2020): Kampf um die Schulstruktur. In: Bundeszentrale für politische Bildung. https://www.bpb.de/themen/bildung/dossier-bildung/319069/kampf-um-die-schulstruktur/ (Abruf 10.8.2024).

Eidemann, J. (2023): Schulsozialarbeit aus Nutzer*innensicht. In: Zipperle, M./Baur, K. (Hrsg.): Empirische Facetten der Schulsozialarbeit. Weinheim: Juventa, S. 133–145.

Engelke, E./Spatscheck, C./Borrmann, S. (2016): Die Wissenschaft Soziale Arbeit: Werdegang und Grundlagen. 4., überarb. und erw. Aufl. Freiburg im Breisgau: Lambertus.
Fabel-Lamla, M./Reinecke-Terner, A. (2015): Schulsozialarbeit im inklusiven Schulsystem: Chancen und Herausforderungen der Kooperation in multiprofessionellen Teams. In: Krüger, R./Mähler, C. (Hrsg.): Gemeinsames Lernen in inklusiven Klassenzimmern: Prozesse der Schulentwicklung gestalten. Köln: Carl Link.
Fabian, C./Drilling, M./Müller, C./Galliker-Schrott, B./Egger, S. (2010): Zur Wirksamkeit von Schulsozialarbeit auf der Ebene der Schülerinnen und Schüler. In: Speck, K./Olk, T. (Hrsg.): Forschung zur Schulsozialarbeit: Stand und Perspektive. Weinheim: Juventa, S. 197–208.
Faulstich-Wieland, H./Tillmann, K.-J. (1984): Schulsozialarbeit zwischen Konflikt und Akzeptanz: Erfahrungen in der Region Kassel. München: DJI.
Fend, H. (1981): Theorie der Schule. 2., durchges. Aufl. München u. a.: Urban & Schwarzenberg.
Fend, H. (2009): Neue Theorie der Schule: Einführung in das Verstehen von Bildungssystemen. Wiesbaden: VS Verlag für Sozialwissenschaften.
Flad, C./Bolay, E. (2006): Schulsozialarbeit aus der Perspektive von Schülerinnen und Schülern. In: Bitzan, M./Bolay, E./Thiersch, H. (Hrsg.): Die Stimme der Adressaten: Empirische Forschung über Erfahrungen von Mädchen und Jungen mit der Jugendhilfe. Weinheim: Juventa, S. 159–174 (= Edition Soziale Arbeit).
Friedrichs, B. (2023): Praxisbuch Klassenrat. Gemeinschaft fördern, Konflikte lösen, Demokratie lernen. 3., überarb. und erw. Aufl. Weinheim Basel: Beltz.
Gahleitner, S. B./Golatka, A./Hochuli-Freund, U. (2020): Konzepte Sozialer Diagnostik – Ein Überblick. In: Forum Sozial, S. 19–23.
Galuske, M. (2013): Methoden der sozialen Arbeit: Eine Einführung. 10. Aufl. Weinheim u. a.: Beltz Juventa (= Grundlagentexte Sozialpädagogik, Sozialarbeit).
Garfinkel, H. (1967): Studies in ethnomethodology. Reprinted. Cambridge/Oxford/Malden, MA: Polity Press.
Gehrmann, A. (2012): Gesamtschule. In: Horn, K.-P./Kemnitz, H./Marotzki, W./Sandfuchs, U. (Hrsg.): Klinkhardt Lexikon Erziehungswissenschaft KLE. Bad Heilbrunn: Klinkhardt, S. 462–463.
Geißler, G. (2019): Gemeinsam Lernen – im Pionierkollektiv. In: Bundeszentrale für politische Bildung. Verfügbar unter: https://www.bpb.de/themen/bildung/dossier-bildung/298920/gemeinsam-lernen-im-pionierkollektiv/ (Abruf 10.8.2024).
Giebeler, C. (2008): Perspektivenwechsel in der Fallarbeit und Fallanalyse. In: Giebeler, C./Fischer, W./Goblisch, M./Miethe, I./Riemann, G. (Hrsg.): Fallverstehen und Fallstudien: Interdisziplinäre Beiträge zur rekonstruktiven Sozialarbeitsforschung. 2., durchges. Aufl. Opladen: Budrich, S. 9–22.
Gildemeister, R. (1992): Neuere Aspekte der Professionalisierungsdebatte. Soziale Arbeit zwischen immanenten Kunstlehren des Fallverstehens und Strategien kollektiver Statusverbesserung. In: Neue Praxis 22, S. 207–219.
Glaser, B./Strauss, A. (1967): The discovery of grounded theory: Strategies for qualitative research. New York: Aldine.
Goffman, E. (1980): Stigma: über Techniken der Bewältigung beschädigter Identität. Frankfurt am Main: Suhrkamp.
Goffman, E. (2011): Wir alle spielen Theater: Die Selbstdarstellung im Alltag. München/Berlin/Zürich: Piper.
Gogolin, I. (1994): Der monolinguale Habitus der multilingualen Schule. Münster u. a.: Waxmann.
Gomolla, M./Radtke, F.-O. (2009): Institutionelle Diskriminierung: Die Herstellung ethnischer Differenz in der Schule. Wiesbaden: VS Verlag für Sozialwissenschaften.
Häder, M. (2019): Empirische Sozialforschung: Eine Einführung. Wiesbaden: Springer Fachmedien Wiesbaden.
Hamburger, F. (2012): Abschied von der interkulturellen Pädagogik: Plädoyer für einen Wandel sozialpädagogischer Konzepte. Weinheim: Beltz Juventa.

Hansen, R./Knauer, R. (2015): Das Praxisbuch: Mitentscheiden und Mithandeln in der Kita: wie pädagogische Fachkräfte Partizipation und Engagement von Kindern fördern. Gütersloh: Verlag Bertelsmann Stiftung.

Hanses, A. (2012): Forschende Praxis als Professionalisierung. Herstellung von Reflexivität durch forschendes Lernen im Studium Sozialer Arbeit. In: Becker-Lenz, R./Busse, S./Ehlert, G./Müller-Hermann, S. (Hrsg.): Professionalität Sozialer Arbeit und Hochschule. Wiesbaden: VS Verlag für Sozialwissenschaften, S. 187–200.

Haude, C./Volk, S./Fabel-Lamla, M. (2018): Schulsozialarbeit inklusive: ein Werkbuch. Göttingen/Bristol, CT: Vandenhoeck & Ruprecht.

Heiner, M. (2018): Diagnostik in der Sozialen Arbeit. In: Otto, H.-U./Thiersch, H./Treptow, R./Ziegler, H. (Hrsg.): Handbuch Soziale Arbeit. München: Ernst Reinhardt, S. 242–255.

Helsper, W. (2010): Pädagogisches Handeln in den Antinomien der Moderne. In: Krüger, H.-H./Helsper, W. (Hrsg.): Einführung in Grundbegriffe und Grundfragen der Erziehungswissenschaft. 5., durchges. Aufl. Wiesbaden: VS Verlag für Sozialwissenschaften, S. 15–34.

Hermann, D./Dölling, D./Fischer, S./Haffner, J./Parzer, P./Resch, F. (2011): Schulsozialarbeit kontra Gewalt – eine Evaluationsstudie. In: Bannenberg, B./Baier, D. (Hrsg.): Gewaltdelinquenz: Lange Freiheitsentziehung, Delinquenzverläufe. Mönchengladbach: Forum Verlag Godesberg, S. 129–146.

Hirschauer, S. (2001): Ethnografisches Schreiben und die Schweigsamkeit des Sozialen: Zu einer Methodologie der Beschreibung. In: Zeitschrift für Soziologie 30, S. 429–451.

Hochuli Freund, U./Sprenger, R./Gahleitner, S. B. (2020): Instrumente und Verfahren Sozialer Diagnostik: Überblick, Beispiele, Bedeutung. In: Forum Sozial, S. 24–28.

Hochuli Freund, U./Weber, M. (2020): Soziale Diagnostik in den Hilfen zur Erziehung. In: Buttner, P./Gahleitner, S. B./Hochuli-Freund, U./Röh, D. (Hrsg.): Soziale Diagnostik in den Handlungsfeldern der Sozialen Arbeit. Berlin/Freiburg im Breisgau: Lambertus, S. 30–41.

Hoff, W. (2012): »Mit den Augen der Betroffenen«. Zur Entstehung von Ethnographie im Kontext bürgerlicher Sozialreform. In: Bromberg, K./Hoff, W./Miethe, I. (Hrsg.): Forschungstraditionen der sozialen Arbeit: Materialen, Zugänge, Methoden. Opladen: Budrich, S. 87–111.

Hollenstein, E./Nieslony, F./Speck, K./Olk, T. (Hrsg.) (2017): Handbuch der Schulsozialarbeit. Weinheim/Basel: Beltz.

Holtbrink, L. (2017): Inklusion und Schulsozialarbeit. In: Hollenstein, E./Nieslony, F./Speck, K./Olk, T. (Hrsg.): Handbuch der Schulsozialarbeit. Weinheim/Basel: Beltz Juventa, S. 195–203.

Hughes, E. C. (1971): The Humble and the Proud: The Comparative Study of Occupations. In: Hughes, E. C. (Hrsg.): The sociological eye: Selected papers on work, self, & the study of society. Chicago: Aldine-Atherton, S. 417–430.

Hummrich, M./Karakaşoğlu, Y. (2021): Schule in der Migrationsgesellschaft. In: Hascher, T./Idel, T.-S./Helsper, W. (Hrsg.): Handbuch Schulforschung. Wiesbaden: Springer Fachmedien Wiesbaden, S. 1–20.

Iser, A./Kastirke, N./Lipsmeier, G. (Hrsg.) (2013): Schulsozialarbeit steuern: Vorschläge für eine Statistik zur Sozialen Arbeit an Schulen. Wiesbaden: Springer VS.

Karabulut, A. (2020): Rassismuserfahrungen von Schüler*innen: institutionelle Grenzziehungen an Schulen. Wiesbaden: Springer VS.

Karabulut, A. (2022): Schulische Rassismuskritik: zur Überwindung des Artikulationstabus in schulischen Organisationsmilieus. Wiesbaden: Springer VS.

Kastirke, N./Holtbrink, L. (2016): Antidiskriminierung – Ein Beitrag der Schulsozialarbeit. In: Fischer, V./Genenger-Stricker, M./Schmidt-Koddenberg, A. (Hrsg.): Soziale Arbeit und Schule: Diversität und Disparität als Herausforderung. Schwalbach/Ts.: Wochenschau Verlag.

Kerber-Ganse, W. (2009): Die Menschenrechte des Kindes: die UN-Kinderrechtskonvention und die Pädagogik von Janusz Korczak: Versuch einer Perspektivenverschränkung. Opladen/Farmington Hills, MI: Budrich.

Kersting, H. J. (1985): Schulsozialarbeit: Hilfen beim Übergang vom Schul- ins Beschäftigungssystem. Aachen: IBS Inst. für Beratung u. Supervision.

Kessler, S. J./McKenna, W. (1978): Gender: An ethnomethodological approach. Chicago, IL: The University of Chicago Press.

Klemm, K. (2022): Inklusion in Deutschlands Schulen: Eine bildungsstatistische Momentaufnahme 2020/21. Bertelsmannstiftung (Hrsg). Verfügbar unter: https://www.bertelsmann-stiftung.de/de/publikationen/publikation/did/inklusion-in-deutschlands-schulen-eine-bildungsstatistische-momentaufnahme-202021-all (Abruf 2.5.2025).

Klemm, K./Hollenbach-Biele, N./Lepper, C. (2023): Factsheet Inklusion im deutschen Schulsystem- Tabellenanhang Schuljahr 2021/2022. Verfügbar unter: https://www.bertelsmann-stiftung.de/de/publikationen/publikation/did/inklusion-im-deutschen-schulsystem (Abruf 2.5.2025)

Kloha, J. (2017): Schulsozialarbeit und Migration. In: Hollenstein, E./Nieslony, F./Speck, K./Olk, T. (Hrsg.): Handbuch der Schulsozialarbeit: Band 1. Weinheim/Basel: Beltz Juventa, S. 187–194.

Kloha, J. (2018): Die fallorientierte Praxis in der Schulsozialarbeit: Rekonstruktionen zentraler Prozesse und Problemstellungen. Wiesbaden: Springer VS.

Kloha, J. (2022): EJSA-Datenmatrix 2021 – Indikatoren zur Benachteiligung von Jugendlichen in Bayern. Evangelische Jugendsozialarbeit Bayern e.V. Verfügbar unter: https://faubox.rrze.uni-erlangen.de/getlink/fiQt1BmDxvJBgCPHWHkAQ6/EJSA%20Datenmatrix%202021%20final.pdf (Abruf 6.10.2022).

Kloha, J. (2023): Der Prozess der Fallarbeit. Das Konzept des Arbeitsbogens als heuristische Brille zur Analyse von Fallprozessen in der Schulsozialarbeit. In: Zipperle, M./Baur, K. (Hrsg.): Empirische Facetten der Schulsozialarbeit. Weinheim: Juventa Verlag, S. 36–47.

Knauer, R./Sturzenhecker, B. (Hrsg.) (2016): Demokratische Partizipation von Kindern. Weinheim/Basel: Beltz Juventa.

Kooperationsverbund Schulsozialarbeit (2013): Bildungsverständnis der Schulsozialarbeit. Berlin: Kooperationsverbund Schulsozialarbeit.

Kooperationsverbund Schulsozialarbeit (2015a): Leitlinien für Schulsozialarbeit. Verfügbar unter: https://www.gew.de/fileadmin/media/publikationen/hv/Schulsozialarbeit/Leitlinien_Schulsozialarbeit_A5_gesamt.pdf (Abruf 9.8.2024).

Kooperationsverbund Schulsozialarbeit (2015b): Schulsozialarbeit – Anforderungsprofil für einen Beruf der Sozialen, 3., überarb. Aufl. Verfügbar unter: https://www.bagejsa.de/fileadmin/Fachverband/JSA_und_Schule/Schulsozialarbeit_Anforderungsprofil.pdf (Abruf 2.5.2025).

Kooperationsverbund Schulsozialarbeit (2019): Das Selbstverständnis der Schulsozialarbeit angesichts gesellschaftlicher Herausforderungen. Verfügbar unter: https://www.bagejsa.de/fileadmin/Fachverband/JSA_und_Schule/Selbstverst_Schulsozarb_A5-web.pdf (Abruf 2.5.2025).

Küchler, Adina/Ivanova, Alina (2019): Anerkennung als Voraussetzung für inklusives und migrationspädagogisches Handeln in der Schule. In: Zeitschrift für Pädagogik 65 (3), S. 315–334.

Kuhlmann, C. (1989): Erbkrank oder erziehbar? Jugendhilfe als Vorsorge und Aussonderung in der Fürsorgeerziehung in Westfalen von 1933–1945. München: Juventa.

Kulke, D. (2023): Teilhabe und Inklusion. In: Bundeszentrale für politische Bildung. https://www.bpb.de/themen/inklusion-teilhabe/behinderungen/521497/teilhabe-und-inklusion/ (Abruf 13.8.2024).

Lerch-Wolfrum, G./Renges, A. (2014): Handbuch zur Jugendsozialarbeit an Schulen in Bayern – Aufgaben, Strukturen und Kooperationsfelder. München: Bayerisches Staatsministerium für Arbeit und Soziales, Familie und Integration.

Link, J.-W. (2011): Reformpädagogik. In: Horn, K.-P./Kemnitz, H./Marotzki, W./Sandfuchs, U. (Hrsg.): Klinkhardt-Lexikon Erziehungswissenschaft. Bad Heilbrunn: Klinkhardt, S. 75–77.

Lohrenscheit, C. (2013): Das Menschenrecht auf Bildung. In: Bundeszentrale für politische Bildung. https://www.bpb.de/themen/bildung/dossier-bildung/156819/das-menschenrecht-auf-bildung/ (Abruf 13.8.2024).

Luhmann, N./Schorr, K. E. (1982): Zwischen Technologie und Selbstreferenz: Fragen an die Pädagogik. Frankfurt am Main: Suhrkamp.

Mangione, C. (2022): Der Beitrag von Forschungswerkstätten und biografischen Fallanalysen zur Anregung einer dreifachen Professionalisierung im Studium der Sozialen Arbeit. In: Bromberg, K./Kraimer, K. (Hrsg.): Dem Phänomen auf der Spur. Wiesbaden: Springer Fachmedien Wiesbaden, S. 255–272.
Maschke, S./Stecher, L. (2018): Non-formale und informelle Bildung. In: Handbuch Kindheits- und Jugendsoziologie. Wiesbaden: Springer VS, S. 149–164.
Massat, C. R./Kelly, M. S./Constable, R. T. (Hrsg.) (2016): School social work: Practice, policy, and research. 8th edition. New York, NY: Oxford University Press.
Mecheril, P./Melter, C. (2010a): Differenz und Soziale Arbeit. Historische Schlaglichter und systematische Zusammenhänge. In: Kessl, F./Plößer, M. (Hrsg.): Differenzierung, Normalisierung, Andersheit: Soziale Arbeit als Arbeit mit den Anderen. Wiesbaden: VS Verlag für Sozialwissenschaften, S. 117–134.
Mecheril, P./Melter, C. (2010b): Gewöhnliche Unterscheidungen. Wege aus dem Rassismus. In: Mecheril, P./Castro Varela, M. do M./Dirim, I./Kalpaka, A./Melter, C. (Hrsg.): Migrationspädagogik. Weinheim u. a.: Beltz, S. 150–178.
Melter, C. (2006): Rassismuserfahrungen in der Jugendhilfe: Eine empirische Studie zu Kommunikationspraxen in der Sozialen Arbeit. Münster: Waxmann.
Merkle, A./Leonhardt, U. (2013): Konfliktbewältigung und Gewaltprävention im Kooperationsfeld Schule und Jugendhilfe. In: Handbuch Konflikt- und Gewaltpädagogik: Verfahren für Schule und Jugendhilfe. Schwalbach/Ts: Debus Pädagogik, S. 89–104.
Miethe, I. (2012): Forschung in und um Hull-House als Beispiel einer frühen Sozialarbeitsforschung. In: Bromberg, K./Hoff, W./Miethe, I. (Hrsg.): Forschungstraditionen der Sozialen Arbeit: Materialen, Zugänge, Methoden. Opladen: Budrich, S. 113–129.
Moerman, M. (1974): Accomplishing ethnicity. In: Turner, R. (Hrsg.): Ethnomethodology – Selected Readings. Hamondsworth: Penguin Education, S. 54–68.
Mollenhauer, K. (1959): Die Ursprünge der Sozialpädagogik in der industriellen Gesellschaft. Eine Untersuchung zur Struktur sozialpädagogischen Denkens und Handelns. Reprint der Originalausgabe von 1959. Weinheim/Berlin: Beltz.
Müller, B. (2012): Sozialpädagogisches Können: ein Lehrbuch zur multiperspektivischen Fallarbeit. Freiburg im Breisgau: Lambertus.
Neumann, P./Lütje-Klose, B. (2020): Diagnostik in inklusiven Schulen – zwischen Stigmatisierung, Etikettierungs-Ressourcen-Dilemma und förderorientierter Handlungsplanung. In: Gresch, C./Kuhl. P./Grosche, M./Sälzer, C, Stanat, P. (Hrsg.): Schüler*innen mit sonderpädagogischem Förderbedarf in Schulleistungserhebungen: Einblicke und Entwicklungen. Wiesbaden: Springer VS, S. 3–28.
Niedersächsisches Kultusministerium (2017a): Soziale Arbeit in schulischer Verantwortung. In: Schulverwaltungsblatt, S. 429–431.
Niedersächsisches Kultusministerium (2017b): Soziale Arbeit in schulischer Verantwortung: Orientierungsrahmen zur Kooperation Sozialer Arbeit in schulischer Verantwortung und der Kinder- und Jugendhilfe. Verfügbar unter: https://www.mk.niedersachsen.de/down load/125615/Orientierungsrahmen_Kooperation_soziale_Arbeit_in_schulischer_Verant wortung_und_Kinder-_und_Jugendhilfe.pdf (Abruf 9. 8. 2024).
Nörber, M. (2004): Kooperation von Jugendarbeit und Schule – ein ungeklärtes Verhältnis zwischen Dienstleistung und Partnerschaft. In: Hartnuß, B./Maykus, S. (Hrsg.): Handbuch Kooperation von Jugendhilfe und Schule: Ein Leitfaden für Praxisreflexionen, theoretische Verortungen und Forschungsfragen. Berlin: Dt. Verein für öffentliche und private Fürsorge, S. 434–448.
Oelerich, G. (1998): Zum Verhältnis der Jugendhilfe zur Schule. Systematische Restrukturierung und empirische Analyse inter-institutioneller Beziehungen. Heidelberg: Dissertationsschrift.
Oelerich, G./Schaarschuch, A. (2005): Der Nutzen Sozialer Arbeit. In: Soziale Dienstleistungen aus Nutzersicht: zum Gebrauchswert Sozialer Arbeit. München/Basel: Reinhardt, S. 80–98.
Oppenheimer, J. J. (1925): The visiting teacher movement with special reference to administrative relationships. New York: Joint Committee on Methods of Preventing Delinquency.

Ottmann, S./König, J. (2023): Wirkungsorientierung in der Sozialen Arbeit: eine Einführung für Studium und Praxis. Stuttgart: Kohlhammer.
Oser, F./Biedermann, H. (2006): Partizipation – ein Begriff, der Meister der Verwirrung ist. In: Die Mühen der Freiheit. Probleme und Chancen der Partizipation von Kindern und Jugendlichen. Zürich und Chur: Rüegger, S. 17–38.
Perko, G./Czollek, L. C./Eifler, N. (Hrsg.) (2021): Antisemitismus als Aufgabe für die Schulsozialarbeit: Expert_innen im Gespräch. Weinheim/Basel: Beltz Juventa.
Petermann, F./Natzke, H./Gerken, N./Walter, H.-J. (2016): Verhaltenstraining für Schulanfänger: ein Programm zur Förderung emotionaler und sozialer Kompetenzen. 4., aktual. Aufl. Göttingen: Hogrefe.
Pfahl, L./Powell, J. J. W. (2016): »Ich hoffe sehr, sehr stark, dass meine Kinder mal eine normale Schule besuchen können.« Pädagogische Klassifikationen und ihre Folgen für die (Selbst-)Positionierung von Schüler/innen. In: Schulische Inklusion. Weinheim Basel: Beltz Juventa, S. 58–74.
Piñeiro, E. (2021): »Un/doing Ethnicity« im öffentlichen Dienst: Ethnografien zum ethnischen Differenzieren am Beispiel von Jugendamt und Polizei. Zürich: Seismo.
Pluto, L. (2007): Partizipation in den Hilfen zur Erziehung. Eine empirische Studie. München: Deutsches Jugendinstitut.
Pötter, N. (2018): Schulsozialarbeit. 2., aktual. Aufl. Freiburg im Breisgau: Lambertus.
Prengel, A. (2019): Pädagogik der Vielfalt: Verschiedenheit und Gleichberechtigung in interkultureller, feministischer und integrativer Pädagogik. 4., um ein aktuelles Vorwort erg. Aufl. Wiesbaden: Springer VS.
Pudelko, T. (2010): Schulstationen in Berlin. In: Speck, K./Olk, T. (Hrsg.): Forschung zur Schulsozialarbeit: Stand und Perspektive. Weinheim: Juventa, S. 37–48.
Quinn-Lee, L. (2014): School Social Work with Grieving Children. In: Children & Schools 36, S. 93–103.
Rademacker, H. (2002): Schulsozialarbeit gegen soziale Ausgrenzung. Neue Armut und Bildung. In: Schulsozialarbeit: Sozialarbeit am Ort Schule. Berlin: Wiss.-und-Technik-Verl, S. 9–28.
Rahn, S./Baur, K./Zipperle, M. (2023): Zwischen hoher Bekanntheit und latenter Verfügbarkeit. Reichweite und Nutzung der Schulsozialarbeit aus quantitativer Perspektive. In: Zipperle, M./Baur, K. (Hrsg.): Empirische Facetten der Schulsozialarbeit. Weinheim: Juventa, S. 146–159.
Rauschenbach, T. (2007): Im Schatten der formalen Bildung. Alltagsbildung als Schlüsselfrage der Zukunft. In: Diskurs Kindheits- und Jugendforschung, S. 439–453.
Reinecke-Terner, A. (2017): Schulsozialarbeit als Zwischenbühne: Eine ethnografische Analyse und theoretische Bestimmung. Wiesbaden: Springer VS.
Reinecke-Terner, A. (2023): Die Denkfigur Schulsozialarbeit als Zwischenbühne. Eine Möglichkeit zur fachlichen Orientierung in Bezug auf das Rollenverständnis. In: Zipperle, M./Baur, K. (Hrsg.): Empirische Facetten der Schulsozialarbeit. Weinheim: Juventa, S. 22–35.
Reinecke-Terner, A./Kloha, J. (2025): Schulsozialarbeit und Inklusion. (Un-)geklärte Herausforderungen? In: Jugendhilfe, 2/25, S. 123–128.
Reutlinger, C./Hüllemann, U./Brüschweiler, B. (2021): Pädagogische Ortsgestaltung in der Offenen Kinder- und Jugendarbeit. In: Handbuch Offene Kinder- und Jugendarbeit. 5. Aufl. Wiesbaden: Springer VS, S. 653–666.
Richmond, M. (1917): Social diagnosis. New York: Russel Sage Foundation.
Richter, A. (2008): Geschichte der schulbezogenen Jugendhilfe. In: Coelen, T./Otto, H.-U. (Hrsg.): Grundbegriffe Ganztagsbildung. Wiesbaden: VS Verlag für Sozialwissenschaften, S. 447–456.
Riemann, G. (2000): Die Arbeit in der sozialpädagogischen Familienberatung: Interaktionsprozesse in einem Handlungsfeld der sozialen Arbeit. Weinheim u.a.: Juventa.
Riemann, G. (2005a): Zur Bedeutung ethnographischer und erzählanalytischer Arbeitsweisen für die (Selbst-)Reflexion professioneller Arbeit. Ein Erfahrungsbericht. In: Völter, B./Dausien, B./Lutz, H./Rosenthal, G. (Hrsg.): Biographieforschung im Diskurs. Wiesbaden: VS Verlag für Sozialwissenschaften, S. 248–270.

Riemann, G. (2005b): Zur Bedeutung von Forschungswerkstätten in der Tradition von Anselm Strauss: Mittagsvorlesung. Verfügbar unter: http://www.berliner-methodentreffen.de/wp-content/uploads/2020/07/riemann_2005.pdf (Abruf 2.5.2025).
Riemann, G. (2006a): Forschungswerkstatt. In: Bohnsack, R./Marotzki, W./Meuser, M. (Hrsg.): Hauptbegriffe qualitativer Sozialforschung. Opladen/Farmington Hills, MI: Budrich, S. 68–69.
Riemann, G. (2006b): Ethnographers of their own affairs. In: White, S./Fook, J./Gardner, F. (Hrsg.): Critical reflection in health and social care. repr. Maidenhead, Berkshire: Open University Press, S. 187–200.
Riemann, G. (2010): Ein Forschungsansatz zur Analyse narrativer Interviews. In: Bock, K./Miethe, I. (Hrsg.): Handbuch qualitative Methoden in der Sozialen Arbeit. Opladen: Budrich, S. 223–231.
Rodriguez, S./Roth, B./Sosa, L. V. (2020): School Social Workers as *Nepantleras* in Equity Work for Immigrant Students: A Conceptual Exploration. In: Social Service Review 94, S. 748–780.
Röh, D. (2020): Soziale Diagnostik – ein unverzichtbarer Bestandteil professioneller Sozialer Arbeit, aber bislang noch nicht überall genutzt. In: Forum Sozial, S. 15–18.
Salomon, A. (1926): Soziale Diagnose. Berlin: Heyman.
Sarimski, K. (2015): Sonderpädagogischer Förderbedarf. In: Gemeinsames Lernen in inklusiven Klassenzimmern: Prozesse der Schulentwicklung gestalten. Köln: Carl Link, S. 13–24.
Scharathow, W. (2018): Rassismus. In: Blank, B./Gögercin, S./Sauer, K. E./Schramkowski, B. (Hrsg.): Soziale Arbeit in der Migrationsgesellschaft. Wiesbaden: Springer Fachmedien Wiesbaden, S. 267–278.
Schieferdecker, F./Hüpping, B./Meier, S. (2018): Pädagogische Kategorisierungspraktiken im Spannungsfeld zwischen Integration und Inklusion. In: Feyerer, E./Prammer, W./Prammer-Semmler, E./Kladnik, C./Leibestäder, M./Wimberger, R. (Hrsg.): System, Wandel, Entwicklung: Akteurinnen und Akteure inklusiver Prozesse im Spannungsfeld von Institution, Profession und Person. Bad Heilbrunn: Klinkhardt, S. 250–255.
Schmitt, C. (2008): Kooperationsvereinbarungen als Baustein gelingender Kooperationen. In: Henschel, A./Krüger, R./Schmitt, C./Stange, W. (Hrsg.): Jugendhilfe und Schule: Handbuch für eine gelingende Kooperation. Wiesbaden: VS Verlag für Sozialwissenschaften, S. 517–526.
Schnurr, S. (2011): Partizipation. In: Handbuch Soziale Arbeit. 4., überarb. Aufl. München/Basel: Ernst Reinhardt, S. 1069–1078.
Schnurr, S./Steinacker, S. (2011): Soziale Arbeit im Nationalsozialismus. Auslese und Ausmerze im Dienste der Volkspflege. In: Horn, K.-P./Link, J.-W. (Hrsg.): Erziehungsverhältnisse im Nationalsozialismus: Totaler Anspruch und Erziehungswirklichkeit. Bad Heilbrunn: Klinkhardt, S. 253–273.
Schröder, A./Rademacher, H./Merkle, A. (Hrsg.) (2013): Handbuch Konflikt- und Gewaltpädagogik: Verfahren für Schule und Jugendhilfe. Schwalbach/Ts: Debus Pädagogik.
Schröder, R. (1995): Kinder reden mit! Beteiligung an Politik, Stadtplanung und Stadtgestaltung. Weinheim/Basel: Beltz.
Schröteler-von Brandt, H./Coelen, T./Zeising, A./Ziesche, A. (Hrsg.) (2012): Raum für Bildung: Ästhetik und Architektur von Lern- und Lebensorten. Bielefeld: Transcript Verlag.
Schumann, M./Sack, A./Schumann, T. (2006): Schulsozialarbeit im Urteil der Nutzer: Evaluation der Ziele, Leistungen und Wirkungen am Beispiel der Ernst-Reuter-Schule II. Weinheim u. a.: Juventa.
Schütze, F. (1981): Prozeßstrukturen des Lebensablaufs. In: Matthes, J./Pfeifenberger, A./Stosberg, M. (Hrsg.): Biographie in handlungswissenschaftlicher Perspektive: Kolloquium am Sozialwissenschaftlichen Forschungszentrum der Universität Erlangen-Nürnberg. 2., unveränd. Aufl. Nürnberg: Verl. d. Nürnberger Forschungsvereinigung, S. 67–156.
Schütze, F. (1983): Biographieforschung und narratives Interview. In: Neue Praxis 13, S. 283–293.
Schütze, F. (1992): Sozialarbeit als »bescheidene« Profession. In: Dewe, B./Ferchhoff, W./Radtke, F. O. (Hrsg.): Erziehen als Profession: Zur Logik professionellen Handelns in pädagogischen Feldern. Opladen: Leske + Budrich, S. 132–170.

Schütze, F. (1994a): Ethnographie und sozialwissenschaftliche Methoden der Feldforschung: Eine mögliche methodische Orientierung in der Ausbildung und Praxis der Sozialen Arbeit? In: Schumann, M. (Hrsg.): Modernisierung Sozialer Arbeit durch Methodenentwicklung und -reflexion. Freiburg im Breisgau: Lambertus, S. 189–297.

Schütze, F. (1994b): Strukturen des professionellen Handelns, biographische Betroffenheit und Supervision. In: Supervision 26, S. 10–39.

Schütze, F. (1996): Organisationszwänge und hoheitsstaatliche Rahmenbedingungen im Sozialwesen: Ihre Auswirkung auf die Paradoxien professionellen Handelns. In: Combe, A./Helsper, W. (Hrsg.): Pädagogische Professionalität: Untersuchungen zum Typus pädagogischen Handelns. 8. Aufl. Frankfurt am Main: Suhrkamp, S. 183–275.

Schütze, F. (2000): Schwierigkeiten bei der Arbeit und Paradoxien des professionellen Handelns. Ein grundlagentheoretischer Aufriß. In: Zeitschrift für qualitative Bildungs-, Beratungs- und Sozialforschung 1, S. 49–97.

Schütze, F. (2015a): Sozialarbeit als professionelles Handeln auf der Basis von Fallanalyse. In: Neue Praxis 45, S. 280–308.

Schütze, F. (2015b): Biografische Beratung/Biografische Arbeit. In: Rätz, R./Völter, B. (Hrsg.): Wörterbuch Rekonstruktive Soziale Arbeit. Opladen: Verlag Barbara Budrich, S. 33–35.

Schütze, F. (2021): Professionalität und Professionalisierung in pädagogischen Handlungsfeldern: Soziale Arbeit. Opladen/Toronto: Budrich.

Schweppe, C. (2002): Biographie, Studium und Professionalisierung – Das Beispiel Sozialpädagogik. In: Kraul, M./Marotzki, W./Schweppe, C. (Hrsg.): Biographie und Profession. Bad Heilbrunn: Klinkhardt, S. 197–224.

Seemann, A.-M. (2019): Personalqualifikation und Personalentwicklung: Qualitätskriterien für die Ganztagsschule. In: Akademie für Ganztagsschulpädagogik (Hrsg.): Ganztagsschule: Was nun? Impulse und Strategien für die Schule vor Ort. Hiltpoltstein: AfG media, S. 61–67.

Shaffer, G. L. (2006): Promising School Social Work Practices of the 1920 s: Reflections for Today. In: Children & Schools 28, S. 243–251.

Siedenbiedel, C. (2015): Inklusion im deutschen Bildungssystem. Eine Bestandsaufnahme. In: Siedenbiedel, C./Theuer, C. (Hrsg.): Grundlagen inklusiver Bildung. 1: Inklusive Unterrichtspraxis und -entwicklung. Immenhausen: Prolog Verlag, S. 9–28.

Sommerfeld, P. (2016): Evidenzbasierung als ein Beitrag zum Aufbau eines konsolidierten professionellen Wissenskorpus in der Sozialen Arbeit. In: Borrmann, S./Thiessen, B. (Hrsg.): Wirkungen Sozialer Arbeit: Potentiale und Grenzen der Evidenzbasierung für Profession und Disziplin. Leverkusen-Opladen: Barbara, S. 21–41.

Speck, K. (2022): Schulsozialarbeit: eine Einführung. 5. Aufl. München: Ernst Reinhardt.

Speck, K./Olk, T. (Hrsg.) (2010): Forschung zur Schulsozialarbeit: Stand und Perspektive. Weinheim: Juventa.

Speck, K./Olk, T. (2014): Wie wirkt Schulsozialarbeit? Ein Überblick über die Wirkungs- und Nutzerforschung. In: Archiv für Wissenschaft und Praxis der Sozialen Arbeit 45, S. 38–47.

Spiegel, H. (2013): Methodisches Handeln in der Sozialen Arbeit: Grundlagen und Arbeitshilfen für die Praxis: mit 4 Tabellen und 30 Arbeitshilfen. 5., vollst. überarb. Aufl. München/Basel: Ernst Reinhardt.

Spies, A./Pötter, N. (2011): Soziale Arbeit an Schulen: Einführung in das Handlungsfeld Schulsozialarbeit. Wiesbaden: VS Verlag für Sozialwissenschaften.

Spies, A./Rainer, H. (2016): Die Fortschreibung der Differenz? – Beratung aus intersektionaler Sicht. In: Soziale Arbeit und Schule: Diversität und Disparität als Herausforderung. Schwalbach/Ts: Wochenschau Verlag, S. 243–259.

Spies, A./Speck, K./Steinbach, A. (2023a): Schulsozialarbeit als ›Schnittstelle‹ in den Handlungslogiken einer Ganztagsgrundschule. Zum Dilemma zwischen Stabilisierungsauftrag und schulischer Transformation. In: Empirische Facetten der Schulsozialarbeit. Weinheim: Juventa, S. 234–248.

Spies, A./Speck, K./Steinbach, A. (2023b): Schulsozialarbeit als »Schnittstelle« in den Handlungslogiken einer Ganztagsgrundschule. Zum Dilemma zwischen Stabilisierungsauftrag und schulischer Transformation. In: Empirische Facetten der Schulsozialarbeit. Weinheim: Juventa, S. 36–47.

Spradley, J. P. (1980): Participant observation. Nachdr. Belmont, Calif.: Wadsworth, Cengage Learning.
Staub-Bernasconi, S. (2007): Soziale Arbeit: Dienstleistung oder Menschenrechtsprofession? Zum Selbstverständnis Sozialer Arbeit in Deutschland mit einem Seitenblick auf die internationale Diskussionslandschaft. In: Lob-Hüdepohl, A./Lesch, W./Bohmeyer, A./Kurzke-Maasmeier, S. (Hrsg.): Ethik Sozialer Arbeit: Ein Handbuch. Paderborn: Schöningh, S. 20–54.
Staub-Bernasconi, S. (2019): Menschenwürde, Menschenrechte und Soziale Arbeit: Vom beruflichen Doppelmandat zum professionellen Tripelmandat. Opladen/Berlin/Toronto: Budrich.
Stender, W./Reinecke-Terner, A. (2012): Migrationspädagogische Kompetenz – Schulsozialarbeit in der Migrationsgesellschaft. In: Hollenstein, E./Nieslony, F. (Hrsg.): Handlungsfeld Schulsozialarbeit: Profession und Qualität. Baltmannsweiler: Schneider Verlag Hohengehren, S. 216–238.
Stork, R./Aghamiri, K. (2016): Partizipation von Kindern in Wohngruppen der stationären Erziehungshilfe. In: Demokratische Partizipation von Kindern. Weinheim/Basel: Beltz Juventa, S. 208–217.
Strauss, A./Corbin, J. (1996): Grounded theory: Grundlagen qualitativer Sozialforschung. Weinheim: Beltz Psychologie Verlags Union.
Streblow, C. (2005): Schulsozialarbeit und Lebenswelten Jugendlicher: Ein Beitrag zur dokumentarischen Evaluationsforschung. Opladen: Budrich.
Streck, R./Aghamiri, K./Unterkofler, U./Reinecke-Terner, A. (2018): Was kennzeichnet Soziale Arbeit? Elemente einer Theorie des Doing Social Work. In: Aghamiri, K./Reinecke-Terner, A./Streck, R./Unterkofler, U. (Hrsg.): Doing social work – ethnografische Forschung in der Sozialen Arbeit. Opladen/Farming Hills, MI: Budrich, S. 237–260.
Sturzenhecker, B. (2000): Prävention ist keine Jugendarbeit. Thesen zu Risiken und Nebenwirkungen der Präventionsorientierung. In: Sozialmagazin, S. 14–21.
Stüwe, G./Ermel, N./Haupt, S. (2015): Lehrbuch Schulsozialarbeit. Weinheim: Beltz Juventa.
Stüwe, G./Ermel, N./Haupt, S. (2017): Lehrbuch Schulsozialarbeit. 2. überarb. Aufl. Weinheim: Beltz Juventa.
Teasley, M. L./Archuleta, A./Miller, C. (2014): Perceived Levels of Cultural Competence for School Social Workers: A Follow-Up Study. In: Journal of social work education 50, S. 694–711.
Terner, A./Hollenstein, E. (2010): Schulsozialarbeit in schulischer Trägerschaft. In: Speck, K./Olk, T. (Hrsg.): Forschung zur Schulsozialarbeit: Stand und Perspektive. Weinheim: Juventa, S. 227–238.
Thiersch, H. (1992): Lebensweltorientierte Soziale Arbeit. Aufgaben der Praxis im sozialen Wandel. Weinheim: Juventa.
Thiersch, H. (2020): Lebensweltorientierte Soziale Arbeit – revisited: Grundlagen und Perspektiven. Weinheim Basel: Beltz/Juventa.
Tillmann, K.-J. (1987): Schulsozialarbeit – Bilanz eines jungen Praxisfeldes. In: Die deutsche Schule – Zeitschrift für Erziehungswissenschaft, Bildungspolitik und pädagogische Praxis 79, S. 385–395.
Tillmann, K.-J. (2015): PISA & Co. – eine kritische Bilanz. In: Bundeszentrale für politische Bildung. Verfügbar unter: https://www.bpb.de/themen/bildung/dossier-bildung/208550/pisa-co-eine-kritische-bilanz/ (Abruf 10.8.2024).
UNESCO (1994): Die Salamanca Erklärung und der Aktionsrahmen zur Pädagogik für besondere Bedürfnisse. In: angenommen von der Weltkonferenz »Pädagogik für besondere Bedürfnisse: Zugang und Qualität«. Salamanca, Spanien. Deutsche Übersetzung. Verfügbar unter: https://www.unesco.de/assets/dokumente/Deutsche_UNESCO-Kommission/08_Dokumente/1994_salamanca-erklaerung.pdf (Abruf 2.5.2025).
UNICEF (2024): Konvention über die Rechte des Kindes. Verfügbar unter: https://www.unicef.de/_cae/resource/blob/194402/3828b8c72fa8129171290d21f3de9c37/d0006-kinderkonvention-neu-data.pdf (Abruf 10.8.2024).
Vogel, C. (2006): Schulsozialarbeit: Eine institutionsanalytische Untersuchung von Kommunikation und Kooperation. Wiesbaden: VS Verlag für Sozialwissenschaften.

Voigts, G. (2017): Große Lösung? – Inklusive Lösung? – SGB VIII-Reform? Inklusion als Herausforderung in der Kinder- und Jugendhilfe. In: SPatscheck, C./Thiessen, B. (Hrsg.): Inklusion und Soziale Arbeit. Teilhabe und Vielfalt als gesellschaftliche Gestaltungsfelder. Opladen/Berlin/Toronto: Budrich, S. 127–139.

Völter, B. (2008): Verstehende Soziale Arbeit: Zum Nutzen qualitativer Methoden für professionelle Praxis, Reflexion und Forschung. In: Forum Qualitative Sozialforschung 9, Art. 56. Verfügbar unter: http://nbn-resolving.de/urn:nbn:de:0114-fqs0801563 (Abruf 5.5.2025).

Völter, B./Küster, M. (2010): Ethnographische Praxisprotokolle und Rollenspiel: Eine Methode zur Projektreflexion in der transkulturellen Gemeinwesenarbeit. In: Heinzel, F./Thole, W./Cloos, P./Köngeter, S. (Hrsg.): »Auf unsicherem Terrain«: Ethnographische Forschung im Kontext des Bildungs- und Sozialwesens. Wiesbaden: VS Verlag für Sozialwissenschaften, S. 255–265.

Wagner, P. (2015): Evaluation von Schulsozialarbeit: Ein mehrdimensionaler Forschungszugang. In: Zeitschrift für Evaluation 14, S. 7–33.

Wagner, P./Strohmeier, D. (2023): Stärkenorientierte Schulsozialarbeit Grundlagen, Methoden und Handlungskonzepte. Stuttgart: Kohlhammer.

West, C./Zimmermann, D. H. (1987): Doing Gender. In: Gender and Society 1, S. 125–151.

Winkler, M. (2006): Kritik der Pädagogik. Der Sinn der Erziehung. Stuttgart: Kohlhammer.

Wolf, B. (2002): »Andere« Erwachsene. In: Arnold, H. (Hrsg.): Praxishandbuch Drogen und Drogenprävention: Handlungsfelder, Handlungskonzepte, Praxisschritte. Weinheim/München: Juventa, S. 219–234.

Wulfekühler, H. (2013): Grundlagen interprofessioneller Zusammenarbeit in der Kinderbetreuung. In: Interprofessionalität in der Tagesbetreuung: Module zur Gestaltung von Netzwerkpraxis. Wiesbaden: Springer VS, S. 51–88.

Zinnecker, J. (1978): Die Schule als Hinterbühne oder Nachrichten aus dem Unterleben der Schüler. In: Carlsburg, G.-B. von/Zinnecker, J. (Hrsg.): Schüler im Schulbetrieb: Berichte und Bilder vom Lernalltag, von Lernpausen und vom Lernen in den Pausen. Reinbek bei Hamburg: Rowohlt-Taschenbuch-Verl., S. 29–122.

Zipperle, M./Baur, K. (Hrsg.) (2023): Empirische Facetten der Schulsozialarbeit. Weinheim: Juventa.

Zipperle, M./Rahn, S./Baur, K. (2023): Steuerung »aus der Ferne«. Zu den organisationalen und trägerbezogenen Rahmenbedingungen der Steuerung von Schulsozialarbeit. In: Empirische Facetten der Schulsozialarbeit. Weinheim: Juventa, S. 177–190.

Zobrist, P./Kähler, H. D. (2017): Soziale Arbeit in Zwangskontexten: wie unerwünschte Hilfe erfolgreich sein kann: mit 2 Abbildungen und 7 Tabellen. 3., vollst. überarb. Aufl. München/Basel: Ernst Reinhardt.

Übersicht Datenmaterial

Aghamiri, K. (2015): Das Sozialpädagogische als Spektakel. Eine Fallstudie sozialpädagogischer Gruppenarbeit in der Grundschule. Opladen/Berlin/Toronto: Budrich UniPress.
Aghamiri K. (2018–2024): Seminar: »Soziale Arbeit und Schule als Lebenswelt«. Auszüge aus Lehrtagebüchern im Kontext der Portfolioarbeit.
Aghamiri, K. (2019): Teilhabe und Partizipation von geflüchteten Kindern in Grundschule und Kita. In: Jansen, I./Zander, M. (Hrsg.): Unterstützung von geflüchteten Menschen über die Lebensspanne. Weinheim/Basel: Beltz Juventa. S. 123–137 (i. T. unveröffentlichtes Datenmaterial).
Aghamiri, K. (2021): Gruppenarbeit als Methode der Schulsozialarbeit. Ethnografisches Forschungssemester WiSe 2021/22 (bisher unveröffentlichtes Datenmaterial).
Aghamiri, K./Foitzik, N. (2022): Wenn Schule im Lockdown beweglich wird – Jugendliche als Adressat*innen der Schulsozialarbeit in der Corona-Pandemie. In: Aghamiri, K./Streck, R./van Rießen, A. (Hrsg.): Alltag und Soziale Arbeit in der Corona-Pandemie. Einblick in die Perspektiven der Adressat*innen. Opladen/Berlin/Toronto: Budrich, S. 152–164 (z. T. unveröffentlichtes Datenmaterial aus dem Praxisforschungsprojekt).
Behle, C. (2021): »Gemeinsam aktiv?« – Die Herausforderungen in der Zusammenarbeit von Schulsozialarbeiter*innen und Lehrkräften an Grundschulen – unveröffentlichte Bachelorarbeit. Nürnberg: Technische Hochschule Nürnberg Georg Simon Ohm.
Gugel, G. (o. J.): Handbuch Grundschule. Verfügbar unter: https://www.schulische-gewalt praevention.de/index.php/handbuch-grundschule/gewaltpraevention-grundschule (Abruf 19.09.2024).
Kloha, J. (2018): Die fallorientierte Praxis in der Schulsozialarbeit: Rekonstruktionen zentraler Prozesse und Problemstellungen. Wiesbaden: Springer VS (z. T. darin unveröffentlichtes Datenmaterial).
Kloha, J. (2021): Interview mit Schulsozialarbeiterin.
Oppenheimer, J. J. (1925): The visiting teacher movement with special reference to administrative relationships. New York: Joint Committee on Methods of Preventing Delinquency.
Reinecke-Terner, A. (2017): Schulsozialarbeit als Zwischenbühne: Eine ethnografische Analyse und theoretische Bestimmung. Wiesbaden: Springer VS.